高等院校体育类基础课"十三五"规划教材

顾问◎胡声宇

体育保健学

Physical Education and Health

主　编　王广兰　汪学红

华中科技大学出版社
http://www.hustp.com
中国·武汉

图书在版编目(CIP)数据

体育保健学/王广兰,汪学红主编.—武汉:华中科技大学出版社,2014.12(2024.1重印)
ISBN 978-7-5609-9799-5

Ⅰ.①体… Ⅱ.①王… ②汪… Ⅲ.①体育保健学-高等学校-教材 Ⅳ.①G804.3

中国版本图书馆 CIP 数据核字(2014)第 290252 号

| 体育保健学 | 王广兰 汪学红 主编 |

策划编辑:曾 光
责任编辑:胡凤娇
封面设计:龙文装帧
责任校对:何 欢
责任监印:朱 玢
出版发行:华中科技大学出版社(中国•武汉)　　电话:(027)81321913
　　　　　武汉市东湖新技术开发区华工科技园　　邮编:430223
录　　排:武汉创易图文工作室
印　　刷:武汉洪林印务有限公司
开　　本:787 mm×1092 mm　1/16
印　　张:22
字　　数:574千字
版　　次:2024年1月第1版第13次印刷
定　　价:59.00元

本书若有印装质量问题,请向出版社营销中心调换
全国免费服务热线:400-6679-118　竭诚为您服务
版权所有　侵权必究

编委名单

主　　编：王广兰　武汉体育学院
　　　　　汪学红　武汉体育学院
副 主 编：陈　建　武汉体育学院
　　　　　凌　波　黄冈师范学院体育学院
　　　　　吴成亮　武汉体育学院
　　　　　秦　智　武汉体育学院
编写成员：(以姓氏笔画为序)
　　　　　丁　月　武汉体育学院
　　　　　万　琼　江汉大学体育学院
　　　　　王　玲　武汉体育学院
　　　　　王红俊　湖北文理学院
　　　　　王佳敏　江苏省徐州市八里中心小学
　　　　　杨　硕　武汉体育学院
　　　　　吴环成　长江大学体育学院
　　　　　何宜忠　郧阳师范高等专科学校
　　　　　张　颖　湖北科技学院体育学院
　　　　　张林成　武汉工商学院
　　　　　张思卓　武汉商学院
　　　　　陈　鹏　武汉体育学院
　　　　　陶　缨　湖北大学体育学院
　　　　　蒋在爽　三峡大学体育学院
　　　　　韩晓菲　湖北体育职业学院

总　序

这次由武汉体育学院健康科学学院主编、华中科技大学出版社出版的"高等院校体育类基础课'十三五'规划教材"系列丛书很快要与广大读者见面了。它的面世，既继承了以往教材的固有特色和优点，又在此基础上将有关学科的最新知识补充到新教材中，希望得到读者的认可。

要特别提到的是，本系列丛书中为什么将运动心理学放到生物学科范畴中。美国运动医学院校长大卫·蓝姆(David Lamb)博士曾将运动心理学归于运动医学分支中，他的观点是，凡是与运动身体健康以及与运动成绩提高有关的学科都应当放到运动医学(本系列丛书中称为体育保健学)中。而运动心理学在这方面就太重要了，它既关系到运动员的身体健康，又涉及运动员运动成绩的发挥。许多优秀运动员不是因为其身体素质和健康状况不好，而是因为在比赛的关键时刻，运动员的心理状况欠佳或受心理因素的影响而使比赛成绩很不理想，这种事例在比赛中比比皆是。因此，要使运动员在运动比赛时发挥好的成绩，达到极限，必须在平时和赛时重视其心理状况，进行长期细致的心理训练，使其能适应各种突发状况。当然，从生物学角度来看，一切心理活动的基础是神经系统，是人脑，所以运动心理学也应属于生物学范畴。教材编写时间仓促，缺点、错误在所难免，请各位读者发现问题，提出改进意见，以备日后修改。

国务院政府特殊津贴享受者
原中国运动医学会常委
中国运动医学杂志编委
湖北省运动医学会主席
运动解剖学教授

前　言

体育保健学是体育院校体育学和运动学类各专业的专业必修课,也是普通高等学校体育教育专业的一门主干课程。根据教育部《全国普通高等学校体育教育本科专业各类主干课程教学指导纲要》(教艺[2004]9号文件)的精神,由武汉体育学院牵头,组织湖北省10多所高校体育保健学方面具有丰富教学经验的教师,经多次研讨编写了本教材。

编委为做好本书的出版工作,在华中科技大学出版社的大力支持下,在充分调研的基础上,先后召开数次教材研讨会,广泛听取了一线教师对教材编写及使用的意见,力求在新版教材中有所创新、有所突破。

本书根据体育专业培养目标与方向的要求,适当选入了本学科发展的新成果,并注意博采众长、强调整体优化以适应湖北省高校体育专业学生特点的总体要求,无论是在实用性知识的宽度上,还是在理论阐述的深度上,都力求能够满足当前体育专业教育的需要。本书的编写注重对知识的成熟性、稳定性、实用性的选择,注重解决体育运动实践中的具体问题,使本书既能供体育院校的学生使用,又能作为体育教师、教练员及队医的参考用书。

本书共十章,包括运动与健康、运动员的合理营养、不同人群的体育锻炼卫生、体格检查、体育运动医务监督、按摩、运动性病症、运动损伤的预防与处理、常见的运动损伤、运动与康复等内容。本书具有以下几个方面的特点:

1. 突出实用性,注重实践技能的培养

本书注重基本技能和实践能力的培养,适当增加实践教学学时,增强学生综合运用所学知识的能力和动手能力。

2. 强化精品意识

参编人员以科学严谨的治学精神,在各个环节层层把关,力保教材的质量;对课程体系进行科学设计,整体优化,全面满足21世纪复合型人才培养的需要。

本书设有学习目标、每章小结、思考复习题等模块,以增强学生学习的目的性和主动性,强化知识的应用和实践技能的培养,提高学生分析问题、解决问题的能力。

本书由王广兰、汪学红担任主编,由陈建、凌波、吴成亮、秦智担任副主编,由丁月、万琼、王玲、王红俊、王佳敏、杨硕、吴环成、何宜忠、张颖、张林成、张思卓、陈鹏、陶缨、蒋在爽、韩晓菲参编。在本教材再版过程中,陈鹏协助王广兰对全教材开展组织协调、交叉审稿等工作,王广兰最后统稿。

本教材在再版时,更新了部分教材内容,对发现的问题进行了修正。

由于编写人员水平有限,本书编写不可能面面俱到,不当之处在所难免,敬请广大教师、学生在使用过程中及时提出批评指正,以便在后续的修订中补救和改正。

目录

第一章 运动与健康 /1
第一节 健康概述 /1
第二节 现代体育的健康观 /5
第三节 体育运动对健康的影响 /7
第四节 与健康相关的行为和生活方式 /10

第二章 运动员的合理营养 /19
第一节 营养与营养素 /19
第二节 运动员合理营养的意义与作用 /50
第三节 运动员的热能代谢特点 /56
第四节 运动员比赛期的饮食与营养 /59
第五节 营养与运动员体重控制 /62

第三章 不同人群的体育锻炼卫生 /67
第一节 儿童少年的体育锻炼卫生 /67
第二节 女性的体育锻炼卫生 /77
第三节 中年人的体育锻炼卫生 /82
第四节 老年人的体育锻炼卫生 /84

第四章 体格检查 /91
第一节 身体形态测量 /91
第二节 身体姿势检查 /100
第三节 身体成分测量 /105
第四节 心肺功能测量 /114
第五节 运动系统功能检查 /127
第六节 体格评价的常用指数 /137

第五章 体育运动医务监督 /141
第一节 医务监督概述 /141
第二节 学校体育医务监督 /145
第三节 运动训练和体育比赛医务监督 /150
第四节 健身活动医务监督 /154

第六章 按摩 /157
第一节 按摩概述 /157
第二节 按摩的基本手法 /159
第三节 经络穴位按摩 /170
第四节 按摩的应用 /173

第七章 运动性病症 /184
第一节 过度训练 /184
第二节 运动应激综合征 /186
第三节 运动性低血糖症 /188
第四节 运动性昏厥 /189
第五节 运动中腹痛 /191
第六节 运动性血尿 /192
第七节 运动性贫血 /194
第八节 肌肉痉挛 /195
第九节 运动性中暑 /197
第十节 运动性猝死 /199

第八章 运动损伤的预防与处理 /202
第一节 运动损伤概述 /202
第二节 运动损伤的急救 /209
第三节 软组织损伤的处理 /226
第四节 运动损伤的治疗 /232

第九章 常见的运动损伤 /240
第一节 软组织挫伤 /240
第二节 肌肉拉伤 /241

第三节　关节韧带损伤　/243

第四节　滑囊炎　/244

第五节　腱鞘炎　/246

第六节　疲劳性骨膜炎　/247

第七节　骨骺损伤　/248

第八节　脑震荡　/249

第九节　颈部肌肉拉伤　/251

第十节　急性腰扭伤　/251

第十一节　肩袖损伤　/253

第十二节　肱骨外上髁炎　/255

第十三节　肘关节内侧软组织损伤　/256

第十四节　掌指关节和指间关节损伤及脱位　/257

第十五节　膝关节侧副韧带损伤　/258

第十六节　髌骨劳损　/259

第十七节　膝关节半月板损伤　/260

第十八节　踝关节外侧副韧带损伤　/262

第十章　运动与康复　/264

第一节　运动康复概述　/264

第二节　常用的运动康复技术　/275

第三节　常见慢性伤病的康复　/316

参考文献　/341

第一章 运动与健康

【学习目标】
(1)掌握健康的概念、分类以及影响健康的因素;
(2)掌握行为、生活方式、健康教育与健康促进的概念;
(3)掌握体育运动对健康的影响、健康四大基石的内容、健康教育与健康促进的区别与联系;
(4)了解危害健康的行为、现代健康体育观、健康教育与健康促进的任务及策略。

第一节 健康概述

一、健康的概念

(一)健康概念的历史演化

健康的概念受一定历史阶段的生产力、生产关系、科技水平和哲学思想的影响,健康概念的历史演化可分为以下几个阶段。

远古时代,人类由于受生产力和认识水平的限制而将生命理解为神灵所赐,这种把人类的健康归之于无所不在的神灵,就是人类早期的健康观。由于生存环境恶劣,人类得以生存已非易事,此时人类所追求和渴望的首先是保全个体生命,而健康只是一个笼统的、模糊的概念。

18世纪下半叶到19世纪初的生物医学模式让人认识到,诸多生物因素造成了人类疾病。此时虽然健康的概念已有了丰富的发展,然而,人们依然通过疾病定义健康,并形成了健康就是能正常工作或没有疾病的机械唯物论的健康观,这种健康概念忽视了人的社会性和生物的复杂性。

19世纪末,自然科学疾病观形成雏形,此时人们认为健康是保持微生物、人体和自然环境三者之间的生态平衡,这种健康概念只涵盖了自然因素,忽视了疾病的多元病因。

自20世纪以来,科技突飞猛进,竞争日益激烈,人们试图以一种崭新、多元的视角全面看待健康。1948年,世界卫生组织将健康定义为:健康不仅是免于疾病与虚弱,而且是保持身体上、精神上和社会适应方面的完美状态。从而明确地将人类的健康与生理的、心理的,以及社会的因素联系在一起,形成了全新的生物、心理、社会的医学健康模式。这个定义高度概括了人类几千年来对疾病、自身和生存环境的认识,具有划时代的意义。1968年,世界卫生组织进一步明确健康即是"身体精神良好,具有社会幸福感",强调了人的社会属性。

世界卫生组织在1978年国际初级卫生保健大会上所发表的《阿拉木图宣言》中重申:健康不仅是没有疾病或不虚弱,且是身体的、精神的健康和社会适应良好的总称。该宣言指出健康是基本人权,达到尽可能的健康水平是世界范围内一项重要的社会性目标。事隔多年后,1989年,世界卫生组织又一次深化了健康的概念,认为健康包括躯体健康、心理健康、社会适应良好和道德健康。这种新的健康观念使医学模式从单一的生物医学模式演变为生物-心理-社会医学模式。这个现代健康概念中的心理健康和社会性健康是对生物医学模式下健康的有力补充和发展，它既考虑到人的自然属性，又考虑到人的社会属性，从而摆脱了人们对健康的片面认识。

从以上分析可以看出，随着人类文明的进步，人们对健康这一概念的理解在不断丰富、完善和发展之中。健康的内涵在不断扩大，依次为：有生命就是健康；没有疾病就是健康；生理、心理的健全就是健康；生理、心理健全和社会适应良好、道德健康（才是健康）。

(二)健康概念的特点

与以往的健康观相比，世界卫生组织的健康定义有以下特点：在内容上包括多个层面的含义，而且现代健康观已由原有单纯的"生物医学模式"发展为"生物-心理-社会医学模式"。现代健康理念揭示了人体的整体性以及人体与自然环境和社会环境的统一，强调人的机体必须适应社会环境和自然环境，且在适应过程中应处于主动地位，由被动地治疗疾病转变为积极地促进健康；促进健康从单纯的生物学标准扩展到心理、社会学标准，从个体健康评价延伸到群体乃至整个社会的健康评价。也就是说，既考虑到人的自然属性，又侧重于人的社会属性；既重视健康对人的价值，又强调人对健康的作用。

现代健康观从人体生理学、病理学、现代心理学与社会学的角度分析，生理、心理、社会适应与道德健康四者之间既可以相互促进又可以相互制约。如心理影响生理、社会适应与道德健康，即健康的心理可以促进生理的健康，提高人的社会适应能力，促进良好道德的形成；不良的心理会导致生理机能下降，甚至生病、死亡，造成社会适应不良，并影响高尚人格与品质的形成。

(三)健康的标准

1978年，世界卫生组织给健康下了正式定义，衡量是否健康有十项标准：①精力充沛，能从容不迫地应付日常生活和工作的压力而不感到过分紧张；②精神状态正常，没有抑郁、焦虑、恐惧发作等症状；③善于休息，睡眠良好；④应变能力强，能适应环境的各种变化；⑤能够抵抗一般性感冒和传染病；⑥体重得当，身材匀称，站立时头、肩、臂位置协调；⑦眼睛明亮，反应敏锐，眼肌轻松，眼睑不发炎；⑧牙齿清洁，无空洞，无痛感，牙龈颜色正常，不出血；⑨头发有光泽，无头屑；⑩肌肉、皮肤富有弹性，走路轻松有力。

世界卫生组织提出的新的健康标准包括肌体健康和精神健康两个部分，具体可用"五快"（肌体健康）和"三良好"（精神健康）来衡量。

"五快"包括以下内容。①吃得快：进食时有很好的胃口，能快速吃完一餐饭而不挑剔食物，这证明内脏功能正常。②便得快：一旦有便意时，能很快排泄大小便，且感觉轻松自如，在精神上有一种良好的感觉，说明胃肠功能良好。③睡得快：上床能很快熟睡，且睡得深，醒后精神饱满，头脑清醒。④说得快：语言表达正确，说话流利，说明头脑清楚，思维敏捷，中气充足，心、肺功能正常。⑤走得快：行动自如，转变敏捷，证明精力充沛旺盛。

"三良好"包括以下内容。①良好的个性：性格温和，意志坚强，感情丰富，具有坦荡胸怀与达观心境。②良好的处世能力：看问题客观现实，具有自我控制能力，适应复杂的社会环境，对事物的变迁能始终保持良好的情绪，能保持对社会外环境与机体内环境的平衡。③良好的人际关系：待人接物能大度和善，不过分计较，能助人为乐，与人为善。

二、健康的分类

为了便于科学研究和实践，可以按照不同的角度对健康进行分类。

(一)身体健康、心理健康和社会适应健康

按照健康的定义可分为躯体健康、心理健康、社会适应健康和道德健康。

1. 躯体健康

躯体健康是人体健康的基础,指人在生物学方面的健康,即机体的完整和各器官系统功能的正常,力量、速度、耐力、柔韧性、灵敏性、平衡能力等身体素质良好。从医学角度来分析,躯体健康是人体健康的基础,没有躯体健康,就不可能有心理健康和社会适应健康。

2. 心理健康

从广义上来讲,心理健康是指一种高效而满意的、持续的心理状态。从狭义上来讲,心理健康是指人的基本心理活动的过程内容完整、协调一致,即认识、情感、意志、行为、人格完整和协调,能适应社会,与社会保持同步。心理健康不仅是指没有心理疾病,更重要的是指一种积极的、适应良好的、能充分发挥其身心潜能的丰富状态。

3. 社会适应健康

"适应社会和自然环境的能力良好"是世界卫生组织对健康定义所强调的一项内容。社会的健全状态和社会的完美良好状态是人们生活的大环境,直接影响着人们的生存状态。社会的安定,人们适应社会与适应自然环境变化的能力强,实现人类的健康才能有保障。

4. 道德健康

道德健康是平衡健康的第一要素,健康应"以道德为本"。"道"既是指人在自然界及社会生活中待人处世应当遵循的一定规律、规则、规范等,又是指社会政治生活和做人的最高准则。"德"是指个人的品德和思想情操。可以说,道德是人类所应当遵守的所有自然、社会、家庭、人生的规律的统称,违反了这些规律,人们的身心健康就会受到伤害。

道德的基本特征包括如下内容。

(1)有健康、积极向上的信仰。良好的信仰是形成道德健康的基石。一般来讲,信仰的形成、世界观的确立,都是经过了较长时期的思想活动、心理活动、生理活动和社会活动而取得的。这些活动本身就促进了人体的健康与发展,同时健康、积极向上的信仰又不断促进人体健康的多种因素的发展,形成更为完善的人体健康发展体系,这是道德健康的主要特征。

(2)具有高尚的品德与情操。这是道德健康的重要特征。

(3)有完美的人格。衡量道德健康的标准很多,主要包括法律法规、道德规范、职业美德、社会舆论,以及除法律之外的道德约束等标准。

(二)个体健康和人群健康

从微观和宏观的角度可以把健康分为个体健康和人群健康。个体健康是指个人的综合健康状况,个体健康是评价个人生存质量的最基本指标。人群健康是指不同地域或不同特征的人群的整体健康状况。人群健康对制定健康政策、评定国家或地区的健康状况和健康服务情况非常重要。人群健康是以个体健康为基础的,个体健康可以促进人群健康的整体水平。

(三)第一状态、第二状态和第三状态

根据健康评估的综合判断将健康分为第一状态(健康状态)、第二状态(疾病状态)和第三状态(亚健康状态)。世界卫生组织将健康危害最大的疾病依次排列为对心脑血管疾病监测及中风预报、恶性肿瘤征象提示、脏器病变提示、血液及过敏性疾病提示、体内污染测定、内分泌系统检查、肢体损伤探测、服药效果探测等项目,根据被测人实际检测逐项打分,最终得出总评分。

MDI健康评估是目前世界流行的健康评估法。MDI健康评估的满分为100分。评分对应于世界卫生组织对健康的定义,通过全世界的普查,得出的结果如下:85分以上为第一状态;70分以下为第二状态;70~85分为第三状态。

1. 第一状态

第一状态即健康状态,1948年,世界卫生组织提出"身体、心理和社会上的完好状态"就是第一状态。一般认为,经过临床全面系统检查证实没有疾病,主观没有虚弱感觉与不适症状,精力充沛,工作、学习、社交处于自我感觉满意状态,即为健康状态。

2. 第二状态

第二状态即疾病状态,按照《国际疾病分类》标准确定疾病,根据病情和病程来确定疾病状态。

3. 第三状态

第三状态即亚健康状态。世界卫生组织认为:亚健康状态是健康与疾病之间的临界状态,各种仪器及检验结果为阴性,但人体有各种各样的不适感觉。这是新的医学理论、新概念,也是社会发展、科学与人类生活水平提高的产物,它与现代社会人们的不健康生活方式及所承受的社会压力不断增大有直接关系。亚健康状态的诸多表现在中医理论中属"虚劳征精气不足型"。中医运用填精、补气、生血、强神、壮肾阳的手段,来调理人体阴阳气血和心、肝、脾、肺、肾五脏功能,使之恢复为正常状态,克服"虚劳征"。常常精选如黄芪、人参、地黄、当归、枸杞子、大枣等具有补气血、壮肾阳、滋阴精、生津液、固卫表、安五脏、强精神、活血脉等作用的中药材,针对各种不同状态的亚健康严谨配伍、辨证施治。

有人专门罗列出30种亚健康状态的症状提供给人们进行自我检测。如果在以下30项现象中,您感觉自己存在6项或6项以上,则可视为进入亚健康状态。①精神焦虑,紧张不安;②忧郁孤独,自卑郁闷;③注意力分散,思维肤浅;④遇事激动,无事自烦;⑤健忘多疑,熟人忘名;⑥兴趣变淡,欲望骤减;⑦懒于交际,情绪低落;⑧常感疲劳,眼胀头昏;⑨精力下降,动作迟缓;⑩头昏脑涨,不易复原;⑪久站头晕,眼花目眩;⑫肢体酥软,力不从心;⑬体重减轻,体虚力弱;⑭不易入眠,多梦易醒;⑮晨不愿起,昼常打盹;⑯局部麻木,手脚冰冷;⑰掌腋多汗,舌燥口干;⑱自感低烧,夜常盗汗;⑲腰酸背痛,此起彼安;⑳舌生白苔,口臭自生;㉑口舌溃疡,反复发生;㉒味觉不灵,食欲不振;㉓反酸嗳气,消化不良;㉔便稀便秘,腹部饱胀;㉕易患感冒,唇起疱疹;㉖鼻塞流涕,咽喉疼痛;㉗憋气气急,呼吸紧迫;㉘胸痛胸闷,心区压感;㉙心悸心慌,心律不齐;㉚耳鸣耳背,晕车晕船。

三、影响健康的因素

世界卫生组织经研究提示影响个人健康和寿命有四大因素:生物学因素占15%、环境因素占17%、卫生服务因素占8%、行为与生活方式因素占60%。

(一)生物学因素

生物学因素是指遗传和心理因素(对健康和寿命的影响占15%)。人是由分子、细胞、组织、器官和系统构成的超高度复杂的人体,婴儿的出生是一个奇迹。这万物之灵有思想会沟通,机体自身完成一系列生命现象:新陈代谢、生长发育、防御侵袭、免疫反应、修复愈合等,按照亲体的遗传模式进行世代繁殖。遗传不是可改的因素,但心理因素可以修改,保持积极的心理状态是保持健康和增进健康的必要条件。影响健康的生物因素包括:由病原微生物引起的传染病和感染性疾病;某些遗传或非遗传的内在缺陷、变异、老化而导致人体发育畸形、代谢障碍、内分泌失调和免疫功能异常等。在社区人群中,特定的人群特征如年龄、民族、婚姻、对某些疾病的易感性等,是影响该社区人群健康水平的生物学因素。

(二)环境因素

环境因素对健康和寿命的影响占17%,包括自然环境与社会环境,所有人类健康问题都与环境有关。污染、人口和贫困,是当今世界面临的严重威胁人类健康的三大社会问题。社区的地理位置、生态环境、住房条件、基础卫生设施、就业、邻居的和睦程度等都不同程度地影响着社区的健康。社会环境涉及政治制度、经济水平、文化教育、人口状况、科技发展等诸多因素。良好的社会环境是人类健康的根本保证。

(三)卫生服务因素

卫生服务因素对健康和寿命的影响占8%。卫生服务的范围、内容与质量直接关系到人的生、老、病、死及由此产生的一系列健康问题。卫生保健设施是直接影响人的健康因素,是保障人民健康的重要因素。如供水安全及基本环境设施是否健全,预防疾病的措施,影响健康的场所是否有监督检查设施机构,所有这些工作都为人的健康提供了新的保障。

(四)行为与生活方式因素

行为与生活方式因素对健康和寿命的影响占60%。这里的行为与生活方式因素,是指人们受文化、民族、经济、社会、风俗、家庭和同辈影响的生活习惯和行为,包括不良生活方式与危害健康的行为。不良生活方式和危害健康的行为已成为当今危害人们健康,导致疾病及死亡的主要原因。在我国,排在前三位的死因为恶性肿瘤、脑血管疾病和心脏病,这些疾病大多是由不良生活习惯和不良卫生行为所造成的。

第二节 现代体育的健康观

一、自然科学的体育健康观

人类对自然事物、自然现象和自然规律的认知,以及由这些认知转化而来的各种知识和技术,统称为自然科学。自然科学通过事实判断的方法来揭示自然界发生、发展规律,以增强人类认识世界和改造世界的能力,与人文科学最显著的区别是自然科学没有地域性、民族性。在体育学科中,主要是以运动人体科学的知识和方法揭示人体运动的原理和规律,进而寻找提高运动能力和促进健康的方法和手段。在自然科学中,体育运动对健康的促进作用主要体现在以下几个方面。

(一)运动促进机体健康

运动可以使人体新陈代谢旺盛,增强各器官、系统的机能,从而达到促进机体生长发育、增强体质、治疗疾病、延年益寿的作用。运动既可以提高人体的机能,又能损害机体正常的功能。例如,在运动过程中会出现运动性猝死、运动损伤、免疫能力下降等,人们通过大量的实验表明,运动负荷成为影响健康的关键因素,适量运动会增进机体健康,过量运动和运动缺乏会损害健康或引发一些健康问题。

(二)运动促进心理健康

良好的心理素质是人的全面素质中重要组成部分,健康心理的促进与维护是现代人必须注重的心理教育内容。体育运动不仅有利于身体健康,而且对人的心理健康和社会适应具有积极的促进作用。体育运动是一种行之有效的心理治疗方法,经常参加体育运动可以培养良好的心理素质(情绪乐观,意志坚强,有较强的抗干扰、抗刺激的能力),可以减缓或消除焦虑、抑郁等心理疾病，培养自觉性、坚韧性、竞争意识，提高自控能力，使人超越自我，超越别人。这些心理素质有利于形成开朗的性格、坚强的意志和充分的自信心。积极的、快乐的情绪，是获得健康、幸福与成功的动力，使人充满生机。

（三）运动带来积极的生活方式

通过个人、家庭、社区以及全社会的共同努力，提倡健康的生活方式，引导人们形成健康的生活方式是促进健康的重要内容。健康的生活方式就是要在个人的生活中建立促进健康的行为，消除危害健康的行为。体育运动在形成健康的生活方式方面发挥了重要的作用。体育运动在促进健康行为中，以其独特的作用和魅力日益受到人们的重视，成为培养良好的生活方式所不可或缺的内容。世界卫生组织将每年的4月7日定为世界卫生日，主题为"体育运动"，口号为"运动有益"。世界卫生组织有关专家结合当今人类的健康特征与疾病危害趋势，明确指出，缺乏运动是导致疾病与死亡的主要原因，是当今最不合理的生活方式之一。格罗·哈莱姆·布伦特兰博士在世界卫生日指出，缺乏足够的体力活动会对人体健康产生严重的不良后果，全球每年约有200万人因此而失去生命。积极参加体育运动，坚持终身体育锻炼，享受健康人生是每个人的人生目标之一，也是每个人获得健康的基本保证。

二、人文社会科学的体育健康观

随着对健康概念的逐渐深入，健康概念的外延已经扩展至涵盖人的所有属性，人具有双重属性，即生物属性和社会属性。如果说自然科学的体育观主要从人的生物属性出发的话，那么人文社会科学的体育观主要从人的社会属性出发。体育的人文观是一种文明、理性、以人为本的体育观念，其核心就是要主动表现体育对人类生存意义及价值的终极关怀。体育的人文观强调在对体育的认识中倾注以人为本的人文精神。体育的社会观就是关于体育的基本社会观念，包括对体育与社会的关系、体育内部制度、体育的社会功效等问题的阐述。

人文视野的健康观更多地体现在社会系统中如何看待健康对象。健康对象既可以是个体，又可以是群体，乃至整个社会。其主要含义包括健康的权利、健康的责任和义务、健康与社会发展的协调。健康是所有人的健康，不分种族、阶级，每个人都享有平等的健康权利。各种人性化的促进健康的方法和手段不能脱离人性特质。科学价值和人文价值的结合才能真正实现人人健康、和谐健康的目标。

（一）体育要面向全人类发展的根本需要

人文就是人类文化中的先进部分和核心部分，即先进的价值观及其规范。其集中体现是：重视人、尊重人、关心人、爱护人。人文精神是一种普遍的人类自我关怀，表现为对人的尊严、价值、命运的维护、追求和关切，对人类遗留下来的各种精神文化现象的高度珍视，对一种全面发展的理想人格的肯定和塑造。体育与世界上一切社会事业一样都是人的事业，既是为了人，又依靠人，都取决于人，最伟大之处在统一了全世界积极进取、全力拼搏的价值取向、精神风貌，是对人最大潜力、最感人至深的精神境界的发掘。

面向21世纪，中国体育要转轨，转到为满足人类全面发展的普遍和根本需求的轨道上来。实现以人为本、辐射多种层面，走向以国家民族利益为重、长远关注个体和人类发展的立体层次。体育的社会性决定了它不仅要为某一群体服务，而且要考虑微观的每一个个体的需要，还要从全人类的宏观层次来探索体育的终极目的。

（二）促进人类健康是体育的终极目的

健康，体现着人类对自身前途和命运的基本关怀。体育，是追寻健康的积极方式，是体现这种基本关怀的最佳执行者。体育是人类新生产方式的产物，近代体育本身是工业化的副产品。促使体育从原始混沌和萌芽状态中脱离出来的根本原因是生产方式的进步,大工业生产的分工导致综合性体力劳动突变到片面性体力工作,文明程度增高而体质下降,工作固定及闲暇时间的富裕,体育就以崭新的面貌出现了。当下已经步入知识经济和信息社会,生产方式和生活方式已经发生了巨大变化,体育的功能和特征必然将随着社会的发展发生改变。熊斗寅概括了体育的含义:体育是一种复杂的社会文化现象,它以身体与智力活动为基本手段,根据人体生长发育、技能形成和机能提高等规律,达到促进全面发展、提高身体素质与全面教育水平、增强体质与提高运动能力,改善生活方式与提高生活质量的一种有意识、有目的、有组织的社会活动。从这个概括可以看出体育与人的发展、体育与健康的关系。

健康医学模式主要以合理营养,经常性的体育运动,调节和诱导心理适应能力,开展加强自我保健、初级保健等方式来维持和促进人群健康。体育运动已被视为健康的四大基石之一。体育作为社会系统的子系统,呈现加速发展的趋势,已演进成人类的一种具有独立体系的文化形态,它渗入社会的每一个"细胞",深刻地影响着人们的生活,对社会大系统的发展起着越来越显著的作用。现代体育必须与社会大系统同步发展,必将以人的全面发展为终极目标。人的全面发展是以健康为基础的,体育的特征和功能决定了体育必然要承担促进人类健康的重任。

第三节 体育运动对健康的影响

一、体育运动对个体健康的影响

(一)体育运动能增强人体全身各系统的生理功能

体育运动是由人体各器官、系统协调配合所完成的,同时,体育运动又对各器官、系统产生良好影响。

1. 体育运动对新陈代谢的影响

体育运动可以促进体内组织细胞对糖的摄取和利用能力,增加肝糖原和肌糖原的储存,改善机体对糖代谢的调节能力。例如,在长期体育运动的影响下,胰高血糖素分泌表现对运动的适应,即使在同样强度的运动情况下,胰高血糖素分泌量减少,推迟肝糖原的排空,从而推迟运动衰竭的到来,增加人体持续运动的时间。脂肪是在人体中含量较多的能量物质,氧化分解时放出的能量是糖或蛋白质的两倍,长期坚持体育运动能提高机体对脂肪的动员能力,为人体从事各项活动提供更多的能量来源。

2. 体育运动与运动系统

人体长期坚持适度的体育运动,对骨骼、肌肉、关节和韧带都会产生良好的影响。经常运动可使骨密质增厚,骨径变粗,肌肉体积增大,肌纤维数中线粒体数目增多,加快骨的血液循环,改善骨的营养,还能使骨的形态结构、骨量发生良好的变化,同时也使骨变得更加粗壮坚固。适宜的运动可使关节囊增厚、韧带增粗、胶原含量增加,进而提高关节的稳定性。

3. 体育运动与心血管系统

适当的运动是心脏健康的必由之路,有规律的运动可以减慢心率,大大减少心脏的工作时间,增加心脏功能,可以保持冠状动脉血流畅通,可以更好地供给心肌所需要的营养,可使心脏病的危险率减少。

经常参加体育运动可使心肌细胞内的蛋白质合成增加，心肌纤维增粗，心肌收缩力量增加，导致心脏的每搏输出量增加。体育运动可以增加血管壁的弹性，随着年龄的增加，血管壁的弹性逐渐下降，因而可诱发高血压等退行性疾病，通过体育运动，可增加血管壁的弹性，可以预防或缓解退行性高血压症状。体育运动可以促使大量毛细血管开放，因此，会加快血液与组织液的交换，加快新陈代谢。体育运动可以显著降低血脂含量，改变血脂质量，有效地防治冠心病、高血压和动脉粥样硬化等疾病。

4. 体育运动与呼吸系统

经常进行体育运动的人，其呼吸器官的构造和机能会发生良好的变化，可使骨性胸廓发达、胸围加大，增加从肺内向外排气的量，又为肺内充满较多的气体提供了空间条件。体育运动可以使呼吸肌逐渐发达且力量增强。膈肌的收缩和放松可以提高肺活量。随着训练水平的提高，肺的通气量相应增大。由于促进了肺的良好发育，使肺泡的弹性和通透性加大，更有利于进行气体交换。一般人在进行体育活动时只能利用其氧气最大摄入值的60％左右，而经过体育运动后可以使这种能力大大地提高，体育运动时，即使氧气的需要量增加，也能满足机体的需要，而不致使机体缺氧。

5. 体育运动与消化系统

实验证明，长期适量的体育运动可对人体的消化系统功能产生良好的影响。适度的体育运动可以整体提高心肺功能，相应地促进消化器官的血液循环，保证氧气和营养物质的供给，膈肌和腹肌的活动可以增强胃肠的蠕动，能对胃肠产生一种特殊的按摩作用。体育运动可以产生良好愉悦的心情，从而提高食欲，有助于刺激消化液分泌，提高消化酶的活性，加速肠道蠕动，减少肠黏膜与致癌物的接触，降低大肠癌的发病率。

6. 体育运动与中枢神经系统

体育运动是发展和保持神经系统功能的有效手段。适度的体育运动可以保证神经系统的功能正常和预防运动中枢神经损伤。经常参加体育运动能改善神经系统的调节功能，提高神经系统对人体活动时错综复杂的变化的判断能力，并及时做出协调、准确、迅速的反应。研究表明，经常参加体育运动，能明显提高脑神经细胞的工作能力。反之，如果缺乏必要的体育活动，大脑皮层的有效调节能力将会下降，造成平衡失调，甚至引起某些疾病。

7. 体育运动与泌尿系统

体育运动对泌尿系统的影响较为明显，主要表现在对肾脏的影响。短时间大强度的一次性练习后，可使肾小管上皮顶浆小泡增多，从而提高了肾小管对低分子蛋白质的重吸收机能。

(二)体育运动对心理健康的影响

体育锻炼对心理健康的积极影响主要表现在以下几个方面。

1. 改善情绪状态

情绪状态是衡量体育锻炼对心理健康影响的最主要的指标。人生活在错综复杂的社会中，经常会产生忧愁、紧张、压抑等情绪反应，体育锻炼则可以转移个体不愉快的意识、情绪和行为，使人从烦恼和痛苦中摆脱出来。大学生常因名目繁多的考试、相互之间的竞争，以及对未来工作分配的担忧而产生持续的焦虑情绪，经常参加体育锻炼可使自己的焦虑反应减少。

2. 提高智力功能

经常参加体育锻炼可以提高自己的智力功能，不仅使锻炼者的注意力、记忆力、反应力、思维能力和想象力等能力得到提高，还可以使其情绪稳定、性格开朗、疲劳感下降等，这些非智力成分对人的智力功能具有促进作用。

3. 确立良好的自我概念

自我概念是个体主观上对自己的身体、思想和情感等的整体评价,它是由许许多多的自我认识所组成的,体育运动对改善人的身体表象和身体自尊至关重要。身体表象是指头脑中形成的身体图像。身体表象障碍在正常人群中是普遍存在的。身体自尊主要包括一个人对自己运动能力的评价,对自己身体外貌(吸引力)的评价,以及对自己身体的抵抗力和健康状况的评价。身体表象和身体自尊与整体自我概念有关系,无论是男性还是女性,对身体表象的不满意会使个体自尊变低,并产生不安全感和抑郁症状,参加体育运动会使个体的自我概念显著增强。

4. 培养坚强的意志品质

意志品质是指一个人的果断性、坚韧性、自制力,以及勇敢顽强和主动独立等精神,意志品质既是在克服困难的过程中表现出来的,又是在克服困难的过程中培养起来的。在体育运动中要不断克服客观困难(如气候条件的变化、动作的难度或意外的障碍等)和主观困难(如胆怯和畏惧心理、疲劳和运动损伤等),锻炼者越能努力克服各方面的困难,也就越能培养良好的意志品质。

5. 消除疲劳

疲劳是一种综合性症状,与人的生理和心理因素有关,当一个人的情绪消极,或任务超出个人的能力时,在生理上和在心理上就会很快地产生疲劳。保持良好的情绪状态和参加中等强度的体育锻炼则可以使人身心放松,快速消除疲劳。

6. 治疗心理疾病

体育运动被公认为是一种心理疾病的治疗方法。美国的一项调查显示:在1 750名心理医生中,80%的医生认为体育锻炼是治疗抑郁症的有效手段之一,60%的医生认为应将体育锻炼作为一种治疗方法用来消除焦虑症。由于学习方面的挫折和其他方面的挫折而引起焦虑症和抑郁症的个体,通过体育锻炼可以减缓或消除这些心理疾病。

二、过度运动对个体健康的影响

过度运动是发生于体育运动中的一种运动性疾病。过度运动不仅影响个体的运动能力,甚至严重损害人体免疫系统和身体健康。

研究表明,一次或长期大运动量的训练,可造成下丘脑-垂体-性腺轴功能抑制,血清睾酮水平下降,表现为兴奋性差,竞争意识下降,体力恢复慢。睾酮是人体内主要的合成激素,促进氨基酸的摄取,促进核酸和蛋白质的合成,促进肌肉和骨骼生长,刺激红细胞分泌,增加肌糖原储备,维持雄性攻击性、进取心等。人经过长时间的大运动量的运动后,会增加运动性贫血的发生率,这种贫血多为缺铁性贫血,原因不明;反过来,贫血可造成运动能力下降。过度运动可造成运动性血尿、蛋白尿及运动性哮喘等疾病的发作。

三、运动缺乏对个体健康的影响

(一)运动缺乏的概念

运动缺乏是慢性非传染疾病(如高血压、冠心病、脑卒中、高脂血症、肥胖、糖尿病等)的一级危险因素。运动缺乏的含义包括久坐习惯、机体缺乏运动应激刺激、不运动或很少运动。如果每周运动不足3次,每次运动时间不足10分钟,运动强度偏低,运动时心率低于110次/分,则为运动缺乏。运动缺乏会对人体健康产生不利的影响。大量的研究证实,运动缺乏和许多慢性疾病的发生及由此而引起的死亡密切相关,缺乏运动至少会引起各种非健康状态或疾病的发生,包括心绞痛、心肌梗死、心律失常、关节疼痛、过度肥胖、骨质疏松、体力不支、睡眠性呼吸暂停等。

(二)运动缺乏对人体生理功能的不良影响

长期缺乏运动,新陈代谢功能降低容易引起运动系统疾病,如肩周炎、骨质疏松等,同时也会导致心肺功能下降。久坐不动或运动缺乏可使人抵抗力下降,有时会加速衰老,而且会导致心肌损伤、中风、心绞痛以及十二指肠溃疡的发病率上升。运动缺乏对人体的不利影响突出表现在以下几个方面。

1. 对心血管功能的影响

运动缺乏可导致氧运输能力低下,血管弹力减弱,心脏收缩力不足,易引发心血管疾病。

2. 对呼吸系统的影响

运动缺乏可使肺的通气量和换气功能下降,肺血流量减少,气体交换效率下降。呼吸表浅,每分钟呼吸次数增加,呼吸肌的调节能力减弱,进而导致呼吸功能降低。

3. 对神经系统的影响

运动缺乏可使脑细胞的新陈代谢减慢,使人的记忆力与大脑的耐久力下降,大脑皮质分析、综合和判断能力减弱,反应慢、不敏锐,使大脑工作效率降低。

4. 运动缺乏易导致肥胖

缺乏运动可使成人和儿童体内储存过多的脂肪,导致肥胖或体重超出正常值,可使骨周围肌肉组织的肌力减弱,关节的灵活性、稳定性减弱,肌纤维变细、无力、肌肉收缩能力减退。

5. 运动缺乏导致亚健康症状

运动缺乏会导致记忆力减退、嗜睡、四肢乏力、腰膝酸痛、烦躁、健忘、易激怒、头晕目眩等亚健康症状。

第四节 与健康相关的行为和生活方式

一、行为和生活方式概述

不良行为及生活方式如吸烟、过量饮酒、缺乏运动、吸毒、生活不规律等已成为慢性疾病、性传播疾病和意外伤害的重要原因。改变这些行为是预防疾病、促进健康的重要途径。近年来,越来越多的研究表明,合理的体育运动已经慢慢成为现代社会生活中积极健康、深受国民喜爱的行为方式和生活方式,理解体育运动与人的行为和生活方式的关系具有极大的现实意义。

(一)行为和生活方式的基本概念

1. 行为

"行为"一词,在人们日常生活中随处可见,因为每个人都是行为者,每天都必须有所行为。这里讲的行为是指狭义的人的行为,而不是广义的一切动物的行为。人的行为是人的器官和机体在客观事物刺激下所发生的反应形式。例如,走路、工作、打球、游泳等,包括内在的生理和心理变化。根据此定义,美国心理学家伍得渥斯提出了著名的 S—O—R 行为表示式:刺激 S(stimulus)—有机体 O(organism)—行为反应 R(reaction)。人的行为由五个基本要素构成,即行为主体、行为客体、行为环境、行为手段和行为结果。行为主体——人;行为客体——人的行为所指向的目标;行为环境——行为主体与行为客体发生联系的客观环境;行为手段——行为主体作用于行为客体时的方式、方法及所应用的工具;行为结果——行为对行为客体所致的影响。

人类的行为因其生物性和社会性所决定,可分为本能行为和社会行为两大类。人类的本能行为由人的生物性所决定,是人类的最基本行为,如摄食行为、性行为、躲避行为、睡眠等。人类的社会行为由人的社会性所决定,其造就机构来自社会环境。人们通过不断的学习、模仿、受教育、与人交往的过程,逐步懂得如何使自己的行为得到社会的认同、符合道德规范、具有社会价值,从而与周围环境相适应。因此,人类的社会行为是通过社会化过程确立的。

在人的整个生命周期中,行为的形成和发展可分为四个阶段。

(1)被动发展阶段。被动发展阶段在 0~3 岁内,此阶段的行为主要是靠遗传和本能的力量发展而成的,如婴儿的吸吮、抓握、啼哭等行为。

(2)主动发展阶段。主动发展阶段在 3~12 岁内,此阶段的行为有明显的主动性,其主要表现为爱探究、好攻击、易激惹、喜欢自我表现等。

(3)自主发展阶段。自主发展阶段自 12~13 岁起延续至成年,此阶段个体开始通过对自己、他人、环境、社会的综合认识,调整自己的行为。

(4)巩固发展阶段。巩固发展阶段在成年后,持续终生,此阶段的行为已基本定型,由于环境、社会及个人状况均在不断变化,个体必须对自己的行为进行不断的调整、完善、充实和提高。

人类行为作为对环境变化的反应,在理论上应该具有适应环境、利于健康、利于个体和各族的保存的特点。然而,在现代社会,出现了很多不利于健康的行为,如吸烟、过量饮酒、吸毒、性变态、赌博、缺乏运动、不合理饮食,等等。从环境适应的角度来看,这些行为是对环境适应的失败,称为不良生活方式。从健康的角度来看,这些行为是对健康产生不良的影响,称为危险行为。相反,有利于健康的行为,如合理膳食、适量运动、有规律的生活等。

2. 生活方式

生活方式是不同的个人、群体或全体社会成员在一定的社会条件制约和价值观念引导下所形成的满足自身生活需要的全部活动形式与行为特征的体系。生活方式的内容相当广泛,它包括人们的衣、食、住、行、劳动工作、社会交往、待人接物等物质生活和精神生活的价值观、道德观、审美观,以及与这些方式相关的方面。

进行分类。

(1)按主体的层面不同,生活方式可划分为社会、群体和个人三大类。社会生活方式是该社会全体成员生活模式的总体特征。人类历史上出现的不同社会生活方式类型有原始社会生活方式、奴隶社会生活方式、封建社会生活方式、资本主义社会生活方式和社会主义社会生活方式等。群体生活方式包括各阶级、各阶层、各民族、各职业集团,以及家庭生活方式等庞大体系。个人生活方式从心理特征、价值取向、交往关系以及个人与社会的关系等角度可分为:内向型生活方式和外向型生活方式;奋发型生活方式和颓废型生活方式;自立型生活方式和依附型生活方式;进步的生活方式和守旧的生活方式;等等。某一社会、群体、个人生活方式是该社会中生活方式的一般、特殊和个别的表现形态。

(2)按生活方式的不同领域,生活方式可划分为劳动生活方式、消费生活方式、闲暇生活方式、交往生活方式、政治生活方式、宗教生活方式等。

(3)按不同的社区,生活方式可分为城市生活方式和农村生活方式两大类。当今世界,发达国家的城市人口占很大比重,城市生活方式是绝大多数居民的生活方式,发展中国家的农业人口占很大比重,农村生活方式仍占优势。伴随着工业化、城市化的进程,城市和城市化的生活方式将在发展中国家得到相应的发展。

(4)按不同的时代特征,生活方式可分为现代社会生活方式和传统社会生活方式。

(5)按主要经济形式,生活方式可分为自然经济生活方式和商品经济生活方式。

(二)行为和生活方式与疾病的关系

随着社会的发展,当前人类的健康模式和疾病都发生了巨大变化,过去主要危害我国人民健康的传染病不少已被消灭或控制,而一些慢性非传染性疾病,如心脑血管病(高血压、脑卒中、冠心病)、恶性肿瘤、糖尿病等,以及精神疾患已成为威胁人们生命与健康的常见病、多发病。由于这些疾病的发生与个体不健康的生活方式和行为习惯有密切关系,因此又称为生活方式病。社会流行病学、行为流行病学研究表明,当前人类面临的主要健康问题是由生物学因素、社会因素、心理因素、行为与生活方式因素综合影响的结果。人类许多行为和生活方式本身就是疾病或者是疾病的主要表现,如吸毒、性变态、赌博等行为已经逐渐被纳入疾病分类系统中,自杀、自伤、交通事故等已经成为前十位的死亡原因。不良的行为和生活方式会对人体健康造成多种危害,主要的危害有以下两种。

1. 引发疾病

专家指出,不良的行为和生活方式可以直接导致肥胖、动脉硬化、高血压、心脏病、糖尿病、高血脂等慢性非传染性疾病。不良的行为和生活方式还直接导致性病、艾滋病和肝炎等传染性疾病。最常见的感冒,医学专家已证实为不良的生活方式所诱发。癌症尤其是消化道癌症、乳腺癌等,可由不良的生活方式所诱发。近年来,在都市频发的新都市病,诸如"娱乐病""度假病""家电病""高楼病""居室病""装修病""办公病""忙碌病""机关病""电梯病""视觉病""眼球干燥症""电脑病""网瘾病""信息病""科恐病""电话病""手机病""时差病""乘机病""化妆病""口红病""夜宵病""滋补病""涂料病""化纤病""牛仔裤病""火锅病"等的发病都与人们不良的行为和生活方式有关。

2. 导致短寿

健康的生活方式可以使人健康长寿,而不良的生活方式则使人短寿。捷克共和国卫生部曾指出,捷克人的寿命比发达的欧洲国家居民的寿命要短六七年,有劳动能力的男人的死亡率比欧洲发达国家高一倍。捷克人的短寿,首先是由于患心脏病、脑血管疾病和肿瘤的人较多造成的。饮食不合理、常吸烟、活动少、常喝酒和滥用其他嗜好品,以及不当的性行为,所有这些有损健康的生活方式不断恶化。我国酒的广告铺天盖地,酒的消费量也在不断上升,这种不良的生活方式,导致了我国居民的短寿。

二、与健康相关的行为和生活方式

现代医学研究表明,健康的生活方式,不仅使人身体健康,防病治病,而且还可以延年益寿。世界卫生组织针对严重影响人们健康的不良行为与生活方式,提出了健康四大基石的概念。健康四大基石包括16个字:合理膳食、适量运动、戒烟限酒和心理平衡。世界卫生组还指出,做到这四点,便可解决70%的健康行为问题,使平均寿命延长10年以上。

(一)合理膳食

合理膳食是指一日三餐所提供的营养必须满足人体的生长、发育和各种生理、体力活动的需要。营养是生命赖以生存的物质基础,也是改善人类健康的重要条件。人体需要不断从食物中获得营养成分以保持人体和外界环境的能量平衡和物质平衡,以维持人体的健康水平。各种营养在机体代谢过程中,均有其独特的功能,彼此间密切联系,相辅相成,但一般不能相互取代。因此,食物只有合理搭配,机体才可得到所需营养。健康的饮食可概括为两句话,共 10 个字:一、二、三、四、五,红、黄、绿、白、黑。

1. 一、二、三、四、五

"一"指每天喝一袋牛奶(酸奶),内含 250 mg 钙,可以有效地改善我国膳食钙摄入量普遍偏低的状态。"二"指每天摄入碳水化合物 250~350 g,相当于主食 6~8 两(1 两=50 g),各人可依具体情况酌情增减。"三"指每天进食 3 份高蛋白食物。"四"指四句话:有粗有细(粗细粮搭配);不甜不咸(广东型膳食每天摄盐 6~7 g,上海型膳食每天摄盐 8~9 g,北京型膳食每天摄盐 14~15 g,东北型膳食每天摄盐 18~19 g);三四五顿(指在总量控制下,进餐次数多,有利防治糖尿病、高血脂);七八分饱。"五"指每天 500 g 蔬菜及水果,加上适量烹调油及调味品。

2. 红、黄、绿、白、黑

"红"指每天可饮红葡萄酒 50~100 mL,以助增加高密度脂蛋白及活血化瘀,预防动脉粥样硬化。"黄"指黄色蔬菜,如胡萝卜、红薯、南瓜、西红柿等,其中含丰富的胡萝卜素,对儿童和成人均有提高免疫力的功能。"绿"指绿茶及深绿色的蔬菜饮料,以茶最好,茶以绿茶为佳。据中国预防医学科学院研究,绿茶有预防肿瘤和抗感染的作用。"白"指燕麦粉或燕麦片。据研究证实,每天进食 50 g 燕麦片,可使血胆固醇水平下降,对糖尿病更有显著疗效。"黑"指黑木耳等黑色食品。每天进食黑木耳 5~15 g,能显著降低血黏度与血胆固醇,有助于预防血栓形成。

(二)适量运动

适量运动是指运动者根据个人的身体状况、场地、器材和气候条件,选择适合的运动项目,使运动负荷不超过人体的承受能力。

现代人出门就坐车,上楼有电梯,体力活动越来越少,心脑血管疾病患者越来越多。预防心脑血管疾病的最好方法是适当运动,运动者要根据自己的年龄、病情、体力、个人爱好选择一些适合的中低强度运动,包括打太极拳、做医疗体操、骑车、爬山、游泳、打乒乓球和打羽毛球等。老年人最好的运动是步行——每天至少走半个小时。

运动前需要做准备活动,运动强度以运动时稍出汗,轻度呼吸加快但不影响对话为佳,一般运动的时间为 10~30 分钟,每周运动 3~5 次就可以了。在运动时,运动者要注意循序渐进,不做鼓劲憋气、快速旋转、剧烈用力和深度低头的动作。需要注意的是,运动者若在运动的过程中感觉身体不适、无力、气短时,应及时停止运动,必要时就医。清晨起床后,人的交感神经兴奋,心率加快,血黏度增高,是心脑血管疾病的高发时间,且春天早晨的气温较低,血管遇冷易收缩、变窄,易引发中风,所以,老年人应选择早晨八九点钟太阳出来后或下午四时左右运动为宜。

(三)戒烟限酒

吸烟不仅使人成瘾,还会促发高血压、冠心病,引起肺癌等多种癌症和气管炎、肺气肿等,因此,吸烟是健康的大敌。任何年龄的戒烟都可获得健康上的真正收益。酒可少饮,经常或过量饮酒则伤肝,容易引起肝硬化,甚至肝癌。注意做到不要喝高度烈性酒,低度白酒也不可常喝,黄酒、葡萄酒也要有节制。一日饮酒量不宜超过 15 g 酒精,相当于葡萄酒 60~100 mL、白酒 25~30 mL、啤酒 0.5~1 瓶。

(四)心理平衡

在健康的四大基石中,心理平衡最重要。保持心理平衡要做到:三个"乐"、三个"正确"和三个"既要"。三个"乐",即助人为乐、知足常乐和自得其乐。三个"正确",即正确对待自己、正确对待他人和正确对待社会。三个"既要"包括:既要尽心尽力奉献社会,又要尽情品味美好人生;既要在事业上有进取心,又要在生活中有平常心;既要精益求精于本职工作,又要有多姿多彩的业余生活。拥有健康的心理,才能更好地适应社会生活。因此,每个人都应当学会调节心理压力,勇于面对困难,保持愉快的情绪和充沛的精力。

近年来,在西欧等发达国家日渐兴起一种被称之为"FUN"的健康新生活。

"F"是英文"fit"的首写字母,意思为健身,指的是家庭成员每天应该进行一定时间的健身运动。具体要求是:每天30分钟,适合自己具体情况,运动时心率达到每分钟100~124次,每周至少2次。运动可包括:5分钟的慢跑、牵引练习作为热身,20分钟的跑步、打球、做操或散步,5分钟的整理与放松。

"U"是英文"unify"的首写字母,意思为和谐,指的是创造一种轻松协调、和谐愉快、友好的家庭环境和氛围,以便放松心情,包括定期的家庭聚会与交流,外出旅游、野餐,家庭游戏,减少看电视时间,保证充足睡眠等。

"N"是英文"nutrition"的首写字母,意思是营养,指的是科学合理的营养平衡。具体包括适宜的、粗细结合的碳水化合物,中等量的蛋白质、低脂肪,丰富的新鲜蔬菜水果。科学的饮食结构,营养平衡摄入,放弃酗酒、吸烟、嗜糖、高盐等不良行为习惯。

三、危害健康的行为

现代社会中,人们有很多危害健康的行为,这些行为大致可以分为以下几类。

第一类是不良生活方式与习惯。不良生活方式是一组习以为常的、对健康有害的行为习惯,包括能导致各种成年期慢性退行性病变的生活方式,如吸烟、酗酒、缺乏运动、高盐高脂饮食、不良进食习惯等。不良的生活方式与肥胖、心血管系统疾病、早衰、癌症等的发生关系密切。

第二类是致病行为模式。致病行为模式是导致特异性疾病发生的行为模式,国内外研究较多的是A型行为模式和C型行为模式。A型行为模式是一种与冠心病密切相关的行为模式,表现为争强好胜,工作节奏快,有时间紧迫感;警戒性和敌对意识较强,勇于接受挑战并主动出击,而一旦受挫就容易不耐烦。有关研究表明,具有A型行为者冠心病的发生率、复发率和死亡率均显著高于非A型行为者。C型行为模式是一种与肿瘤发生有关的行为模式,其核心行为表现为情绪过分压抑和自我克制,爱生闷气,表面隐忍而内在情绪起伏大。

第三类是不良疾病行为。疾病行为指个体从感知到自身有病到疾病康复全过程所表现出来的一系列行为。不良疾病行为可能发生在上述过程的任何阶段,常见的行为表现形式有恐惧、疑病、讳疾忌医、不及时就诊、不遵从医嘱、迷信、自暴自弃等。

第四类是违反社会法律、道德的危害健康行为。我国有关法律、条例、具有法律效力的文件等对部分行为进行了规范,如禁止吸毒、贩毒、性乱,公共场所禁止吸烟等。违反社会法律、道德的危害健康行为即指上述行为,这些行为既直接危害行为者个人健康,又严重影响社会健康与正常的社会秩序。

(一) 吸烟

吸烟已经成为人类的一个长期大问题,吸烟与多种疾病有着直接或间接的关联。据世界卫生组织报道,65岁以下男性90%的肺癌、75%的支气管炎、30%的食道癌、25%的冠心病是由吸烟所引起的,死亡的人数比车祸多2倍。发达国家的吸烟人数在逐年下降,大约以11%的速度递减,然而发展中国家的吸烟率在持续上升。

资料研究表明,香烟的烟雾中含有4 000余种的化学物质,其中主要的化学物质有尼古丁、一氧化碳和烟焦油。尼古丁是无色透明的挥发性液体,可使支气管黏膜受损、纤毛失去活力,容易发生感染,可刺激中枢神经系统,使血管收缩,血压上升,尼古丁会成瘾。一氧化碳是无色无味气体,使机体组织缺氧而产生一系列的病理变化,临床上可能与心绞痛、心肌梗死有关。烟焦油通常视为评估烟草中有害物质的指标之一,它是一种棕黄色的、具有黏性的树脂,吸入后黏附在人体的黏膜上,可致细胞畸变和癌变。

据大量流行病学调查资料显示,吸烟是许多慢性非传染性疾病的主要危险因素。长期大量吸烟可引发肺癌、支气管炎、肺气肿、冠心病、消化性溃疡病等,且吸烟量越大、开始吸烟的年龄越小、吸烟史越长,对健康的危害也越大。吸烟不仅使本人受害,由于散发的烟雾污染空气,使不吸烟者被动吸烟,从而危及他人及全社会的健康。被动吸烟的孕妇可能会导致胎儿智力发育受阻、死胎、流产、早产、低体重儿增加,被动吸烟者同样可使机体免疫力下降,诱发癌症等。

(二) 酗酒

酗酒是指过量的无节制的饮酒。一般认为适量饮酒可以改善血液循环,促进新陈代谢,对健康有好处,而且越来越多的证据也支持这一点,通常滴酒不沾的男性和女性比适量饮酒者更易患冠心病和中风,适量饮酒被认为可延长寿命,但是酗酒危害健康。一次性过量饮酒可造成急性酒精中毒,而且还会引发许多社会问题,如车祸、打架斗殴、犯罪、家庭破裂等。据调查,30%~50%的交通事故与司机饮酒有关,38%的流氓犯罪由酗酒引起。长期过量饮酒可引起慢性酒精中毒、肝硬化、心血管疾病、神经精神疾病等,孕妇饮酒还会影响胎儿。

过量饮酒与慢性疾病有着密切的关系。过量饮酒可导致酒精肝,严重损害肝脏,最终极有可能发展成肝癌,造成不可挽回的恶果。过量饮酒可导致脑血管疾病,乙醇进入体内经过代谢,可引起心肌肥大和心律失常,最后可以导致机体重要器官缺血性病变。相关研究表明,酒精过多会严重损害神经系统。摄入小剂量乙醇多表现为兴奋状态,但若摄入的乙醇浓度失调,乙醇可作用于小脑而引起共济失调,导致酒精性周围神经病。

(三) 吸毒和药物滥用

吸毒指吸食毒品,如鸦片、吗啡、海洛因等可上瘾的麻醉剂,属于药物滥用。药物滥用还包括使用镇静剂、镇痛剂以及运动员违禁使用的兴奋剂。

吸毒往往使人精神颓废、人格缺损、身体素质下降。吸毒者共同使用针具注射毒品,往往成为艾滋病、肝炎等疾病的重要传播渠道。运动员使用兴奋剂也会对其身心健康造成危害,如使用类固醇可致女性男性化、肝功能损害、情感障碍、易受伤、血脂紊乱等。

(四) 不健康饮食

不健康的饮食行为主要包括进食过多、进食过少、偏食、进食不规律、食品加工等方面的问题。随着人们生活水平的不断提高,在人们的膳食结构中,过多摄入了高糖、高脂的食物,产生了大量能量,成为高血压及心脑血管疾病的促发因素。更有研究发现,高盐饮食可使人的血压升高,不健康饮食还会损害肠胃,诱发肠胃疾病,引起营养失衡。在三餐定时的情况下,人体内会自然产生胃结肠反射现象,可使排便规律,有利身体内代谢产物的排出,如饮食不规律、经常不吃早餐等,可造成胃结肠反射作用失调,产生便秘等症状,身体排毒不畅,容易引起皮肤疾病,如痤疮等。

(五)不良性行为

不良性行为主要包括异性滥交,如卖淫、嫖娼、婚前性行为和婚外性行为等。不良性行为的产生与社会环境、文化道德密切相关。不良性行为是性传播疾病、艾滋病的主要传播途径。目前社会上出现的卖淫、嫖娼行为则是我国性病传播的主要温床。性传播疾病是典型的"社会病",它不仅是公共卫生问题,而且是一个重大的社会问题,它不仅对个人、家庭造成危害,对整个社会安定及经济发展也会产生不良影响。

四、健康教育与健康促进

(一)健康教育

健康教育是通过有计划、有组织、有系统的教育活动,以教育、传播、干预为手段,帮助个体和群体改变不良行为和生活方式,以促进健康为目的所进行的活动。健康教育的核心是帮助人们建立健康行为和生活方式。

健康教育的内容包括向受教育群众传播有关健康信息,对目标人群进行健康观、价值观的认知教育以及保健技能的培训,针对特定行为进行干预,通过这些系列工作可以有效地帮助工作对象掌握健康知识,树立正确的健康价值观,改变不良行为,采纳健康行为,避免危险因素,预防疾病,主动创造健康。

健康教育与传统意义上的卫生宣传不能等同,两者既有区别又紧密联系。卫生宣传是卫生知识的单向传播,其受传对象比较泛化,缺乏针对性。与健康教育相比,卫生宣传侧重于改变人们的知识结构和态度,不着重信息的反馈和效果。健康教育是卫生宣传在功能上的拓展、在内容上的深化,它的教育对象明确,针对性强,注重反馈信息,着眼于教育对象行为改变。然而,健康教育离不开卫生宣传,健康教育要实现特定健康行为目标,必须以卫生宣传作为重要手段。

(二) 健康促进

1. 健康促进的含义

世界卫生组织关于健康促进的定义:"健康促进是促进人们维护和提高他们自身健康的过程,是协调人类与他们环境之间的战略,规定个人与社会对健康各自所负的责任。"美国著名健康教育学家劳伦斯·格林指出健康促进是指一切能促使行为和生活条件向有益于健康改变的教育与环境支持的综合体。其中,教育指健康教育,环境包括社会的、政治的、经济的和自然的环境,支持即指政策、立法、财政、组织、社会开发等各个系统。

健康促进的基本内涵包含了个人和群体行为改变,以及政府行为(社会环境)改变两个方面,并重视发挥个人、家庭、社会的健康潜能。

2. 健康促进的活动领域

1986 年,第一届国际健康促进大会通过的《渥太华宪章》明确指出了健康促进的五个活动领域,奠定了健康促进的理论基础。

(1)制定有利于健康的公共政策。健康促进的含义已超出卫生保健的范畴,把健康问题提到各级政府组织决策的议事日程上来,非卫生部门制定实行健康促进政策(包括政策、财政、法规、税收以及组织保障等),其目的就是要使人们更容易做出更有利于健康的选择。

(2)创造支持的环境。健康促进必须创造安全、满意和愉快的生活环境和工作条件;同时必须提出要保护自然、创造良好的环境以及保护自然资源。

(3)强化社区行动。通过具体和有效的社区行动,充分发动社区的整体力量,积极有效地参与社区卫生保健计划的制订和执行,进一步挖掘社区资源,帮助社区民众认识自己的健康问题,学会解决问题的办法。

(4)发展个人技能。通过提供健康信息、教育并帮助提高健康选择的技能,从而支持个人和社会的发展,使人们能够更好地控制自己的健康和环境,并做出有利于健康的选择。健康促进的基本内涵包含了通过健康教育传播与健康相关的知识以促使个人行为的改变,在这个过程中要重视发挥个人、家庭、社会的最大健康潜能。社会环境改变也包括服务功能的健全和技术的提高。

(5)调整卫生服务方向。健康促进的卫生服务责任由个人、社会团体、卫生专业人员、卫生部门、工商机构和政府共同分担,通过共同努力,建立一个完善的、有助于健康的卫生保健系统。

3. 健康促进的核心策略

社会动员为健康促进的核心策略。社会动员是通过一系列综合的、高效的动员社会的策略和方法,促使社会各阶层广泛地主动参与,把健康教育、健康促进的目标转化成满足广大社区居民健康需求的社会目标,并转变为社区成员共同的社会行动,进而实现这一社会健康目标的过程。社会动员的对象包括领导层、社区社会力量(居民委员会、社区非政府组织)、相关专业人员、社区家庭和个人。

(三)健康教育与健康促进的区别与联系

(1)健康教育要求人们通过自身认知、态度、价值观和技能的改变而自觉采取有益于健康的行为和生活方式。因此,从原则上来讲,健康教育最适于改变自身因素即可改变行为的人群,健康促进是在组织、政策、经济、法律上提供支持环境,它对行为改变有支持性或约束性。

(2)健康教育作为健康促进的重要组成部分,与健康促进一样,不仅涉及整个人群,而且涉及人们社会生活的各个方面。在疾病三级预防中健康促进强调一级预防甚至在更早的阶段预防。

(3)健康教育是健康促进的核心,健康促进需要健康教育的推动和落实,营造健康促进的氛围,没有健康教育,健康促进就缺乏基础。健康教育必须有环境、政策的支持,才能逐步向健康促进发展,否则其作用会受到极大的限制。

(4)与健康教育相比,健康促进将客观支持与主观参与融于一体。健康促进包括健康教育和环境支持,健康教育是个人与群体的知识、信念和行为的改变。

(四)健康教育与健康促进的任务

1. 主动争取和促进领导及决策层转变观念

政府在政策上对健康需求和健康活动给予支持,并制定各项促进健康的政策。

2. 提高个人、家庭和社区促进健康、提高生活质量、预防疾病的责任感

通过各种教育活动为群众提供信息,帮助人们增加自控能力、改变不良生活和行为方式,使人们在面对健康威胁的时候,能迅速、明智、正确地做出抉择,避免受损。同时,提高社区和个人健康资源和潜力的开发。

3. 创造有益于健康的外部环境

健康教育和健康促进通过与相关部门协作,共同努力,逐步创造有利于健康的良好生活环境和工作环境,把社区、工厂、学校建成 WHO 所倡导的"健康促进学校"。

4. 积极推动医疗部门观念与职能的转变

通过观念和职能的转变使医疗部门的职能不仅能治疗疾病,还能为预防疾病提供服务。

5. 深入开展学校健康教育

在全民族中,尤其应在幼儿园、小学、中学、大学中深入开展健康教育。教育和引导年轻人从小养成良好的卫生习惯,提倡文明、健康、科学的生活方式,培养健康的心理素质,从而提高全民族的健康素质。

(五)健康教育与健康促进的策略

1. 倡导

倡导政策支持(卫生部门和非卫生部门对群众的健康需求和有利于健康的积极行动负有责任),激发群众对健康的关注,促进卫生资源的合理分配并保证健康作为政治和经济的一个组成部分,倡导卫生及相关部门努力满足群众的需求和愿望,积极提供支持环境和提供方便,使群众更容易做出健康的选择。

2. 赋权

健康是基本人权,健康促进的重点在于实施健康方面的平等,平衡目前存在的资源分配和健康状况的差异,保障人人都有享受卫生保健的机会与资源。应对个人赋权,给群众提供正确的观念、知识和技能,促使他们能够正确地、有效地控制那些影响自身健康的有关决策和行动的能力,解决个人和集体的健康问题。

3. 协调

需要协调所有相关部门(政府、卫生和其他社会经济部门、非政府与志愿者组织、地区行政机构、企业和媒体组织)的行动,各专业与社会团体及卫生人员的主要责任是协调社会不同部门共同参与卫生工作,组成强有力的联盟和社会支持系统,共同协作实现健康目标。

【本章小结】

本章主要阐述了健康的基本概念、现代体育的健康观、体育运动对健康的影响以及与健康相关的行为和生活方式等内容。通过本章学习使学生对健康与运动有一个全面的了解和认识,为理解运动与健康的关系打下理论基础。

【思考复习题】

1. 简述健康的概念及分类。
2. 简述健康的标准。
3. 简述影响健康的因素。
4. 简述体育运动对健康的影响。
5. 简述行为和生活方式的概念。
6. 分别论述健康的生活方式和危害健康的生活方式。
7. 简述健康教育和健康促进的概念。

第二章　运动员的合理营养

【学习目标】
(1)了解营养素、营养和营养学的概念；
(2)熟悉碳水化合物、蛋白质、脂肪、维生素和矿物质的功用；
(3)掌握合理营养的意义与作用；
(4)能够指导不同项目运动员的饮食与营养安排。

第一节　营养与营养素

一、蛋白质

(一)组成与分类

蛋白质是一种化学结构非常复杂的化合物，主要由碳、氢、氧、氮四种元素构成，有的还含有硫、磷等元素。蛋白质含有氮是蛋白质与糖、脂肪的重要区别之一。化合物先构成氨基酸，许多氨基酸再构成蛋白质，所以氨基酸是构成蛋白质的基本单位。

蛋白质中的氨基酸有 20 多种，其中有一部分氨基酸在机体内不能合成或合成速度较慢，不能满足机体需要，但它们又是维持机体生长发育、合成机体蛋白质所必需的，称为必需氨基酸。成年人的必需氨基酸有 8 种，儿童的必需氨基酸有 9 种。其他氨基酸在机体内可以合成，而不必由食物蛋白质供给的，称为非必需氨基酸。必需氨基酸与非必需氨基酸如表 2-1 所示。

表 2-1　必需氨基酸与非必需氨基酸

必需氨基酸	非必需氨基酸
异亮氨酸	甘氨酸、羟脯氨酸
亮氨酸	丙氨酸、门冬氨酸
赖氨酸	谷氨酸、半胱氨酸
蛋氨酸	组氨酸*
苯丙氨酸	精氨酸
色氨酸	胱氨酸
苏氨酸	丝氨酸
缬氨酸	酪氨酸

* 其对于儿童而言为必需氨基酸。

必需氨基酸与非必需氨基酸都是人体所需要的，都有其生理意义，两者保持适当的比例，才能提高利用率。例如：成年人需要的必需氨基酸为总氨基酸的 20%；儿童需要的必需氨基酸为总氨基酸的 30%；婴儿需要的必需氨基酸为总氨基酸的 43%。

每种蛋白质至少由 10 种以上氨基酸构成，根据食物蛋白质的氨基酸组成情况，在营养学上将蛋白质分为三类。

1. 完全蛋白质

完全蛋白质含必需氨基酸种类齐全,数量充足,比例适当,能维持成人健康且能促进儿童生长发育。属这种蛋白质的有奶类中的酪蛋白和乳白蛋白,蛋类中的卵白蛋白和卵黄蛋白,肉类中的白蛋白和肌蛋白,大豆中的大豆蛋白,小麦中的麦谷蛋白,大米中的大米蛋白,玉米中的谷蛋白等。

2. 半完全蛋白质

半完全蛋白质含必需氨基酸的种类较齐全,但含量不多,比例不等,可维持生命,但不能促进生长发育,如小麦中和大麦中的麦胶蛋白。

3. 不完全蛋白质

不完全蛋白质含必需氨基酸种类不全,不能促进生长发育,也不能维持生命。如动物结缔组织和肉皮中的胶白蛋白、豌豆中的豆球蛋白等。

(二)营养功用

1. 构成机体组织

蛋白质是一切细胞和组织结构的重要成分,是生命的物质基础。蛋白质是供给机体生长、更新和修补组织的必需材料,它占细胞固体成分的80%以上。蛋白质占人体体重的18%。

2. 调节生理机能

蛋白质在体内构成许多机能物质,具有多种生理机能。如酶的催化作用,激素的生理调节作用,血红蛋白与肌红蛋白的输氧与储氧,机体的免疫,血浆蛋白维持血浆渗透压,以及某些氨基酸是制造能量物质(磷酸肌酸)和神经介质(乙酰胆碱)的重要成分,对肌肉的功能有很大的作用。

3. 供给热能

蛋白质的主要功用不是供给热能,但是当糖和脂肪供给的热能不足或摄入氨基酸过多,超过体内需要时,蛋白质就供给热能。此外,体内蛋白质更新分解代谢中也放出热能,每克蛋白质产热 4 kcal(1 kcal=4.184 kJ)。

(三)食物蛋白质的营养价值评定

食物蛋白质的营养价值,取决于其含量、成分以及在体内的消化吸收、利用等情况,可根据以下几个方面来综合评定。

1. 食物中蛋白质含量

蛋白质在满足人体需要方面十分重要。不同种类食物蛋白质含量的差异较大,一般来说,大豆含量最高,肉类次之,再次为粮谷类,蔬菜最少,如表 2-2 所示。

表 2-2　部分食物(每 100 g)的蛋白质含量

食物	含量/g	食物	含量/g	食物	含量/g
牛奶	3.3	大米	8.8	马铃薯	1.9
鸡蛋	12.3	小米	9.7	油菜	2.0
猪肉(瘦)	16.7	面粉	9.9	大白菜	1.4
牛肉(瘦)	20.2	玉米	8.6	白薯	2.3
羊肉(瘦)	15.5	大豆	34.2	菠菜	2.0
鱼	12.0~18.0	豆腐干	18.8	花生	26.2

2. 消化率

蛋白质的消化率反映摄入的蛋白质在体内消化酶的作用下分解吸收的程度,被吸收越多,消化率越高。

蛋白质消化率可用下列公式表示:

$$蛋白质消化率 = \frac{被吸收的氮量}{食物含氮量} \times 100\%$$

食物的品种、烹调加工、消化酶的作用等因素可影响食物蛋白质的消化率。植物蛋白质的消化率(平均为78%)低于动物蛋白质的消化率(平均为92%),这是由于植物蛋白质被植物纤维包围,妨碍了植物蛋白质与消化酶的充分接触。有的食物蛋白质含有妨碍蛋白质消化率的因素,如大豆的抗胰蛋白酶,蛋清中的抗生物素蛋白等,因而使蛋白质的消化率降低。烹调加工可除去植物纤维素或使其软化,加热可破坏抗胰蛋白酶等妨碍消化的物质,因而可以提高蛋白质的消化率。如整粒大豆的蛋白质消化率为60%,加工成豆浆或豆腐后,蛋白质消化率提高到90%。按一般方法烹调时,肉类的蛋白质消化率为92%~94%,蛋类为98%,奶类为97%~98%,米饭为82%,面包为79%,马铃薯为74%,玉米面为66%。蒸煮一般会提高蛋白质消化率,而过高温的煎炸不仅会降低蛋白质消化率,还会破坏氨基酸,降低食物的营养价值。

3. 蛋白质生物价

蛋白质生物价是评定蛋白质营养价值的主要指标,它表示食物蛋白质在机体内真正被利用的程度。蛋白质生物价越高,营养价值就越高。

蛋白质生物价可用下列公式表示:

$$蛋白质生物价 = \frac{氮在体内的储留量}{氮在体内的吸收量} \times 100\%$$

蛋白质生物价的高低取决于其氨基酸含量的相互比值。因为构成人体各种组织蛋白质的氨基酸有一定的比例,从食物中摄取的各种必需氨基酸与此种比例一致时,才能被机体充分利用。因此,食物蛋白质所含必需氨基酸的比例越接近人体需要,其蛋白质生物价就会越高。氨基酸需要量比值模式与几种食物(每100 g)蛋白质的比较如表2-3所示。

表2-3 氨基酸需要量比值模式与几种食物(每100 g)蛋白质的比较

氨基酸	需要量比值模式(FAO建议)	牛奶	全蛋	面粉
异亮氨酸	3	3.4	3.2	5.2
亮氨酸	3.4	6.8	5.1	8.8
赖氨酸	3	5.6	4.1	2.4
蛋氨酸+胱氨酸	3	2.4	3.4	2.5
苯丙氨酸	4	7.3	5.5	6.9
苏氨酸	2	3.1	2.8	3.4
色氨酸	1	1.0	1.0	1.0
缬氨酸	3	4.6	3.9	5.1

几种蛋白质混合食用时,由于各种蛋白质所含氨基酸互相配合,取长补短,改善了必需氨基酸含量的比例,从而使混合后蛋白质的生物价提高,这种现象称为蛋白质的互补作用。如粮食类蛋白质中赖氨酸较少,限制了其生物价,而与含赖氨酸较多的大豆或肉、蛋类搭配使用,生物价就可提高。再如,大豆中的蛋氨酸含量较低,而玉米中的蛋氨酸含量较高,两者互补,生物价也可提高。总之,食物多样化,粗细粮搭配,动物蛋白质合理地分配于各餐,适量采用豆制品,可以较好地发挥蛋白质的互补作用,有利于提高蛋白质的营养价值。两种食物摄入的时间以不超过5小时为好,若间隔时间过长,互补作用将会降低。常用食物(每100 g)蛋白质的生

物价如表 2-4 所示。混合食物(每 100 g)蛋白质的生物价如表 2-5 所示。

表 2-4　常用食物(每 100 g)蛋白质的生物价/(％)

食物	蛋白质生物价	食物	蛋白质生物价	食物	蛋白质生物价	食物	蛋白质生物价
鸡蛋	94	鱼	76	玉米	60	高粱	56
牛奶	85	虾	77	大豆	54	绿豆	58
猪肉	74	大米	77	马铃薯	67	花生	59
牛肉	76	小麦	67	白薯	72	白菜	76
牛肝	77	小米	57				

表 2-5　混合食物(每 100 g)蛋白质的生物价/(％)

食物	原蛋白质生物价	混合比例	混合后蛋白质生物价	食物	原蛋白质生物价	混合比例	混合后蛋白质生物价
小麦	67	40％		大豆	57	70％	
玉米	60	40％	70	鸡蛋	94	30％	77
大豆	57	20％					
小麦	67	67％	77	奶粉	85	33％	83
大豆	57	33％		面粉	57	67％	
大豆	57	20％		小米	57	25％	89
玉米	60	40％	73	面粉	67	55％	
小麦	57	40％					
大豆	57	20％		牛肉	76	10％	—
高粱	56	30％	75	大豆	57	10％	
玉米	60	50％					

4. 蛋白质净利用率

蛋白质净利用率是表示摄入蛋白质在体内被利用的情况,它是将蛋白质的生物价与消化率结合起来评定,为评定蛋白质的营养价值常用指标。其用公式表示如下:

$$蛋白质净利用率 = \frac{氮储留量}{氮摄入量} \times 100\%$$

该公式还可简化为:蛋白质净利用率＝蛋白质生物价×蛋白质消化率。

(四)供给量与来源

蛋白质在体内的储量甚微,营养充分时可储存少量(约 1％),而体内的蛋白质每天有 3％需要更新。其中,部分来自体内蛋白分解代谢后重新合成,部分则需要从食物中摄取。因此,每天必须摄取一定量的蛋白质才能满足机体需要。

蛋白质的供给量必须满足机体的氮平衡。蛋白质供给量如果长期不足会造成蛋白质缺乏症,可使机体生理功能下降、抵抗力降低、消化功能障碍、伤口愈合缓慢、精神不振、贫血、脂肪肝、组织中酶活性下降等,还可能导致幼儿出现生长发育不良、皮肤、毛发异常变化等。引起幼儿蛋白质缺乏的原因多为食物来源不足,个别可能是由于某些特殊生理状况使需要量增加,或某些疾病使体内蛋白质排泄量增加或消耗量增加(如肾炎、慢性失血等)所致。

相反,摄入蛋白质过多也对人体有害,如大量蛋白质在体内代谢过程中会增加肝、肾的负担,大量蛋白质会增加食物特殊动力作用使机体增加额外的热能消耗。动物试验表明,膳食中蛋白质含量过高(占热能的 26％),其寿命会缩短。

因我国目前膳食以植物性蛋白质为主,其蛋白质生物价较低,故中国营养学会 1988 年修订的标准是:成年人的供给量为每千克体重 1～1.2 g,应占一日膳食总热量的 11％～14％,儿童为 13％～14％,成人为 11％～12％。

目前,我国膳食蛋白质主要来源为粮谷类蛋白质,动物性蛋白质比较少。粮谷类蛋白质中由于赖氨酸含量较少,营养价值受到限制。为了提高其营养价值,要充分利用蛋白质的互补作用。豆类的蛋白质含量较高,赖氨酸含量也较高,而且经济,因此,豆类是蛋白质的良好来源。

(五)运动与蛋白质

蛋白质与人体运动能力有密切关系,如肌肉收缩、氧的运输与储存、各种生理机能的调节等。此外,氨基酸可为运动时肌肉耗能提供5%～15%的热量(在肌糖原充足时,蛋白质供能仅占总热量的5%,而当肌糖原耗竭时可上升到15%)。由于蛋白质的代谢产物为酸性,所以摄入的蛋白质过多时会增加体液的酸度,降低运动能力,引起疲劳和水的需要量增加等副作用。

体育运动可使体内蛋白质代谢发生变化,不同性质的运动的作用有所差异。耐力性运动使蛋白质分解加强,合成速度减慢,机体氮排出量增加;力量性运动使蛋白质分解加强的同时,活动肌群蛋白质的合成也增加并大于分解的速度,因而肌肉壮大。以上两类体育运动均使身体蛋白质需要量增加。运动实验表明,运动前后供给蛋白质,对改善肌肉的力量有良好效果。

若蛋白质摄入不足,不仅影响运动训练效果,而且会促使运动性贫血的发生。相反摄入量过多,不但对肌肉壮大和提高肌肉功能没有良好作用,而且对正常代谢有不良影响。

运动员的蛋白质供给量比一般人高,成年运动员每千克体重蛋白质供给量应为1.8～2 g,少年运动员每千克体重蛋白质供给量应为2.0～3.0 g,儿童运动员每千克体重蛋白质供给量应为3.0～3.4 g。运动员的蛋白质供热量可为一日总热量的15%～20%,蛋白质来源中最好有1/3为优质蛋白。

二、脂类

(一)组成与分类

脂类包括脂肪和类脂质,由碳、氢、氧三种元素组成,有的类脂质还含有磷。脂肪由一个分子甘油和三个分子脂肪酸构成,故称为甘油三酯。类脂质是一些能溶于脂肪或脂肪溶剂的物质,在营养学上特别重要的有磷脂(如卵磷脂、脑磷脂等)和固醇(胆固醇等)两类化合物,结构复杂。此外,脂类还包括脂蛋白。

脂肪酸种类很多,按分子结构可分为饱和脂肪酸与不饱和脂肪酸两类。不饱和脂肪酸又可分为单不饱和脂肪酸与多不饱和脂肪酸。在多不饱和脂肪酸中,亚油酸对人体最为重要,它不能在体内合成,必须从食物中摄取,故称为必需脂肪酸。

(二)营养功用

(1)供给热能。

脂肪是高能物质,1 g脂肪可产生热量9 kcal。沉积在体内的脂肪是机体的燃料库。

(2)构成机体组织。

类脂质是构成细胞的基本原料。体内储存的脂肪组织作为填充衬垫,有保护和固定器官的作用。皮下脂肪有保温作用。一般成年人体内的脂肪为10%～25%。

(3)供给必需脂肪酸。

必需脂肪酸在体内有重要的生理功能,是细胞膜和线粒体的组成成分,是合成某些激素的原料,有促进生长发育的作用。它还与类脂质代谢有密切关系,对胆固醇的代谢也很重要。胆固醇与必需脂肪酸结合后,才能在体内运转进行正常代谢,故有助于防治冠心病。

(4)溶解和促进吸收脂溶性维生素。

脂肪是膳食中脂溶性维生素的溶剂,脂肪刺激胆汁分泌,有助于脂溶性维生素的吸收利用。

(5)增加食物的香味和饱腹感。

(三)食物脂肪的营养价值评定

食用脂肪的种类很多,营养价值各异,主要取决于下列因素。

1. 脂肪酸的种类和数量

饱和脂肪酸除食用脂肪供给外,还可由体内的糖和蛋白质转变而来,而不饱和脂肪酸只能从食物中得到。因此,含必需脂肪酸的油脂,营养价值高。植物油一般含不饱和脂肪酸较多,动物油含饱和脂肪酸较多,饱和脂肪酸与胆固醇形成酯,易在动脉内沉积,导致动脉硬化。常用脂肪的饱和脂肪酸、不饱和脂肪酸含量比例、熔点及消化率如表2-6所示。

表2-6 常用脂肪的饱和脂肪酸、不饱和脂肪酸含量比例、熔点及消化率

脂肪种类	饱和脂肪酸/(%)	不饱和脂肪酸/(%)	熔点/℃	消化率/(%)
棉籽油	25	75	低于一般室温	97.2
花生油	20	80	低于一般室温	98.3
菜籽油	6	94	低于一般室温	99.0
芝麻油	14	86	低于一般室温	98.0
豆油	13	87	低于一般室温	97.5
椰子油	92	8	28~33	97.9
奶油	60	40	28~36	98.0
猪油	42	58	36~50	97.0
羊脂	57	43	44~55	88.0
牛脂	53	47	42~50	87.0

2. 消化率

脂肪的消化率与其熔点有关,含不饱和脂肪酸越多、熔点越低、消化率越高。凡熔点高于体温的,消化率就低,如牛脂、羊脂。植物油熔点低于一般室温,消化率高。黄油和奶油虽含不饱和脂肪酸不多,但是含有乳融性脂肪,消化率也较高。

3. 维生素含量

动物性油脂中几乎不含维生素,而肝脏中的脂肪含维生素A、D,植物油中则含有维生素E,如表2-7所示。

表2-7 脂肪(每100 g)的维生素含量

脂肪	维生素A (国际单位)	维生素D	维生素E/mg	维生素K	脂肪	维生素A (国际单位)	维生素D	维生素E/mg	维生素K
豆油	—	—	90~120	—	蛋黄油	2 500~5 000	—	30	—
棉籽油	—	—	83~92	—	猪油	0 或者微量	—	0	—
麻油	—	—	5~8	—	鱼肝油	850	—	0	—
葵花油	—	—	52~64	—	奶油	2 800~3 000	—	2~3	—
花生油	—	—	26~36	—					

(四)供给量与来源

膳食中脂肪供给量受饮食习惯、经济条件和气候等条件的影响,变化范围较大。由于机体的热能主要由糖供给,通过脂肪提供的必需脂肪酸和脂溶性维生素的量也不多,因此人体对脂肪的实际需要量并不高,有人认为每天 50 g 就能满足。在一般人的膳食中,脂肪的供给量按热量计,可占膳食总热量的 22%～25%,儿童少年、热能消耗多者或在寒冷环境下,可适当摄取多一些的脂肪,但不宜超过 30%;年龄大者、劳动强度小者及肥胖者,则应摄取少一些的脂肪。

应注意不同质的脂肪的摄取,由于人体内不能合成多不饱和脂肪酸,故应及时满足人体对亚油酸、亚麻酸和花生四烯酸等必需脂肪酸的需要,一般情况下,摄入脂肪中的饱和脂肪酸、单不饱和脂肪酸和多不饱和脂肪酸的比例以 1:1:1 为宜。单一食用一种油脂不能达到此比例,这就要多用植物油或食用混合油,如表 2-8 所示。

研究证明,摄入脂肪过多对人体有害,膳食脂肪总摄入量与动脉粥样硬化发生率呈正相关,与乳腺癌的发生率呈正相关。摄入脂肪过多会引起大量脂肪在肝脏存积而形成脂肪肝,脂肪肝可引起肝细胞纤维性变,最后造成肝硬化,损害肝功能。此外,高能物质摄入过多,会导致体内热量过剩,过剩的热能转化为脂肪存于体内,使机体肥胖,易发生心血管疾病,如表 2-9 所示。

脂肪的来源除各种油脂外,许多食物都含有脂肪,如瘦猪肉含 28%、瘦牛肉含 10.3%、鸡肉含 2.5%、鱼肉含 4% 左右。坚果的脂肪含量较高。蘑菇,蛋黄,核桃,大豆,动物的脑、心、肝、肾等含有丰富磷脂。动物的心、肝、肾及海鱼等水产物含不饱和脂肪酸较多。

表 2-8 食物中亚油酸在脂肪总量中的比重/(%)

食物名称	含量	食物名称	含量	食物名称	含量
棉籽油	56.6	牛油	3.9	鸡肉	24.2
豆油	52.2	羊油	2.0	鸭肉	22.8
小麦胚芽油	50.2	鸡油	24.7	猪心	24.4
玉米胚油	47.8	鸭油	19.5	猪肝	15.0
芝麻油	43.7	黄油	3.6	猪肠	14.9
花生油	37.6	瘦猪肉	13.6	猪肾	16.8
米糠油	34.0	肥猪肉	8.1	羊心	13.4
菜籽油	14.2	牛肉	5.8	鸡蛋	13.0
茶油	7.4	羊肉	9.2	鲤鱼	16.4
猪油	6.3	兔肉	20.9	鲫鱼	6.9

表 2-9 我国高原地居民膳食与冠心病的关系

膳食情况	牧民	牧民干部	农区干部
总热量/千卡	2 318	2 180	2 078
脂肪热量/(%)	33.7	27.1	19.8
动物脂肪热量/(%)	30.1	15.9	12.9
饱和脂肪酸热量/(%)	18.8	12.2	7.7
冠心病发病率/(%)	8.03	7.6	4.91

(成都医学院调查)

(五)运动与脂肪

脂肪是长时运动的主要能源,但必须在氧充足的情况下,一般是在运动强度小于最大耗氧量55%时,脂肪酸才能氧化供能。脂肪供能耗氧较多,在氧不充足时代谢不完全,脂肪不仅不能被充分利用,而且会导致中间代谢产物——酮体增加,使体内酸性增加,对身体机能和运动能力有不良影响。动物试验证明,在同一运动负荷下,高脂肪膳食会使氧消耗增加10%~20%。高脂肪膳食后,会引起食饵性高脂血症,血黏性增加,使毛细血管内血流缓慢,红细胞的气体交换功能减弱,从而降低耐久力,所以运动员膳食中脂肪不宜过多。

有氧运动可使体内甘油三酯和低密度脂蛋白胆固醇减少、高密度脂蛋白胆固醇增加,这对防治动脉硬化及冠心病有良好的作用。此外,有氧运动能促使脂肪组织中的脂肪酸游离出来参与供能,并且运动造成的热量负平衡,这些都促使体内脂肪消耗有助于减少体内脂肪。国外研究认为,保持血液中游离脂肪酸浓度可以减少肌糖原的消耗,延迟疲劳。

训练水平与氧化脂肪的能力有关,通过训练可以改善体内脂肪代谢酶的活性,从而可提高氧化脂肪的能力。脂肪利用的增加对节约体内糖原和蛋白质的消耗有一定的作用。

三、糖

(一)组成与分类

糖是自然界中分布于动植物内的一大类物质。由碳、氢、氧三种元素组成,且多数糖分子的氢原子和氧原子的组成比例为2∶1,与水分子的组成比例相同,故糖又有碳水化合物之称。就糖分子结构的简繁不同,可分为单糖(包括葡萄糖、半乳糖、果糖等)、双糖(包括蔗糖、麦芽糖、乳糖等)与多糖(包括淀粉、糖原、纤维素与果胶等)。

以上各种糖除纤维素与果胶外,都可在消化道分解成单糖而被机体吸收利用,吸收后的功用基本相同,只是消化吸收的速度不同,单糖吸收较快,多糖较慢,如以葡萄糖的吸收速度为100,则半乳糖的吸收速度为110,果糖的吸收速度为43。各种糖的甜度也不一样,如以蔗糖的甜度为1,则果糖的甜度为1.75,葡萄糖的甜度为0.75,半乳糖的甜度为0.33,麦芽糖的甜度为0.33,乳糖的甜度为0.16,淀粉的甜度最低。

(二)营养功用

1. 供给热能

糖是人体最主要的热源物质,1 g糖可产生热量4 kcal。它在供能上有许多优点:比蛋白质和脂肪易消化吸收,产热快,耗氧量少(氧化1 g糖耗氧0.83 L,而氧化1 g蛋白质和脂肪耗氧各为0.97 L及2.03 L),对运动有利;在无氧情况下也能分解产生热量,这对进行大强度运动有特殊意义。

2. 维持中枢神经系统的机能

糖是大脑的主要能源。脑组织中无能源储备,全靠血糖供给能量,人体每天需要100~120 g葡萄糖。血糖水平正常才能保证大脑的功能,血糖浓度下降,可使脑组织能源缺乏而功能受到影响,可引起低血糖症。

3. 抗生酮作用维持脂肪的正常代谢

脂肪在体内分解代谢的中间产物酮体,必须与葡萄糖在体内的代谢产物草酰乙酸结合,才能继续氧化。糖代谢障碍,能量缺乏,体内酮体堆积,可导致酮血症,影响正常生理功能。

4. 促进蛋白质的吸收利用

糖是氨基酸合成蛋白质和组织细胞的能源。糖与蛋白质一起摄入时,糖可增加体内ATP(三磷腺苷)的形成,有利于氨基酸的活化与蛋白质合成,使氮在体内的潴留量增加。

5. 保护肝脏

糖可增加肝糖原的储存,保护肝脏免受某些有毒物(如酒精、细菌、毒素等)的损害。如糖代谢的产物葡萄糖醛酸直接与毒物或排泄物结合,增加其水溶性,促进排泄,从而保护肝脏。

6. 构成机体的一些重要物质

糖与蛋白质结合形成的糖蛋白是抗体、酶和激素的组成部分。核糖和脱氧核糖是遗传物质的基础。糖与脂肪结合形成的糖脂是细胞膜和神经组织的成分之一。

(三) 供给量与来源

糖的供给量以饮食习惯、生活水平和劳动性质等因素而定，我国目前一般人膳食中糖的供给量以占全天总热量的60%~70%为宜。

糖主要存在于植物性食物中，粮食和根茎类食物含量很丰富。动物性食物只有肝脏含有糖原，乳中含有乳糖，但不多，其他则含量更低。

机体内储备的糖（包括肝糖原、肌糖原、血糖等）约400 g，进入体内多余的糖则转化为脂肪，体内糖原可由蛋白质和脂肪异生而来，一般情况不会缺乏。

糖的种类很多，应以淀粉为主要来源，因为淀粉不仅价廉和来源广，而且有生理效应的优点；人体对淀粉的适应性较好，可较大量和长期食用而无不适反应；消化吸收缓慢，可使血糖维持较稳定的水平；摄入淀粉含量大的粮谷、薯类等食物的同时可获得其他营养素等。长期摄入过多高糖饮食，不仅会消耗大量的维生素 B_1，还会导致维素 B_1 的缺乏，进而使丙酮酸、乳酸等代谢产物积聚，影响脑功能和智力，而且可刺激胰岛细胞分泌大量胰岛素，引起脂肪代谢失常而导致高脂血症、肥胖、冠心病和动脉硬化症。故其他简单糖类只能在某些情况下适当食用，且不宜过多。试验证明，蔗糖比淀粉容易促发高脂血症。国外十分重视减少蔗糖摄入量，并已使用甜味剂取代蔗糖。果糖是水果和蜂蜜中的天然单糖，蜂蜜中果糖含量为40%。果糖在人体内的胰岛素效应比葡萄糖的小，血糖相对较稳定。它作为肌肉运动的能源不如葡萄糖及时，但对运动后恢复糖原储备较为有利。

低聚糖是一种人工合成糖，由3~8个分子单糖组成，分子量较葡萄糖大，渗透压低，25%低聚糖的渗透压相当于5%葡萄糖的渗透压。故低聚糖可提供低渗透压高热量的液体。此外，低聚糖的甜度低，吸收快。目前，低聚糖在临床营养与运动营养中有较大用途。

现代研究证明，每种食物摄入后，血糖升高的幅度不同。表 2-10 是常见食物的血糖生成指数。

表 2-10　常见食物的血糖生成指数

类型	食物	血糖指数	类型	食物	血糖指数
高血糖指数 (GI>70)	葡萄糖	100	中血糖指数 (GI55~70)	杧果	55
	玉米薄片饼	84		橘汁	57
	椰子汽水	77		蔗糖	65
	即食土豆糊	83	低血糖指数 (GI<55)	熟香蕉	52
	烤土豆	85		加水或牛奶一起煮的麦片	49
	运动饮料	95		混合谷类面包	45
	豆冻	80		全麦麸	42
	蜂蜜	73		半熟米饭	47
	西瓜	72		牛奶	27
	白面包	70		加味酸奶	33
中血糖指数 (GI55~70)	全麦面包	69		巧克力	49
	燕麦	66		不熟的香蕉	30
	牛奶什锦早餐	68		苹果	36
	圆形小甜面包	62		橘子	43
	软饮料	68		面食覆以肉酱或干酪	41
	糙米/白米饭	59		烤豆	40
	葛粉饼干	66		菜豆、肾豆	27
	冰激凌	61		红扁豆	26
				果糖	20

(四)运动与糖

糖在能量代谢中十分重要,是人体运动中的主要能源,对人体运动能力有很大影响,因此,如何利用糖提高运动成绩,迄今为止国内外已经进行了大量研究。

糖是运动中的重要能源。运动强度的大小是决定运动中糖利用的主要因素,一般在运动开始阶段和大强度的运动时,糖代谢的比例最高,运动强度小或糖原储备耗尽后,脂肪氧化比例增加。运动时肌肉的摄糖量为安静时的 20 倍以上。运动使体内的糖大量消耗,糖原储备减少,不仅使机体耐力下降,也使大强度运动时的最大吸氧量降低。体内糖原储备与运动能力成正比关系。运动前和运动中合理补糖,可减少糖原消耗,提高血糖水平,有利于提高运动能力。但不同种类糖的功效有所不同,如葡萄糖、蔗糖较易引起胰岛素反应,而果糖此种反应较小。我国的研究表明,低聚糖对增加糖原储备、维持血糖、减少胰岛素反应、提高运动能力等有良好的作用,运动后补充糖可促进糖原储备的恢复。据研究,运动后即刻摄入果糖对肝糖原恢复效果较好。葡萄糖与蔗糖可使肌糖原储备在 24 小时后保持较高水平。

运动员摄取平衡的混合膳食中碳水化合物的供给量按其发热量计算为总能量的 60% 左右;西方国家一般推荐至少应摄取 50%～55% 总能量的糖(美国国家健康与医学研究委员会,2000),有些权威机构建议进行长时间运动时应增加糖的摄入量至总能量的 65%,大强度耐力训练运动员的碳水化合物供给量应为总能量的 60%～70%,中等强度运动时为 50%～60%,缺氧运动项目为 65%～70%。

葡萄糖吸收最快,最有利于合成肌糖原。果糖的吸收也快,且主要为肝脏利用,其合成肝糖原的量约为葡萄糖的 3.7 倍,果糖引起胰岛素分泌的作用较小,但果糖的使用量大时,可引起胃肠道紊乱,其使用量不宜超过 35 g/L,并应与葡萄糖联合使用。低聚糖的甜度小,其渗透压低,仅为葡萄糖的 1/4,但吸收也快,因此可通过补充低聚糖使运动员获得较多的糖。淀粉类食物含糖量为 70%～80%,但释放慢,因此不会引起血糖或胰岛素的突然增加,淀粉类食物除了含有复合糖外,还含有维生素、无机盐和纤维素,可在运动员赛后的饭食中加强。个体对摄糖的反应差异很大,建议应当先让运动员试用不同类型的、不同浓度及口感的饮料,以选择赛前或赛中使用。

四、维生素

(一)脂溶性维生素的营养功用

1. 维生素 A

(1)维生素 A 是一般细胞代谢和结构的重要成分,有促进生长发育的作用。缺乏维生素 A 可导致发育不良。

(2)保护视力。维生素 A 是眼内感光物质——视紫红质的主要成分,有维持弱光下视力的作用。缺乏维生素 A 会使个体暗适应能力降低,甚至导致夜盲症。

(3)维持上皮组织的健康、增强抵抗力。维生素 A 能保护上皮组织的构造,可使上皮细胞正常分泌,它可促进与免疫功能有关的糖蛋白的合成,β-胡萝卜素还能提高动物对放射线的耐受性。若维生素 A 缺乏,可使细胞角化增生,对每个器官都有影响,使机能发生障碍,抵抗力降低,以眼睛、皮肤、呼吸道、泌尿道最显著。维生素 A 缺乏的常见特点有皮肤干燥、脱屑、毛囊角化。

(4)防癌、抗癌作用。维生素 A 可抑制靶细胞对致癌物质的敏感性,还可影响细胞分化,从而预防由病毒所致的肿瘤,同时对手术、放疗、化疗后的残余癌细胞的分裂起抑制作用。

2. 维生素 D

(1)维生素 D 能刺激小肠吸收钙,并与甲状旁腺素协同维持血钙水平稳定。对骨及牙齿的钙化过程起重要作用,保证其正常发育。

(2)当血钙水平降低时,维生素 D 会动员骨骼释放钙,在小肠内结合蛋白质的合成,增加肾小管远端的钙重吸收。

(3)调节免疫功能。

3. 维生素 E

(1)维生素 E 是机体重要的抗氧化剂,与微量元素硒具有协同抗氧化的作用。可保护机体免遭自由基氧化损伤,减少脂质过氧化作用。维生素 E 还可提高信号传导途径影响对氧化应激的反应。

(2)维生素 E 可促进毛细血管增生改善微循环,有利于防止动脉硬化、冠心病等疾病的发生。

(3)维持骨骼肌、平滑肌、心肌的功能。维生素 E 缺乏时,易引起肌肉营养不良,功能下降。

(4)促进新陈代谢,使氧的利用率增加,增强机体耐力。

(5)维生素 E 具有抗溶血性贫血作用。维生素 E 缺乏时,可使细胞膜溶解,红细胞寿命缩短,发生溶血性贫血。

(6)维生素 E 与生殖功能有关,可防治流产。

(7)保护眼睛。维生素 E 是视网膜色素上皮细胞的必需物质,可减少脂类过氧化物积累在视网膜处而损害上皮细胞,还能减轻晶体纤维化。

(二)水溶性维生素的营养功用

1. 维生素 B_1

维生素 B_1 常用于治疗神经系统伤病、心肌炎和消化机能减弱。运动员可适量摄入维生素 B_1 以提高运动能力和防治过度疲劳。维生素 B_1 有以下营养功用。

1)辅助糖代谢

维生素 B_1 是糖代谢中辅羧酶的重要组成成分,参与糖代谢。糖代谢的中间产物丙酮酸经脱羧辅酶的作用,可转变为乙酰辅酶 A,再进一步氧化成二氧化碳和水。若维生素 B_1 缺乏,脱羧辅酶不能充分合成,丙酮酸代谢障碍,在体内堆积,降低能量供应,会影响人体正常生理功能。

2)促进能量代谢

维生素 B_1 一方面促进糖原在肝脏和肌肉中的蓄积,另一方面在需要时又能加速糖原和磷酸肌酸的分解,释放能量,有利于肌肉活动。

3)维护神经系统的机能

神经系统主要依靠葡萄糖获得能量,维生素 B_1 缺乏会使糖代谢障碍,造成神经系统能源不足,同时,由于丙酮酸等中间代谢产物堆积,会使神经系统功能下降。此外,糖代谢障碍可影响脂肪代谢,进而引起细胞膜的性状改变,导致神经系统病变。

4)促进胃肠功能

维生素 B_1 可保护神经介质中的乙酰胆碱免受破坏,并促进其合成,有利于胃肠蠕动和消化腺分泌。

5)保护心血管功能

除通过激活酶维护心血管功能外,还能保持血管的正常舒缩、血液回流及心脏的输出量。维生素 B_1 缺乏,引起周围血管扩张,阻力降低,静脉血流加速,因而静脉回流增加,而心脏的每搏输出量也增加,长期过度负荷将导致心力衰竭。

2. 维生素 B_2

维生素 B_2 有以下营养功用。

1) 参与生物氧化

维生素 B_2 是许多辅酶的成分,与特定的蛋白质结合成黄酶,在体内物质代谢中起递氢作用,直接参与组织呼吸过程。若维生素 B_2 缺乏,则产生细胞代谢障碍,可引起多种病变,如口角炎、唇炎、脂溢性皮炎等。

2) 促进生长发育

维生素 B_2 是生长发育必需的物质,参与体内蛋白质合成代谢,并能增强体力,防止疲劳。

3) 保护眼睛

维生素 B_2 有促进晶体代谢、预防角膜炎和白内障、刺激视神经感光、防止眼黏膜干燥等保护眼睛的功能。

3. 维生素 B_6

维生素 B_6 有以下营养功用。

1) 转氨基作用

维生素 B_6 在体内与磷酸合成为转氨酶的辅酶,参与转氨基作用,参与氨基酸代谢。

2) 参与蛋白质、糖和脂肪代谢

维生素 B_6 是许多酶的辅酶,参与蛋白质的互补作用,糖和脂肪的氧化作用,起维护正常的代谢活动。

3) 调节神经机能

维生素 B_6 形成的脱羧辅酶参与神经递质的形成,起调节神经系统机能活动的作用。

4) 保护肝脏

维生素 B_6 有保持正常肝功能,增强肝脏解毒功能和抗脂肪肝作用。此外,维生素 B_6 还有降低血胆固醇,增强视力等作用。

4. 烟酸(维生素 PP)

烟酸有以下营养功用。

(1) 烟酸在体内构成脱氢酶的辅酶,参与糖、脂肪、蛋白质的代谢,在生物氧化过程中起递氢作用,并维护神经系统、皮肤和消化系统的正常功能。

(2) 烟酸可扩张末梢血管和降低血液中的胆固醇、β-脂蛋白及甘油三酯。烟酸在临床上可用于治疗周围血管病、偏头痛、高胆固醇血脂症、缺血性心脏病等。

5. 维生素 C

维生素 C 有以下营养功用。

(1) 促进生物氧化。维生素 C 是活性很强的还原物质,且可进行可逆的氧化还原反应,在体内形成一种氧化还原系统,起递氢作用,提高生物氧化过程,促进能量代谢,增加大脑中氧的含量,激发大脑对氧的利用,从而减轻疲劳和提高机体工作能力,这对运动员有特殊意义。

(2) 促进组织胶原的形成。维生素 C 参与脯氨酸与赖氨酸的羟化合成胶原,保持细胞间质的完整,维护结缔组织、骨骼、牙齿、毛细血管等的正常结构与功能。维生素 C 可促进损伤与骨折的愈合。维生素 C 缺乏时,胶原合成有障碍,易发生坏血病,主要表现为毛细血管脆性增加、易出血、伤口愈合减慢等。

(3) 促进抗体生成和白细胞的噬菌能力。可抑制细菌毒素的毒性,从而增强机体抗感染能力。

(4) 促进造血。维生素 C 可使食物中三价铁还原为二价铁,有利于机体对铁的利用,还可使叶酸还原为四氢叶酸,对巨幼细胞性贫血有一定的防治作用。

(5) 增强机体的应激能力。维生素 C 在体内可促进类固醇转变为肾上腺皮质激素,因而提高机体对缺氧、寒冷和高温等的应激能力。

(6) 提高三磷腺苷酶的活性。

(7) 参与解毒。维生素 C 在体内可保护酶系统免受毒物的破坏,从而起到解毒作用。

(8) 防止血管硬化。维生素 C 有降低血胆固醇、β-脂蛋白的作用,同时能增强高密度脂蛋白,并有扩张冠状动脉、降压等作用,从而起到防治动脉硬化作用。

(9) 抗癌作用。维生素 C 可阻断食物中的亚硝酸盐形成致癌物质亚硝胺,还可通过维护细胞间质的正常结构,起到防止肿瘤细胞蔓延的作用。

此外,有实验报道,维生素 C 可加速肌肉中磷酸肌酸(CP)与糖原的合成,促进乳酸的消除,减少运动时的氧债,故有提高运动能力、减轻疲劳的作用,这对运动员十分重要。

(三) 供给量与来源

1. 维生素 A 供给量与来源

一般成年人及儿童每天需要摄入 750 μg 维生素 A 或胡萝卜素 4 mg(按维生素 A 的 1/3 吸收率和 1/2 的生理功效计算)。在视力要求高、夜间及弱光下工作,以及皮肤黏膜经常受刺激者的维生素 A 需要量较高,如射击、摩托车及游泳运动员的需要量较高。

维生素 A 在动物的肝脏与蛋黄中含量较多。而在植物性食物中,红色、黄色和绿色蔬菜含维生素 A 较多,水果中含胡萝卜素较多,每天维生素 A 最好 1/3 来自动物性食物。

摄入维生素 A 制剂过量,可发生中毒:急性表现为恶心、呕吐、嗜睡;慢性表现为食欲不振、毛发脱落、耳鸣、复视等。

2. 维生素 D 供给量与来源

儿童、老年人及孕妇每天的维生素 D 供给量均为 10 μg,一般成年人每天摄入维生素 D 5 μg。经常晒太阳,体内合成量足以满足需要。只在特殊情况下(如夜班工作、白天室内工作缺乏户外活动)才需要补充。日光照射,每日至少 2 小时,有利于维持血中的 25-$(OH)D_3$ 水平于正常范围。食物中的维生素 D 来源:鱼肝油是维生素 D 最丰富的来源(8 500 IU/100 g);天然食物的维生素 D 含量较低;动物性食物是天然维生素 D 的主要来源。例如,含脂肪高的海鱼和鱼卵(大麻哈鱼和虹鳟鱼罐头 500 IU/100 g)、肝脏(炖鸡肝和烤羊肝分别为 67 IU/100 g 和 23 IU/100 g);煎、煮或荷包鸡蛋(49 IU/100 g);奶油(含脂肪 31.3% 为 50 IU/100 g);瘦肉、奶、坚果中含微量维生素 D;人奶和牛奶含量较低;蔬菜和谷物几乎不含维生素 D。

儿童长期服用维生素 D 每日超过 4 000 国际单位(1 国际单位等于 0.025 μg)可致中毒,表现为厌食、便秘、呕吐、头痛、烦渴多尿、肌张力下降、心率快而失常等,甚至可引起软组织钙化。维生素 D 缺乏可导致骨骼脱矿物质,造成软骨病和骨软化症,增加骨折的危险。儿童缺乏维生素 D 可使骨和牙齿生长发育障碍,发生佝偻病。

3. 维生素 E 供给量与来源

一般人维生素 E 每日供给量为 10~30 mg。维生素 E 用于特殊保健和治疗,每天不应超过 300 mg。维生素 E 在食物中分布较广,一般不易缺乏。食物中维生素 E 的含量,如表 2-11 所示,其中植物性油脂中维生素 E 的含量最为丰富。

表 2-11 食物(每 100 g)中维生素 E 的含量

食物名称	含量/μg	食物名称	含量/μg
麦胚油	133.0	猪油	1.2
核桃油	56.0	椰子油	0.5
葵花籽油	49.0	麦胚	13.0
红花油	39.0	小麦	1.4
棉籽油	39.0	杏仁	27.0
鱼肝油	29.0	花生	10.0
橄榄油	26.0	龙须菜	1.8
菜籽油	18.0	胡萝卜	0.5
花生油	13.0	绿叶菜(多数)	1~10
玉米油	11.0	牛肉	1.0
豆油	10.0	鸡蛋	1.0
黄油	2.0	鱼	0.2~1.2

摄入过多不饱和脂肪酸时,需要增加维生素 E 的供给量,两者的比例为 5∶4 较适宜;服用阿司匹林与避孕药时,需提高维生素 E 的摄入量;硒和蛋氨酸可节约维生素 E;一般常量的维生素 C 和维生素 E 有协同作用,若过量摄入维生素 C 时,则会降低人体的氧化功能,反而提高了维生素 E 的需要量。

若长期缺乏维生素 E,人体将出现心肌损害、肌肉萎缩、组织发生退行性病变等。人体使用大剂量维生素 E 尚未发现中毒症状,仅个别有轻度消化道不适、皮炎及疲劳等。

4. 维生素 K 供给量与来源

一般认为,成人维生素 K 每日的供给量为 20~100 μg,婴儿维生素 K 每日的供给量为 10 μg。

维生素 K 的来源广泛,深绿色叶菜、动物肝脏、蛋黄等均含有,且肠道内细菌也可合成,维生素 K_1 多存在于绿叶蔬菜和动物肝脏内。维生素 K_2 是人体肠道细菌的代谢产物,即肠道内细菌可以合成。一般情况下,很少发生维生素 K 缺乏,若缺乏,易出现皮下、肌肉及内脏出血。维生素 K 服用过量而中毒者更为少见。

5. 维生素 B_1 供给量与来源

维生素 B_1 供给量与糖摄入量有关,并与热能消耗成正比。我国规定每 1 000 kcal 热量需要维生素 B_1 0.5 mg。一般成年人每天的维生素 B_1 供给量为 1.2~2.0 mg。高度脑力劳动、缺氧及摄入糖多者,维生素 B_1 的需要量增加。运动员的需要量也较高,以耐力项目尤甚。若维生素 B_1 供给不足,可造成脚气病,多种代谢紊乱,甚至出现心力衰竭而死亡。若一次大量服用维生素 B_1,也可发生过敏性休克。

维生素 B_1 的主要来源为粮食,多存在于胚芽和外皮部分,故加工越精,损失越多。在豆类、花生、瘦猪肉、肝、肾、心等食物中也含有维生素 B_1。

维生素 B_1 溶于水,还易受某些因素破坏,故需要注意烹调方法,以减少损失。

摄入过多的维生素 B_1 不能在体内储存,多余的会从尿中排出。长期过量摄入维生素 B_1 也可引起身体不良反应。

6. 维生素 B_2 供给量与来源

维生素 B_2 的供给量与维生素 B_2 的摄入量成正比。我国规定 1 000 kcal 热量需要维生素 B_2 0.5 mg,一般成年人每天维生素 B_2 的摄入量为 1.2~2.0 mg。也有人认为,维生素 B_2 需要量与蛋白质摄入量有关。成人每摄入 1 g 蛋白质需要维生素 B_2 0.025 mg,11 岁以下儿童则需要维生素 B_2 0.035 mg,11 岁以上儿童则需要维生素 B_2 0.03 mg。力量与耐力项目的运动员需要维生素 B_2 较高。

动物性食物的维生素 B_2 含量较高,其中心、肝、肾为最多,奶类及蛋类也不少。新鲜绿叶蔬菜和豆类也含有维生素 B_2,而粮食与一般蔬菜中的含量不多。

食物(每 100 g)中维生素 B_2 的含量如表 2-12 所示。

表 2-12 食物(每 100 g)中维生素 B_2 的含量

食物	含量/mg	食物	含量/mg	食物	含量/mg	食物	含量/mg
羊肝	3.57	冬菇	0.92	鸡蛋粉	0.40	羊肉	0.29
猪肝	2.41	鸭心	0.87	鸭蛋	0.38	银耳	0.28
鸭肝	1.57	红糖	0.75	苹果脯	0.32	鸡心	0.26
鸡肝	1.68	健儿粉	0.67	鹌鹑蛋	0.31	鸡蛋	0.26
紫菜	1.16	桂圆	0.55	豌豆	0.29	黄豆	0.25

7. 烟酸供给量与来源

烟酸的供给量与热能成正比,成年人每 1 000 kcal 热量需要烟酸 5 mg,儿童少年每 1 000 千卡热量需要烟酸 6 mg。一般成年人每日为 12~20 mg,相当于维生素 B_1 的 10 倍。在缺氧条件下的活动者,如登山、飞行、潜水及运动员的烟酸供给量应增加。

缺乏烟酸可出现癞皮病，主要表现为肠炎、皮炎和神经炎，也可造成神经衰弱、美尼尔氏综合征、肌肉震颤、精神失常、动脉硬化等。大剂量摄入烟酸可引起痛风。

烟酸在食物中分布较广，但多数含量不高，其中含量最丰富的为酵母、花生、全谷、豆类和肉类，特别是肝脏。玉米中烟酸的含量较高，但为结合型，不能被吸收利用，经碱处理后，玉米可使大量游离烟酸从结合型中释放，易被机体利用。机体所需的烟酸一部分可由色氨酸转变而成，平均 60 mg 色氨酸可以转变为 1 mg 烟酸，故膳食中多用烟酸当量表示，即

$$烟酸当量 = 烟酸(mg) + 1/60 \, 色氨酸(mg)$$

8. 维生素 B_6 供给量与来源

因维生素 B_6 与氨基酸代谢有密切关系，故其供给量应随蛋白质摄入量的增加而增加。有人建议每摄入 1 g 蛋白质时应供给维生素 B_6 0.02 mg。

含维生素 B_6 较多的食物有蛋黄、肉、鱼、奶、全谷、豆类、白菜等。

人体肠道内可以合成少量维生素 B_6。

维生素 B_6 在食物中分布较广，一般情况下成人不会缺乏维生素 B_6，但在某些需要量增大的情况下（如怀孕、受电离辐射和高温环境等），则有出现维生素 B_6 不足的可能。幼儿维生素 B_6 缺乏时，表现为生长停滞、惊厥和贫血；成人维生素 B_6 缺乏时，则表现为皮炎、周围神经炎。动物试验表明，高蛋白膳食可诱发维生素 B_6 缺乏。

9. 维生素 B_{12} 供给量与来源

成人每日的维生素 B_{12} 摄入量为 5 mg。维生素 B_{12} 缺乏，可出现恶性贫血、神经系统疾病、智能低下、肝功能障碍等。

食物来源主要是动物性食品，此外，豆类经发酵后可含维生素 B_{12}。

10. 维生素 C 供给量与来源

各国维生素 C 供给量差异较大，我国规定一般成年人每天维生素 C 的摄入量为 70 mg。受伤或患病时，或处于各种应激状态时（如高温、缺氧、寒冷、有毒等环境），维生素 C 的需要量较高。运动员的维生素 C 供给量一般为每日 100～150 mg。

过量服用维生素 C 对人体会产生不良影响，如尿中草酸增加易形成结晶，从而出现尿路结石等，此外，还会降低维生素 B_{12} 的活性。

维生素 C 主要存在于植物性食物中，分布很广，几乎所有蔬菜和水果都含有维生素 C，如酸枣、刺梨、芥蓝、红果等含量较丰富。

维生素 C 易受储存和烹调破坏，所以水果、蔬菜应尽可能保持新鲜，最好生食。

(四) 运动与维生素

1. 维生素 B_1 在运动中的作用

维生素 B_1 在碳水化合物和支链氨基酸的代谢中起重要作用。它在体内的活性形式是焦磷酸硫胺素。在体内以焦磷酸硫胺素即辅羧酶的形式参与丙酮酸和 α-酮戊二酸的氧化脱羧，参与糖代谢旁路中的转酮过程；具有保护神经系统和消化系统作用。膳食中维生素 B_1 供给充足时，能促进肌肉中磷酸肌酸及糖原的合成，促进运动后的乳酸消除。维生素 B_1 缺乏时，机体容易疲劳，从而导致运动能力降低。

维生素 B_1 的需要量不仅与机体的运动强度、食物中的含量以及气温条件等因素有关，还与运动负荷量及运动特点有关。耐力性项目和运动中神经系统负担较重的项目需要供给较多的维生素 B_1。运动员维生素 B_1 的供给量：训练期为每日 3～5 mL，比赛期为 5～10 mL。

广泛使用的维生素 B_1 营养状况评定指标是红细胞转羟酮醇酶活性系数（ETKAC）。红细胞转羟酮醇酶是一种依赖硫胺素的酶，当体内的维生素 B_1 不充足时，该酶的活性下降。该实验首先在不加辅酶的前提下测定红细胞转羟酮醇酶的基础活性，然后再添加辅酶测量其活性，由该酶活性的变化幅度确定 ETKAC 值。ETKAC 值升高表明硫胺素的营养状态不佳。ETKAC 值的评定标准依实验室或检测方法而定。一般认为，ETKAC 值的正常范围是 1.0～1.15，1.16～1.20 为硫胺素缺乏，该系数大于 1.20 为硫胺素严重缺乏。

2. 维生素 B_2 在运动中的作用

维生素 B_2 在体内主要以黄素腺嘌呤二核苷酸（FAD）和黄素单核苷酸（FMN）的形式参与多种辅酶的构成，与线粒体的产能过程密切相关。由维生素 B_2 参与构成的辅酶对能量代谢过程中的糖、脂肪酸、甘油和氨基酸代谢尤为重要。运动促使这些能源物质进入其生化代谢过程，因此，从事体育运动的人群其维生素 B_2 的需要量必然高于普通人群的。维生素 B_2 缺乏时肌肉无力，运动的耐久力受损，容易疲劳，神经的兴奋性过度增加或减弱。维生素 B_2 的需要量取决于机体的代谢强度和健康状况。运动员在训练期维生素 B_2 每日供给量为 2 mg，比赛期每日维生素 B_2 供给量为 2.5～3 mg。

维生素 B_2 营养状况的评定可通过血和尿的一些指标测定。常用测定指标是尿或红细胞中维生素 B_2 的浓度水平及红细胞谷胱甘肽还原酶活性系数（EGRAC）。EGRAC 的测定原理与前述的 ETKAC 相同。一般认为，当维生素 B_2 的营养状态良好时，该系数小于 1.2，当活性系数在 1.2～1.4 时，表明机体维生素 B_2 处于低营养状态，机体缺乏维生素 B_2 时，该系数大于 1.4。

3. 维生素 B_6 在运动中的作用

维生素 B_6 在运动所涉及的各代谢途径中起着重要的作用。蛋白质与氨基酸代谢以及体内储存糖原都需要维生素 B_6 的参与。5-磷酸吡哆醛是维生素 B_6 的活性形式。5-磷酸吡哆醛是氨基酸转换代谢中转移酶、转氨酶、脱羧酶和其他酶的辅助因子。运动过程中，糖异生代谢过程涉及肌肉中的氨基酸分解供能和肝脏中乳酸转化成葡萄糖。肌糖原分解供能是直接参与供能代谢的维生素 B_6 的又一个作用。肌糖原分解代谢成葡萄糖-1-磷酸的过程中必须有维生素 B_6 的存在。

美国 1988 年公布的维生素 B_6 的 RDA（recommended dietary allowances，推荐膳食供给量）为：15～50 岁的成年男女均为 1.3 mg/d。

如同维生素 B_2 一样，维生素 B_6 营养状况的评定通过测量一些指标做出。常用的指标是血浆 5-磷酸吡哆醛和 4-吡哆酸。维生素 B_6 缺乏时，血浆 5-磷酸吡哆醛的浓度小于 30 nmol/L，4-吡哆酸浓度小于 3.0 μmol/d。间接评定的指标包括红细胞丙氨酸氨基转移酶活性系数（EALTAC）或红细胞天门冬氨酸氨基转移酶活性系数（EASTAC）。缺乏维生素 B_2 时，EALTAC 大于 1.25，EASTAC 大于 1.8。

4. 维生素 C 在运动中的作用

维生素 C 的抗氧化作用包括稳定羟基、灭活初生态氧、还原氧化型维生素 E、还原亚硝酸盐，并有助于保护肺脏免受臭氧和吸烟的损害。此外，维生素 C 也有助于预防低密度脂蛋白氧化金属离子，可明显降低动脉粥样硬化的危险性。

维生素 C 除了具有抗氧化作用外，它与运动相关的作用还有如下几种。

（1）促进胶原合成。胶原是结缔组织中的主要蛋白质，维持细胞间质的完整性，维护牙齿、骨骼和毛细血管的正常结构与功能。

（2）在应激反应中促进去甲肾上腺素和甲状腺的合成，在免疫系统活动水平提高过程中受发挥抗氧化作用。

（3）有利于氨基酸代谢。

（4）促进膳食中铁与非血红蛋白铁的吸收。

（5）可改善伏案工作群体和超马拉松长跑者上呼吸道感染的症状。这些作用对伏案工作与运动群体的健康非常重要。

运动增加了机体对维生素C的需要量,持续大运动量使体内储备的维生素C减少。短时间运动后血液中的维生素C的含量升高。运动员对维生素C的需要量随运动的增加而加大。维生素C推荐供给量,运动员训练期为100~150 mg/d,比赛期为150~200 mg/d。

评定维生素C营养状态的常用方法是测定血清中抗坏血酸的浓度。对于长期服用维生素的人来说,血清抗坏血酸浓度并不能准确地反映机体的维生素C的营养状态。长期高剂量服用不会增加血清维生素C的浓度,而只会增加肾脏排除维生素C的数量,尽管如此,血清维生素C的浓度仍然是反映长期摄入维生素C状况的指标。一些非营养因素,如吸烟、口服避孕药、急性应激、外科手术和慢性感染性疾病,均可降低血清维生素C的浓度。

5. β-胡萝卜素和维生素A在运动中的作用

β-胡萝卜素是类胡萝卜素化合物之一。类胡萝卜素是许多蔬菜水果中红色、橘色和黄色色素的一部分。维生素A可由β-胡萝卜素分解而成。β-胡萝卜素和维生素A都具有抗氧化的特性。自然界中存在600种以上包括番茄红素和叶黄素在内的类胡萝卜素,它们具有更强的抗氧化特性。

β-胡萝卜素在细胞膜的脂质部分和低密度脂蛋白中发挥作用。与维生素E相比,β-胡萝卜素的抗氧化能力较弱,维生素A的抗氧化能力弱于β-胡萝卜素。当机体不缺乏维生素A时,补充维生素会带来较大的毒副作用,而补充β-胡萝卜素的毒性相对较小。

维生素A的需要量随机体的健康状况、运动强度和视力紧张程度而变化。运动员维生素A需要量:训练期为2 mg/d,比赛期为2~3 mg/d。对视力有较高要求的运动项目的运动员的维生素A的供给量不少于5 mg/d。

血液中胡萝卜素浓度检测,可利用高效液相色谱区分β-胡萝卜素、α-胡萝卜素、叶黄素、玉米黄质、隐黄质和番茄红素6个常见组分。新的检测方法具有更强的特异性和选择性。血清β-胡萝卜素的浓度水平为0.2~0.6 μmol/L。习惯食用新鲜蔬菜、水果者具有较高的血清β-胡萝卜素浓度水平。血浆类胡萝卜素的浓度随月经周期的变化而有所不同,行经期最低,以后逐渐增高,β-胡萝卜素的浓度高峰出现在卵泡期末。

6. 维生素E在运动中的作用

维生素E最基本的功能是防止生物膜上的多不饱和脂肪酸遭受氧化损害。维生素E与微量元素硒具有协同抗氧化的作用,可保护机体免遭氧化损伤。

运动员和体育活动参加者膳食摄入的脂肪处于中等水平,且这个群体平均氧耗量高于伏案工作群体,因此,供给运动员和体育活动参加者维生素E的量应大于普通人的。维生素E不像其他脂溶性维生素,其副作用仅出现在3 g/d的大剂量供给者身上,这样的剂量相当于正常推荐膳食供给量的300~375倍。

目前,直接测定维生素E浓度、评定其营养状况较困难。常用的维生素E间接评定方法有两种:一个是红细胞溶血测试;另一个是戊烷吸入测试。

7. 其他维生素在运动中的作用

烟酸是构成辅酶Ⅰ和辅酶Ⅱ的重要物质,在机体的生物氧化和代谢中具有重要作用,维生素B_6构成机体多种酶的辅助因子,参与氨基酸代谢。叶酸和维生素B_{12}参与蛋白质与核酸代谢,这两种维生素的营养状况均影响红细胞的成熟,因而与机体的载氧能力有关。

运动增强机体代谢,因此,运动员对与代谢有关的维生素需要量均有增加。由于这些维生素广泛存在于食物当中,一般饮食情况下并不会造成缺乏。

8. 运动能力与维生素营养

由于维生素参与机体的各种代谢，缺乏或不足时即可对运动能力产生不利的影响，具体表现为做功能力降低、疲劳加重、肌肉无力等。B族维生素的缺乏尤其明显地影响机体的最大做功能力。补充机体所缺乏或不足的维生素，可以提高机体的运动能力。当运动员体内维生素处于良好水平时，额外补充或超常量使用某一种或几种维生素制剂，效果往往不明显，过量补充某一种维生素会引起机体维生素的不平衡。

运动员在热能营养充足和平衡膳食情况下，一般不会发生维生素缺乏。在大运动量训练或减体重期，热能营养不能满足机体需要或添加食物的营养密度不够，以及在冬末春初蔬菜、水果供应不足时，应适当补充维生素制剂，以预防维生素营养不良。

五、矿物质

(一)常量元素的营养功用

1. 钙

(1)构成骨骼及牙齿。钙和磷形成骨盐，沉积成骨质。幼儿长期缺钙，可造成佝偻病；成年人40岁以后，由于钙的沉淀速度减慢而溶出仍较多，若钙的摄入不足，可能出现骨质疏松的现象。所以，老年人骨骼受到外伤后易发生骨折。

(2)维护神经肌肉的正常兴奋性与心跳节律。钙缺乏时，神经肌肉的应激性增高，肌肉易痉挛，心跳搏动可能失常。

(3)参与凝血过程。钙能激活凝血酶，促使血液凝固。

(4)调节酶的活性。体内多种酶受钙的激活而发挥作用。

2. 磷

(1)构成骨骼和牙齿。磷在骨及牙齿中的存在形式主要是无机磷酸盐，主要成分是羟磷灰石。构成机体支架和承担负重作用，并作为磷的储存库，其重要性与骨、牙齿中钙盐的作用相同。

(2)组成生命的重要物质。磷是组成核酸、磷蛋白、磷脂、环腺苷酸(cAMP)以及多种酶的成分。

(3)参与能量代谢。高能磷酸化合物如三磷腺苷及磷酸肌酸等为能量载体，在细胞内的能量转换、代谢中，以及作为能源物质在生命活动中起着重要的作用。

(4)参与酸碱平衡。磷酸盐缓冲体系接近中性，可构成体内缓冲体系。

3. 钾

(1)维持肌肉功能。钾是影响心肌和骨骼肌功能的重要因素，能激活肌肉纤维收缩，尤其是心肌，它与钙、镁都是维持心肌自律性、传导性和兴奋性的重要因素。

(2)维持渗透压。细胞内的钾与细胞外的钠互相作用、互相制约，维持渗透压。

(3)参与新陈代谢。细胞的新陈代谢需要钾参与，葡萄糖变成糖原，氨基酸合成肌蛋白等，钾均起催化作用。

(4)与蛋白质合成有关。细胞内合成蛋白质需要钾(1 g 蛋白质含 0.45 mg 当量钾)，缺钾可影响机体对蛋白质的利用。

4. 钠与氯

(1) 调节水分。钠是细胞外液的主要阳离子,可构成细胞外液渗透压。体内水量的恒定,主要靠钠的调节,钠多则水量增加,钠少则水量减少。所以,摄入过多的钠易发生水肿。

(2) 维持酸碱平衡。钠在肾脏被重吸收后,与氢离子交换,消除体内二氧化碳,保持体液酸碱度的稳定。

(3) 加强神经肌肉兴奋性。钠减少可出现神经肌肉兴奋性降低,呈现肌肉无力、疲劳等症状。

(4) 维持血压正常。细胞外液中钠的一定浓度可使血压维持在正常水平。钠钾比值偏高易致血压升高。

(5) 氯是胃酸的主要成分,能激活淀粉酶,有助于消化。

(6) 氯化钠有调味作用。

5. 镁

(1) 维持神经肌肉的正常兴奋性。血清镁浓度降低时可出现易激动,神经肌肉兴奋性极度增强,易出现痉挛,幼儿可发生惊厥。

(2) 镁是一种激活剂,可激活多种酶,如己糖激酶、胆碱酯酶等,从而对物质代谢、蛋白质合成、神经冲动的产生与传递、肌肉收缩、细胞生长均有重要作用。

(3) 保护心脏,预防高胆固醇饮食引起的冠状动脉硬化,它作用于周围循环而引起血管扩张,从而使血压下降。其化合物硫酸镁在临床上用于高血压危象及高血压脑病的急救。

(二) 微量元素的营养功用

1. 铁

(1) 参与体内氧的运送和组织呼吸过程。铁是组成血红蛋白、肌红蛋白、细胞色素等的重要成分,起帮助氧的运输、交换和组织呼吸作用。

(2) 影响免疫功能。铁有维持 T 淋巴细胞数、血清总补体活性、吞噬细胞功能、白细胞杀菌的作用。

(3) 铁与人体的行为关系。铁在人体内的储存量与支持注意力的特殊神经生理过程有关,铁是大脑感智运动区电生理活动的媒介,与感智、语言、学习、记忆有关。

2. 锌

(1) 锌是体内许多种酶(如碳酸酐酶、碱性磷酸酶等)的组成部分,在组织呼吸和蛋白质、脂肪、糖、核酸等代谢中有重要作用。

(2) 锌是调节脱氧核糖核酸(DNA)聚合酶的必要成分,对机体生长发育有着重要的影响。缺锌会导致发育迟钝、组织愈合困难。

(3) 促进性器官正常发育和维持正常功能。

(4) 促进食欲。唾液蛋白中含有锌,对味觉和食欲起促进作用,缺锌会导致味觉迟钝、食欲减退。

(5) 保护皮肤健康。缺锌会导致皮肤粗糙、角化增生等现象发生。

(6) 保护视力。锌参与维生素 A 和维生素结合蛋白的合成,维持血浆中维生素 A 的正常含量,保护视力。

(7)锌是胰岛素的组成成分。如果胰腺含锌量减少到正常者的一半,就有患糖尿病的危险。

儿童和青少年缺锌的表现:儿童生长发育停滞;青少年性成熟推迟,第二性征不全。儿童和成人缺锌都会出现味觉减退、食欲不振、异食症、皮肤干燥、脱发、腹泻、嗜睡等征象。

运动员缺锌会使机能降低,运动成绩下降。

轻度缺锌较为常见,但症状不明显,可从毛发含锌量来评定锌的营养状况,正常者锌含量为每千克体重 125~250 μg。

3. 铜

(1)促进造血。铜能加速铁的吸收和运输,同时能促进血红素和血红蛋白的合成。

(2)维护中枢神经系统的健康。铜能维持脑内儿茶酚胺的含量,从而影响中枢神经系统功能,细胞色素氧化酶能促进髓鞘形成。

4. 氟

人体内的氟主要分布在骨骼和牙齿中。氟具有预防龋齿和老年性骨质疏松的作用。氟可促进钙和磷形成羟磷灰石的过程,促进钙和磷在骨骼中沉积,加速骨的形成,促进生长,并使骨质坚硬,在牙齿表面氟和磷形成的氟磷灰石保护层具有护齿抗腐蚀作用。氟过低不仅影响牙齿,也影响骨骼。已证明,在低氟地区常发生老年性骨质疏松,用氟治疗(如服用适量氟化钠)可使其尿中钙排出下降,症状减轻,改善骨骼组成。

5. 碘

碘是合成甲状腺素的主要原料,在机体的物质代谢中有重要的作用。甲状腺素有促进活化多种酶,促进蛋白质合成,调节能量交换等功能,以维护机体代谢和中枢神经系统的结构,保持正常的精神状态,促进生长发育等。

水和食物中含碘量与地质化学成分有关,缺碘多有地区性,故称为"地化性"疾病。临床上的主要表现为甲状腺肿大和肿大的甲状腺对邻近器官组织的压迫症状,严重者可引起呆小症。

6. 硒

(1)抗氧化作用。硒是以谷胱甘肽过氧化物酶的形式发挥抗氧化作用,这与维生素 E 有互补作用,但两者发挥作用的阶段不同。维生素 E 主要阻止不饱和脂肪酸被氧化成氢过氧化物,而谷胱甘肽过氧化物酶,则是将产生的氢过氧化物迅速分解成醇和水,共同保护细胞膜的完整性。

(2)参与免疫反应。硒几乎存在于所有免疫细胞中,可通过谷胱甘肽过氧化物酶和硫氧还蛋白还原酶的酶活性调节免疫细胞的功能。硒还有促进免疫球蛋白合成的作用,补充硒可提高机体细胞和体液免疫功能。

(3)硒还有促进生长,保护心血管和心肌健康,解除体内重金属的毒性,保护视觉及抗癌等作用。

动物试验发现缺硒可以引起若干病症,如生长停滞、白内障、脱毛等。人体缺硒的主要病症为克山病和大骨节病。

过量的硒可致硒中毒,其征象为脱发、指甲异常(变脆)、指端麻木或抽搐、胃肠功能紊乱、皮肤浮肿及出疹等。高蛋白膳食与维生素 E 对硒中毒有一定的防治作用。

(三) 供给量与来源

1. 钙供给量与来源

成年人每天钙的供给量为 600 mg，儿童、青少年、孕妇和老年人每天钙的供给量应较高。大量出汗使体内钙的排出量增加，故运动员钙的供给量也较高，每天为 800～1 500 mg。

含钙较多的食物有虾皮、海带、豆类、芥菜、油菜、雪里蕻等绿叶蔬菜。食物中钙的来源以奶及奶制品为最好，吸收率较好。食物（每 100 g）中钙的含量如表 2-13 所示。

表 2-13 食物（每 100 g）中钙的含量

名称	含量/mg	名称	含量/mg	名称	含量/mg	名称	含量/mg
牛乳粉	1 075	黑芝麻	912	芹菜（叶）	366	素鸡	256
虾皮	1 037	乳酪	799	大豆	367	豆腐	250
鸡蛋粉	954	虾米	683	木耳	295	腐竹	249
冰淇淋	912	海带	445	花生仁（炒）	284	酸奶	212
海参	6 301	紫菜	422	海蜇虫	266	带鱼	195

（高言诚：《营养学》，北京体育大学出版社，2006 年版。）

用动物试验测得几种食物钙的利用率，如表 2-14 所示，食物中钙吸收利用受一些因素影响。如蔬菜中的草酸、谷类中的植酸、过多的脂肪都能与钙生成不溶性钙盐，而影响钙的吸收。维生素 D 和蛋白质则可促进钙的吸收利用。蛋白质的作用是氨基酸与钙形成可溶性钙盐。

表 2-14 几种食物钙的利用率

食物	利用率/(%)	食物	利用率/(%)	食物	利用率/(%)
牛奶	87	甘蓝	76	苋菜	46
蛋壳	85	白菜	73	菠菜	14
生菜	84	胡萝卜	63		

2. 磷供给量与来源

以往因为食物中含磷普遍而丰富，很少因为膳食原因引起营养性缺乏，故人们很少注意研究磷的需要量，更缺乏用于磷需要量的指标，仅仅是与钙的需要量相联系而考虑钙、磷比值。

磷在食物中分布很广，无论动物性食物或植物性食物，在其细胞中，都含有丰富的磷，动物的乳汁中也含有磷，磷是与蛋白质并存的，瘦肉、蛋、动物肝、肾含量很高，海带、紫菜、芝麻酱、花生、干豆类、坚果、粗粮等含磷也较丰富，但粮谷中的磷为植酸磷，不经过加工处理，吸收利用率低。

3. 镁供给量与来源

成年人镁的每日供给量以每 1 000 kcal 热量为 120 mg，一般每天 300～350 mg。镁可以从汗中丢失较多，运动员和在高温环境下的工作者出汗较多时，或用利尿剂者从尿中失镁过多时，镁的供给量应增加。

镁摄入过少，会出现手足搐搦症、肌肉震颤、精神错乱、心动过速、血压升高等。镁摄入过多，可出现反应迟钝、困倦、燥热、口干、烦渴，甚至呼吸衰竭、心房纤维颤动而死亡。

镁普遍存在各种食物中，植物性食物含镁较高，如粗粮、豆类和蔬菜等都含镁丰富，如表2-15所示。

一般膳食中镁不会缺乏，但长期慢性腹泻可导致镁缺乏。

表2-15　食物（每100 g）中镁的含量

名称	含量/mg	名称	含量/mg	名称	含量/mg	名称	含量/mg
玉米胚	550	木耳	213	香菇	141	桃酥	90
西瓜籽	450	虾米	187	玉米面	111	芹菜	88
小米	285	花生仁（炒）	176	豆腐干	109	带鱼	84
虾皮	254	口蘑	167	菠菜	109	桂花腐乳	81
黄豆	233	海带	162	豆腐丝	93	大头菜	77

（高言诚：《营养学》，北京体育大学出版社，2006年版。）

4. 钾供给量与来源

一般成年人每天钾的供给量为2～4 g，儿童每千克体重钾的供给量为0.05 g。因运动员出汗失钾较多，运动后恢复中蛋白质与糖原合成需要钾，故供给量应较高，可为4～6 g。

钾的摄入量低，会出现吸收障碍、排泄增加（利尿剂）、创伤、饥饿、脱水等。轻度缺钾时表现为倦怠、精神不振、食欲不佳等症状；严重缺钾会出现腹胀、反应迟钝、软弱无力、腱反射减弱等神经肌肉功能障碍，甚至发生心律不齐、循环衰竭而突然死亡。缺钾是发生中暑和肌肉受伤的诱因。

钾的主要来源是蔬菜、水果及各种豆类。水果中的钾较易吸收，且水果皮含钾量较高。

5. 钠供给量与来源

一般膳食中，钠的含量多超过人体需要量。摄入钠过多对人体有害，可引起高血压和眼底视网膜病变。世界卫生组织与我国调查均表明，氯化钠的摄入量与高血压发生率成正相关，如表2-16所示。

表2-16　氯化钠的摄入量与高血压发病率的关系

食盐量(g/d)	地　　区	高血压发病率/(%)
4	北极圈	0
7	马绍尔群岛	6.9
10	非洲部分地区	8.6
26	日本东北地区	29.0

食盐是人体获得钠与氯的主要来源。一般成年人每天摄入量不超过10 g，以6 g为宜。在天热、运动等大量出汗的情况下，机体因出汗失钠较多，需要补充盐水0.3%的浓度为宜，排汗量1 L约补充氯化钠3 g。大量出汗后，若大量补充水而不补充钠，可引起低血钠症，对人体机能有不良影响。

6. 铁供给量与来源

铁的供给量受食物中铁吸收率的影响。铁的吸收率较低，植物性食物中多为三价铁，吸收率在 10% 以下，如大米为 1%，小麦为 5%，大豆为 7%；动物性食物铁的吸收率较高，如瘦肉、肝脏可达 22%，鱼为 11%，蛋仅为 3%。

目前我国规定铁的供给量为：成年男性每日 15 mg，成年女性每日 18 mg，运动员的供给量应较高，每天 20～30 mg。缺氧和受伤情况下也应增加铁的供给量。

世界卫生组织根据铁的来源，规定了不同的供给量，如表 2-17 所示。

表 2-17 世界卫生组织规定的铁供给量

		铁 供 给 量				我国规定的铁供给量/mg
	年龄/岁	需要吸收铁/mg	动物性食品所占总热量比			
			少于 10%	10%～25%	大于 25%	
儿童	1～12	1.0	10	7	5	12
少年（男）	13～16	1.8	18	12	9	15
少年（女）	13～16	2.4	24	18	12	18
成年男性		0.9	6	6	15	12
育龄女性		2.8	28	19	14	15

如表 2-18 所示，食物中铁的最好来源为动物肝脏、蛋黄、豆类和绿色蔬菜。

表 2-18 食物（每 100 g）中铁的含量

名称	含量/mg	名称	含量/mg	名称	含量/mg	名称	含量/mg
黑木耳	185.0	黑豆	10.5	淡菜	24.5	小油菜	7.0
海带	150.0	油豆腐	9.4	猪肚	25	芥菜	6.3
芝麻酱	58.0	芹菜	8.5	猪血	15	西瓜籽	8.3
桂圆	44.0	豆腐干	7.9	牛肾	11.4	海蜇	9.5
银耳	30.4	桃干	7.6	大豆	11.0	鸡肝	8.2

铁的吸收受一些因素的影响，充足的维生素 C 和蛋白质可促进铁的吸收，茶叶中的鞣酸可与铁结合妨碍铁的吸收，膳食中脂肪过多也妨碍铁的吸收。

缺铁对机体的危害：一是由于血红蛋白的含量减少，向组织输送氧能力下降；二是体内含铁酶活性降低。严重者会发生缺铁性贫血，其主要症状有无力、面色苍白、头晕、心悸、指甲脆薄等。运动员血红蛋白减少会使耐力降低、成绩下降，运动后恢复时间延长，增加运动员血红蛋白含量有利于运动成绩的提高。

必要时可通过铁强化食物和铁补充剂来补充铁，但必须慎重，因为过量的铁在体内积蓄对身体有害。铁以含铁血黄素形式沉积于网状内皮细胞或某些组织的实质细胞中，可造成铁中毒。其主要表现为肝硬化、皮肤高度色素沉着、心律不齐等。铁中毒多由于不正确的使用铁引起，一般通过正常膳食营养补铁不会引起铁中毒。

7. 锌供给量与来源

成年人每天锌的供给量为 10～20 mg。锌的来源以植物性食物为主时,因植物性吸收率低,供给量应提高。

如表 2-19 所示,含锌较多的食物为牡蛎、肝脏、干豆、蛋、肉、鱼,牛奶中锌的含量不多,粮食加工后锌损失较多。

可通过锌强化食物和锌制剂来补充锌,必须慎重补锌,因为锌的摄入过多,可造成中毒或多种代谢失调,对人体有害。

表 2-19　食物(每 100 g)中锌的含量

名称	含量/mg	名称	含量/mg	名称	含量/mg	名称	含量/mg
牡蛎	148.6	鸡蛋粉	6.24	银耳	4.11	扒鸡	3.23
芝麻	10.26	黑芝麻	5.00	猪肝	4.86	冬菇	3.19
酱牛肉	9.67	豌豆黄	4.90	酱羊肉	3.79	黄豆	3.06
口蘑	9.04	虾米	4.65	牛乳	3.36	青豆	3.01
西瓜籽(炒)	6.47	香菇	4.27	豆奶粉	3.23	猪肘	2.66

(高言诚:《营养学》,北京体育大学出版社,2006 年版。)

8. 铜供给量与来源

成年人每天铜的供给量为每千克体重 30 μg,儿童每天铜的供给量为每千克体重 40 μg。普通平衡膳食每天铜的供给量为 2～3 mg,故一般不易缺乏。

如表 2-20 所示,一般食物都含有铜,含量较丰富的食物有口蘑、虾米、坚果类等。奶类含铜较少,因此,主要由奶提供营养者应注意补充铜。

表 2-20　食物(每 100 g)中铜的含量

名称	含量/mg	名称	含量/mg	名称	含量/mg	名称	含量/mg
口蘑	5.8	青豆	1.3	黄豆	1.1	油菜	0.6
虾米	2.7	黑芝麻	1.2	豆奶粉	1.0	小米	0.5
糖水桃	1.6	虾皮	1.2	花生仁(炒)	0.8	黄酱	0.5
绿茶	1.5	腐竹	1.1	香菇	0.7	猪肝	0.4
核桃	1.5	绿豆	1.1	果丹皮	0.6	鸭肝	0.4

(高言诚:《营养学》,北京体育大学出版社,2006 年版。)

9. 硒供给量与来源

成年人和青少年硒的供给量每天均为 50 μg。如表 2-21 所示,海产品、肝脏类、肉类、大米及大豆中硒的含量较多,是硒的良好来源。粮谷类受地区土壤含硒量的影响,蔬菜、水果含硒量较低。

硒缺乏也有地区性,属地化性疾病。在缺硒地区,可通过在盐中加硒,或提高农作物含硒量等措施来预防。

表 2-21　食物(每 100 g)中硒的含量

名称	含量/mg	名称	含量/mg	名称	含量/mg	名称	含量/mg
鱼粉	193	虾皮	82	猪肝	28	挂面	20
羊肝	144	带鱼	52	鸭蛋(碱)	24	鸡肉	18
口蘑	133	大黄鱼	42	鸡肝	26	鸡蛋	15
虾米	82	鸡蛋粉	39	维生素C饼干	22	冬菇	14

10. 碘供给量与来源

成年人每天碘的供给量为 150 μg。

海产品含碘量较高,以海带、紫菜最为丰富,海盐及某些湖盐中也含有碘。在缺碘地区,可在食盐中加碘,可预防碘缺乏。

11. 氟供给量与来源

成年人每天氟的供给量为 2.3～3.1 mg。

氟的主要来源是饮水。饮水中的氟可被完全吸收,食物中一般吸收率为 50%～80%。水的氟含量与地质化学成分有关,常有地区性。在低氟地区,可在水中加氟。饮水的含氟量以 1.0～1.5 mg/L 为宜,最高不得超过 2 mg/L。食物中也含有氟,茶叶中氟的含量很高,饮茶的人一天可摄入 500 μg 氟。

摄入氟过多会发生氟中毒。首先是出现牙齿珐琅质破坏,表面光泽消失,出现灰白斑点即斑牙症,此外还会引起骨骼和肾脏损害。

氟、碘、硒在正常膳食中不会缺乏,而由于它们在地理上分布不均匀,某些地区土壤中的某种元素含量较低,水和食物中的含量因而也较低,可造成地区性缺乏。

(四)运动与矿物质

1. 铁在运动中的作用

铁的最基本功能之一是在红细胞内运输氧,但它也在运动过程中对体内的能量代谢起着重要的作用。机体内的铁大约有 74% 存在于血红蛋白和肌红蛋白中,氧化酶中的铁仅占机体总铁量的 1%,但这 1% 的铁对能量代谢来说至关重要。

体育运动可以增强体内铁的代谢,但长期的运动训练也会使组织内铁的储存量明显减少。运动员中缺铁性贫血的发生率较高。据报道:14 岁以下的运动员中,男女运动员的贫血检出率分别为 30.9% 和 57.9%;14 岁以上的运动员中,男女运动员的贫血检出率分别为 22.5% 和 36.9%,其中绝大部分为缺铁性贫血。运动导致机体铁缺乏的主要原因有以下几种:①铁摄入不足和吸收减少;②运动训练使铁的丢失增加;③铁的需要量增加。由此可见,运动增加了机体对铁的需求。运动员每日推荐的铁供给量:在常温和高温下训练的男性分别为 20 mg 和 25 mg,女性分别为 30 mg 和 35 mg。青少年运动员、耐力性项目运动员、女运动员和控制体重的运动员均为缺铁性贫血的高发人群,应加强医务监督。改善运动员的铁营养状况宜采用摄入富含铁的食物的方式来解决。膳食中铁的良好来源为动物肝脏、蛋黄、豆类、芝麻、黑木耳、猪血以及某些蔬菜。

2. 铜在运动中的作用

铜是氧化供能反应及电子传递过程中相关酶的重要辅助因子。超氧化物歧化酶这样的抗自由基酶发挥作用时，也需要铜的参与。有关运动导致血清（浆）铜水平变化的报道不一。因此，运动员每日铜的需要量是否高于正常人每日 2～3 mg 的推荐供给量，目前尚不清楚。对于那些长时间进行大负荷训练的运动员，应注意多摄入一些富含铜的食物，如甲壳类、动物的肝肾以及坚果类等食物。

3. 锌在运动中的作用

锌是机体内 300 多种酶的辅助因子。锌对生物膜的正常结构和功能具有重要的作用，且有助于稳定核糖核酸、脱氧核糖核酸与核糖结构，如表 2-22 所示。锌也对生长、组织修复、正常的免疫反应以及运动过程中的能量代谢发挥重要作用。蛋白质代谢、葡萄糖的利用、胰岛素的分泌和脂类代谢等，均需要锌的参与。因此，锌可以影响运动过程中能源物质的利用，以及影响运动后蛋白组织的构建与修复。锌也在激素代谢中发挥重要作用，生长激素、甲状腺素、促性腺激素、性激素、泌乳素和皮质醇等激素的合成、储存与分泌，都需要锌参与。

表 2-22 含锌酶及其作用

酶 名 称	作 用	组 织
羧肽酶	消化膳食中的蛋白质	胰腺
碳酸酐酶	酸碱平衡	各种组织
碱性脱氢酶	磷酸盐水解	各种组织
乙醇脱氢酶	乙醇代谢	肝脏和肾脏
超氧化歧化酶	抗氧化	肝脏
乳酸脱氢酶	由乳酸生成丙酮酸	肝脏与肌细胞
苹果酸脱氢酶	营养素代谢	细胞中的三羧酸循环
谷氨酸脱氢酶	氨基酸转移	各种组织细胞

人体每天需要约 5 mg 锌才能维持锌的代谢。因为锌的吸收率约为 33%，所以锌的推荐量较高。成年男性锌的每日推荐供给量为 15 mg，成年女性锌的每日推荐供给量为 12 mg。

运动对锌的代谢有明显的影响。一次剧烈运动后，可明显提高血清锌的浓度。血清锌的浓度水平增高可能是运动诱发肌肉损伤后锌从肌肉内溢出，或是运动应激使锌从组织向血液转移。运动后休息一段时间，血清锌可恢复到运动前水平，这可能是通过尿锌排泄增加以及锌重新从血液分布到肝脏所致。关于运动员锌的需要量尚缺乏研究，估计会比正常人每日 15 mg 的推荐量要高。富含锌的食物包括高蛋白质食物、海洋生物以及鲜肉等。

4. 镁在运动中的作用

镁遍及全身机体组织，并在数百种酶和细胞中发挥着重要的作用。镁在运动过程中的重要作用是参与能量代谢、蛋白质合成和神经肌肉的传导与运动。糖的分解，脂肪酸与蛋白质的合成与氧化，ATP 水解以及细胞内第二信使环磷酸腺苷的形成，都需要镁的参与。十分明显，镁在物质代谢和体育运动中的能量代谢过程起至关重要的作用。

镁的每日推荐供给量如下：19～30 岁男性为 400 mg，31～70 岁男性为 420 mg；19～30 岁女性为 310 mg，31～70 岁女性为 320 mg。镁广泛存在于粮谷类和豆类之中。

5. 铬在运动中的作用

铬在运动中的作用很少被提及。按目前认识,铬的基本生物学价值是增强胰岛素的作用,因此,铬可以提高机体对蛋白质、脂肪和碳水化合物的摄取和利用。铬为耐糖因子复合物的组成部分,耐糖因子中含有烟酸和各种氨基酸。尽管耐糖因子的确切生理作用尚不完全清楚,但它可以提高血糖水平,增加餐后氨基酸和脂肪酸的摄取数量。铬对人体的生长、改善血脂状况、核糖核酸和脱氧核糖核酸的合成,以及正常的免疫反应都有重要作用。

铬没有膳食推荐供给量的标准。铬在食物中的含量变化非常大,且依据食物的产地和加工技术的不同而变化。铬的最好来源是谷类,以及一些可食用的已经发芽的种子,如蘑菇、酵母和深色巧克力等。铬的绝对吸收率较低,为 0.5%～3%。

6. 钙在运动中的作用

以离子形式存在于体液中的钙是钙的活性形式。钙在神经冲动的传导、肌肉收缩酶的激活、血液凝固以及维持细胞膜完整性等一系列生理过程中发挥着重要的作用。钙缺乏可导致肌肉抽搐。钙摄入不足时可导致骨密度降低。据研究报道,我国运动员普遍存在钙摄入不足问题,尤其是那些控制体重的女运动员,应注意从富含钙的食品中摄取钙,以预防骨营养不良。富含钙的食品主要有牛奶及奶制品,一些海产品也含有丰富的钙。豆类和蔬菜也可以作为钙的一种来源,但钙的吸收率受草酸和植酸的影响。

7. 磷在运动中的作用

磷与钙一起构成骨的主要成分,磷是机体重要元素之一。磷的化合物是机体能量转换的中心物质,存在于 ATP 和磷酸肌酸(CP)中的高能磷酸键起着储能的作用。机体内的许多 B 族维生素需与磷结合后,才能成为具有活性的辅酶形式。此外,磷脂还是构成生物膜的成分之一。磷缺乏时,可引起 ATP 和 CP 水平的降低,肌肉的能量代谢受阻。磷广泛分布于食物中,而且其吸收率高于钙。因此,人类磷的缺乏极为少见。运动员磷的每日需要量为 2.0～2.5 g。力量与耐力性运动项目以及其他热能消耗大的运动项目的运动员磷的每日需要量可以增加到 3.0～4.5 g。

六、水

(一)供给量与来源

水是机体的重要内环境,必须保持稳定,才利于物质代谢的进行和维持正常机能。一般情况下,体内水分的出入量是平衡的。体内不储存多余的水,也不能缺水。多余的水分即排出体外,缺水若不及时补充,就会影响机能。摄入水分不足或排出水分过多(如出汗、腹泻等)时,可使机体失水,失水会影响人体生理机能,如表 2-23 所示。

表 2-23 失水程度对机能的影响

失水程度(占体重的百分比)	机 能 影 响
2%	强烈口渴、不适感、食欲下降、尿少
4%	不适感加重,运动能力下降 20%～30%
6%	全身无力、无尿
8%以上	烦躁、体温和脉搏增高、血压下降、循环衰竭以至死亡

1. 水的需要量

人体的需水量取决于排出水量。水的需要量随体重、年龄、气候、运动和劳动强度、膳食、代谢情况而异,变化较大。成年人每日需水量为 2 400～4 000 mL。人的需水量随年龄阶段的不同而异,年龄越大,每千克体重需水量相对少些,到成年后相对稳定,如表 2-24 所示。一般情况下,成年人每日水的出入量保持平衡,如表 2-25 所示。一般每天由尿中排出的代谢废物和电解质的总量为 40～50 g,肾脏为排除这些代谢废物至少需排尿 1 500 mL。这是成年人一般情况下每天对水的最低生理需要量。为安全计,成年人每日每千克体重供水 40 mL 为宜。高温、运动等出汗多时,供水量应相应增加。供水量是否满足需要,可由体重、尿量和尿比重等判断。美国提出成年人的推荐摄入量为:每消耗 1 kcal 能量,需要水 1.5 mL,此量包括一般性的活动、出汗及溶质负荷等的变化。

表 2-24　不同年龄段的人每日需水量

年　　龄	每日每千克体重的需水量/mL
1 周至 1 岁	120～160
2～3 岁	100～140
4～7 岁	90～110
8～9 岁	70～100
10～14 岁	50～80
成年	40

2. 体内水的来源与去路

表 2-25　成年人一般情况下每日水的出入量

水的摄入量/mL	水的排出量/mL
食物水 700～1 000	呼吸蒸发 350
饮水 500～1 200	皮肤蒸发 500
代谢水 300	粪便排出 50～150
	肾脏排出 600～1 500
合计 1 500～2 500	合计 1 500～2 500

糖、脂肪和蛋白质等营养物质在体内氧化时产生的水称为代谢水或体内氧化水。每 100 g 糖在体内完全氧化可产生 55 mL 代谢水,100 g 脂肪完全氧化可产生 107 mL 代谢水,100 g 蛋白质可产生 41 mL 代谢水,一般混合性食物在体内每产生 100 kcal 的热量可生成 12 mL 代谢水。

(二)运动与水

1. 脱水与运动能力

1) 轻度脱水

当水量占体重的 2% 时为轻度脱水。轻度脱水一般以细胞外液和细胞间液丢失为主,机体的血容量受到影响,心脏负担加重,可影响运动能力。此时,运动员会感到口渴,出现少尿及尿钾丢失量增加的现象。

2) 中度脱水

当失水量占体重的 4% 时为中度脱水。中度脱水时,细胞内液和细胞外液的丢失量大致相等,机体表现为严重的口渴感、心率加快、体温升高、出现疲劳及血压下降等症状。

3）重度脱水

当失水量占体重的6%～10%时为重度脱水。重度脱水时,细胞内液的丢失比例增加,血容量进一步减少,机体表现为呼吸频率加快、恶心、食欲丧失、厌食、容易激怒、肌肉抽搐、精神活动减弱,甚至发生幻觉、谵妄和昏迷,对健康有严重威胁。

脱水对运动员的影响不仅在于体温升高和心血管负担加重,还可导致肾脏的损害。运动员脱水时最大吸氧量减少,维持最大吸氧量的时间明显缩短。但是,脱水对运动能力的影响与运动员的适应状态有关。一般水平的运动员当失水量为体重的2%～3%时,即可影响循环系统的机能和体温调节能力,运动能力和最大吸氧量受到明显的影响,然而高水平并已经有适应力的运动员,失水量为体重的5%时,其运动能力仍未出现明显的变化。

2. 运动员的水补充

运动员的水供给量应以补足失水的水量,保持水平衡为基本原则。水分的补充要采取少量多次的措施。

1）运动前补液

以往的观点认为,运动前饮水会引起胃痉挛,因此常忽略运动前的水分补充。但近来的研究与实践尚未见到运动前补水的副作用。一般认为,运动员或体育活动参加者在训练或运动前2小时应饮用400～600 mL液体,这既能保证机体在运动前的水分充足,又能将多余的液体在运动前以尿的形式排出体外。这类措施不仅有助于改善运动前体液不平衡的状态,而且也助于防止和避免运动中脱水的危害。炎热季节,可多摄入250～500 mL液体。

检测个体水合状态的方法是监测其排尿的颜色、气味和数量。如果运动员排出的尿液具有强烈的气味或者颜色加深或者数量少,提示该运动员可能存在脱水,应该补充500 mL液体。一般认为,对运动员的尿液连续监测48小时,观察尿液颜色的变化是评定体内水合状态最好的指标。就评定体液平衡而言,尿液颜色的改变要比尿液数量的变化有效。

2）运动中补液

运动中补液的目的是维持血浆容量和电解质浓度,预防心率和机体内部温度异常增高,为做功肌肉提供能源物质。换言之,运动中补液可以延缓疲劳的出现,预防体液平衡紊乱。运动中补液应依据运动持续时间、强度、摄入液体的数量和成分、环境条件、补液次数以及运动前的营养状态而定。这里需要说明的是,世界上没有一种液体能够满足所有运动者在各类运动中的全部需求。

运动员出现口渴感时,已经失去约3%体重的汗液,如果依赖口渴感觉进行补液,需要48小时才能补完体液的丢失量。人的口渴感觉仅仅是一种防止严重脱水的自我保护机制,不能用来作为补液的指证。

在耐力运动中,摄入的液体应该与运动中汗液丢失量持平或略多。实际上,即使运动员在运动中随意饮用液体,也只能补充其汗液丢失的2/3。这种液体消耗与补充之间的差距可引起机体出现轻度和中度的脱水。美国运动医学会(ACSM)推荐,在持续时间超过1小时以上的运动中,每小时应补给含有碳水化合物和0.5～0.7 g的钠的液体。液体中的碳水化合物可为运动提供能源物质,而钠可改善饮用液体的口感并补充电解质的丢失。理想的补液时间是运动开始之后,理想的补液频率和数量是每15～20分钟一次,每次150～300 mL,然而,并不是每一项运动都允许以这种理想的频率和数量进行补液。

3)运动后补液

运动后补液的目的在于补充运动过程中水和电解质的丢失。因此,补充液体的数量和质量应依据运动强度、频率、持续时间和环境条件而定。一般认为,在运动后的恢复阶段,运动员通过正常摄入液体和进食就能补回运动中丢失的水和电解质,补液中必须含有钠和碳水化合物。钠能够改善机体并保持机体的能力,碳水化合物可提高钠重吸收的张力并有助于补充肌糖原和肝糖原。因为通过排尿和呼吸所丢失的液体必须补给,所以运动后补液的数量应该大于运动中的出汗量,已经证实,在高湿热环境中以60%最大吸氧量强度持续运动35~40分钟,运动员的平均脱水率为2.06%。以运动中身体质量变化的150%摄入液体,运动结束后6小时机体才恢复水平衡稳态。

各种电解质补液饮料、水和其他液体对运动后体液平衡恢复的影响研究证实,含有6%碳水化合物、20 mmol/L钠和3 mmol/L钾的淡口感电解质饮料,在加速运动后机体水平衡方面要比普通水或佐餐百事可乐更有效。饮用碳水化合物电解质饮料后,尿生成量最小的现象提示,这类饮料对机体具有巨大的水保持力。在运动后摄入水或传统型可口可乐会导致机体电解质的负平衡,含有咖啡因的饮料可增加尿液中镁和钙的丢失,含有适量钠、镁和钙的碳水化合物电解质饮料有助于维持机体的电解质平衡。

运动后有时间进餐的运动员,即使不饮用碳水化合物电解质饮料,正常进餐本身对恢复体液平衡来说就是有效的方法。膳食可以提供足够的电解质、水或其他液体。一般认为,酒精具有利尿作用,所以不推荐它作为运动后的饮料来补充体液。

3. 运动饮料和补液饮料

理想的运动饮料应该依据运动持续时间和强度、环境条件以及个体特点而有所不同。表2-26列出了常用运动饮料的碳水化合物和电解质含量。

表2-26 常用运动饮料的碳水化合物和电解质含量

饮 料	碳水化合物/(g/L)	碳水化合物/(%)	钠/(mg/L)	钾/(mg/L)	毫摩尔/(m mol/L)
纯净水	0	0	0	0	5~8
佐餐百事可乐	0	0	99	23	41
运动型百事可乐	56	5.6	155	155	280~330
佳得乐	60	6	400	120	320~360
运动型可口可乐	80	8.0	118	135	280~350
雪碧	110	11.0	97	0	560~590
传统型可口可乐	113	11.3	23	10	550~650
鲜橙汁	109	10.0	11	2 096	670
猕猴桃型健力宝	50~90	5.0~9.0	575	156~312	350

使用含碳水化合物和电解质饮料可最大限度地补充在运动中丢失的液体和电解质,增加能量的供给和迅速恢复肌糖原和肝糖原的含量。这类饮料在许多情况下是有益的,其作用依据不同的个体状况、不同的运动项目以及不同的运动环境而定。

4. 应用运动饮料或补液饮料的基本意义

(1)运动前摄入足够的液体,预防运动中脱水。
(2)在不同的环境条件下为运动或体力劳动提供足够的液体、电解质和碳水化合物。
(3)在运动后或比赛期间不能进食的情况下,实现补液。
(4)维持运动过程中血糖的正常水平。
(5)为那些因病患、呕吐、腹泻等在运动前不能进餐者,以碳水化合物的形式提供能量。

5. 儿童和青少年对液体和电解质的需求

儿童与成年人对运动反应不同,因此,他们对液体的需要量也有所不同。儿童体内的温度感受器没有成年人灵敏,尤其是在湿热环境中运动更是如此。与成年人相比,儿童对环境的适应慢,出汗的温度域值高,出汗率低,运动中每千克体重所产生的代谢热多,脱水对机体的损害更大。基于这些理由,经常运动的少年儿童应该了解运动前、运动中以及运动后摄入足够液体的重要性。

在耐力性运动和间歇性运动中,如果每隔15~20分钟饮用120 mL液体,少年儿童的机体就能维持良好的水合状态。运动前应鼓励少年儿童摄入120~240 mL液体;运动后,因运动中出汗减少的体重,每减少1 kg就要摄入1 L液体。少年儿童应学会监测体液平衡的敏感指标,即观察尿液的颜色。

要让少年儿童知晓,干燥的嘴唇和舌头、深黄色的尿液、疲劳和冷漠、抽筋和尿少为脱水的早期指征。运动后补液的基本原则如下。

(1)应以饮用碳水化合物电解质饮料或进餐的形式补充氯化钠。饮料应具有良好的口感和相对适宜的温度。

(2)摄入液体的数量应为汗液丢失量的100%~150%,即运动中因出汗减少的体重每减少1 kg就要摄入1~1.5 L液体。

(3)如果运动后不能进餐,应以饮用碳水化合物电解质饮料的方式来补充液体。运动后正常进餐有助于加速体液平衡,钠和摄入液体的数量对促进运动后体液平衡达到稳态非常重要。

(4)不鼓励运动员在运动后饮用含酒精的饮料。

七、食物纤维

(一)供给量与来源

成年人每天食物纤维的供给量为4~12 g,食用适量的粗杂粮和蔬菜、水果,不吃过分精制食物,一般均能满足。含食物纤维较多的食物有麦麸、米糠、鲜豆夹、嫩玉米、草莓、菠菜、花生、核桃等,蔬菜生食可增加食物纤维的量。

如表2-27所示,食物纤维过多,可影响钙、镁、锌、铁等矿物质的吸收,还可引起刺激性腹泻,应当注意。

表2-27 食物纤维对矿物质吸收的影响

	低食物纤维饲料		高食物纤维饲料	
	摄入量/g	吸收率/(%)	摄入量/g	吸收率/(%)
钠	5.1	99	5.6	98
钾	4.6	97	4.3	86
钙	13.5	74	13.2	63
磷	9.9	81	10.2	74
镁	1.1	73	1.4	59
锌	0.62	60	0.13	56

(顾景范、杜寿玢、郭长江:《现代临床营养学(第二版)》,科学出版社,2009年版。)

(二)膳食纤维在运动人群中的应用

1. 运动减肥人群

吃高纤维的食物需要花较长的时间;纤维减少了食物的能量密度;纤维延长了胃排空时间,减少了食物消化量;高纤维膳食的能量可能在粪便中损失较多。

2. 健美塑身人群

膳食纤维具有较强的吸水膨胀功能,易产生饱腹感,可较好地达到减肥功效。

3. 需要减轻和控制体重的运动员

膳食纤维适合举重、摔跤、柔道、跆拳道、轻量级划船等不同体重级别比赛的项目,还适合体操、跳水、芭蕾舞、花样滑冰等灵敏性、技巧类项目。

第二节 运动员合理营养的意义与作用

一、中国居民膳食指南

中国营养学会最近向公众推荐了新修订的《中国居民膳食指南》。《中国居民膳食指南》提出了如下八条建议。

(一)食物多样、谷类为主

人类的食物多种多样,各种食物所含的营养成分不完全相同,除母乳外,任何一种天然食物都不能提供人体所需的全部营养素。平衡膳食必须由多种食物组成,才能满足人体各种营养需要,达到合理营养、促进健康的目的,因而要提倡人们广泛食用多种食物。多种食物应包括以下五大类。

第一类:谷类及薯类。谷类包括米、面、杂粮,薯类包括马铃薯、甘薯、木薯等,主要提供碳水化合物、蛋白质、膳食纤维、B族维生素。

第二类:动物性食物。动物性食物包括肉、禽、鱼、奶、蛋等,主要提供蛋白质、脂肪、矿物质、维生素 A 和 B 族维生素。

第三类:豆类及其制品。豆类及其制品包括大豆及其他豆类,主要提供蛋白质、脂肪、膳食纤维、矿物质、维生素 C 和胡萝卜素。

第四类:蔬菜水果类。蔬菜水果类包括鲜豆、根茎、叶菜、水果等,主要提供膳食纤维、矿物质、维生素 C 和胡萝卜素。

第五类:纯能量食物。纯能量食物包括动物油、植物油、淀粉、食用糖和酒类,主要提供能量。植物油还可提供维生素 E 和必需脂肪酸。

谷类食物是中国传统膳食的主体,是最好的、最基础的食物,也是经济的能量来源,但随着经济的发展,人民生活水平的提高,人民倾向于吃更多的动物性食物。根据调查,在一些比较富裕的家庭中动物性食物的消费量甚至超过了谷类的消费量。这种膳食提供的能量和脂肪过高,膳食纤维过低,对一些慢性病的预防不利。提出"食物多样、谷类为主"主要是为了提醒人们保持我国膳食的良好传统,防止发生膳食失衡。另外,人们还要注意粗细搭配,经常吃一些粗粮、杂粮等。

(二)多吃蔬菜、水果和薯类

蔬菜的种类繁多,包括植物的叶、茎、花、果、食用菌、藻类等。不同品种所含营养成分不尽相同,红色、黄、绿等深色蔬菜和一般水果,它们是胡萝卜素、维生素 B_2 和叶酸、矿物质(钙、磷、钾、镁、铁)、膳食纤维和天然抗氧化物的主要或重要来源。我国近年来开发的野果如猕猴桃、刺梨、黑加仑等也是维生素的主要或重要来源。

有些水果中维生素及一些微量元素的含量不如新鲜蔬菜,但水果含有的葡萄糖、果酸、柠檬酸、苹果酸、果胶等物质又比蔬菜丰富。红色、黄色水果如鲜枣、柑橘、柿子和杏等是维生素 C 和胡萝卜素的丰富来源。

薯类含有丰富的淀粉、膳食纤维以及多种维生素和矿物质。我国居民近十年来吃薯类较少,应当鼓励多吃些薯类。

含丰富蔬菜、水果和薯类的膳食在保持心血管健康、增强抗病能力、减少儿童发生眼干燥症的危险及预防某些癌症等方面起着十分重要的作用。

(三)常吃奶类、豆类或其制品

奶类除含丰富的优质蛋白质和维生素外,含钙量较高,且利用率也很高,是天然钙质的极好来源,这是任何食物均不可比拟的。我国居民膳食提供的钙质普遍偏低,平均只达到推荐摄入量的一半左右。我国婴幼儿维生素 D 缺乏病的患病率也较高,这和膳食钙不足可能有一定的联系,给儿童、青少年补钙可以提高其骨密度,从而延缓其骨质流失的速度。因此,应大力发展奶类的生产,促进奶类食物消费。豆类是我国的传统食品,含大量的优质蛋白质、不饱和脂肪酸、钙及维生素 B_1、维生素 B_2、烟酸等,为提高农村居民的蛋白质摄入量及防止城市居民中过多消费肉类食物所带来的不利影响,应大力提倡豆类,特别是大豆及其制品的生产和消费。

(四)经常吃适量的鱼、禽、蛋、瘦肉,少吃肥肉和荤油

鱼、禽、蛋、瘦肉等动物性食物是优质蛋白质、脂溶性维生素和矿物质的良好来源。动物来源蛋白质的氨基酸组成更适合人体需要,且赖氨酸含量较高,有利于补充植物来源蛋白质中赖氨酸的不足。肉类中铁的利用较好,鱼类特别是海产鱼所含不饱和脂肪酸有降低血脂和防止血栓形成的作用。动物肝脏含维生素 A 极为丰富,还富含维生素 B_{12}、叶酸等,但有些脏器如脑、肾等所含胆固醇相当高,对预防血管系统疾病不利。当下我国绝大多数农村居民平均摄入动物性食物的量还不够,应适当增加摄入量,但部分大城市居民食用动物性食物过多,粮谷类食物不足,这对健康不利。

肥肉和荤油是高能量和高脂肪食物,摄入过多往往会引起肥胖,并成为某些慢性病的危险因素,应当少吃。目前猪肉仍是我国人民的主要肉食,猪肉脂肪含量高,应适当控制猪肉消费量。鸡、鱼、兔、牛肉等动物性食物含蛋白质较高,脂肪较低,产生的能量远低于猪肉,应大力提倡吃这些食物,特别是水产品。

(五)食量与体力活动要平衡,保持适宜体重

保持正常体重是一个人健康的前提。进食量与体力活动是控制体重的两个主要因素。如果进食量大而活动量不足,多余的能量会在体内以脂肪的形式积存,即增加体重,久而久之就会发胖,因此要避免毫无节制的饮食。相反,若食量不足,劳动或运动量过大,就会出现由能量不足而引起的消瘦,造成劳动能量下降,所以人们需要保持食量与能量消耗之间的平衡。脑力劳动者和活动量较少的应加强锻炼,进行适宜运动;消瘦的儿童则应增加食量和油脂的摄入量,以维持正常生长发育和适宜体重;体重过高或过低都是不健康的表现,可造成抵抗力下降,易患某些疾病。经常运动有利于心血管和呼吸系统,有利于保持良好的生理状态,可提高工作效率、调节食欲、强壮骨骼以预防骨质疏松。

(六)吃清淡少盐的膳食

吃清淡少盐的膳食有利于健康,既不要太油腻,又不要太咸。不要吃过多的动物性食物和油炸、烟熏食物。目前,我国城市居民油脂的摄入量一直呈上升趋势,这不利于健康。我国居民的食盐摄入量过多,其平均值是 WHO 建议的两倍以上。大量研究表明,钠的摄入量与高血压发病率呈正相关,因而食盐不宜过多。WHO 建议每人每日食盐量以不超过 6 g 为宜。膳食钠的来源除食盐外,还包括酱油、咸菜、味精等高钠食品及含钠的加工食品等,应从小就培养清淡少盐的饮食习惯。

(七)饮酒应限量

我国的酒文化源远流长,在节假日、喜庆和交际场合人们往往会饮一些酒,饮酒应注意适量,特别是白酒。白酒除供给能量外,不含其他营养素。无节制地饮酒会使人的食欲下降,使食物摄入量减少,以致发生多种营养素缺乏,严重时还会造成酒精性肝硬化。过量饮酒也会增加患高血压、脑卒中等疾病的可能性。此外,饮酒还可导致事故的发生。因此,应严禁酗酒,成年人若饮酒可以少量饮用低度酒,青少年应不允许饮酒。

(八)吃清洁卫生、不变质的食物

从食物的选择、烹调到就餐等各个过程都要注意卫生,集体用餐要提倡分餐制,以减少疾病传染的机会。

新修订的《中国居民膳食指南》强调"常吃奶类、豆类或其制品",以弥补我国居民膳食钙严重不足的缺陷,提倡居民注意食品卫生,增强自我保护意识。

二、中国居民膳食营养素参考摄入量标准

中国营养学会第八次全国营养学术会议即第五次全国会员代表大会公布了"中国居民膳食营养素参考摄入量"(dietary reference intakes, DRIs)标准。DRIs 是在 RDA 基础上发展起来的一组每日平均膳食营养摄入量的参考值。DRIs 包括平均需要量(estimated average requirement, EAR)、推荐摄入量(recommended nutrient intakes, RNI)、适宜摄入量(adequate intakes, AI)和可耐受最高摄入量(tolerable upper intake levels, UL)四项内容。

(一)平均需要量

EAR 是根据个体需要量的研究资料制定的。它是根据某些指标判断可以满足某一特定性别、年龄及生理状况群体中 50% 个体需要量的摄入水平。这一摄入水平不能满足群体中另外 50% 个体对该营养素的需要。EAR 是制定 RDA 的基础。

(二)推荐摄入量

RNI 相当于传统使用的 RDA,是可以满足某一特定性别、年龄及生理状况群体中绝大多数(97%~98%)个体需要量的摄入水平。长期摄入 RNI 水平,可以满足身体对该营养素的需要,保持健康和维持组织中有适当的储备。RNI 的主要用途是作为个体每日摄入该营养素的目标值。

RNI 是以 EAR 为基础制定的。如果已知 EAR 的标准差,则 RNI 为 EAR 加两个标准差,即 $RNI=EAR+2SD$。如果需要量变异的资料不够充分不能计算标准时,一般高 EAR 的变异系数为 10%,这样 $RNI=1.2\times EAR$。

(三)适宜摄入量

在个体需要量资料不足无法计算 EAR 因而不能求得 RNI 时,可设定适宜摄入量来代替 RNI。AI 是通过观察或实验获得的健康人群某种营养素的摄入量。例如,母乳喂养的足月产健康婴儿,从出生到 4~6 个月的营养素全部来自母乳。母乳中供给的营养量就是他们的适宜摄入量。AI 的主要用途是作为个体营养素摄入量的目标。

AI 与 RNI 相似之处是两者都用作个体摄入的目标,能满足目标人群中几乎所有个体的需要。不同之处在于 AI 的准确性远不如 RNI,可能显著高于 RNI。因此,使用 AI 时要比使用 RNI 更加小心。

(四)可耐受最高摄入量

UL 是平均每日摄入营养素的最高限量。它对一般人群中几乎所有的个体不会产生不利于健康的影响。当摄入量超过 UL 时,损害健康的危险性随之增大。UL 并不是一个建议性的摄入水平。可耐受是指这一剂量在生物学上大体是可以耐受的,但并不表示可能是有益的,健康个体摄入量超过 RNI 或 AI 是没有明确的益处。

鉴于营养素强化食品和膳食补充剂的日渐发展,需要制定 UL 指导安全消费。如果某营养素的毒副作用与摄入问题有关,该营养素的 UL 则应依据食物、饮水及补充剂提供的总量而定。如毒副作用仅与强化食物和补充剂有关,则 UL 应依据这些来源而不是总摄入量来制定。对许多营养素来说还没有足够的资料来制定 UL,所以未定 UL 并不意味着过多摄入没有潜在的危害。

与 RDA 相比,DRIs 的范围大大增加,它对不同年龄段人群的能量、蛋白质和氨基酸、脂类、碳水化合物、常量元素、微量元素、脂溶性维生素、水溶性维生素等的平均需要量、推荐摄入量、适宜摄入量、可耐受最高摄入量提出了一套完整的科学数据。其中,可耐受最高摄入量这一概念是首次出现的,并指出营养素的摄入并非多多益善,应当有最高限量。

三、运动员合理营养的工作内容

运动员合理营养的目标,即在帮助运动员取得最佳运动成绩和训练效果的同时保证他们的健康。

(1)根据不同的训练周期与阶段、不同项目运动员的营养代谢和需要的特点,合理地安排膳食,保证运动员能够从中获得符合生理需要的营养物质。

(2)根据不同的运动训练周期和比赛节奏以及不同的季节,确定合理的膳食制度(饮食质量的分配及进餐时间等),以保证运动员摄入的食物有效的消化吸收,避免造成运动中与运动能力有关的生理应激状况。

(3)定期进行营养调查,以便对运动员的营养状况做出评估,并依据发现的问题进行膳食方面的改进与调整。

(4)研究和观察运动员的体能变化与发病情况,侧重与营养缺乏或过度有关的因素,及时进行防治。

(5)加强对食品质量、加工、烹调、存放及餐具消毒等各个环节的卫生监督工作,防止食物中毒及与食物有关的胃肠道传染病和寄生虫病的发生。

(6)经常向运动员和教练员开展有关合理营养知识的普及推广工作,定期对训练管理人员、伙食管理人员和炊事员进行营养卫生知识的培训。

(7)每年组织炊事员进行一次身体健康检查。

四、运动员合理营养的基本要求

(一)平衡膳食

所谓平衡膳食,是指膳食必须符合机体生长发育和生理机能等特点,且含有人体所需要的各种营养成分,含量充足,比例适当,全面满足身体的需要,能维持正常的生理功能,促进机体的生长发育和健康。

人体需要多种营养物质,任何一种单一的食物都不能完全满足人体的需要,因而必须有多种食物来源,才能达到膳食的平衡。《黄帝内经·素问》中就提出:"五谷为养,五果为助,五畜为益,五菜为充。气味合而服之,以补精益气。"即主张以五谷五畜为主,能养能益,五果五菜为辅,不宜单品独食,应混合饮食,这反映了我国古代就有了平衡膳食的基本概念。

(二)对人体无毒无害

食物有害因素的种类很多,包括有毒动植物、微生物病原体、残留农药、食品添加剂等,它们对人体的健康影响很大,重者可危及生命。因此,对食物的卫生情况应十分重视,凡不符合卫生标准、腐败变质、不清洁的食物,均不能食用。

(三)易于消化吸收

合理的加工与烹调可以提高食物的消化率,有利于机体的吸收利用,能增加食物的效益,但在烹调加工过程中还应注意减少食物中营养素的损失。

五、合理营养与运动能力

运动员在运动过程中,能源物质耗竭、脱水、体温增加、酸性代谢产物堆积、电解质丢失、维生素和微量元素缺乏等都会导致运动能力下降。因此,合理的营养不仅是运动员保持良好状态的物质基础,而且对运动员的机能状态、体力适应过程、运动后体力的恢复及防治运动性疾病有良好的作用。

(一)合理营养提供运动适宜的能量物质,并保证能量物质的良好利用

任何形式的运动均以能量消耗为基础,但人体内可能快速动用的能源储备有限,如果无充足可利用的能源物质,即体内糖原水平极低时,就不能满足运动中需要不断合成ATP速率的要求。因此,运动员应注意摄取含碳水化合物丰富的食物以保证体内有充足的肌糖原和肝糖原储备,以保证高强度运动中ATP再合成速率的需要。能源物质在人体内储存或分解需要一系列辅酶的催化,维生素和微量元素多数是辅酶的组成成分或激活剂,提供充足的维生素和微量元素,可促进代谢,并提高抗氧化能力。满足运动中水分和电解质的生理需要,有利于改善运动能力,而这些营养素的缺乏会影响运动能力。

(二)肌纤维中能源物质(糖原)的水平与运动外伤的发生有直接的关系

研究报道,当快肌纤维在收缩中糖原耗尽时,人体会发生疲劳,控制和纠正运动动作的能力会受到损害,运动外伤的发生也随之增加,体内糖原储备充足,有利于预防外伤。

(三)合理营养有助于剧烈运动后的恢复

运动能力恢复的关键在于恢复身体的能量供应及其储备(包括肌肉和肝脏中的糖原)、代谢能力(包括有关酶的浓度,如维生素和微量元素)、体液(保证体内的血容量和循环体液量)、营养素平衡及细胞膜的完整性(如铁、锌、钠、钾、镁等)。代谢能力的恢复主要靠合理营养措施才能实现。

(四)合理营养可减轻运动性疲劳的程度或延缓其发生

引起人体运动能力下降的常见原因包括脱水引起体温调节障碍所致的体温增高、酸性代谢产物堆积、电解质平衡失调造成的代谢紊乱、能源储备耗竭等。合理营养措施包括训练期和比赛前、中、后的饮食营养安排及补液等,可使运动员保持良好的机能状态,延缓疲劳的发生或减轻疲劳的程度。

(五)合理营养有助于解决训练中一些特殊的医学问题

不少运动项目如举重、摔跤、柔道、划船等运动员常因比赛时参加某一体重级别的需要而减轻体重。另一些运动如体操、跳水、跳高和长跑等,因完成高难度的技术动作,经常需要长期控制体重和脂肪水平,但运动员所采用的控制体重方法多为饥饿或半饥饿、限制饮水、高温发汗、加大运动量引起出汗,甚至服用利尿药等措施,这些措施可引起营养缺乏、脱水或其他一些严重的医学问题。此外,运动员在冷环境或热环境进行运动训练时会有一些特殊的营养需要。儿童、青少年、中年人或老年人参加体育训练时,均有不同的医学问题,需要特殊的营养监督,保证运动训练和良好的健康水平。

六、不同专项运动员的营养代谢与需要特点

(一)耐力性项目运动员的营养代谢和需要特点

耐力性项目如马拉松、长跑、长距离自行车、长距离游泳和滑雪等项目,在训练方面具有运动时间长、运动中无间歇、动力型、运动强度小及以有氧代谢供能为主要特点等。

1. 运动员能量消耗大

1 小时运动的能量消耗量即可达到 628~7 531 kJ(150~1 800 kcal)。膳食应首先满足能量的消耗,否则运动能力会下降。膳食应提供充足的能量,当三餐摄入的能量不能满足需要时,可在三餐外安排 1~2 次加餐,但加餐的食物应考虑营养平衡和营养密度。膳食的蛋白质供给量应丰富,使其占总能量的 12%~14%,为促进肝内脂肪代谢,还应提供如牛奶、奶酪、牛羊肉等富含蛋氨酸的食物。耐力性项目运动员对脂肪的利用和转换率高,血浆中自由脂肪酸供能可占总能量的 25%~50%,而且脂肪可缩小食物的体积,增加美味,并节约肌糖原。耐力性项目运动员膳食的脂肪可略高于其他项目运动员,为总能量的 30%~35%,膳食的碳水化合物应为总能量的 60%~70%。运动员进餐应在赛前的 3 小时,比赛当日应食用低纤维食物。

2. 糖原储备量

糖原储备量对运动耐力极为重要,一般认为:按每千克体重摄取 5~6 g 糖不能满足运动训练能力的需要,为提高运动能力和促进恢复,推荐每千克体重摄取糖为 8~10 g。糖原负荷的效益在于:延缓由于肌糖原耗损所引起的疲劳,节约肝糖原的分解。

3. 液体的补充

耐力运动中出汗量大,容易发生脱水。运动前、中、后适量补液有利于维持体内环境稳定。在大量出汗情况下的运动中,补充含糖量较低的饮料(4.6%的糖)有利于胃的排空和提高运动能力。大量出汗还使体内电解质丢失,电解质可在运动前或运动后补充,不宜在运动中补充,运动中补充运动饮料即可获得少量钠盐。运动员若在夏季或高温环境进行耐力训练,辅食中可添加一些蔬菜或菜汤。食物中的 B 族维生素和维生素 C 的供给量应随能量的增加相应提高。运动员的出汗率主要取决于代谢率和外界气温。影响运动员在训练或比赛中水分摄入量的主要原因是运动员试图多补液体时可能会引起腹胀,部分原因是运动中的水分吸收率减少。由于人体在运动中大量出汗的同时,钠盐丢失,引起血清渗透压的降低,而人的口渴感觉是由血浆渗透压和血容量来调节的,在丢失的液体和钠盐未充分补足以前,人的口渴冲动停止,补充含 $NaCl$ 液体,会先恢复细胞外液容量,其实际意义是脱水的运动员在体内环境完全恢复前,都趋向于停止喝水。这些复杂、相互作用的生理机制可解释为何运动员的不自主脱水难以预防。

4. 铁的补充

耐力性项目运动员容易发生缺铁性贫血,应提供富含铁的食物。

5. 注意预防过量运动

过量运动可引起身体循环液中的谷氨酸浓度降低,从而影响免疫系统活化。女运动员在运动量超负荷时,会引起月经紊乱或闭经,并可能形成运动性骨质疏松。

(二)力量性项目运动员的营养代谢和需要特点

力量性项目运动要求力量和速度,如短跑、有阻力的骑车、短距离游泳、划船、冰球、足球、橄榄球、举重、投掷和摔跤等项目。运动员的体重一般都较大,运动中要求大力量、神经肌肉协调性,并在短时间内爆发力量,克服心理障碍。力量性项目运动具有强度大、缺氧、氧债大、运动有间歇以及无氧供能等特点。

1. 膳食应提供丰富的蛋白质

国外报道力量性项目运动员蛋白质的供给量应达到每千克体重 1.4～11 g 或占总能量的 12%～15%，我国建议力量性项目运动员蛋白质每千克体重摄入量为 2.0 g，其中优质蛋白质占 1/3。实际上，这些项目运动员往往过度重视蛋白质的营养，蛋白质的摄入量常在每千克体重 2.0 g 以上，但忽略了碳水化合物（糖）的营养。蛋白质摄入过多，会引起体液酸碱平衡紊乱、钙丢失和肝、肾负担加重。为了预防因摄入过多蛋白质而引起体液偏酸，应增加体内的碱储备。食物中应有丰富的钾、钠、钙、镁等电解质，并要增加蔬菜、水果，使其达到总热能的 15%。和其他项目一样，运动员的膳食应当是平衡的，含有丰富的碳水化合物、维生素和无机盐。部分举重和摔跤等运动员还有减体重引起的脱水问题，及时补液将有利于脱水后重建心血管功能。除了不鼓励运动员快速减体重外，还应注意补糖。

2. 营养补剂

(1) 适宜补充肌酸，增加体内磷酸肌酸储备量，可能会增加能力。

(2) 糖原本身并非冲刺性或力量爆发运动的限制因素，糖负荷对一次性冲刺运动无强力作用，但仍推荐适宜的摄糖量作为支持日常紧张训练的重要措施。

(3) 其他补剂，正常人补充外源性生长激素的合成作用是有疑问的。冲刺、爆发用力和重复的离心性运动本身可有效地增加体内生长激素水平，但机制原理尚不完全清楚。总之，短跑、冲刺或举重爆发用力等项目运动员如果能进食能量适宜的平衡膳食，基本上没有必要补充维生素或矿物质。

(4) 身体的水合情况检测会测试运动员运动前后体重，尤其是减体重期的尿液颜色、尿比重，以了解是否有脱水情况，以便及时纠正。

(三) 灵敏技巧性项目运动员的营养代谢和需要特点

击剑、体操、跳水和跳高等灵敏技巧性项目的运动员在训练中神经活动紧张，动作为非周期性和多变，并在协调、速率和技巧性方面要求较高。

体操、跳水和跳高等灵敏技巧性项目的运动员为完成复杂的高难度动作，经常需要控制体重和体脂水平，运动员常采取控制饮食措施来控制体重，因此，这一类型运动员的膳食能量摄入量较低。为保证紧张神经活动过程的需要，食物应提供充足的蛋白质（蛋白质食物占总能量的 12%～15%）、B 族维生素、钙、磷等营养。减体重期的蛋白质供给量要增加为总能量的 15%～20%，食物的脂肪供给量不宜过高，保持在 30% 以下为宜。维生素 B_1 每日的供给量应达到 4 mg，维生素 C 每日的供给量为 140 mg。此外，乒乓球、击剑等灵敏技巧性项目运动员训练过程中视力活动紧张，应保证充足的维生素 A 供给，每日供给量应达到 1800 μg（6 000 IU），其中大部分应来自动物性食物。

第三节　运动员的热能代谢特点

人体维持生命及各种活动需要消耗热能。热能是由食物中所含蛋白质、脂肪和糖的潜在热能经体内氧化后供给的。实际上各种营养素在体内不能完全消化吸收，因此在计算食物发热量时，每克蛋白质、脂肪和糖分别按 17 kJ（4 kcal）、37 kJ（9 kcal）、17 kJ（4 kcal）计算。

人体的热能消耗包括以下几个部分。

(1) 静息代谢率（resting metabolic rate, RMR）。RMR 是维持人体正常功能和体内稳态再加上交感神经系统活动所消耗的能量。RMR 在人体每日热能消耗量中所占的比重最大，占总热能的 60%～75%。

(2)运动生热效应(thermic effect of exercise, TEE)。TEE 是热能消耗的第二大组成部分,它代表高于基础代谢水平的体力活动所产生的热量消耗。对于一个中等强度活动的人来说,TEE 占总热能需要量的 15%~30%。在所有引起热能消耗的组成部分中,TEE 的变异最大,因而也最容易发生改变。高强度运动时热能消耗增加可能达到 RMR 的 10~15 倍。

(3)食物的生热效应(thermic effect of food, TEF)。TEF 是指进餐后数小时内发生超过 RMR 的热能消耗,以前称为食物的特殊动力作用。TEF 是食物消化、转运、代谢和储存过程热能消耗的结果。TEF 约占每日热能消耗的 10%,但随摄入食物的代谢过程而有所不同。将膳食脂肪储存于脂肪组织所需的热能仅占该餐所提供热能的 3%。如果葡萄糖直接被氧化,其所含的热量可全部被利用,若是先将它转化为糖原储存,那么其中 7% 的热能就会丢失。

(4)兼性生热作用(facultative thermogenesis)。兼性生热作用又称为适应性生热作用,是由环境温度、进餐、情绪应激和其他因素变化而引起的热能消耗变化。它是热能消耗的另一个重要组分,这种生热作用低于每日总热能消耗的 10%~15%,但可能对长期的体重变化具有重要影响。

一、运动热能的代谢特点

体育运动热能代谢具有强度大、消耗率高和伴随不同程度氧债等特点。运动训练和重体力劳动不同,运动训练常集中于短短几个小时内。运动员 1 小时训练的热能消耗量与不同强度体力劳动相比较,多数运动员热能消耗相当于或超出重体力、极重体力劳动强度的热能消耗。

影响运动热能代谢的因素较复杂,但主要取决于不同类型运动强度、密度及持续的总时间这三要素,与运动员的体重、年龄、训练水平、营养状况、环境等多种因素有关。

二、运动能量的来源

运动中的主要能源是糖和脂肪酸,两者供能的比例取决于运动强度。当运动强度达到最大吸氧量的 75% 或以上时,糖氧化供能的比例增加;当运动强度降低到最大吸氧量的 65% 或以下时,脂肪的供能比例增加。

机体运动的耐力能力与糖原的储备量有关。饮食中碳水化合物的比例及训练程度可影响机体糖原的含量。不同强度的运动,糖原的利用速率不同,运动强度很大或很低时,肌糖原的分解量均较少。糖原在运动强度大、持续时间达 40 分钟以上或中等强度的运动中消耗较快。肌糖原的消耗具有选择性,重复进行极限强度、持续时间为 1 分钟的运动,快肌中的糖原几乎耗尽;而中等强度、长时间运动直至疲劳状态,快、慢肌中的糖原几乎耗尽,此时运动员无力再坚持运动。凡能增加糖原储备、节约或减少肌糖原利用速率的措施,如比赛前的高碳水化合物饮食,赛中补糖或增加脂肪酸的利用率等,均能使运动的耐力增加。肌肉中糖原的含量控制着肌肉对血糖的利用,血糖仅是一种转运中的能源物质。运动前或运动中临时补糖措施主要是为了节约肌糖原的消耗。

肌肉中脂肪酸的氧化利用多见于低强度的运动。体内脂肪酸的利用必须在有氧条件下进行。因此,在强度大且缺氧严重的运动中,机体对脂肪酸的利用锐减。骨骼肌中的脂肪含量是否影响人体的运动能力,尚无实验证据证明。

三、运动员热能需要量及其评定

(一)运动员热能营养的评定

在运动训练负荷量适宜的情况下,成年运动员的热能摄取量常与消耗量相适应。一般认为,运动员对膳食热能的摄取可由正常的食欲所调节,但在运动负荷量过大且超出机体承受能力时,食欲调节所起的作用就十分有限。

热能营养评定的简易方法是监测体重的变化。正常情况下,当摄取的热量与消耗相适应时,运动员的体重保持恒定;摄入量大于消耗量时,运动员的体重就会增加;摄入量小于消耗量时,运动员的体重则会下降。经过系统训练的运动员因肌肉增长也可使体重增加,而大量出汗可使运动员的体重下降 1~3 kg 或更多。在合理补液的前提下,因出汗减轻的体重可以在运动后 24~48 小时恢复。另外,运动员由训练过渡期进入准备期时,因脂肪细胞缩小及失水,也可出现体重减轻。

(二)不同项目运动员的热能摄入水平

运动员的热能平均摄入量大致上可以反映热能需要。不同项目运动员热能消耗量相关很大。近年来,由于运动负荷量的加大,运动员的平均热能摄入水平相比 20 世纪 60 年代有明显提高,每天热能消耗的范围为 9 615±1 364 至 248 545±3 272 J(2 298±326 至 5 938±782 kcal),按每千克体重计算为 205±25 至 335±46 J(49±6~80±11 kcal)。多数项目运动员一日热能平均摄入量为 16 736 J(4 000 kcal)左右。不同运动项目中以体操和乒乓球运动员的热能摄入量最低,游泳和投掷运动员的热能摄入量最高。若按每千克体重计算,投掷运动员每千克体重热能摄入量也相对较低,与体操和乒乓球运动员的每千克体重热能摄入量相当。

(三)热源物质的适宜比例

膳食中的蛋白质、脂肪和碳水化合物应按适宜的比例摄入。按重量计算,一般体力劳动者的膳食中此三种营养素的比例为 1:1:4。大部分运动员的膳食脂肪量应当略为减少,蛋白质、脂肪与碳水化合物之比为 1:(0.7~0.8):4。实验证明,适当减少膳食脂肪量可使运动前后机体血液中丙酮酸含量降低,有利于减少运动中血液的酸性。脂肪氧化过程耗氧较多,因此,机体只有在氧供给充足时脂肪才能有效地被利用。运动过程中机体常处于缺氧状态,摄入高脂肪膳食会引起大量酮体的生成,酮体堆积对机体有害。但是,在滑雪、游泳等项目运动员的膳食中,可适当地增加脂肪供给比例,达到 1:0.8:(3.5~3.8),但不应超过一般正常人的三种营养素供给比例。

四、能量代谢与运动能力

运动能量代谢的某些原理在一定程度上可以指导运动训练提高比赛成绩,但是利用不当会对运动员的运动能力产生不利影响。

1. 训练

根据肌肉的分类与代谢特点,耐力性项目运动员应加强有氧能力的训练,提高脂肪的利用能力,速度、力量性项目运动员则应加强无氧能力训练,如耐乳酸能力训练。

2. 疲劳的预防与推迟

运动员赛前摄入高脂肪饮食可使其疲劳提前发生,而高糖饮食可有助于疲劳的预防和推迟。因为饮食可影响体内糖原的储备量,而糖是中枢神经疲劳和肌力衰竭的限制因素。

3. 控制体重

运动员在减体重期的热能代谢处于负平衡状态,减少热能的摄入必须以不影响运动能力为前提,也就是热能的负平衡过程应尽量消耗机体的脂肪而保证蛋白质、维生素和矿物质的营养。

4. 热能摄入不当

热能营养过剩超过机体的需要,机体脂肪积蓄,身体发胖,对运动不利。热能营养不足多发生在大运动量训练后因食欲减退所致。此外,饮食时间安排不当,夏季高温条件下训练、饮水不当,不适当地控制体重均可造成热能营养不足。机体热能不足时会出现体重下降、无力、疲乏以及不想训练等现象,应及时予以纠正。

热能营养不足可使人体对疾病的抵抗力减低,出现缺铁性贫血、牙痛等;热能过多将发生肥胖、糖尿病及动脉粥样硬化等疾病。

第四节 运动员比赛期的饮食与营养

一、比赛期的膳食原则

(1)食物应满足能量和体液平衡的需要,其体积和重量要小,且容易消化吸收。饮食应是高碳水化合物、低脂肪、适量的蛋白质和充足的水分,并含有丰富的无机盐和维生素。

(2)选择食物应当是运动员喜爱的,在比赛期个人对饮食的嗜好变得更加突出,在饮食的安排和选择上除符合生理要求外,还应考虑每个运动员的心理需要。

(3)比赛期饮食中应避免高脂肪、干豆、含纤维多的粗杂粮、韭菜等容易产气或延缓胃肠排空时间的食物,并少用或不用辛辣、过甜的糖食以预防食物对胃肠道的刺激。

(4)比赛期保证饮食中有充足的糖,这对维持血糖水平,维持运动中有充足的糖氧化供能,以及训练比赛后肝糖原和肌糖原水平快速恢复均会产生良好的作用。

食物中糖的主要来源是五谷类,如米、面、高粱及玉米等,豆类和根茎类如白薯、土豆等也是糖的良好来源。蔬菜中含糖较少,主要为无机盐、维生素和纤维素。动物性食物几乎不含糖。

(5)饮食内容应针对比赛项目特殊需要做好准备。

对长时间耐力性运动项目如马拉松、长跑、足球、铁人三项和长距离自行车赛等,应多选择一些含碳水化合物丰富的食物,如馒头、面包、发面饼、饼干、蜂蜜、果酱、果冻、蛋糕等,以提高肌肉和肝脏的糖原储备量,并应补充一些含电解质和糖的饮料,因长时间运动中大量出汗,补液可通过维持血容量减少循环系统的应激和机体过热情况的发生。

对于一些间歇性运动项目如足球、排球等,运动员的饮食应具有碳水化合物高、脂肪低、水分充足(如牛奶、果汁)等特点。

对于另一些间歇性运动项目如摔跤、游泳、网球和体操等,训练和比赛可持续数小时,中间有休息时间,运动员应携带一些自己喜爱的方便食品和饮料,如面包、饼干、点心和三明治等,以获得必需的能量,消除饥饿感,维持血糖水平和体液平衡。

对于运动中有大量乳酸产生的亚极限强度的运动项目,如 400 m 跑、800 m 跑、100 m 游泳、200 m 游泳和 400 m 游泳等应在比赛期饮食营养中多吃水果和蔬菜以增加碱的储备。值得指出的是:运动员应善于总结并记录饮食成分、时间、数量等与运动和比赛能力的关系,找出适合于自己比赛期间使用的食物和措施,以及找出影响运动和比赛能力的食物,得到这一方面的规律和经验,通过饮食营养的合理安排来提高比赛能力。

二、比赛期的膳食安排

(一)赛前调整期的膳食安排

(1)保持适宜的体重和体脂,运动员在赛前均不同程度地减少运动量。饮食中的热能摄取量,应适应于运动量的变化而减少。如果运动量减少而热能摄入量不相应减少,会使体重和体脂增加,多余的体重和体脂是限制耐力、速度和力量的因素。赛前的饮食和营养应使运动员获得最佳竞赛能力的体重和体脂水平。

(2)食物多样化,食物色香味美,营养平衡,含有充足的无机盐和维生素。

(3)减少蛋白质和脂肪等酸性食物,应避免在赛前添加过多的蛋白质和脂肪食物,因为蛋白质和脂肪的代谢产物是酸性的,会使体液偏酸,促使疲劳提前发生。赛前切忌大量补充氨基酸,大量补充氨基酸会使血氨增加,消耗丙酮酸,影响有氧氧化代谢,刺激胃肠道,并使水分吸收减少。

(4)增加碱的储备,可采取多吃蔬菜、水果或采取碳酸氢钠负荷法(服用量为每千克体重 $0.15\sim0.3$ g,适用于 30 秒至 5 分钟全力运动的比赛,服用碳酸氢钠可用足量的水混匀,在运动前 $30\sim60$ 分钟口服或用饮料送服)。该法目前尚未被国际奥委会禁用,但过量服用碱性盐后,尿中排出的碱性盐使尿的酸度降低,会干扰兴奋剂的检测,因此有可能导致取消比赛资格。从医学角度来考虑,有些运动员在服用大量碱性盐后的 60 分钟,可发生胃肠道不适和腹泻等症状,有些运动员甚至发生"爆炸性腹泻",导致降低比赛能力,而且过量的碱性盐可导致严重的碱中毒(体液 pH 过高),干扰神经功能,包括易受激惹、谵妄、肌肉痉挛等症状,故此法应在医生指导下慎用。

(5)纠正体内维生素缺乏。过量补充维生素对人体运动和比赛能力的无作用,但体内如果存在维生素缺乏,纠正缺乏状态将有利于运动员比赛能力的发挥。维生素 B_1 临时服用无效,应在至少 10 天至 2 周前开始补充,每日维生素 B_1 的补充量可为 $5\sim10$ mg。维生素 A 的每日补充量应为 $5\,000\sim10\,000$ IU。维生素 A 过多会引起中毒,常表现为厌食、兴奋过度、长骨末端外周部分疼痛、头发稀疏等。维生素 C 在赛期的日需要量为 200 mg。运动员的维生素营养状况受膳食供应、运动强度等多方面因素的影响,因此,运动员应注意从富含各种维生素的食物中摄取所需要的维生素。当然,在长期大强度训练和比赛时期,食物中提供的维生素不能满足运动机体的需要时,也可从维生素制剂中获取维生素。

(6)赛前补糖和糖负荷,体内糖的储备包括肌糖原、肝糖原和血糖三部分。肌糖原是体内糖储备的最大部分。在持续时间超过 1 小时的运动中,如长跑、长距离游泳、自行车、滑雪、马拉松、铁人三项、足球、冰球、网球等,体内糖储备耗竭时可影响比赛能力,特别是耐久力,比赛前及比赛中适量补充糖可维持血糖水平并可提高竞赛能力,延缓疲劳的发生。赛前补糖的目的是使体内有充足的肝糖原和肌糖原的储备量。近年来发展的一种改良的糖原负荷方法是:在赛前的第六天进行 60 分钟的较大量的运动,赛前的第四天、第五天每天进行 40 分钟运动,到赛前的第三天和第二天每天进行 20 分钟的运动,赛前的第一天完全休息,运动强度逐渐减少。赛前的头三天膳食中碳水化合物占总能量的比例为 $40\%\sim50\%$,后三天的碳水化合物比例增为 $70\%\sim75\%$,每天碳水化合物的总量为 $525\sim600$ g。通过此种措施,肌糖原每千克体重含量可提高为 207 mmol,为混合膳食的 2 倍以上,但由此引起的某些副作用,如体重增加和肌肉僵硬也应加以注意。

(7)增加体内的抗氧化酶活力。抗氧化酶是指超氧化物歧化酶、谷胱甘肽过氧化物酶和过氧化氢酶等,在人体内有清除自由基损伤的作用。增加食物的抗氧化成分,应进食适量的瘦肉类食物以利于合成谷胱甘肽合成酶,增加新鲜蔬菜和水果,减少食物的脂肪,保持平衡膳食。

此外,还要在训练方面注意循序渐进,防止过度训练,减少急性损伤,减少离心性运动(如下山、下楼等),防止药物副作用、吸烟和过度日光浴等。

(二)比赛当日的膳食安排

(1)赛前一餐的食物的体积要小,重量轻,能提供 500~1 000 kcal 的能量。

(2)赛前一餐在比赛开始的 3 小时前完成。赛前 30 分钟进餐,不论是固体还是液体的食物均会导致胃肠部产生胀满感。

(3)比赛当日不宜换食新的食物或改变习惯饮食的时间,换食新的食物有发生过敏、胃肠道不适或腹泻的可能,运动员宜食用适口的并且是富含营养的食品,勿勉强吃不爱吃的食物。

(4)大量出汗的比赛项目和在高温环境下比赛时,应在赛前补液 500~700 mL。

(5)赛前一般不宜服用咖啡或浓茶以免引起赛中的利尿作用。赛前不可服用含酒精的饮料,因为酒精会延缓反应时间,产生乳酸盐而影响细微的协调能力。

(6)耐力性项目比赛应进行赛前补糖。为避免胰岛素效应,补糖的时间应在赛前 15~30 min 内进行,目前国外不强调赛前补糖的时间,因为运动一开始,除胰岛素以外的多种激素如肾上腺素、去甲肾上腺素、生长激素、胰高血糖素等的分泌都会增加,使血糖升高。常用的补糖种类包括葡萄糖、蔗糖、果糖和低聚糖。虽然不同的糖对比赛能力或血糖水平无明显的差异,但低聚糖的效果较好,低聚糖的渗透压约为葡萄糖的 1/4,吸收较快,因此可通过补充低聚糖使运动员获得较多的糖。低聚糖的甜度小、口感好,但对该糖的吸收效率个体差异很大,建议应在赛前试用,补糖量应控制在每小时 50 g,或每千克体重不大于 1 g。

三、比赛中的饮料与食物安排

运动员在剧烈的比赛中大量出汗会使体液处于相对高渗状态。途中或赛中饮料应是低张和低渗的(即含糖和含盐量低的)。能量消耗较大的项目运动员可在途中摄取一些容易消化吸收的液体型或质地柔软的半流食物,液体食物排空快。食物体积要小,以免影响呼吸,运动员可根据饥饿感觉选用。除比赛前少量补水外,比赛中每隔 15~30 分钟补液 100~300 mL,或每跑 2 000~3 000 m 补液 100~200 mL,每小时补液量不大于 800 mL 为宜。比赛中的补液量一般为出汗量的 1/3~1/2。决定补液量的简单方法是通过称体重了解失汗量,然后试验每失汗 500 mL 补液 2 杯,找出自己能耐受的补液量。比赛中的饮料应以补水为主,15% 的低聚糖饮料在比赛中可收到了良好的效果。饮料的温度对胃排空影响不大,但温度较低的饮料(5~13℃)口感稍好。饮料中应含少量的钠盐,一般为 18~25 mmol/L。

四、赛后的饮食营养

为了加速比赛后体内能量物质、电解质、水分及激素水平的恢复,赛后的 2~3 天内仍要供给含有充足热能、蛋白质、无机盐和维生素营养平衡的膳食。赛后膳食的组成仍应具有高碳水化合物和低脂肪的特点。

加速比赛后肌糖原的恢复,要尽可能地提前补充碳水化合物的时间。运动后肌糖原的恢复率约为 5%,完全恢复需要 20 小时。恢复期摄糖越早糖原储量恢复得越快。一次大量摄入碳水化合物并不比少量多次更为有效。摄入糖的类型对肌糖原的再合成效率无明显影响,单糖、复合糖或液体型的糖均有效。

运动员在比赛中消耗许多体内储存的能量,因此必须通过摄入高碳水化合物膳食来促进机体的恢复,并补充运动消耗的能量。赛后应尽可能快地摄入这种膳食以步入良性的体能恢复过程。因此,赛后补糖措施实施得越早,对恢复越有利。一般认为,赛后 2 小进内完成高糖膳食的补充对于机体恢复来说是非常重要的。

(一)赛后即刻服用糖电解质运动饮料

赛后即刻服用糖电解质运动饮料对促进肝糖原的迅速合成,补充运动中消耗和丢失的液体、无机盐和维生素非常有利。

(二)赛后饮食

(1)赛后第一餐应安排在比赛结束的30分钟以后进行。
(2)以碳水化合物的饮食为主。
(3)应选择蛋白质容易消化、吸收的食物。
(4)多选用新鲜的蔬菜和水果。
(5)补充至少250 mL的糖电解质运动饮料。

五、保持最佳竞技状态的膳食指导原则

(1)控制能量的摄入,始终维持相对稳定的理想体重。
(2)选择合理的膳食,按照食物结构的金字塔安排自己的膳食。坚持"四多"(主食、蔬菜、水果和奶制品多)"三少"(油脂、肉类、油炸食品少)的进餐原则。
(3)运动员食堂要推行配餐制度。运动员在保证自己营养需要的基本就餐后,再适量选择一些自己喜爱的符合营养需要的食物作为进餐对象。
(4)通过摄入水果、蔬菜来得到足够的膳食纤维。膳食纤维可以增加食物的体积,通过调节肠道的运动而帮助消化,还有助于降低血液胆固醇。
(5)尽可能地减少酒精和咖啡的摄入,因其会影响中枢神经系统,使机体的协调性变差。咖啡因饮料可妨碍铁、维生素B_{12}、维生素B_6的吸收,并会造成机体脱水。
(6)运动前、运动中、运动后饮用含糖电解质运动饮料,可为机体补充一定量的水和糖,更好地把营养物质输送到肌肉,维持整个运动过程的体液平衡和血糖水平,增加肌糖原和肝糖原的含量。
(7)若平时膳食中摄入了足够的维生素和微量元素,则不需要额外补充。必要或特殊情况下,可以补充维生素、矿物质片剂。
(8)养成良好的饮食习惯。慢跑有助于消化,很好地咀嚼有益于营养物质的吸收利用。为确保从饮食中获得各种营养成分,不要挑食和吃零食,注意食品卫生。

运动员的营养调整必须尽早开始。优秀教练员应该协调好营养与训练,以确保高水平的运动能力。

天然食物的营养比为运动员营养补充所提供的片剂制品更有效。因此,良好的机能状态源于合理科学的营养,合理科学的营养也会带来优异的运动成绩。

第五节 营养与运动员体重控制

人的体重主要由遗传因素决定,但也受饮食和运动等外环境因素的影响。有许多项目,尤其是按体重划分参赛级别的项目,为了提高竞技能力或参加比赛的需要,运动员常在比赛前实施快速降体重的措施,或在长期的训练中控制体重和身体脂肪含量处于较低的水平。

多数教练员认为,运动员以较大的体重或在自然情况下的正常体重进行常规训练,在比赛前进行快速减轻体重参加低于运动员本人正常体重级别组的比赛,十分有利于获得好成绩。但到目前为止,尚未见到支持这种观点的研究报道。运动员只有在减轻体重的目标切合实际、减体重的速率合理以及减体重期膳食营养有保障的前提下,才能有效地实现减体重的目的。长期控制体重必须注意所采取的措施,如若不当,会损害运动员的健康和运动能力。

一、运动员体重控制的基本原则

(一)热能

摄入的能量只要低于机体实际消耗的能量就会使体重减轻。减少能量摄入对体重的影响具有相当大的个体差异,因此,用减少能量摄入的卡路里数来预测体重减轻的数值是十分困难的,不能期望每个人用同一种减重食谱会出现相同的反应。研究表明,极限性的低能量摄入并不一定能够得到最好的减轻体重的效果。

(二)膳食组成

控制体重者应知道或了解每日的能量消耗数值,以及碳水化合物、脂肪、蛋白质和酒精供能占每日热能消耗的比例。营养素含量变化大的膳食能影响减体重的效果,并会改变身体成分。

(三)摄入的蛋白质

控制体重者应注意摄入蛋白质的数量占供能的比例,当食用低热能膳食时,蛋白质与热能的比例一定要高于正常维持体重者的比例,即需要通过摄入高质量的蛋白质来维持机体的瘦体重组分。食用低热能膳食者所摄入的蛋白质中的一部分要参与氧化代谢为机体提供能量,所以摄入高比例蛋白质膳食是满足机体的基本要求。对于降低能量摄入的运动员来说,这一点非常重要。

(四)进餐频率

少量多餐的进餐方式有助于改善血糖和胰岛素的调节张力,改善体内氮的滞留,提高机体自我调控的能力。研究表明,每天以少量多次原则进餐五次或五次以上者的皮脂厚度低于每天进餐三次或三次以下者。

二、运动员采用的减体重措施

减体重措施有两点:一方面是限制进食量,与此同时还限制水分的摄入;另一方面是增加能量消耗,常采用增加运动量的措施。此外,运动员采用的是脱水措施,甚至服用泻药,自我催吐以及服用食欲抑制剂等。

由于运动项目及习惯的不同,具有代表性的快速减体重措施大致有以下两类。

(1)举重比赛中,运动员只进行一次性比赛。有不少教练认为在训练期内应当以正常的体重训练,不宜在训练期内减轻体重,以保证运动员的训练强度和训练量,而在比赛前的1～4天宜快速减轻体重,主要采取的方法是限制饮食、限制饮水,并结合发汗和服用利尿药等措施。近年来,由于利尿药全部列入禁用兴奋剂范围内,因此运动员已经不用这种方法减体重。

(2)摔跤、柔道、跆拳道、拳击及散打等比赛一般要进行几天,如运动员在第一局或第二局获胜,则接下来还要进行决赛,因此需要在几天之内维持低于其正常训练时的低体重,并往往在脱水状态进行比赛,因此难度加大。运动员常在一个月至一个半月前开始限制饮食和水分摄入,但大部分体重是在赛前几天内减掉的,体重减轻量可为原体重的3%～20%。

三、快速减体重的医学问题

（一）脱水

脱水是快速减体重最早出现的医学问题。减体重速度越快，则体内水分的损失量越多。当饮食的控制量不变，摄入水分量减少会增加体内水分的丢失，此时的人体组成成分将发生变化；当使用高温环境下脱水或运动脱水，则将使体内水分丢失更加严重，同时体内电解质随排汗而损失。

在运动员减体重研究中，快速减体重期内的运动员多数均有脱水现象，如口干、眩晕、不安、容易激惹和压抑感等。脱水早期时血容量减少，有资料报道当人体体重减轻3%～8%时，血浆容量可减少6%～25%。据报道，肌细胞内水分含量随肌糖原水平的降低而减少，体重每减少1%，肌肉内水分会减少1.2%。根据举重运动员减体重期血红蛋白及红细胞比容水平估计，当体重减少1%～5%时，血容量丢失约10%。高温下运动或运动出汗脱水也会使血浆量、总血量及分布到活跃的肌肉组织的水分及营养减少。

快速减体重必定会造成脱水，在比赛当日称体重后，到比赛前短短几小时内补液不可能获得水平衡，4～5小时内摄入液体在恢复血浆溶液方面也是无效的。不少研究报道提出，最大的体重丢失量为每周减体重1 kg，这样基本上不会影响到体液和糖原储备。运动员应至少在赛前第二天或第三天达到比赛体重。运动员不宜在比赛前短时间内减去大量体重。有专家认为需要减轻体重5 kg以上时，应重新考虑比赛级别，显然该标准在实际中难以实施。

（二）心血管系统负荷增加

脱水引起血液浓缩导致心血管系统负荷增加，体液损失使血容量减少，导致每分输出量、每搏输出量、耗氧量都变小。运动员在对举重运动员的研究表明：快速减体重可使运动员的收缩血压降低、心率增加、脉压缩小、部分运动员心电图异常。

（三）肾负荷加重

脱水会引起肾负荷加重，肾血流量及肾小球滤过率变小，并伴有尿电解质的改变以及循环中亮氨酸氨基肽酶水平增加。研究资料报道了运动员在快速减体重时，尿量骤然减少为正常量1/2或更少。与正常不减体重对比，摔跤运动员在减体重期的尿具有比重大、摩尔渗透压浓度高、pH值低、钠浓度降低及钾浓度增高等特征。比赛后，尿的变化有所恢复。

（四）蛋白质与无机盐丢失

采用低热量饮食减体重，除了热能和蛋白质缺少外，无机盐和维生素的摄入量也明显减少，约为正常膳食的1/3或更少，但无机盐继续排出，尤其钾盐的排出量较多。正常饮食时，运动员每天的尿钾排出量平均为1.87±0.27 g，而限制饮食时每天的尿钾排出量仍为1.36 g，这表明减体重期有必要补充钾盐。

（五）体温调节过程受到伤害

减体重引起体液的丢失大部分来自血浆和肌细胞内液，脱水会给人体的冷却系统带来问题。血容量减少时，肌肉到皮肤或呼吸系统的热传导会受阻。此外，血浆容量减少还可使汗液蒸发量减少甚至汗腺关闭。因此，处于脱水状态的运动员在热环境运动时体温很容易升高。有资料报道，每当体重减轻1%，肛门温度会升高0.17～0.28℃。

(六)肌肉和肝糖原贮备耗损

在快速减体重第 1~2 天里,由于糖原储备耗损、蛋白质和脂肪的分解以及无机盐丢失的联合效应,可出现低血糖及尿酮症。

(七)运动能力下降

短期内体重减轻量为 3%,会影响运动能力,如在亚极限强度下运动,可出现心率加快、每分输出量及每搏输出量减少等,可能与心肌收缩力减低有关。极低热量膳食可导致有氧运动耐力、速度、协调、判断和肌力的降低,但快速减体重对无氧运动能力的影响尚有不同的研究结果。减体重对最大吸氧量以及氧债的影响则取决于减体重的程度和持续时间。

四、长期控制体重的医学问题

运动员主要采用长期服用低能量膳食控制体重,也可间歇采用脱水措施,少数运动员还采用服泻药、催吐或食欲抑制剂以期达到控制体重的目标。

不少体操教练员认为低体重是取得良好运动成绩或训练效果所不可缺少的条件之一,但在控体重时首先遇到的问题是"什么是适宜的体重标准"。不少教练员主要凭经验来掌握运动员的饮食和体重,有些人采用第 20 届奥运会中女子体操前 18 名身高和体重数据的关系,即"身高(cm)－体重(kg)＞110",如果身高减去体重的值小于 110,就让运动员减去体重。目前研究公认,瘦体重与运动能力呈正相关,优秀运动员的体脂比一般运动员少。研究运动员适宜体重与运动能力时,监测运动员的体脂成分势在必行。

分析运动员体脂成分与运动成绩的关系,当运动员体脂百分比相似时,运动成绩优秀者的体重、瘦体重、瘦体重/身高和身高减去体重数均高于成绩较差者。因此,过度强调轻体重和低身高是良好成绩的必备条件这一观点并不全面。至于运动员的适宜体重标准,尚需要进一步研究。通过对女子体操运动员控制体重情况下体脂成分和营养的研究,还观察到过度控制饮食会造成以下不良影响。

(一)生长发育延缓

女子体操运动员的身高与体重显著小于同龄的城市青少年学生。分析此种情况与选人时偏向于选择"矮、小、瘦"的运动员及入队后控制体重这两个因素有关。系统的体力训练和控制饮食对生长发育的长远影响尚有待追踪研究。

(二)月经紊乱

对进行控制体重集训队的女子体操运动员月经来潮情况调查表明:优秀运动员中月经自然来潮的年龄为 15.6±1.58 岁;由于月经初潮延迟,经过服药治疗,来潮的年龄为 17.8±0.57 岁;15 岁以后来潮的女子体操运动员较多,比非训练的城市学生晚 1~1.5 年。这与大运动量训练和控制体重有关。但近期资料提出,运动应激是造成运动员月经不正常的主要原因而非能量缺乏,这一观点还有待进一步探究。

(三)营养不良

对控制体重运动员进行营养调查的结果表明,运动员采用的控制饮食措施会造成能量短缺、蛋白质及无机盐营养不足、血红蛋白水平低、维生素和微量元素缺乏。

(四)精神负担及压力

长期采用低热能膳食及脱水措施使运动员处于一种精神应激状态,运动员感到饥饿和口渴,难以坚持,但由于考虑到控制体重是事业的需要,一般都能自觉地限制饮食和饮水,并可造成一种自觉对食物和肥胖的病理性厌恶,甚至发展为神经性厌食的情况。

（五）便秘

食物或液体摄入量过少，使胃肠道缺少应有的刺激造成便秘。

（六）自我感觉无力

自我感觉无力与长期控制体重所致的综合影响有关。

（七）对运动能力下降的影响

对运动能力下降的影响取决于运动员限制饮食的程度。

（八）其他

长期采用限制饮食措施控制体重还会造成运动员骨密度降低和钙丢失，女运动员的三重综合征已引起广泛的注意。我国运动员应该注意在低热量摄入情况下的三大热能营养素摄入的比例，加大碳水化合物摄入比例，注意使用维生素矿物质制剂。

【本章小结】

营养是维持机体生命活动的物质基础，也是促进健身人群健康和运动员健康，以及提高运动能力的有效保障。本章主要介绍各种营养素功能、需要量和来源、健康的膳食指导、健身运动、慢性病以及运动员营养等方面的内容。

【思考复习题】

1. 营养素的主要生理功能有哪些？
2. 举例说明蛋白质的互补作用。
3. 何谓维生素？维生素是如何分类的？
4. 各种维生素的主要生理功能以及缺乏症有哪些？
5. 各种无机盐有哪些主要生理功能？
6. 水的主要生理作用有哪些？
7. 运动和脂肪、蛋白质的关系是怎样的？
8. 运动与维生素的关系是怎样的？
9. 运动与矿物质的关系是怎样的？
10. 运动员赛前的膳食营养要求有哪些？
11. 运动员比赛期的膳食营养要求有哪些？
12. 运动员比赛后的膳食营养措施有哪些？
13. 何为营养素？营养素种类有哪些？
14. 简述碳水化合物、蛋白质和脂肪的功用，以及其食物来源与供给量。
15. 简述运动员膳食的营养特点。
16. 简述比赛期间运动员的营养与饮食。
17. 简述运动员控制体重期间的饮食安排。

第三章　不同人群的体育锻炼卫生

【学习目标】
(1)掌握儿童少年的身体发育与体育锻炼之间的关系,学会正确安排儿童少年的体育锻炼;
(2)掌握女性特殊时期的体育锻炼要求;
(3)掌握中年人延缓衰老、预防职业病的体育锻炼方法和要求;
(4)掌握老年人的体育锻炼特点。

第一节　儿童少年的体育锻炼卫生

一、儿童少年的解剖生理特点

(一)运动系统

1. 骨骼与关节特点

1)骨骼

儿童少年骨骼正处于生长发育阶段,软骨成分较多,骨组织中有机物与无机物之比为5:5,而成人的为3:7,所以骨骼弹性大而硬度小,不易完全骨折,但易弯曲变形。骨的成分随着年龄的增长逐渐发生变化,无机盐增多,坚固性增强,韧性降低。

在生长过程中,骺软骨迅速地生长使骨伸长,并逐渐完全骨化。男性在17~18岁完成四肢骨的骨化,女性在16~17岁完成四肢骨的骨化。脊柱的椎体一般要到20~22岁完成骨化,其他骨一般要到19岁后完成骨化。在骨完全骨化前,该部位的任何过大负荷都会影响骨骼的正常生长。

2)关节

儿童少年的关节结构与成人基本相同,但关节面软骨较厚,关节囊较薄,关节内外的韧带较薄而松弛,关节周围的肌肉较细长,所以其伸展性与活动范围都大于成人,关节的灵活性与柔韧性都易发展,但牢固性较差,在外力的作用下较易脱位。

2. 肌肉的特点

儿童少年肌肉中含水量较多,蛋白质、脂肪以及无机盐类较少,肌肉细嫩。与成人相比,收缩能力较弱,耐力差,易疲劳,但恢复较成人快。

不同年龄人的肌肉重量比例和肌力(握力和背力)如表3-1所示。

表 3-1　不同年龄人的肌肉重量比例和肌力(握力和背力)

指标　　　　年龄/岁	8岁	12岁	15岁	18岁	成人
肌肉占体重/(%)	27.2	29.4	32.6	44.2	41.8
握力/kg	17.5	25.2	36.4	44.1	49.3
背力/kg	—	25.2	92.0	125.0	155.0

儿童少年身体各部分肌肉发育情况如下:躯干肌先于四肢肌发育,屈肌先于伸肌发育,上肢肌先于下肢肌发育,大块肌肉先于小块肌肉发育。肌力的逐年增长也是不均匀的,在生长加速期,肌肉纵向发展较快,但仍然落后于骨骼的增长,其肌力和耐力均较差。生长加速期后,肌肉横向发展较快,肌纤维明显增粗,肌力显著增加。女子在15~17岁肌力增长最为明显,男子在18~19岁肌力增长最为明显。

(二)氧运输系统

1. 血液

儿童少年的血液总量比成人少,但按体重百分比来看,则比成人多。成人的血量占体重的7%~8%,新生儿血液总量可占体重的15%,以后随年龄的增长血液总量占体重的百分比逐渐下降,15岁左右达到成人水平。

儿童少年血液中的成分与成人也有差异。如:新生儿血液中红细胞为5.5×10^{12}~7.5×10^{12}个/升,血红蛋白为150~230 g/L,以后迅速下降;7岁左右血液中红细胞为4.0×10^{12}~4.5×10^{12}个/升,血红蛋白为105~116 g/L;15岁左右接近成年人水平。新生儿血液中白细胞是成年人的3.2~4倍,数天后很快减少,到7岁时约8.0×10^{9}个/升,15岁时接近成年人水平。其他成分与成人也有差别,但不明显,约15岁时可达到成人水平。

不同年龄人的血细胞量如表3-2所示。

表 3-2　不同年龄人的血细胞量

指　标	新生儿	7岁	12岁	15岁	成人
血液总量(占体重的百分比)	15%	12%	10%	8%	8%
红细胞/(10^{12}个/升)	5.5~7.5	4.0~4.5	4.8	5.0	5.0
血红蛋白(g/L)	150~230	105~116	125	135	140
白细胞/(10^{9}个/升)	16~20	8.0	7.0	5.0	5.0

2. 心血管系统

1)心脏的重量和容积

儿童少年心脏的重量和容积均小于成人,但与体重的比值则和成人相近。心脏的重量随年龄而逐渐增长,到青春期,心脏已达到成人水平。心脏容积的增长也有类似的规律。

2)心率、每搏输出量和每分输出量

儿童少年的心脏发育及神经调节还不够完善,而新陈代谢又比较旺盛,交感神经兴奋占优势,因而心率较快,随着年龄的增长心率逐渐减慢,一般到19岁以后基本趋于稳定。

儿童少年的心肌纤维交织较松,弹性纤维少,心缩力弱,心脏泵血力小,每搏输出量和每分输出量比成人小,但每千克体重相对值的每分输出量大。儿童少年的心脏发育与其整体的发育水平是相适应的,但由于心脏的发育尚差,在运动训练时运动量不宜过大,憋气和静力练习不宜过多,以免心脏负荷过重。

不同年龄人的心脏若干指标如表 3-3 所示。

表 3-3　不同年龄人的心脏若干指标

年龄值/岁	心脏的重量		每搏输出量		每分输出量	
	绝对值/g	心脏重量占体重/(%)	绝对值/mL	每千克体重相对值/mL	绝对值/mL	每千克体重相对值/mL
8	96.0	0.44	25.0	0.98	2 240	88
13	172.0	0.50	35.7	0.95	2 850	76
15	200.0	0.48	41.5	0.95	3 150	70
18	305.3	0.51	60.0	0.88	4 300	63
成人	310.0	0.25	75.0	1.07	5 000	71

3）血压

儿童少年心脏收缩力较弱，动脉血管和毛细血管的口径相对比成人宽，血管外周阻力比较小，所以儿童少年血压低。随着年龄的增长，心率变慢，心缩力加强，血管外周阻力加大，血压逐渐升高。青春发育期后，心脏发育速度加快，血管发育相对处于落后状态，加之内分泌功能的影响，血压明显升高，一些人甚至出现暂时偏高现象，称为青春期高血压，一般多见于身体发育良好，身体增长迅速的青少年。其特点是收缩压较高，一般不超过 20 kPa(150 mmHg)，具有起伏现象，舒张压则在正常范围内。出现青春期高血压的青少年进行体育活动时，运动量不宜过大，应减少举重等憋气练习。

3. 呼吸系统

1）呼吸频率与肺活量

儿童少年的胸廓狭小，气道较狭窄，呼吸时的弹性阻力和气道阻力都大，而呼吸肌力量又弱，所以呼吸的深度不及成人，肺活量较小。但儿童少年代谢旺盛，对氧的需要相对较多，因而呼吸频率较快。随着年龄的增长，呼吸深度增大，频率逐渐减慢而肺活量增大。通过运动训练，也能促进儿童少年呼吸系统的发育，提高其呼吸功能。

2）肺通气量与摄氧量

在进行剧烈运动时，由于儿童少年氧运输系统的功能不如成人，他们的最大通气量和最大摄氧量的绝对值比成人低，但其相对值却并不低于成人，甚至还略高于成人水平。

不同年龄人的最大肺通气量与最大吸氧量如表 3-4 所示。

表 3-4　不同年龄人的最大肺通气量与最大吸氧量

年龄/岁	最大肺通气量		最大吸氧量	
	每千克体重相对值/(L·min^{-1})	绝对值/(L·min^{-1})	每千克体重相对值/(L·min^{-1})	绝对值/(L·min^{-1})
4～6	1.95	30～37	0.8～0.9	45～47
7～9	2.04	43～51	1.0～1.2	47～50
10～11	1.94	52～56	1.3～1.4	47～54
12～13	1.92	56～60	1.7～2.0	44～53
14～15	1.90	62～67	1.8～2.3	38～51
16～18	1.80	70～100	2.0～3.0	37～53
成人	1.90	70～120	2.0～3.0	36～50

(三)物质代谢和能量代谢

1. 物质代谢

1)蛋白质代谢

蛋白质是构成人体细胞、组织必不可少的物质,对机体的生长发育起着十分重要的作用。儿童少年蛋白质代谢特点是合成过程大于分解过程,即处于正氮平衡,所以每天蛋白质的需要量比成人高。生长发育越迅速,蛋白质的需要量越高。如6个月的婴儿每千克体重每天需蛋白质2.0~4.0 g,4~7岁每千克体重每日需蛋白质4~6 g,8~12岁每千克体重每日需蛋白质3 g,13~15岁每千克体重每日需蛋白质2.25 g,成人每千克体重每日需蛋白质1.0~1.5 g。若蛋白质的摄入量不足,就会导致生长发育迟缓。对体育运动较多的人,蛋白质的摄入量应适当增加。

2)脂类代谢

脂类是人体的组成成分,脂类为婴幼儿生长所必需,它存在于细胞膜、脑及神经组织中,对神经系统形态和功能的成熟极为重要。人体对脂类的需要随着年龄不同而有所改变。如5~6岁每千克体重每日需脂类2.5 g,10~11岁每千克体重每日需脂类1.5 g,16~18岁每千克体重每日需脂类1 g。儿童少年膳食中缺乏脂类会影响生长发育,但脂类过多可致肥胖,对机体生长发育产生不良的影响。

3)糖代谢

糖是构成机体组织的重要成分,也是热能的主要来源,在维持大脑活动和肌肉活动中具有重要的作用。4~7岁每日摄取的糖量为280~300 g,8~13岁每日摄取的糖量为350~370 g,14~17岁每日摄取的糖量为450~470 g。糖代谢的调节儿童少年不如成人完善。

4)水盐代谢

水是人体的主要成分之一,婴儿体内的含水量约占整个体重的80%,随着机体的生长发育,人体内的含水量逐渐下降,成人体内含水量只占体重的50%~70%。人体每天的需水量随着年龄的增长而增加,如6~10岁为1 600~2 000 mL,成人为2 200~2 500 mL,但相对需水量却随年龄的增长而下降,如6岁一昼夜每千克体重需水量为100~111 g,13~14岁一昼夜每千克体重需水量为70 g,18岁一昼夜每千克体重需水量为40~50 g。儿童少年水代谢的神经体液调节功能尚不够完善。

钙和磷的摄入对于骨组织的构成具有重要的意义,尤其是生长加速期和性成熟期的需要量明显增加。如6~7岁儿童每日需钙为0.3~0.5 g,而16~18岁为1.0 g左右。机体的生长也需要钠、钾、氯等宏量元素。此外,在儿童少年生长发育过程中,机体所需要的微量元素也是必不可少的。如果铁的供应不足,血红蛋白的生成就会受到影响而发生缺铁性贫血。

2. 能量代谢

儿童少年的新陈代谢旺盛,除了维持各器官正常的生理活动外,还必须保证生长发育的需要。由于儿童少年在代谢方面的这一特殊需要,使他们在运动中一方面对氧的需要量比成人多,另一方面能量的动用受到一定的限制。据研究,由于儿童少年糖的酵解能力不及成人,所以他们长时间最大强度的肌肉工作能力比成人差。例如,在完成最大强度的工作时,儿童少年血液中的乳酸含量要比成人低,且年龄越小,血乳酸水平越低。因此,在儿童少年的运动训练中,开始时宜采用短时间大强度的练习,随之逐步在不降低强度的基础上逐渐延长时间或距离,以提高他们的糖酵解供能能力。

儿童少年肝糖原的储量比成人少,肌肉占体重的百分比和肌糖原也较成人少,加上最大吸氧量水平低,糖的有氧氧化能力也不及成人,在长时间肌肉工作中易发生血糖水平的下降,耐久力差。

(四)神经系统

1. 神经过程兴奋和抑制的发展

儿童少年时期,神经活动兴奋与抑制的发展是不均衡的。6～13岁神经系统的兴奋过程占明显优势,表现为活泼好动,注意力不易集中,学习和掌握动作较快,但兴奋容易扩散,多余的动作较多,动作不协调、不准确。由于神经元的工作能力较低,所以运动持续时间短,易疲劳,但神经过程的灵活性高,神经元的物质代谢旺盛,合成速度快,所以疲劳后恢复也较快。13岁以后,抑制过程加强,兴奋和抑制逐渐趋于平衡。

神经元抑制过程不完善,尤其分化抑制能力差。8岁以前精确分化能力差,错误动作多,8岁以后皮质细胞的分化能力逐渐完善,并接近成人。13～14岁时皮质抑制调节功能达到一定强度,分析综合能力明显提高,能较快地建立各种条件反射,但掌握复杂精细的动作较困难。14～16岁时反应潜伏期缩短,分化抑制能力显著提高。

2. 两个信号系统的特点

在儿童时期,神经活动中第一信号系统占主导地位,对形象具体的信号容易建立条件反射,而第二信号系统相对较弱,抽象的语言、逻辑思维能力差,分析综合能力正在发展还不完善。9～16岁,第二信号系统的功能进一步发展,联想、推理、抽象、概括的思维活动水平逐渐提高。16～18岁,第二信号系统的功能已显著提高到成人水平。

3. 青春发育期神经系统的稳定性

在青春期开始的一段时间,由于内分泌腺活动的变化,可能使神经系统的稳定性暂时下降,表现为兴奋过程占优势,抑制过程明显降低,出现动作不协调现象,少女更为明显。随着青春发育的进行,动作的协调性又逐渐得到发展。

二、儿童少年的运动技能和身体素质的发展特点

(一)基本动作的特征

人类的最基本动作为走、跑和跳跃。儿童少年基本动作发展与年龄的关系非常密切。

1. 走

走的动作在婴儿出生后7～20个月内学会,但初学时稳定性较差,身体左右摆动幅度较大,随着年龄的增长,走路趋于稳定,步长增加,身体的摆动减少。

2. 跑

幼儿2岁时走的动作中可出现跑的成分。随后由于腾空期加长和支撑期缩短,跑的运动技能得到改善,从3～10岁腾空期加长2倍多。跑的步频与步幅的变化决定了跑的速度,跑的最大速度的增长随着年龄的增长而提高。同时,在短距离跑的后期,速度的下降值减小。10～11岁儿童跑的最大速度为 $5.37\ m\cdot s^{-1}$,14～15岁少年跑的最大速度为 $6.07\ m\cdot s^{-1}$。

3. 跳跃

跳跃是相对比较复杂的运动技能,需要很大的力量和很快的运动速度,一般在出生后第三年才开始形成。由于肌肉的协调性提高,肌肉力量和速度的发展,跳跃成绩随年龄而提高,但这种增长是不平衡的,男性跳跃成绩快速增长期为13岁,女性跳跃成绩快速增长期为12～13岁,其他年龄阶段增长速度缓慢。纵跳高度的年龄分析表明,8～10岁之间跳跃成绩每年平均增加2 cm,增长幅度最大的年龄段为10～13岁(4.3 cm),随后增长速度降低。

(二)身体素质的发展

目前,身体素质测试方法如下:以50 m跑的成绩代表速度素质;以斜身引体代表7~12岁男生臂肌力量;以引体向上代表13~22岁男生臂肌力量;以仰卧起坐次数代表7~22岁女生腰腹肌力量;以立定跳远的距离代表下肢爆发力;以立位体前屈(站在凳子上体前屈,手超过脚水平线以下的厘米数)的能力代表腰部的柔韧性。

1. 身体素质发展的特点

1)身体素质的自然增长

儿童少年各项身体素质随年龄的增长而增长的现象称为身体素质的自然增长。从年增长率的曲线(不是直线的、等比的增长,而是波浪式的、非等比的增长)看,增长的速度有快有慢。在不同年龄阶段,各项身体素质的增长速度不同,即使在同一年龄阶段,不同身体素质的发育速度也不一样。在12岁以前,男女之间各项身体素质的差别不大,13~17岁之间身体素质的性别差异迅速加大,逐年增长平均值女性约为男性的50%左右。青春期是身体发育的加速期,身体素质发育的速度快、幅度大。性成熟期结束时,身体素质增长的速度开始减慢,25岁以后身体素质的自然增长即已结束,若不进行训练,身体素质一般不会再进一步提高。

2)身体素质发展的阶段性

身体素质的发育有一定的阶段性。各种身体素质的自然增长包括增长阶段和稳定阶段。增长阶段表现为身体素质随年龄的增长而增长,它包括快速增长阶段和缓慢增长阶段。在增长阶段之后身体素质趋于稳定,称为身体素质发育的稳定阶段。稳定阶段表现为随着年龄的增长,身体素质发展速度明显变慢或停滞,甚至有时身体素质有所下降。女生在身体素质发育过程中,其在快速增长阶段和缓慢增长阶段之间可能出现数年停滞的现象,称为身体素质发育的停滞的阶段。儿童少年的各种身体素质的发展趋势是由增长阶段过渡到稳定阶段,但其年龄界限不完全一致,男女之间也有差别(见表3-5)。男女身体素质发育的稳定阶段基本能保持到25岁左右。

表3-5 青少年身体素质增长阶段和稳定阶段的年龄

身体素质	增长阶段/岁		稳定阶段/岁	
	男	女	男	女
50 m跑	7~15	7~13	15岁以后	13岁以后
立定跳远	7~16	7~13	16岁以后	13岁以后
立位体前屈	12~18	11~20	7~12岁,18岁以后	7~11岁,20岁以后
仰卧起坐	—	7~12	—	12岁以后
引体向上	13~19	—	19岁以后	—

在身体素质发育的过程中,有一段时间某项素质发育速度特别快,人们称这段时间为该项身体素质的快速增长期或敏感期,素质发育敏感期的标准,是以年增长率的均值加上一个标准差,即年增长率不小于标准值的年龄阶段为敏感期,低于标准值的为非敏感期,如表3-6所示。

表3-6 儿童少年身体素质发展的敏感期

项 目	男	女
1分钟仰卧起坐	—	7~10岁
50 m跑	7~9岁,12~14岁	7~11岁
引体向上	14~15岁	—
立定跳远	7~9岁,12~13岁	7~11岁
立位体前屈	12~13岁,14~16岁	11~13岁,14~16岁

3)身体素质增长的顺序性

在身体素质的增长过程中,由于各种素质增长的速度不同,即出现高峰的时间有早有晚,表现在增长的顺序有先有后。在不受训练等因素影响的自然增长的情况下,男子从儿童到青年的整个成长过程中,速度、速度耐力、腰腹肌力量增长领先,其次是下肢的爆发力,臂肌静力力量、耐力较晚。女子各项素质增长顺序,随年龄的变化不同阶段表现出不同特点:7~12岁期间,与男子的增长是一致的,而在13~17岁期间,速度、速度耐力、下肢爆发力增长领先,其次是腰腹肌力量,最后是臂肌静力性力量、耐力,且出现不同程度的停滞和下降的趋势。

2. 各项素质的年龄变化

1)力量素质的年龄变化

在儿童少年时期,力量素质随着年龄的增长而逐年提高,但有关力量素质增长的年龄阶段研究报告不尽相同,这可能与测定的部位、测定的方法、训练程度和地区等因素不同有关。调查表明:立定跳远的成绩随着年龄的增长男女生的均值都呈上升趋势,男生12~15岁增长速度最快,19岁达到最大值;女生7~13岁增长速度较快,15岁接近最大值,以后处于停滞状态。7~12岁男生斜身引体能力随着年龄的增长而逐年提高,由7岁的26.71次增长到12岁的33.25次,比7岁平均值增长24.5%。男子引体向上在15~16岁增长速度最快,到21岁达最高水平,其均值由13岁的3.61次提高到10.00次,较13岁增长了1.77倍。女子腰腹肌力量的发展主要阶段是7~11岁,12~20岁增长缓慢或停滞,20岁以后处于停滞或下降状态。在力量素质训练中,还应特别注意发展肩胛带肌、背肌、腹肌和盆带肌的力量。力量训练只是为全面身体训练创造条件,只有到后期才适宜进行专项训练。

2)速度素质的年龄变化

速度素质的发展较力量素质早,法尔费利等人通过测定动作的反应速度、跳跃高度、蹬固定自行车的频率和手指叩击的频率,观察不同年龄速度的变化情况,提出速度素质10~13岁增长最快,若此时不进行训练,则14岁以后肌肉收缩的速度就会缓慢下来,16~18岁以后的变化不明显,处于稳定阶段。调查表明:我国男子7~15岁、女子7~13岁,50 m跑的成绩随着年龄的增长而逐年提高明显,并接近最大值。随后增长缓慢或处于停滞状态,男子21岁、女子20岁左右达最高水平。

根据速度素质的年龄特征,儿童少年时期是发展速度素质的良好时机。在体育教学与训练中,要抓住速度素质发展的敏感期进行训练,多安排以发展速度为主的运动项目。

3)耐力素质的年龄变化

儿童少年耐力素质的发展较速度素质晚,男女出现峰值的年龄也较晚。据调查,男子1 000 m、女子800 m达到高水平的年龄都是19岁。

有人认为,儿童的每搏输出量小,循环血液所增加的量也少,而这些限制耐力的因素要到青年时期才逐渐消失。因此,只有在达到全部生理成熟之后,耐力的最高峰才可达到。从有氧供能能力来看,男子最大吸氧量在12~16岁随年龄的增长而增加,18岁可达最高值,约3 L·min^{-1},女子从13岁开始稳定在2 L·min^{-1},这提示儿童少年具有一定的有氧供能能力,对一般的耐力也有一定的适应能力。所以,强度不大的有氧练习是青春发育期前后的最佳训练方法之一。反之,如果在青少年时期经常进行大强度的训练,易导致心室壁向心性肥厚,造成心室腔减小,每搏输出量减少。所以,发展耐力素质要根据年龄特点合理安排。

4)灵敏素质的年龄变化

灵敏素质的特征是控制动作的力量、时间、空间参数的能力。灵敏的表现之一是在空间精确定向。对动作的空间分化能力在5~6岁时明显增强,7~10岁增长最快,10~12岁比较稳定,14~15岁略有增长,到16~17岁达到成人水平,系统训练更有利于发展空间分化参数的能力。

运动速率分析能力随年龄而变化,如按规定的速率蹬固定自行车,7～8岁速率变异幅度较大,到13～14岁重复指定速率的能力改善,并接近成人水平。肌肉用力的分化能力在5～10岁重复指定用力的准确性较小,15～17岁是肌肉用力水平最完善的阶段。因此,在13～14岁前通过训练来发展灵敏素质可以取得较好的效果。

5) 柔韧素质的年龄变化

调查表明:立位体前屈的增长值在小学阶段(7～12岁)变化较小,占总增长值的4.9%～18.7%;在中学阶段(13～18岁)趋于稳定状态,占总增长值的63.3%～71.0%,15岁以前女孩的柔韧素质明显高于男孩;大学阶段(19～22岁)男子19岁、女子20岁达到最高均值,随后趋于稳定或下降。

儿童少年时期开始训练是发展柔韧素质的最主要方法,成年以后只要经常坚持,已达到的柔韧性可以保持很长时间。此外,柔韧素质的提高要有一定的力量素质作为基础,肌肉力量强才有助于完成大幅度柔韧性动作。所以,在发展柔韧素质的同时也要结合力量训练。

三、儿童少年的体育锻炼要求

儿童少年在生长发育过程中,其身体的形态结构和器官功能以及心理状态都有自身的特点,因此,在体育锻炼中了解和掌握这些特点并采取相应的措施,对促进他们的生长发育和身体素质的提高有着十分重要的意义。

生长是指细胞增殖、增大以及细胞间质的增加,最终表现为组织、器官以及身体各部位的重量和体积的匀称增长。发育是指各组织、器官的形态和机能的分化和完善。生长和发育两者是密不可分的,并且有着共同的基本规律。生长发育的过程是一个量变和质变的统一过程,具有一定的阶段性和一定程序的非直线的连续变化过程。影响儿童少年的生长发育的因素很多,如营养、疾病、气候和季节、遗传因素、体育锻炼和劳动等。许多研究表明,参加系统性体育锻炼的儿童少年,其生长发育的各项指标都明显高于同龄孩子。因此,较为准确地把握儿童少年的生理机能和体育锻炼的相互关系就显得尤为重要。

(一)根据儿童少年运动系统的发育特点,在体育锻炼中应注意的问题

(1)儿童少年骨骼承受压力和肌肉拉力的功能都不及成人,容易发生弯曲变形。因此,为防止他们脊柱、胸廓、骨盆及下肢骨变形,除在他们的日常学习和生活中,使他们养成正确作息姿势习惯外,在体育锻炼中也应注意要求他们形成站立跑跳的正确姿势。

(2)儿童少年脊柱生理弯曲较成人小,缓冲作用较差,故不宜在坚硬的地面上(水泥、沥青等)反复进行跑跳练习。长时期在坚硬地面上练习跑跳,会对下肢骨的骨化点产生过大和频繁刺激,易引起过早骨化或骺软骨的损伤,从而影响骨的正常发育。同时,要避免过多地从高处向地面跳下的练习,防止造成骨盆发育的变形。

(3)儿童少年不宜过早从事力量型练习。12～15岁时肌肉的生长和肌肉力量增长较快,可采用一些抗阻力和较轻的负重练习来发展肌肉力量。负重练习时,重量过重、练习次数过多、练习时间过长,不仅会影响下肢的正常发育,引起腿的变形、足弓下降(形成扁平足),而且还会加速下肢骨化的过早完成,有碍身高的增长。

(4)儿童少年的骨骼正处于生长旺盛时期,对钙、磷的需要较多,膳食中应注意供应较充足的钙、磷,并且安排室外活动。

(5)由于儿童少年的骨骼处于生长发育之中,构成关节的关节面差度较成人大,关节面的软骨也软厚,关节囊及韧带松弛、薄弱、伸展性较大,关节周围的肌肉细长而薄弱。因而其关节的灵活性、柔韧性都比成人的好,但关节的牢固性和稳定性都不及成人。因此,在体育锻炼中,应注意避免因用力不当造成关节损伤或脱位。

(二)根据心血管系统、呼吸系统的发育特点,在体育锻炼中应注意的问题

(1)儿童少年心血管系统、呼吸系统功能在正常情况下,虽与他们的发育水平相适应,但在剧烈运动中,他们的最大肺通气量、最大吸氧量都小于成人。因此,要合理安排运动量,强度可以稍大一些,但不要过高、过急,密度要小一些,间歇次数要多一些,练习时间不宜过长。同年龄儿童少年中,个子高大的人,心脏负荷量相对较大,性成熟迟缓的人,心脏发育也较迟缓,在安排运动量时,应注意区别对待。

(2)儿童少年应避免做过多的闭气动作。闭气时,腹腔压力升高,使回心血量减少,从而也降低了每搏输出量,使心脏本身的血液供应也受到影响。闭气后,胸、腹腔压力剧减,导致大量血液涌回心脏,使心脏一时过度充盈,不利于心脏工作。倒立、背桥等动作也不易多做,做这些动作时,人的头部朝向地面,心脏也呈一定的倒置状态,由于血液的重力作用,头部血液回流心脏困难,心房的血流入心室时也增加了阻力,加重了心脏的负担。

(三)根据神经系统的发育特点,在体育锻炼中应注意的问题

(1)儿童少年在成长阶段,具有适应运动的能力,各年龄阶段都可进行力量训练,但要量力而行,采用的方法和手段要与成人有所区别。儿童少年体育锻炼的内容和形式要生动活泼、多样化,可穿插一些游戏或小型比赛等,在活动过程中要适当地安排间歇时间。

(2)在身高加速生长期,可多采用伸展肢体、弹跳、支撑自己体重和小负荷的力量练习,这对促进身体发育及增长力量素质有益,但负荷不宜过重,时间不宜过长。

(3)由于儿童少年大脑皮层神经细胞分化尚不完善,神经系统分析综合能力较成人差,小肌肉群发育迟缓,因此,不宜要求他们做过于复杂、精细的技术动作。

(4)定期体检,如人体测量和体表检查,及时矫正刚出现的畸形。儿童少年时期是生长发育旺盛时期,是学习各种运动技术的最好时期,是发展基础能力、掌握多种技能的最好时期。儿童少年经常参加体育锻炼,由于肌肉的活动,使肌纤维变粗、肌肉体积增大,弱性增加,肌肉工作能力及耐力都相应提高,关节也更加灵活牢固。机体是一个统一的整体,各器官系统的生长发育密切相关,科学合理地进行全面身体锻炼,对儿童少年的身心发育能起到积极的推动作用。

四、儿童少年的体育锻炼方法

儿童少年由于年龄差异较大,身体的发育水平明显不同。另外,即使年龄相同,由于生长的环境不同、生活习惯不同、营养状况不同、运动经历不同,其体质状况、运动能力也有较大差异。因此,制定统一的运动方法几乎是不可能的,也没有必要。

(一)锻炼的内容

身体发育正常,没有残疾的儿童少年,锻炼时可根据自己的爱好、身体条件、家庭条件参加多种多样的体育锻炼,如跑、跳、游泳、球类、体操、武术等形式多样的体育锻炼,而不必受到过多的限制。

儿童少年锻炼的重点包括两点:
(1)培养参加锻炼的兴趣和习惯;
(2)全面提高身体素质,如力量、柔韧、协调、平衡、肌肉耐力、心肺机能,而不是过早地发展某种专项技术。

兴趣和习惯是终身坚持体育活动的基础。全面的身体素质是进一步提高运动成绩的保障,参加锻炼的种类越多,身体的发展就越全面,身体的协调性就越好,动作时就越轻松自如,还有利于学习新动作、新技能。

(二)运动持续的时间

儿童少年神经系统的特点是兴奋过程占优势并容易扩散。随着年龄的增长,抑制过程逐渐发展,最后兴奋和抑制达到均衡。儿童少年大多活泼好动,注意力不易集中,因此进行锻炼时,每种活动持续的时间不宜过长,强度不宜过大。儿童少年体育活动的内容和形式要做到多样化和经常变换,防止单一的内容,锻炼的持续的时间应逐渐延长。

(三)运动量、运动强度

儿童少年的每搏输出量和每分输出量的绝对值比成人少,但其每千克体重相对值比成人大,年龄越小每千克体重相对值越大。这就保证了在发育过程中因身体代谢旺盛所需的氧供应。这个特点说明了儿童少年的心脏能适应短时期紧张的体育活动。儿童少年呼吸器官组织娇嫩,呼吸道黏膜容易损伤。肺组织中弹力纤维较少,肺间质多,血管丰富。肺的含血量较多,而含气量较少,呼吸肌发育较弱,胸廓较小,肺活量较小。体育活动中主要靠加速呼吸频率来增大肺通气量。因此,儿童少年进行训练时,时间不宜过长,强度不宜过大,运动持续的时间及运动的强度要逐渐增加,同时,应指导儿童少年掌握正确的呼吸方法,呼吸时要强调加深呼吸的幅度,而不是增加呼吸的频率,并注意与运动的频率(如跑步的频率)配合,以促进呼吸器官的发育。

(四)每周锻炼次数

儿童少年的肌肉较易疲劳,但恢复较快。因此,每周锻炼的次数可较多,如每日一次或隔日一次均可。

(五)锻炼时的注意事项

(1)体育运动要根据儿童少年的年龄和性别特点进行合理的组织和安排,以促进身体和智力的健康发育。

(2)儿童少年进行运动训练持续的时间不宜过长,运动量要适当,不应超过身体的负担能力。

(3)不应过早地让儿童少年进行专项训练,早期专项训练要在医务监督下进行。不应过早或过急地要求儿童少年出好成绩,也不应让儿童少年过多地参加正式比赛。

(4)在进行力量练习时,应注意以下两点。

第一,负荷不宜过重,并应尽可能减少憋气动作,避免胸膜腔内压过高而导致心肌过早增厚,从而影响心腔的发育。

第二,儿童少年屈肌的力量较伸肌的力量强,因而要加强伸肌的发展,以保持伸肌、屈肌间的平衡,以防止驼背的发生。

(5)儿童少年参加运动锻炼,应保证充足的休息和睡眠,并要有足够的营养和能量。

(6)儿童少年体育运动使用运动器械的大小、重量要符合其身体发育特点。

(7)儿童少年的训练要和卫生教育结合起来,不仅要培养他们具有健全的体魄,同时要培养良好的个人和公共卫生习惯。

(8)注意观察儿童少年锻炼后的身体反应,并询问儿童少年锻炼后的自我感受。以锻炼后精神状态良好、没有疲劳积累、没有不良感觉(如头晕、恶心、食欲下降、睡眠不好等)为宜。

第二节　女性的体育锻炼卫生

一、女性发育的一般特点

女性一生可划分为六个时期,即新生儿期、幼儿期、青春期、生育期、更年期和老年期。女性的肩胸部较窄,臂肌力量弱,不易承受较大重力,但女性的重心较低,稳定性大,有利维持平衡。女性的全身脂肪多,耐寒能力强,但下腹部对寒冷刺激很敏感,故在寒冷季节及月经期要注意下腹部的保暖。

女性相对于男性在身体上还有一些解剖弱点。对于想要保持健康的女性来说,这些地方都是值得留心的。

1. 免疫系统

女性对自身免疫系统的控制力是男性无法企及的,她们会比看起来强健的男性更长寿,就是佐证之一,但她们却比男性更容易患红斑狼疮、类风湿关节炎和系统性硬化症等现代医学难治的免疫系统疾病。

2. 循环系统

女性患心脏病的年龄比男性要晚 10 年,但女性一旦患上心脏病,特别是心血管性心脏病,就往往是致命的。因为这是雌激素"撒手不管"后的更年期现象。女性血管失去了激素的保护从而出现硬化,肝脏失去激素的保护而产生更多的胆固醇,这些都加大了女性心血管疾病的严重性。

3. 运动系统

女性和男性相比,膝关节韧带更容易拉伤,一旦拉伤恢复也比男性更难。医生分析,这可能和她们天生宽大的髋部有关,后者使膝关节承受了更大的作用力。

4. 神经系统

女性比男性更容易患上抑郁症。这是因为男女两性的大脑对激素和脑内化学物质的反应不同,而且女性体内产生的血清素对其浓度变化的反应更敏感、更剧烈。此外,一旦进入更年期后,如果没有雌激素替代疗法,女性患痴呆的可能性比同龄的男性更大。

5. 消化系统

男女吃同样的食物,女性要花更多的时间去消化。因此,女性患慢性便秘和肠道疾病的可能性分别是男性的 3 倍和 2 倍。初步研究表明,这可能与女性唾液中化学成分和男性的不同有关。

6. 骨骼系统

晚年骨骼严重萎缩的病人,女性要比男性多。更年期后,由于骨质疏松所致,女性的骨骼会变得不再紧密,而且还布满孔眼。

二、女性的一般体育卫生要求

根据女性各系统的生理解剖特点不同,女性在运动时有着相应的要求。

1. 运动系统特点

女性运动器官的重量占体重比例比男性小,内脏器官占体重的比例较大。例如,男性的肌肉占体重的40%,而女性只占35%。女性的骨骼也比男性稍细,骨组织内的水分和脂肪较多,女性肌肉内的水分和脂肪也比男性多,肌肉的力量也较小。所以,教练在进行教学时,要注意加强女生的肌肉力量,特别要加强肩带肌、腹肌、背肌等练习。

从身体各部分的比例来看,女性的四肢相对比男性的短,而躯干相对比男性长,臀部也较大,因而女性的重心较低,有利于维持身体平衡,但速度、弹跳、爆发力较差,所以女性对这方面的素质训练要加强。在训练下肢力量时,女性一定要注意肌肉型的发展,注意减少含有静力性的负重腿部力量的训练,增强动力性的腿部训练,如忽略肌肉型的发展,在一阶段内采用负重屈伸的强度训练和长时间的静止用力,都可导致大腿根部变粗。所以,女性在做每个动作时,都要注意努力使肌肉达到最充分的伸展,这样日积月累,肌肉型的训练就能达到理想的效果。

另外,女性脊柱的椎间软骨较厚,关节囊、韧带弹性较好,关节的灵活性和柔韧性比男性大,这对舞蹈教学极为有利,表现动作的幅度大,而且稳定,相对力量就差。所以,女性在练软度的同时,也要加强力量的练习,这样也可减少腰肌损伤现象的发生,训练力量时可将专项素质同普遍素质结合在一起训练,如腹、背肌的力量。

女性的肩部较窄,臂力较弱,要注意循序渐进和发展上肢力量及加强保护。根据女性身体重心较低、平衡能力较强、柔韧性较好、爱美和善于表现等特点,女性宜进行艺术体操、高低杠、平衡木、自由体操和健美操等项目的练习。女性不宜过多做从高处跳下的练习,地面不可太硬,并注意落地姿势。根据青春发育期女性心理特点,要注意引导和启发她们参加体育锻炼的自觉性和积极性。

2. 循环系统和呼吸系统的特点

无论是全血量,还是红血细胞数、血红蛋白量,女性都比男性的少,心脏及心脏容量也比男性的小,所以每搏输出量也比男性的小。在安静时,女性的心跳频率比男性快,但经过运动,女性心脏的容量有的可达到与男性同样水平。

另外,女性的呼吸频率比男性略快,呼吸深度较浅,因此,肺活量不及男性的大,由于女性呼吸系统机能较低,因而影响运动速度和耐力,所以在进行跑跳时,应结合个体差异注意循序渐进。

三、女性月经期的体育卫生

(一)月经期的生理特点

1. 月经周期

女性随着年龄的增长,进入青春期,神经系统和内分泌腺发育日趋完善,性器官逐渐成熟,并出现第二特征,如皮下脂肪增厚、乳房发育等一些女性特征。一般女性从14~15岁(早的也有11岁,晚的也有17岁)开始,到50岁左右。每月有一次排卵和子宫内膜的周期性脱落流血,形成月经,通常以28天为一个周期。在每一个月经周期内,月经期历时3~5天。

2. 月经期的生理反应

月经周期是青春发育后的一种生理现象。第一次月经来潮称为初潮。初潮年龄因地区、社会条件、健康水平而异,如南方的女孩比北方的女孩成熟得早,与气候有关,另外现在的生活水平提高,女孩的发育成熟也提前。初潮表示青春期的开始,但不等于性机能的成熟。月经初潮后的三个月、半年或一年内,月经周期可能不规律,有的半年来一次,有的一个月来两次,这都是内分泌机能不稳定的缘故,是正常现象,以后逐渐稳定,但如果遇到环境变化、精神因素影响或健康状况变化时,也会出现月经周期变化,这种现象并非病态。

另外,月经期或月经前有轻度不舒适的感觉,如下腹部发胀、腰酸、乳房发胀,有时也可能出现腹泻或便秘等现象,有的人会出现全身性的反映,如疲倦、嗜睡、情绪激动或感到头痛等,这都是正常现象。如果月经期严重腹痛、出血量过多或过少等现象,应到医院检查治疗。

(二)关于月经期间的训练安排

一般来说,在月经期间上课时必须避免从高处跳下和激烈跑跳或腹压等运动量过强、过大的练习,由于在此时期,机体的工作能力降低,因此必须降低运动量,否则会影响、破坏经期的正常规律,或造成子宫位置的改变。有月经病的女性不能参加运动训练,但应坚持轻微活动,从而促进血液循环畅通和痛经现象逐步消除,有助于增进健康。

至于月经期间能否参加运动训练的问题,通过在体育界调查结果表明:如果月经周期正常,无特殊反应,月经期是可以参加训练的,并且在现实生活中,有在月经期参加比赛,成绩优异,身体并没有不良反应的选手。教学实践结果表明:教师只要合理地选择教材,科学安排女生的运动量,进行适当的训练,没有发现不良的反应。

1. 安排月经期间的专业训练应明确的问题

(1)应当明确月经是女性青春期以后出现的正常生理现象,并非病态,无须提出不适当的"清规戒律"。

(2)应明确月经期是女性各器官、系统尤其是内分泌系统和性器官周期变化的一个特殊阶段,因而不能盲目地否认其特殊性。

2. 经期运动要注意的事项

(1)适当减少运动量和运动时间。一般在月经期间身体的反应力、适应力、肌肉力量、神经调节的准确性和灵活性等可能下降。运动负荷安排应小一些,活动时间不宜过长。一般不宜参加比赛,特别是月经初潮的女生。适当减少运动量和运动时间,逐渐地培养经期锻炼的习惯。在经期到来前三天,可以做一些轻柔、舒缓、放松、拉升的运动,通过这些轻运动帮助身体血液顺利流通,缓解压力,为经期的到来做好身体的适应及调节。在来月经的最初两天,可以参加运动量不大的徒手体操、打乒乓球、原地投篮和托排球等活动,以后随经血量的减少,可逐渐加量至恢复正常锻炼。

(2)运动幅度不能过大。避免参加能引起腹内压增加和使腹部震动剧烈的运动,如俯卧撑、仰卧起坐、侧向推铅球、快跑、跳高、跳远、跨步跳、跳起扣排球或投篮等。在运动期间,一定要避免对腹腔施压,避免做高抬腿之类的动作,也要避免过度疲劳,应及时休息等。月经期应避免做剧烈的、大强度的或震动大的跑跳动作造成经血过多或引起子宫的位置改变。

(3)不宜在烈日下运动。来月经的女性不宜在烈日曝晒下运动,或进行冷水浴锻炼,尤其要注意腹部不能着凉,以免引起卵巢功能紊乱,导致月经失调。

(4)禁忌水中的运动。一般女性经期不宜下水游泳。

(5)对月经紊乱以及痛经的女生,月经期间应暂停体育活动。

四、更年期的体育卫生

(一)更年期的特点

女性45～55岁,男性55～65岁,这一年龄阶段称为更年期,是由中年向老年过渡的时期。这一时期,机体的代谢和内分泌功能特别是性腺功能逐渐向衰老过渡,并处于一种不稳定阶段,这样便容易在精神因素或身体因素的影响下出现平衡失调。

更年期综合征便是平衡失调的结果,其临床表现主要为内分泌及自主神经系统紊乱的症状。患者常常有头痛、头晕、失眠、手颤抖、对声光刺激敏感、情绪烦躁不稳、易激惹以及疲倦乏力等神经衰弱的症状。

此外,更年期患者还会出现自主神经、内分泌功能失调症状,如心悸、血压波动、胸闷憋气、阵发性潮红、身体忽冷忽热、出汗多、四肢发麻等,胃肠功能失调表现为食欲减退、胃部不舒服和便秘等,多数患者有月经紊乱和性功能减退现象,但这部分人中偶尔有性功能亢进者。有的患者在不愉快的精神因素刺激下会有癔症样发作,患者全身挺直,四肢抽动,过后大声哭诉自己的痛苦心情等。

更年期女性膳食要清淡,忌厚味。这是因为体内雌激素水平下降,常常可以引起高胆固醇血症,更加促进动脉硬化的发生。据统计,青年女性与男性相比,动脉硬化的发生率低,但到更年期明显增加,因此更年期要注意控制膳食中脂肪和胆固醇的摄入量。要少吃或不吃富含胆固醇和饱和脂肪酸的食物,要选择植物油,如菜籽油、葵花籽油,可吃玉米面及蔬菜、水果、瘦肉、鱼类等少胆固醇食物,多食大豆制品,如豆腐、豆腐脑、豆浆、豆腐干,因为它们是很好的植物性蛋白来源。近年来大量报道指出:完全用大豆蛋白代替动物蛋白可使血脂含量显著降低。许多蔬菜纤维,如豆芽、萝卜、芋头、海藻、叶菜类、土豆、黄瓜、青椒,以及苹果、橘子等,有助于消化液分泌,增加胃肠蠕动,促进胆固醇的排泄。

另外,洋葱、大蒜有良好降脂助食作用。木耳、香菇能补气强身,益气助食。近年来报告香菇可降血脂、促进维生素的吸收。鲜枣、酸枣、猕猴桃、山楂、刺梨等富含维生素C,对缓解高胆固醇血症,促进铁的吸收,也有一定的作用。

更年期女性由于内分泌的改变,可能会出现水肿、高血压等,因此更年期妇女每天食盐控制在 3～5 g。

更年期女性体内雌激素水平降低,骨组织合成代谢下降,因此容易发生骨质疏松,增加骨折的发生率。据报道,女性丢失骨质从 40 岁左右开始,更年期及绝经以后,骨质丧失进一步增加,表现为股骨颈、股骨、胫腓骨、髋骨等部位容易骨折,身高变短,甚至驼背弯腰等。另外,更年期女性每天摄入 1 000 mg 的钙可以使血压的舒张压下降约 6%,钙还能维持神经、肌肉的兴奋性。更年期女性受体内激素影响,情绪不稳定,若体内钙不足,更会加重情绪波动,增加精神上的痛苦。因此,更年期女性要经常食用含钙高的食品,如乳类及乳制品、海产品、虾皮、海带、豆芽、豆制品、骨头汤、骨粉、芝麻酱,钙供给量每天不少于 1 000 mg。

(二)更年期运动保健的意义

更年期合理运动可以改善身体机能。更年期女性由于卵巢功能逐渐减退,血中雌激素、孕激素水平下降,使正常的下丘脑-垂体-卵巢轴的平衡失调,影响自主神经中枢及其支配的各脏器功能,从而出现一系列自主神经功能失调的症状。此外,进入绝经期后,由于雌激素对心血管系统的保护作用减弱,发生冠心病、高血压等心血管疾病的危险性增加。

适当的体育活动可以调节神经系统功能,使自主神经系统功能恢复正常,保护机体免受外界刺激,有助于身心健康和防治更年期综合征。

体育锻炼可改善机体各器官的功能。从运动生理学的角度来看,当每分输出量一定时,每搏输出量越大,每分钟的心率就越低。人体在有氧状态下进行中等强度与较长时间的运动,能够增强心肺功能,如增加肺活量和肺功能,增加回心血液和每分输出量等。所以,科学地进行体育锻炼,不仅能提高更年期女性的肺功能,还可以提高运动时的心率储备,进而降低安静时的心率,最终达到提高更年期女性呼吸系统、循环系统的机能水平,以及改善消化系统、神经系统、内分泌系统、免疫系统、运动系统功能的目的。

有氧运动可使女性体内的血清雌激素、孕激素水平明显升高,雄激素水平明显降低,使更年期综合征患者在潮热、出汗、失眠、烦躁、易怒、抑郁、乏力、头痛、心悸等方面的不适症状得到改善。

(三)更年期运动保健的原则

更年期女性的体力状况较青壮年女性有所下降,因此应根据自身生理和心理健康状况,结合个人兴趣爱好,确定适合的运动方式、强度、时间和频率,进行有计划的周期性体育锻炼,以达到防病治病、康复身心的目的。

1. 运动时间

更年期女性进行体育运动要循序渐进。初次锻炼应该从小强度开始,运动的时间不宜太长,并在约6周之内维持此锻炼强度和时间,以确保锻炼安全和有效。此后可随着身体的适应性,逐渐增加运动强度和时间。当达到一定强度时,锻炼效果在30分钟内会随时间的延长而增加,但超过45分钟,锻炼效果反而不随运动时间的延长而有明显增加。所以,每次锻炼20~30分钟,每周3~4次是比较合适的。当然,每个人具体的运动时间还要根据自身的身体素质来确定。

2. 运动频率

运动频率是指每周锻炼的次数。曾有研究资料指出,每周2次的锻炼仅能保持机体的现有功能储备,而每周3~4次的锻炼才能提高机体的功能储备。因此,以健身为目的运动时,运动频率一般可以是每周3~4次,最佳运动频率最好是每天1次,可以由少到多,逐渐增加,贵在坚持,这样才能达到良好的效果。

3. 运动强度

运动强度常用心率指标和最大吸氧量来衡量。调查显示,40~55岁的中年女性参与体育锻炼时:心率为125~140次/分,她们的主观感觉是汗流浃背;心率为110~130次/分,她们的主观感觉是出汗,感觉良好;心率为95~100次/分,她们的主观感觉是心情愉快,认为活动比安静状态好。由此可见,大多数女性采取小负荷、中低强度锻炼方式,使运动时的心率达到110~130次/分或95~100次/分较为理想。对个体而言,运动时最大心率=170-实际年龄,所以更年期女性应从小强度开始锻炼,参考上述指标,结合自身体质,找到最适宜的运动强度。

4. 运动项目

有研究指出,更年期女性更适宜进行耐力性活动,可选择简单易行的散步、跑步、游泳、登山、中老年迪斯科、交谊舞、扭秧歌等,还可选择深受现代女性喜爱的瑜伽、有氧健身操,中国传统保健体育项目,如气功、太极拳、太极剑、五禽戏、八段锦、易筋经、木兰拳等,有条件的女性还可选择打网球、高尔夫球或根据个人特点选择适宜的运动项目。例如:对于工作压力大的女性,可首选步行、慢跑、有氧健身操、瑜伽等以健身、娱乐、休闲为主的运动方式;对于身体肥胖的女性,若伴有高血压、高血糖、糖尿病、冠心病等疾病,可选择轻松的慢步、简易广播体操、简易的园艺活动等,以伸展筋骨等强度小并能陶冶情操的运动方式。

5. 运动注意事项

(1)体育锻炼贵在坚持,所以,应当选择1~2项保健运动项目,作为一种生活行为或习惯保持下去,只有长期坚持体育锻炼才可达到良好的健身效果。

(2)进行锻炼时必须结合自身体质,量力而行,循序渐进,切忌盲目追求大汗淋漓的效果,这样会适得其反,损伤身体。患有呼吸系统疾病的更年期女性,锻炼时应避免静止类肌肉运动,如提拉重物、拔河这样较大强度的运动项目;患有消化系统疾病的女性,应避免震动强度过大的项目,如仰卧起坐、赛跑、跳绳等。

(3)运动后禁忌做的四件事如下。

①不要马上休息,应继续进行一段时间的轻量运动以加速代谢产物的清除,加快体力恢复及防止运动后晕厥。

②不要马上洗澡。

③不要喝冷水。运动产生热量,若马上喝冷水,会使器官遇冷而急剧收缩,而且喝水速度过快,会使血容量增加过快,加重心脏负担。正确的方法是:将少量水含在口中一会儿,湿润口腔和咽喉,之后再慢慢饮水。

④不要吃酸性食品。运动后人体会产生酸性物质,正是这些酸性物质使人感到肌肉、关节酸软和精神疲乏,此时,如再进食富含酸性物质的肉、蛋、鱼等,会使体液更加酸化,不利于疲劳的解除,所以运动过后宜吃蔬菜、甘薯、苹果等碱性食品。

(4)体育锻炼必须与饮食营养、调畅情志等养生保健理念相结合,各方面协调一致,才能取得最佳的健身效果。

第三节 中年人的体育锻炼卫生

一、中年人的解剖生理特点

中年通常指35~60岁这一年龄阶段,各组织器官逐渐发生退行性病变,生理机能逐渐下降,身体对外环境的适应能力逐步下降,抵抗疾病的能力逐渐降低,各种疾病的患病率逐渐上升。加强中年人的体育保健工作,是确保身心健康,延长生命,提高工作能力、效率与年限的关键。

中年是人生的一个特殊时期。在这个年龄段,人体各器官系统功能已经开始出现衰退现象,尤其是到后期,由于身体内分泌系统的急剧变化,机体功能水平进入更年期,即人体已经进入衰老时期。此时,身体各种与活动能力相关的机能水平表现出下降的趋势。肌肉力量的下降,将会造成身体活动能力的下降。许多在青年期习以为常的活动,在这个时期常常会感到力不从心。换个角度来说,伴随年龄的增长,人参加身体活动的自我欲望下降,造成自发的运动减少。

需要强调的是,中年人即便参加体育锻炼,也常常会出现心理活动与身体活动背离的现象,即内心认为自己还年轻,可机体已经衰老了,即便是轻微运动,也会感觉到疲劳或浑身疼痛,甚至引发不必要的运动伤害。由此可见,这一时期的健身目标应该是保持和恢复体力。

二、体育锻炼对中年人防病健身的意义

1. 对运动系统的影响

中年人坚持体育锻炼可使骨骼增粗,骨皮质增厚,防止骨质疏松及骨折,防止脊柱、胸廓的变形和椎间盘的萎缩,同时增强关节的柔韧性、灵活性和牢固性,从而有效防止颈、肩、腰、膝等骨关节的退行性病变。体育锻炼使肌肉中毛细血管增加,血液供应充分,肌纤维变粗,防止肌肉萎缩,并且能增加肌肉力量。

2. 对心血管系统的影响

体育锻炼能提高中年人的心脏功能,表现为运动增加了冠状动脉的血流量,改善心肌营养,心肌的兴奋性增强,使心肌收缩力增加,每搏输出量加大,从而提高了心脏的泵血功能。中年人坚持体育锻炼可使血液总胆固醇含量降低,防止动脉血管硬化、高血压、冠心病、脑血栓、脑溢血等心脑血管疾病的发生。中年人坚持体育锻炼可使血压随年龄增长而增高的趋势变慢,保持血压平稳。

3. 对呼吸系统的影响

中年人坚持体育锻炼可保持肺组织弹性,提高呼吸肌收缩能力,加强胸廓的活动度,扩大肺活量,减缓肺及气管的退行性病变,并可防止鼻炎、咽炎、气管炎和肺炎等呼吸系统疾病的发生。

4. 对神经、内分泌及其他系统的影响

中年人坚持体育锻炼可促进血液循环,改善脑细胞营养代谢,延缓中枢神经系统的衰老过程,能提高大脑兴奋性、均衡性和灵活性,能保持中年人精力充沛、动作敏捷,能消除大脑疲劳和精神紧张,以及改善睡眠的质量。

体育锻炼可以加强消化系统功能,使胃肠蠕动加强,改善血液循环,增加消化液的分泌,加速营养物质的吸收,改善与提高肝脏功能。

体育锻炼还可提高人体免疫力,减少感冒或因感冒继发的扁桃体炎、咽炎、气管炎及肺炎等疾病的发生率。

三、中年人的体育卫生要求

(1)锻炼前检查。

锻炼前必须进行严格体检,了解健康状况,选择合理的运动项目和确定科学的运动处方,重点在心血管功能。

(2)选择适宜的运动项目、强度和合理安排锻炼的时间。

中年人各器官系统都有不同程度的退行性病变,所以选择的运动方式要广泛,力求使全身各部位都参与运动。运动强度要遵循量力而行、循序渐进的原则,达到最大心率的70%～85%。中年人切忌突然剧烈运动,对潜在心血管病人有危害。

(3)加强医务监督工作,防止过劳或意外损伤。

若锻炼后有头痛、恶心、胸部不适、食欲下降、睡眠不好、晨脉加快、疲劳不能消失、体重下降征象等,表示运动负荷过大,需要调整或暂停运动。夏季注意防止中暑,冬季防止感冒和冻伤。

(4)定期进行全面身体健康检查。

四、中年人健身方案要点

(一)锻炼项目的选择要符合自身条件

中年人应该根据自身需要,如自己的目的和兴趣,以及客观条件来选择锻炼项目,可以选择步行、慢跑、散步、骑自行车、游泳、跳健身舞、打太极拳和太极剑等,也可以进行远足、登山、垂钓等户外活动。

(二)锻炼强度要适中

40~49岁的人运动时心率要保持在125~145次/分,50~59岁的人心率保持在120~140次/分,最大锻炼心率不要超过160次/分。德国运动医学专家建议,以锻炼心率为130次/分的强度每天锻炼1次,每周累计锻炼的时间不少于1个小时,长期坚持下去,就能使心脏年轻20年。

(三)锻炼时的注意事项

中年人在参加健身锻炼过程中,要坚持循序渐进、适可而止的原则,即每周运动强度、运动量和运动时间的增加幅度不要超过10%,每次锻炼强度、运动量和运动时间增加的幅度不要超过上一次的10%。要合理安排锻炼时间,每周以隔日锻炼为宜,每次锻炼40分钟。锻炼前和锻炼后,要注意安排伸展练习,避免出现运动伤害事故。

(四)运动禁忌证

若有以下疾病或情况,就要谨慎锻炼,或者征求医生的意见。

(1)急、慢性或陈旧性心血管系统疾病。例如:急性或陈旧性心肌梗死病人;不稳定或增强型心绞痛;严重心律失常,未能控制的房性心律失常,以及多源性期前收缩、频发室性早搏、预激综合征;慢性心力衰竭;急性心包炎、急性或活动性心肌炎或可疑患者;已确诊的室壁瘤、主动脉狭窄、动脉瘤或可疑患者;近期心电图有明显改变者;使用人工起搏器或除颤器者;已确诊的各种原因的心脏病、心肌病,如动脉瓣狭窄、严重阻塞型心肌病、肺动脉高压等。

(2)血栓性疾病,如血栓闭塞性脉管炎、深静脉血栓、脑血栓等。

(3)肺栓塞。

(4)急性炎症或传染病。

(5)精神病。

(6)出血性疾病,如各种类型的白血病、血小板减少性疾病、血友病等以及消化道和呼吸道出血。

(7)运动系统疾病,如骨骼肌萎缩或类风湿病造成的运动困难、骨折、关节脱位等。

(8)肢体残疾,如上下肢截肢、先天残缺,上下肢畸形或功能障碍,脊柱畸形或功能障碍,由于中枢神经或周围神经受损或病变导致的躯干、四肢畸形或功能障碍等。

(9)患恶性肿瘤2年之内,原发性癌或伴随转移者。

(10)未能有效控制的代谢性疾病,如甲状腺功能异常、糖尿病等。

(11)重要器官功能障碍或全身功能失调,如心肺功能障碍、肾功能障碍、慢性肾炎、严重肝病等。

(12)处于妊娠期。

(13)严重贫血。

(14)月经过多或严重痛经等。

(15)任何影响正常生活和运动的病症,如视觉障碍、智力障碍等。

第四节 老年人的体育锻炼卫生

衰老是一切生物随着时间推移而自发的必然过程,它表现为一定的组织器官衰老及其功能、适应性和抵抗力的减退。医学上的衰老指女性60岁、男性65岁以上。衰老分为生理性衰老和病理性衰老。

加强老年人的体育卫生,防治疾病,阻止病理性衰老的发生、发展,对延长寿命有重要意义。

一、体育锻炼对老年人身体的影响

合理的体育锻炼可促进全身的血液循环,使身体各组织细胞得到充足的氧气和营养物质,改善细胞代谢。合理的体育锻炼可减慢退行性病变的程度,使老年人的生理功能得到改善和增强,从而推迟衰老,增进健康。

1. 对运动系统的影响

老年人坚持体育锻炼可改善骨骼的血液供应,增加骨骼的物质代谢,防止无机成分丢失,改善其有机成分的比例,保持骨骼的弹性、韧性,提高骨骼的抗断能力,延缓、减少骨骼的老年性退行性病变。老年人坚持体育锻炼可增加肌肉的力量,防止肌肉萎缩和退行性病变。老年人坚持体育锻炼可保持关节韧带的弹性和关节灵活性,防止因受骨老化影响的关节附近肌肉萎缩、韧带硬化、滑液分泌少及关节强直,防治老年性关节炎,使老年人动作保持一定的幅度和协调性。

2. 对心脏血管系统的影响

老年人坚持体育锻炼可使心肌收缩力量加强,每分输出量增加。运动还锻炼了血管收缩和舒张功能,加强血管壁细胞的氧供应,促进代谢酶的活力,改善血脂代谢,减少脂肪存积,延缓血管硬化。

3. 对呼吸系统的影响

老年人坚持体育锻炼可使肺通气量成倍增加,提高了肺泡的张开率,延缓了因活动不足而加重的肺泡老化过程。老年人坚持体育锻炼可保持肺组织的弹性、呼吸肌的力量、胸廓的活动度(预防肋软骨骨化),预防老年人肺气肿,改善肺脏通气和换气机能均有良好的作用,使呼吸系统更健康。系统锻炼的老年人的肺活量比一般老年人的大,经常参加室外体育锻炼对防治老年性气管炎和哮喘也有一定的作用。

4. 对神经系统的影响

老年人坚持体育锻炼能延缓脑动脉硬化过程,使脑动脉血中的氧含量升高,改善脑细胞中的氧供应,从而减轻脑萎缩。通过肌肉活动可以刺激和调整大脑皮层神经活动强度、均衡性和灵活性,缩短反应潜伏期,改善机能。经常锻炼还可使老年人提高机体对外界环境的适应力,保持充沛的精力,精神愉快,聪明果断,动作迅速,准确有力,有较高的工作效率,解除精神紧张和焦虑,有利于睡眠。经常锻炼还可增强老年人的免疫机能。

二、老年人的体育卫生要求

1. 参加锻炼前要进行体格检查

老年人体格检查的重点:一是检查心肺和代谢功能;二是检查骨关节系统以防止发生各种运动损伤。

2. 遵守体育锻炼的一般原则

老年人体育锻炼要遵循循序渐进性原则、经常性(系统性)原则,还要注意全面性原则和个别对待原则。

3. 科学选择运动项目和运动强度及运动量

老年人体育锻炼宜选择以提高心肺功能有氧代谢为主的全身性运动项目。老年人不宜参加速度项目和力量性锻炼。

4. 加强医务监督

老年人参加体育锻炼,应经常了解自己的心率、血压及身体健康状况,以便进行自我监督。在锻炼期间要定期进行体格检查,以便不断完善运动处方。

三、老年人锻炼计划

老年人锻炼计划是指针对老年人身体活动能力，发展一套个人专属的运动计划，以此增进健康，提升老年人身体功能，协助老年人养成运动习惯。老年人运动计划可从运动设计前评估、锻炼计划制订和养成运动习惯三个方面进行。

（一）运动设计前评估

老年人随着年龄的增长体质在下降，而又伴随某些慢性疾病的发生，所以为避免运动伤害，老年人在接受锻炼计划前应先做身体评估。以下为加拿大运动生理学研究会发出的简易评估七要素，效果良好。

(1)是否有医师告诉过你，你的心脏有些问题，你只能做医师建议的运动？
(2)当你活动时是否会有胸痛的感觉？
(3)过去几个月以来，你是否有在未活动的情况下出现胸痛的情形？
(4)你是否曾因晕眩而失去平衡或意识的情况？
(5)你是否有骨骼或关节的问题，且可能因活动而恶化？
(6)你是否有因高血压或心脏疾病而需要服药（医师处方）？
(7)你是否知道你有任何不适合活动的原因？
（若以上问题有回答"是"的，在开始活动前应先咨询医师。）

（二）锻炼计划制订

锻炼计划制订必须根据身体评估结果来设计合适的体能活动，还要考虑主、客观因素，如老年人运动认知、运动喜好、环境的便利、时间安排、社会资源匹配、运动安全等。老年人参加体育锻炼不宜做剧烈的运动，应多参加散步、太极拳、气功、慢跑等一些缓慢的运动。在锻炼的过程中应选择适宜的锻炼环境，心情不畅可选择在鸟语花香的公园处或在空旷场地里锻炼，心情烦躁者可选择在湖边或有树木的地方锻炼。参加散步、慢跑锻炼可减小对骨骼的损坏，最好选择塑胶等柔软场地。锻炼计划制订主要遵循运动频率、运动时间、运动强度、运动方式与循序渐进原则。老年人的运动方式以低强度、长时间的有氧运动为主。

1. 运动频率

运动频率是指每周锻炼的次数，锻炼次数的多少决定锻炼的效果。研究认为，每周2次的锻炼可以保持机体的现有功能储备，而每周3～4次的锻炼，才能提高机体的功能储备，对以健身为目的的老年人，最好安排中等强度的运动，每次持续20～30分钟，每周宜3～4次，持续2～3周后可逐渐增加。

2. 运动时间

锻炼所需要的时间随强度的不同而不同。处于一定强度时，锻炼效果在30分钟内随时间延长而增加，但超过45分钟，锻炼效果并不随运动时间的延长而明显增加。初次运动的老年人每次锻炼时间以20～30分钟为宜，缓慢而有规律地运动，经过3～6周适应期，可增加到30～60分钟。每个老年人的体质不同，其身体机能减弱程度也不同，所以最好以主观运动强度来决定运动时间，以稍感费力为度，每周3次，每次20～60分钟为佳。国际环保组织报道，一天中空气质量最好时期应是9:00－10:00。所以，老年人不宜在早晨进行体育活动，最适宜时间是9:00－10:00或16:00－18:00。

3. 运动强度

运动强度与运动效果有直接关系。运动时，心跳是测定运动强度的指标。据有关资料报道，心肺功能训练的运动强度为最大摄氧量的50%～85%，要提升摄氧量的训练必须达到最大心跳率的60%～90%或心跳率保留法的50%～85%。

计算运动心跳率公式如下：

最大心跳率＝220－年龄

心跳率保留法＝最大心跳率－休息时心跳率

运动时心跳率＝(最大心跳率－休息时心跳率)×(50％×85％)＋休息时心跳率

举例说明:70岁老年人,休息时心跳率为80次/分,则

运动的心跳率＝(220－70－80)×50％＋80＝115次/分

通常以运动后的瞬间心跳率作为运动时心跳率,其测量方法为当运动停止后马上量手腕内侧桡动脉搏10～15秒,再将次数乘以6或4,即为每分钟运动心跳率。

4. 运动方式

对于老年人而言,适宜健康体能的运动方式具备以下特点。

(1)大肌肉群参与,两边平衡。

(2)规律性、持续性进行,避免惯性导致慢性损伤。

(3)节奏性强,简单易学的耐力型有氧运动,如步行、慢跑、太极拳、五禽戏、门球、老年健身操、气功、瑜伽、高尔夫球、游泳等,这些运动均以低强度为主。目前,健步走、慢跑及太极拳等运动为老年人最常见的运动项目。

5. 循序渐进

循序渐进是运动基本原则之一。老年人运动实施应包括暖身准备运动、主体运动及缓和运动三个方面。暖身运动以运动前5～10分钟为宜,多以伸展操、关节运动为主。主体运动以大肌肉群有氧运动为主,运动时间控制在20～40分钟,达到最大心跳率的60％～90％。缓和运动是运动后放松及恢复阶段,可减少肌肉酸痛现象发生,以5～10分钟缓慢、调整呼吸的伸展运动最佳。

(三)运动习惯的养成

规律性的运动对老年人慢性疾病的预防及健康大有益处,老年人体育锻炼应选择多样化、易学、趣味性强的项目,以交通便利,不受天气影响,运动伙伴较多的健身场地为佳。养成规律运动习惯对维持身体健康有极大的益处,特别是对疾病的预防和对健康的促进都有良好效果,不但可以降低医疗费用,还可以增进心智健康与提升生活品质。

运动对增进老年人生理、心理健康大有裨益,可以有效地提高老年人的生活质量。老年人由于生理机能减弱,锻炼时更要讲究科学性,这样才能达到延年益寿的效果。若违背科学规律锻炼,不仅达不到应有的效果,还可能造成伤害,轻者损害健康,重者危及生命。另外,还应加强社会体育指导员的培训工作,开展体育咨询和保健服务,使老年人锻炼科学化,以适应老年体育人口不断增长的需要。

【本章小结】

在体育运动中结合年龄、性别、身体状况等个体因素进行科学合理的安排,是让运动为健康服务的最基本要求。

1. 儿童合理地参加运动对身体的好处

1)能使身高增加

体育锻炼能增强儿童身体各器官系统的功能,使儿童体格健壮。儿童能够长高,是由于全身骨骼的生长,尤其是长骨的生长,因为长骨两端的骺软骨部分是骨的生长点。体育运动改善了血液循环,骨组织得到了更多的营养,同时,运动对骨骼起着一种机械刺激作用。所以,运动能促使骨骼生长加速,使儿童长高。

2)增加灵敏度,增加肌肉力量

运动能锻炼儿童四肢,增加肌肉力量,使肌肉逐渐变得丰满起来。如果在儿童各项动作发展之前加强腹肌、腰肌、背肌、四肢支撑力,及加强下肢肌肉力量的锻炼和进行一些条件反射的训练,通过这些触觉刺激和肌肉训练,在脑中枢建立联系,就可使儿童的动作变得灵敏,肌肉变得发达。

3)加快新陈代谢

运动能促进心肺功能,使血液循环加快,新陈代谢加强,心肌发达,收缩力加强。儿童在锻炼过程中,肌肉活动需要消耗大量的氧气和排出更多的二氧化碳,从而使呼吸器官加倍工作,久而久之,胸廓活动范围扩大,肺活量提高,肺内每分通气量加大,增强了呼吸器官的功能,对防止呼吸道常见病有良好的作用。

4)增加消化功能

运动可使儿童肠胃蠕动增加,肠胃消化能力增强,食欲增加,营养吸收完全,使儿童发育得更好。厌食、拒食的儿童更需要运动。

5)能促进神经系统的发育

锻炼时,机体各部的协调运动都是在神经系统统一控制和调节下进行的,因此,儿童在进行体格锻炼的同时,神经系统也经受锻炼和提高。如各种体操可使儿童从无秩序的动作逐步形成和发展为分化的、有目的的、协调的动作,这是对神经系统良好的调节。

6)能预防疾病

儿童多进行户外运动,接受日光、空气和水的沐浴,能逐步经受外界环境变化的刺激,皮肤和呼吸道的黏膜不断受到锻炼,增强了其耐受力,大脑皮层也对冷和热的刺激形成条件反射。当自然因素发生变化时,儿童就能迅速而准确地进行反应,使身体跟外界环境保持平衡,这样就不容易感冒,也不容易中暑。在户外活动,阳光中的紫外线照射皮肤后,可使皮肤中的7-脱氢胆固醇转变为维生素D,促进人体对钙和磷的吸收,预防和治疗佝偻病。紫外线还可以刺激骨髓来制造红细胞,防止贫血。新鲜空气中的氧气,能促进新陈代谢,并有杀菌的作用。

7)促进智力发育

体育锻炼中的各种动作直接受神经系统的支配和调节。儿童在活动时,肌肉中的神经可将各种刺激传到大脑,使大脑对动作反应更加灵敏。从生理角度来看,体育运动可以增加脑的血流量,能供给脑细胞更多的养料和氧气。三岁前的营养对决定儿童智力十分重要,而运动有利于儿童对营养的摄取,促进脑细胞的正常生长发育,对智力发展很有益处。

8)可塑造儿童性格

体育锻炼不仅是身体的锻炼、大脑的锻炼,也是意志和性格的锻炼。体育运动能克服某些不良行为,使儿童的性格开朗、活泼、乐观。当儿童在澡盆里玩水,在跑着、笑着去追逐滚着的皮球,在阳光下接触大自然的时候,儿童的情绪高涨,这种良好的情绪有助于身体健康。

9)能培养儿童的毅力

儿童做一些动作要付出较大的努力,有时要克服各种困难,这就是很好的意志锻炼。运动后,儿童更有自信心和成功感,会变得更加优秀、懂礼貌,与他人相处较为主动平和。适当的运动对儿童人际关系发展有很大作用,使儿童养成与他人合作的习惯和遵守规则的行为,适于日后的社会需要。对于性格孤僻、不合群的儿童,要多让他们参加集体活动和各种游戏,与其他儿童接触,可改变其孤僻、忧郁的性格,有利于儿童的健康成长。

10）体育运动是健美的最佳药方

锻炼可防止儿童由于营养过剩而造成的肥胖。经常参加体育运动的儿童的肌肉比较有力，关节比较灵活，小腹比较扁平，腰肢比较纤细，体态良好，动作协调优美，对自己比较有信心，因而能较好地控制自己的身体。

2. 女性合理运动可以为女性带来的好处

（1）可以帮助女性塑形，保持良好的身材。由于内分泌的变化，女性在经期容易积累脂肪，此时做适当的运动可以帮助女性维持身体各部位的协调性。女性如果在青春期很少运动，就会导致身体肌肉少而脂肪多，即使在青春期没有表现出肥胖，但是进入中老年时期就很容易发胖。因此，女性每周都要坚持锻炼。

（2）在青春期适当的运动还可以减少经前期综合征的发生。一些有氧运动，如骑车、爬山、慢跑、游泳等既可预防浮肿、头痛等身体病症，又能预防情绪郁闷、紧张等心理症状。

（3）长期坚持体育锻炼可以增加骨密度，减少更年期骨质疏松的发生。适当的运动可以减缓钙质的流失，加快骨细胞的活动速度而加强骨骼。适当的跳跃运动可以加强下肢骨骨质，减少因跌倒引起的下肢骨骨折。

（4）进入中年以后，女性的肌肉组织就会迅速减少，相应的脂肪组织也会迅速增加，如果不加强锻炼就容易发胖，因此女性进入中年期之后可以做一些力量型的运动，如举哑铃来增加肌力，增强肌肉不仅可以保护骨骼，也可增加对疾病的抵抗力。

3. 中老年人运动对健康的促进作用

（1）增加能量水平。运动使人精力充沛，感觉全身有使不完的劲。

（2）提高中老年人的睡眠质量。锻炼不仅帮助中老年人更快入睡，还能帮助提高睡眠质量。

（3）帮助抵抗慢性疾病。运动有助于降低中老年人的血压和胆固醇水平，从而降低患心脏疾病、2 型糖尿病、迟发性老年痴呆症及某些癌症的风险。

（4）改善中老年人的心情。运动促进大脑积极的化学物质产生，使人在生活中感觉更好。

（5）远离焦虑和轻度抑郁症。

（6）运动能改善食欲，促进食物摄入。

【知识补充】

最适合老年人的运动

1. 慢跑

慢跑是许多老年人喜爱的活动，因为这种锻炼方法简单易行，长期坚持锻炼，对增进健康、改善体质很有效果。慢跑能加速全身血液循环，促进冠状动脉的侧支循环，明显增加冠状动脉的血液量，改善心肌营养，还能增加抗动脉硬化的高密度脂蛋白胆固醇含量，延缓动脉硬化的发生。慢跑能增加肺活量，改善肺功能。据统计，慢跑时吸入氧气量比静止时多 8 倍，坚持长期慢跑的老年人比一般老年人吸入氧气量要多 10%～20%。慢跑消耗的能量比较大，因此慢跑也是老年人防止身体

超重和治疗肥胖的一种有效方法。

适度跑步的关键有两个方面:其一,健身跑的技巧很重要,跑时上身正直稍前倾,身体不要左右摇晃,两臂前后自然摆动,顺着身体的惯性,自然地推动身体前进;其二,健身跑应是慢跑,慢速度放松跑。中老年人跑步最佳心率为80～100次/分,跑步的时间每次20～30分钟为宜,每周跑步3～5次,不要天天跑。

2. 步行

步行是老年人锻炼最简便、安全的运动,如果锻炼得法,效果可与慢跑相同。

生理医学研究表明:步行可促进体内新陈代谢,如果以2分钟走100 m的慢速步行1.5～2小时,新陈代谢率可提高48%;步行能调整神经系统功能,缓解血管痉挛状态,使血管平滑肌放松,有益于防止和延缓高血压、动脉硬化、糖尿病等疾病的发生;步行可以增强下肢肌肉及韧带的活动能力,保持关节灵活,促进四肢及内脏器官的循环,对调节神经系统,加强新陈代谢有良好作用;步行可以使呼吸加深,肺活量增大,提高呼吸系统功能,同时还可以使消化液分泌增加,加强肠胃功能。

步行宜选择空气清新、道路平坦的地方,而不要在烟尘多、噪声大的地方。可以固定在一个地点,也可以选择几个地点,今天去鸟语花香的公园,明天到湖畔、江边,意在使心境舒畅,让四肢舒缓、协调地摆动,全身关节筋骨得到适度的活动。

有些老年人离退休后,容易产生孤独、抑郁的精神变化。步行还可以促进大脑兴奋和抑制的协调,平衡心理,消除孤独和抑郁。

3. 太极拳

太极拳有"老人健身宝"之誉,是很适合老年人生理特点且安全而有效的锻炼项目。尤其对体质弱及有慢性病的老年人更为适宜。练太极拳能增进心肺健康,可预防高血压、动脉硬化、肺气肿等慢性病,能促进消化吸收功能,加速代谢过程,同时还对老年人骨关节及肌肉功能的保持有良好作用。生理医学检查表明,常练太极拳的老年人血压较低、消化功能良好脊柱柔韧性好、骨质疏松总发生率低。此外,太极拳还能调节神经系统功能,增进全身健康。

现代医学研究主张,适度参与太极拳或类似于太极拳的活动,可增强老年人的腿力,从而减少摔倒。太极拳虽动作舒缓柔和,但实为静中有动、柔中带刚、迟缓中含着爆发、灵活中藏着力量,可大大强化老年人双腿的平衡能力与自稳力。

【思考复习题】

1. 根据儿童少年身体各系统的解剖生理特点,如何合理地安排体育教学和课外活动?
2. 女性月经期运动的好处和要求是什么?
3. 运动对更年期女性有什么好处?
4. 体育锻炼对中年人防病健身有什么意义?
5. 中老年人运动时如何安排运动量?

第四章 体格检查

【学习目标】

(1)了解体格检查的基本内容和常用指标；
(2)了解各指标的测量意义；
(3)掌握标准化的测量方法,具备实际操作的动手能力,并能对测量结果进行分析和评价,指导体育运动实践。

体格检查是借助简便器械对人体进行身体检查的基本方法,目的在于了解身体的发育程度、健康状况及机能水平等基本情况。

体格检查是体育保健学的重要组成部分。了解体育运动参加者的基本情况是进行医务监督工作的首要任务。体育教师和教练员学习和掌握有关体格检查知识的意义在于：

(1)定期进行体格检查,掌握运动员身体的基本情况,据此确立其能否参加体育锻炼及选择合适的体育运动项目；
(2)了解运动员身体特点,有利于运动员选材；
(3)判定少年运动员的身体发育和成熟程度；
(4)了解运动员的身体状况,为制订训练计划提供客观依据；
(5)作为评价体质的依据；
(6)通过对体检材料的前后对比,为评价教学和训练效果提供客观依据；
(7)研究运动锻炼促进健康的作用,为普及体育运动提供宣传素材；
(8)便于协助医生做好体格检查工作,必要时体育教师或教练员也可独自进行某些工作。

体格检查的内容很多,应当根据体格检查的对象、目的进行选择,一般包括询问既往伤病史、运动史、临床健康检查、姿势检查及人体测量,有的除一般检查外,还需要特殊的专门检查。对体育运动参加者和运动员进行体格检查,应着重于心肺机能的检查,必要时可做电生理及生化方面的检查。

进行体格检查时,要事先准备好体检登记表,将检查结果逐项记录在登记表中存档备查。每一位参加系统锻炼者,都应该有自己的健康和体质档案。

本章主要介绍体格检查的常用指标、检查方法及评价方法,包括我国国民体质监测及运动员体格检查中的常用指标。

第一节 身体形态测量

身体形态,是指身体的概括性特征,包括器官的外形结构、体格、体型和姿势。身体形态测量,是定量化研究人体外部特征的重要方法,其测量获得的数据资料在许多专业领域中有着非常广泛的实用价值。它是研究人体的生长发育规律、体质水平、营养状况和运动员选材必不可少的方法手段。

一、身体形态测量的注意事项

在进行身体形态测量时,使用精密的测量仪器,按照规定的姿势和测量点定位,使用标准化的测量方法,是获得准确测量数据资料的前提。

(一)影响测量结果的主要因素

1. 测量仪器的精密度和灵敏度

任何测量都应保证测量仪器的精密度和灵敏度,尤其是大规模的群体测量,必须统一测量器材,做到标准化。同时,使用者在使用前应进行严格的检查和校正。

2. 测量的姿势和方法

进行身体形态测量时,受试者的姿势和测试者的测量方法的规范化极为重要。在测量过程中,受试者姿势的每一细微变化或测试者对测量部位的定点稍有疏忽,都将影响测量结果的准确性和可靠性。因此,测量必须严格按规范化的要求进行。

3. 测量的时间

测量的时间对测量结果有一定的影响。比如,身高和体重在一天中的变化最为明显。大规模的群体测量,应对测量时间做出统一的规定。

(二)身体形态测量应注意的事项

为使测量结果准确、可靠,受试者和测试者应注意做到以下几点基本要求。

1. 受试者须知

(1)身体测量时除头部及坐高取坐姿外,其他测量一律取直立姿势,并注意保持眼耳平面呈水平。眼耳平面即耳屏上缘起点与眼眶下缘所在的平面。

(2)男性受试者上身裸露,下身着短裤,赤足;女性受试者上身着背心,下身着短裤,赤足。

(3)测试前受试者应排便、排尿。

2. 测试者须知

(1)在未提出特殊测量要求时,测试者一般测量受试者的右侧肢体。

(2)测量仪器要保持清洁,测量前必须检验校正测量仪器。大样本经一定人数的检测后,应随时校正仪器,以保证测量的精密度。

(3)应熟练掌握测量方法,熟悉测量点。身高、体重等易受时间因素影响的指标,一般在上午 10:00 左右测量为宜。

(4)测量仪器读数时,测试者的视线应与测量仪器上的标度部分垂直,不可斜视,避免产生测量误差。

(5)测量长度、宽度、围度以 cm 为单位;测量皮脂厚度以 mm 为单位;测量体重以 kg 为单位。测量与记录一般取小数点后一位数。

(6)测量中应尽量减小测量误差。长度测量误差,除身高不得超过 0.5 cm 外,其余肢体长度的测量误差均不得超过 0.2 cm,体重的测量误差不得超过 0.1 kg。

二、体格测量

体格测量是指对人体整体及各部位的长度、宽度、围度、重量所进行的测量,是研究人体外部形态结构、生长发育水平等必不可少的方法和手段。

以下是体格测量中常用的标准化测量方法。

(一)体重

体重是指身体的净重。它在一定程度上能够反映人体骨骼、肌肉、皮下脂肪及内脏器官的综合发育状况,是人体的基本发育指标之一,与遗传、营养、劳动锻炼相关。一般而言,体重与身体横断面面积的发育成正比,与肌肉量成正比。体重的增加,表示肌肉量、肌力的增长和营养状况的改善。

体重的测量仪器为电子体重计或杠杆秤,不允许使用弹簧式体重计。

体重的测量方法如下。

1. 电子体重计

根据使用说明,测量前检验电子体重计的工作状态、精确度和灵敏度。仪器进入正常工作状态后,受试者按要求着衣,赤足,自然站立在电子体重计踏板的中央,保持身体平稳。等显示屏上显示的数值稳定后,测试者再记录显示的数值。记录以 kg 为单位,精确到小数点后一位数。用电子体重计测量体重如图 4-1 所示。

2. 杠杆秤

使用前需要检验杠杆秤的精确度和灵敏度,要求仪器误差不超过 0.1%,即每 100 kg 误差小于 0.1 kg。测试前,测试者应校准杠杆秤的灵敏度及精确度,将游码调整至零,使刻度尺呈水平位。测量时,杠杆秤应放在平坦的地面,令受试者轻上,立于秤台中央。如图 4-2 所示,测试者移动游码至刻度尺稳定在水平位后读数并记录,测量误差不得超过 0.1 kg。

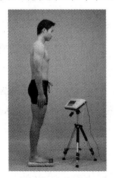
图 4-1　用电子体重计测量体重

图 4-2　用杠杆秤测量体重

测量体重时应注意如下事项:

(1)测量时,仪器应放置在平坦地面上;

(2)受试者上、下仪器时,动作要轻,称重时要站在仪器中央;

(3)测量体重前,应让受试者排空大小便,不要大量喝水,也不要进行剧烈的体育活动和体力劳动;

(4)测试者应注意随时校正仪器。

2010 年中国学生体质与健康调研,全国及湖北省汉族学生体重的平均值如表 4-1 所示。

表 4-1　2010 年全国及湖北省汉族学生体重的平均值/kg

年龄/岁	全　国		湖　北			
	男生	女生	城男	乡男	城女	乡女
7	25.53	23.85	27.04	24.64	23.60	22.93
8	28.46	26.51	29.07	28.35	26.89	25.47
9	31.79	29.74	34.43	31.56	30.81	28.79
10	35.46	33.78	36.23	36.05	33.00	33.97
11	39.63	38.15	39.90	38.52	37.99	37.15
12	43.98	42.33	44.81	42.71	43.12	42.07
13	49.37	46.21	49.69	48.96	47.39	45.25
14	53.84	48.63	55.20	51.62	48.94	47.11
15	57.22	50.12	59.56	52.01	51.55	48.27
16	59.2	51.11	58.74	53.89	51.44	49.21
17	60.97	51.70	60.78	56.27	51.00	48.98
18	61.46	51.68	62.83	57.04	50.98	49.96
19～22	63.01	51.55	61.16	59.01	51.28	50.52

(中国学生体质与健康研究组等:《2010 年中国学生体质与健康调研报告》,高等教育出版社,2012 年版。)

(二)长度测量

1. 身高

身高是指站立时头顶至地面的垂直距离,是人体基本发育指标之一,是反映人体骨骼的生长发育状况、身体纵向发育水平的重要指标。据报道,一天内身高的变动在 1.5 cm 左右。因此,测量身高要考虑这一因素的影响,一般应在清晨或上午测量身高为宜。

身高的测量仪器为身高计,仪器误差每米不得超过 0.2 cm。使用仪器前,测试者应校对零点,同时检查立柱是否垂直,连接处是否紧密,有无晃动,零件有无松脱等情况,如有故障,应及时加以纠正。

身高的测量方法如下。

如图 4-3 所示,受试者赤足,立正姿势站在身高计底板上(上肢自然下垂,足跟并拢,足尖分开呈 60°),足跟、骶骨及两肩胛间与立柱相接触,躯干自然垂直,头部正直,耳屏上缘与眼眶下缘呈水平位。测试者将水平压板沿立柱缓慢下滑,轻压受试者头顶部。测试者的两眼与压板呈水平位时才能读数并记录,以 cm 为单位,精确到小数点后一位数,测量误差不得超过 0.5 cm。

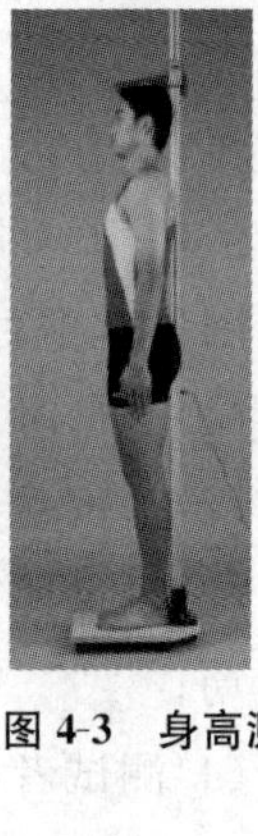

图 4-3　身高测量

测量身高时应注意如下事项：
(1)身高计水平靠墙放置，刻度尺面向光源；
(2)严格"三点靠立柱""两点呈水平"的姿势，测试者两眼与水平压板等高；
(3)水平压板与受试者头顶接触，松紧要适度；
(4)测量身高前，受试者不应进行体育活动或体力劳动；
(5)清晨或上午测身高为宜(一天内变化1.5 cm)。

2010年中国学生体质与健康调研，全国及湖北省汉族学生身高的平均值如表4-2所示。

表4-2　2010年全国及湖北省汉族学生身高的平均值/cm

年龄/岁	全国		湖北			
	男生	女生	城男	乡男	城女	乡女
7	125.52	124.13	126.40	125.00	123.61	123.72
8	130.74	129.84	130.65	130.19	129.75	128.84
9	135.81	135.02	136.54	136.23	134.96	134.70
10	140.88	141.25	141.95	141.80	141.91	140.89
11	146.25	147.24	147.47	144.36	148.40	145.94
12	152.39	152.16	154.33	151.46	153.07	152.21
13	159.88	155.99	160.32	158.60	157.03	155.46
14	165.27	157.79	166.39	164.33	158.66	157.10
15	168.75	158.54	170.16	165.72	159.11	156.80
16	170.53	159.03	170.39	168.17	158.91	157.84
17	171.39	159.29	171.03	169.64	158.90	157.30
18	171.42	159.19	171.37	169.65	160.10	158.17
19~22	172.07	160.05	171.80	170.43	159.91	159.02

(中国学生体质与健康研究组等：《2010年中国学生体质与健康调研报告》，高等教育出版社，2012年版。)

2. 坐高

坐高指人体呈坐位姿势时，头顶点至座板平面之间的垂直距离。坐高反映了躯干的长度，躯干长是指从胸骨上端至耻骨联合点的垂直距离，但为了测量方便，后来以坐高代替。坐高与身高的比及体重与坐高的比对评价人体体型、营养状况及对运动员选材均有一定的参考价值。

坐高的测量仪器为坐高计。

坐高的测量方法如下。

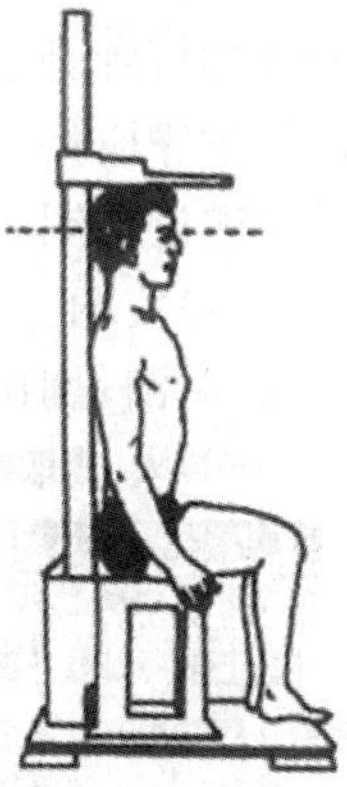

如图4-4所示，受试者坐于坐高计的坐板上，骶骨部及两肩胛间紧贴立柱，躯干自然挺直，头部正直，两眼平视前方，眼耳平面呈水平位，上肢自然下垂，双手不得支撑坐板，两腿并拢，大腿与地面平行并与小腿呈直角，双足平踏在底面上。测试者将水平压板沿立柱缓慢下滑，轻压受试者头顶部。测试者的两眼与压板呈水平位时才能读数并记录，以cm为单位，精确到小数点后一位数，误差不得超过0.5 cm。

图4-4　坐高测量

3. 上肢长

上肢长指手臂自然下垂时肩峰点(肩胛骨的肩峰上外侧缘向外最突出之点)至中指尖点(中指尖端最靠下的一点)之间的直线距离。

4. 下肢长

下肢长指股骨大转子点(股骨大转子的最高点)至地面的垂直距离。因大转子点不易确定,还可以用身高－坐高表示下肢长。

5. 跟腱长

跟腱长是指腓肠肌内侧的肌腹下缘至跟骨结节的距离。测量跟腱长度对某些项目的运动员选材是十分重要的。例如,篮球、排球及跳跃项目,除了要求运动员身高优势和四肢修长外,还要求具有长而清晰的跟腱。

跟腱长的测量仪器为小直钢板尺。

跟腱长的测量方法如下。

如图 4-5 所示,受试者自然站立,然后尽量提踵,此时腓肠肌肌腹与跟腱的交界清晰可见。测试者用笔在受试者腓肠肌内侧的肌腹最下缘做标记后,受试者再恢复自然站立,测试者测量该标记至跟骨结节最凸出点的距离。

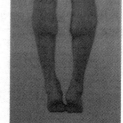

图 4-5　跟腱长定位

(三)围度测量

围度是用来评价身体发育的常用指标,这些指标受年龄、性别、劳动和生活条件等因素的影响,经常参加体育锻炼的人,由于肌肉较为发达,身体各部的围度比一般人要大(除腰围外)。

1. 胸围和呼吸差

1)胸围

胸围指胸廓的最大围度,反映胸廓及胸背部肌肉的发育状况,还间接反映肺的容量。

胸围的测量仪器为每米误差不超过 0.2 cm 的带尺。

胸围的测量方法如下。

受试者两足分立与肩同宽,两上肢自然放松下垂。测试者面对受试者,将带尺上缘经受试者背部肩胛骨下角下缘绕至胸前。男性及未发育女性带尺下缘置于乳头上缘,已发育女性则带尺下缘应经乳头上方胸中点(第四肋骨平齐)测量,如图 4-6 所示,测量误差不得超过 1 cm。

测量胸围时应注意如下事项:

(1)应两人一组进行测量,一人在前,一人在后,保证带尺放在正确的位置;

(2)测量时带尺的松紧适宜,轻贴皮肤即可;

(3)要量取受试者呼气之末、吸气之前的胸围。

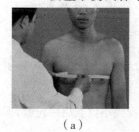　　　　　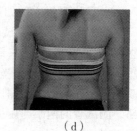

(a)　　　　　　　　(b)　　　　　　　(c)　　　　　　　(d)

图 4-6　胸围测量

2010年中国学生体质与健康调研,全国及湖北省汉族学生胸围的平均值如表4-3所示。

表4-3 2010年全国及湖北省汉族学生胸围的平均值/cm

年龄/岁	全国		湖北			
	男生	女生	城男	乡男	城女	乡女
7	59.87	57.64	60.13	58.77	57.41	56.40
8	62.15	59.79	61.96	61.72	59.89	58.54
9	64.69	62.29	66.17	63.49	62.75	60.66
10	67.37	65.48	68.84	67.29	65.23	65.00
11	70.08	68.90	70.40	68.98	69.38	67.24
12	72.39	72.01	73.82	70.54	73.03	70.35
13	75.84	75.03	76.73	74.74	76.40	73.74
14	78.73	76.88	80.08	76.19	77.62	74.72
15	80.87	78.10	81.80	77.95	76.93	78.29
16	82.38	79.19	82.17	79.85	79.93	80.23
17	83.74	79.76	83.56	82.07	80.18	81.40
18	84.3	80.01	83.95	82.69	78.94	81.33
19～22	85.48	80.31	84.34	83.11	79.33	79.54

(中国学生体质与健康研究组等:《2010年中国学生体质与健康调研报告》,高等教育出版社,2012年版。)

2)呼吸差

最大吸气和最大呼气时的胸围值之差,称为呼吸差。它在一定程度上反映呼吸器官的发育情况、呼吸肌肌力、胸廓活动范围及肺组织弹性。经常锻炼者呼吸差可达8～10 cm,甚至12 cm,一般人呼吸差平均为6～8 cm,从事游泳、中长跑和角力运动的运动员呼吸差更大。

呼吸差的测量仪器为每米误差不超过0.2 cm的带尺。

呼吸差的测量方法如下。

受试者的体位及带尺所放的位置同胸围测量方法。测试者令受试者深吸气后测量其胸围,之后令受试者尽力呼气,再测其胸围。用吸气时胸围值减去呼气时胸围值即为呼吸差。

2. 腰围和臀围

1)腰围

腰围主要反映腹壁肌和腹部脂肪的情况,当腹壁肌的肌肉紧张度降低或腹部脂肪堆积过多时腰围会增加。体育锻炼可使脂肪减少,腹部张力提高,因而可使腰围减小。

腰围的测量仪器为每米误差不超过0.2 cm的带尺。

腰围的测量方法如下。

受试者直立,双臂适当张开下垂,双脚合并,两腿均匀负重,露出腹部皮肤,测量时平缓呼吸,不要收腹或屏气。如图4-7所示,测试者在测量时,将带尺下缘经受试者肚脐上1 cm处水平绕一周,带尺贴近皮肤,围绕腰部的松紧度应适宜,但避免紧压使带尺陷入皮肤内,测量误差不得超过1 cm。

测量腰围时应注意如下事项:

(1)注意观察带尺的位置应为水平位。

(2)受试者应平稳呼吸,不得俯身、挺腰、挺腹或收腹。

2）臀围

臀围的测量仪器为每米误差不超过 0.2 cm 的带尺。

臀围的测量方法如下。

受试者自然站立,双脚并拢,两腿均匀负重,臀部放松,目视前方,两肩放松。如图 4-8 所示,测试者立于受试者侧前方,将带尺沿受试者臀部最突起处水平围绕一周,松紧适宜。

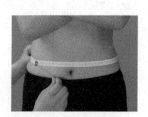
图 4-7　腰围测量

图 4-8　臀围测量

测量臀围时应注意如下事项:

(1)测试者应严格控制带尺的松紧度;

(2)测量时,男性受试者只能穿短裤,女性受试者穿短裤、背心或短袖衫;

(3)受试者若身穿单薄长裤,测试前须取出裤袋内物品(如钥匙、钱包、手机等)以免影响测量结果;

(4)测量时,受试者不能有意地挺腹或收腹。

3. 臂围和腿围

1)上臂紧张围和上臂放松围

臂围反映上臂肌肉的发达程度,一般测量上臂肌肉收缩和放松时的围度。

上臂紧张围和上臂放松围的测量仪器为每米误差不超过 0.2 cm 的带尺。

上臂紧张围和上臂放松围的测量方法如下。

受试者站立姿势同臂围测量方法。受试者将右上臂向斜前方平举(约 90°),拳心向上握拳并用力屈肘。测试者站在受试者的对面,将带尺绕肱二头肌肌腹最粗处量取上臂紧张围,如图 4-9(a)所示,带尺的位置不变,让受试者将肘关节伸直,臂下垂,再测量上臂放松围,如图 4-9(b)所示,分别记录,测量误差不得超过 0.5 cm。

2)前臂围

前臂围的测量仪器为每米误差不超过 0.2 cm 的带尺。

前臂围的测量方法:前臂伸直下垂,用带尺在前臂最粗的位置测量,测量误差不得超过 0.5 cm。

前臂围测量时应注意:带尺的位置应与上肢长轴垂直。

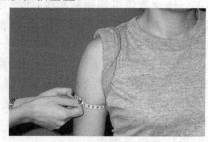

(a)　　　　　　　　　　　　(b)

图 4-9　上臂紧张围和上臂放松围测量

3）大腿围

大腿围的测量仪器为每米误差不超过 0.2 cm 的带尺。

大腿围的测量方法如下。

受试者自然站立，两足分开与肩同宽，两腿均匀负重，双肩放松。如图4-10所示，测试者站（蹲）在受试者侧面，将带尺置于受试者臀大肌处水平绕一周，量其围度，测量误差不得超过0.5 cm。

大腿围测量时应注意：测试者应帮助受试者将臀大肌外露，并监督受试者保持正确的测试姿势。

4）小腿围

小腿围的测量仪器为每米误差不超过 0.2 cm 的带尺。

小腿围的测量方法如下。

受试者站立姿势同大腿围测量方法。如图 4-11 所示，测试者站在受试者侧边，用带尺经过受试者腓肠肌最粗处水平环绕一周，量其围度，测量误差不得超过 0.5 cm。

测量小腿围时应注意：受试者应保持正确的测试姿势，并使身体的重量平均落在两腿上。

图 4-10　大腿围测量　　　　　图 4-11　小腿围测量

(四)宽度测量

1. 肩宽

肩宽表示肩的长径，与体重、胸围等指标有关，是反映体型特征的重要指标之一，也是形态测量的常用指标。

肩宽的测量仪器为测径规（见图 4-12(a)）。使用测径规前，测试者应以标准钢尺或特定标尺校正，误差不得超过 0.1 cm。

肩宽的测量方法如下。

受试者自然站立，两足分开与肩同宽，自然站立，两肩放松。如图 4-12(b)所示，测试者站在受试者背面，先用两手拇指沿受试者肩胛骨的肩胛冈自内向外摸到肩峰外侧缘中点（即肩峰点），然后用测径规测量两点之间的距离，测量误差不得超过 0.5 cm。

测量肩宽时应注意：(1)测量时，受试者两肩放松，不可耸肩；(2)测试者注意鉴别受试者肩峰点和肱骨大结节，其鉴别方法是令受试者两臂前后摇摆，若测点随之转动即表明测点不在肩峰点上，应予以纠正。

2. 骨盆宽

骨盆宽的测量仪器为测径规。

骨盆宽的测量方法如下。

受试者自然站立,两足分开与肩同宽,两肩放松。如图 4-13 所示,测试者站在受试者前面,用食指摸到受试者髂嵴点(指髂嵴最向外突出之点,即骨盆最宽处),用测径规测量两点间的距离。

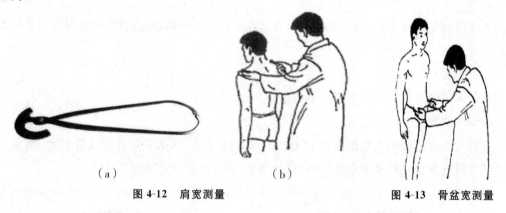

(a)   (b)

图 4-12 肩宽测量   图 4-13 骨盆宽测量

第二节 身体姿势检查

身体姿势是指身体各部分在空间的相对位置。也有学者定义为,姿势是指人的四肢、头、躯干的相互关系,它反映了人体骨骼、肌肉、内脏器官、神经系统等各组织器官的力学关系。通俗地说,姿势就是人体的姿态,是骨骼、肌肉、内脏各器官等身体结构的机械关系。

正确的身体姿势不妨碍内脏器官的机能,可减少肌肉的疲劳,表现出人体的美感和良好的精神面貌,是人体健康状况的重要外部标志。生长发育期身体姿势变化较大,性成熟期以后基本定型。所以,人体姿势是评价生长发育水平的一项重要内容。

姿势包括静止状态下的姿势和运动中的姿势,故又有静态姿势与动态姿势之分。静态姿势,是指坐、立、卧等相对静止的姿态;动态姿势,是指活动之中的人体所持的姿态。这里主要介绍静态姿势检查的常用方法。

一、直立姿势检查

受试者只穿短裤、背心立正站好,测试者检查其头位是否正直,左右肢体的长短、粗细、形状是否对称。

人体的直立标准姿势应该是:从背面观,如图 4-14(a)所示,头、颈、脊柱和两足跟应在一条垂直线上,两肩峰的高度和两髂嵴上缘的高度都应当一致;从侧面观,如图 4-14(b)所示,头顶、耳屏前、肩峰、股骨大转子、腓骨小头和外踝尖各点应在同一垂直线上;脊柱呈正常生理弯曲。若发现有不符合上述标准时,说明姿势有缺陷。通过身体局部形态检查,可以发现导致姿势缺陷的原因,严重的姿势缺陷则属于畸形。

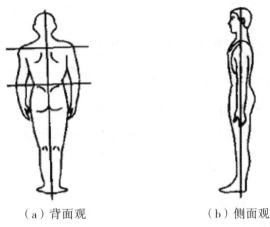

(a) 背面观　　　　　　　(b) 侧面观

图 4-14　直立标准姿势

二、局部姿势检查

(一) 脊柱形状检查

1. 脊柱前后弯曲度检查

脊柱前后弯曲度检查的测量仪器为脊弯测量计。

脊柱前后弯曲度检查的测量方法如下。

如图 4-15 所示,受试者身着短裤(或背心、短裤)立于脊弯测量计底板上,骶骨及背部紧靠立柱。测试者立于侧面,首先观察受试者耳屏、肩峰、股骨大转子三点是否在同一垂线上,然后将脊弯测量计上的小棍前推,使其密切接触受试者的脊柱部位,根据小棍在腰曲的最大距离,以及上述三点的相互位置进行躯干背部姿势的判断。

背的形状如图 4-16 所示。

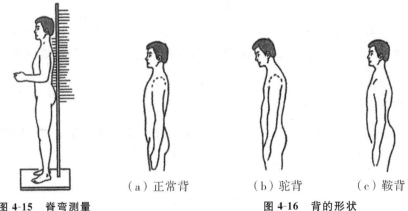

图 4-15　脊弯测量 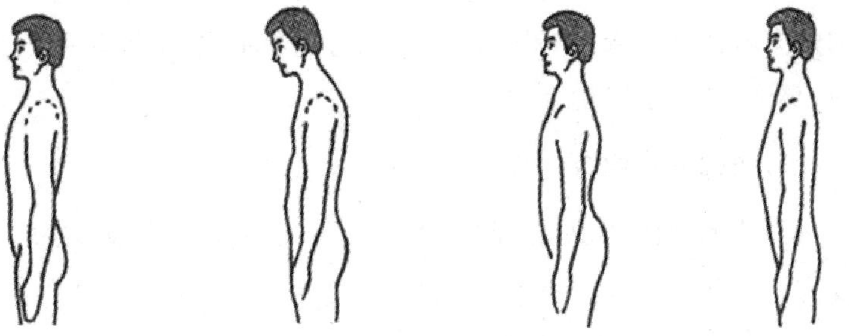　　　　(a) 正常背　　(b) 驼背　　(c) 鞍背　　(d) 直背

图 4-16　背的形状

正常背:腰曲 2～3 cm,耳屏、肩峰、股骨大转子三点在同一垂线。
驼背:腰曲小于 2～3 cm,头向前探,耳屏点落于肩峰点及股骨大转子点前方。
鞍背:腰曲过大,超过 5 cm 以上,背及臀部后突,耳屏点与肩峰点落于股骨大转子点前方。
直背:缺乏生理性胸曲及腰曲,整个背部过平。

2. 脊柱侧弯检查

脊柱侧弯的检查方法分为观察法和重锤法两种。

1）观察法

观察法的测量方法如下。

受试者身着短裤（或短裤、背心），取自然立正姿势站立；测试者立于其正后方，观察受试者两肩是否等高；两肩胛骨下角是否在同一水平面，与脊柱的间距是否相等；脊柱各棘突是否在同一直线并垂直于地面。根据以上几点判定脊柱是否正常或侧弯。

2）重锤法

重锤法的测量仪器为重锤线和测量尺。

重锤法的测量方法如下。

受试者自然站立，足跟靠拢，使悬垂的重锤线通过其第7颈椎棘突。测试者立于受试者后面，观察其各棘突是否偏离垂线，若有单纯向左或向右偏移，称为C形弯曲（见图4-17(a)），若脊柱上段向左、下段向右，或上段向右、下段向左偏，称为S形侧弯（见图4-17(b)）。测试者测量偏离距离（方向分左偏离、右偏离，部位分颈、胸、腰部）来判定侧弯程度。偏离距离若小于1.0 cm者为正常，1.0～2.0 cm者为轻度侧弯，2.1 cm以上者为重度侧弯。

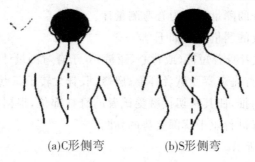

(a)C形侧弯　　　　(b)S形侧弯

图 4-17　脊柱侧弯类型

对判断为脊柱侧弯的受试者，令其活动身体，以确定侧弯性质。如果在活动时侧弯消失，则判定为习惯性侧弯；如果在活动时侧弯仍不消失，则判定为固定性侧弯。测试者应按照侧弯方向、部位、性质予以记录。

(二)胸廓形状检查

正常的胸廓横径（左右径）应大于矢径（前后径），其比例为4∶3，依此为标准可将胸廓的形状分为以下几类。

1）正常胸（见图4-18(a)）

正常胸的胸廓呈圆锥形，下方稍宽，左右对称，肋弓角近于直角，矢径比横径略小。

2）扁平胸（见图4-18(b)）

扁平胸的胸廓呈扁平状，横径明显大于矢径。

3）圆柱胸（见图4-18(c)）

圆柱胸的胸廓横径与矢径差不多，胸廓上下部宽度相近。

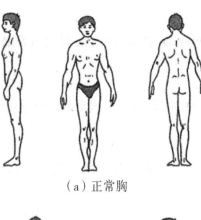

（a）正常胸

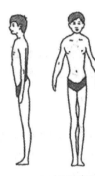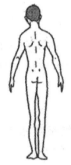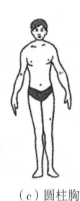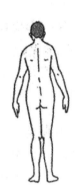

（b）扁平胸　　　　　　　　　　　　（c）圆柱胸

图 4-18　几种胸廓形状示例

4）鸡胸

鸡胸的胸廓矢径大于横径，胸骨向前方明显突出。

5）漏斗胸

漏斗胸的胸部中央尤其是胸骨下段剑突部位呈显著凹陷状。

此外还有不对称胸、凹陷胸等。

不正常的胸廓妨碍呼吸和循环机能，这样的人不适合参加对心肺机能要求较高的运动项目，如长跑等。不正常胸廓的人可借助有利于增强呼吸机能的运动来发展呼吸肌的肌力，提高呼吸机能。

(三)腿部形状检查

腿部形状检查的测量方法如下。

受试者裸露双腿取立正姿势站立。测试者立于受试者正前方，观察并测量受试者两腿内侧、两膝、足跟之间的距离，据此来判断其属于哪种腿的形状（见图 4-19）。

（a）直形腿　　　（b）X形腿　　　（c）O形腿

图 4-19　腿的形状

1. 直形腿

直形腿的特点如下：受试者两膝部、两腿内侧、足跟均可靠拢互相接触，或间距小于 1.5 cm，此种腿的形状为正常。

2. X 形腿

X 形腿的特点如下：受试者的两膝部可靠拢，但两小腿内侧及足跟不能互相接触，且间距大于 1.5 cm。

3. O 形腿

O 形腿的特点如下：受试者的大、小腿之间不能合拢，只有足跟可靠拢，两膝间距大于 1.5 cm。

(四) 足形检查

足形检查又称为足弓测量，是对扁平足进行的医学检查。

扁平足是由于足部肌肉韧带松弛致使足弓下陷或消失而引起的足形改变。扁平足分为轻度扁平足、中度扁平足和重度扁平足三类。常用的测量方法有足印法和纸印法。测量后再用比例法或画线法判定。

1. 比例法

如图 4-20 所示，受试者赤足踩滑石粉或清水后立于黑板或水泥地面上，测试者将其留下的足迹沿第一跖骨内侧与足跟内侧画一切线，根据切线内的空白区与足印区最窄处宽度比例来判定。正常足的足印空白区与足印最窄区宽度之比为 2∶1；轻度扁平足为 1∶1；中度扁平足为 1∶2；重度扁平足则足印无空白区。

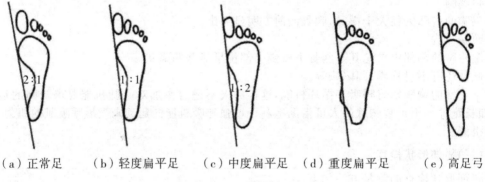

（a）正常足　　（b）轻度扁平足　　（c）中度扁平足　　（d）重度扁平足　　（e）高足弓

图 4-20　比例法评价标准

2. 划线法

划线法的测量方法如下。

预先用 10% 亚铁氰化钾溶液（或 10% 鞣酸酒精）浸湿 8 开纸晾干备用，用棉花或海绵做成与 8 开纸差不多大小的棉垫放在搪瓷盘内（或木盆内），以 10% 三氯化铁溶液（或氯化亚铁溶液）浸泡备用。

受试者赤足踩进搪瓷盘内，使足底沾上三氯化铁溶液，然后踩在纸上，要一次印成，不得移动，离去后即可得蓝黑色足印。如图 4-21(a)所示，测试者在每个足印上先画一条足弓内缘切线——第 1 线，再自中趾(第 3 趾)中心至足跟中点画一条线——第 2 线，第 1 线和第 2 线交叉形成夹角，接着画一条该夹角的角平分线——第 3 线，至此三线将足印分成三部分，即内侧部分、中间部分、外侧部分，如图 4-21(b)所示。测试者根据足弓内缘落在的部位来判定受试者足弓是否正常。

（1）正常足：足弓内侧缘在外侧部分，如图 4-21(c)所示。
（2）轻度扁平足：足弓内侧缘在中间部分，如图 4-21(d)所示。
（3）中度扁平足：足弓内侧缘在内侧部分，如图 4-21(e)所示。
（4）重度者足：足弓内侧缘超出内侧部分，如图 4-21(f)所示。

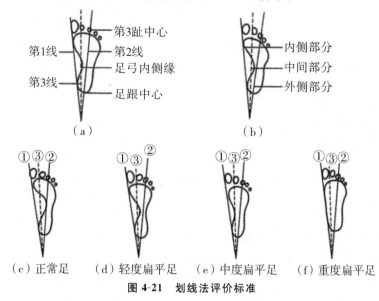

图 4-21 划线法评价标准

第三节 身体成分测量

一、身体成分概述

1. 身体成分

身体成分是指组成人体各组织器官的总成分，由水、脂肪、蛋白质、矿物质和糖类等物质组成，其总重量就是体重。身体成分包括脂肪成分和非脂肪成分两大类。

身体成分是反映人体生长发育内在结构比例特征的指标。人体内在结构成分不同，机能活动也各不相同，各个成分之间要有一定的比例才能维持正常的生理机能，一旦各种比例失调，破坏了正常生理机能活动，就会影响人体的正常发育和健康。因此，对身体各种成分的测量一直受到医学领域的重视。

身体成分的测量与评价，主要是对人体脂肪成分进行测量与评价。同样年龄、性别、身高、体重的人，其身体成分并不一定相同。脂肪成分过少的人说明营养不良或有某种疾病。脂肪成分过多的人，则表明运动不足、营养过剩或有某种内分泌系统的疾病。通过身体成分的测量评价，对了解人体的营养状况，科学指导膳食和预防某些疾病均有重要的作用。

准确评价身体成分是运动员营养策略和健身运动的重要组成部分。过多的身体脂肪常影响体育比赛成绩和健身效果。尤其是那些要求高水平生理功能的运动项目更是如此。运动员耗费大量的时间和能量去改变他们的身体成分，试图获得去脂体重，减少脂肪体重，以达到理想中的发达肌肉和最佳的竞技水平。运动员在身体成分评价中常使用身高体重表，这样可能会混淆超重和超脂的概念，使其追求同性别、同身高人群的平均体重，而缺乏营养对身体成分影响的相关知识，盲目追求低体重，不仅会影响运动员的竞技能力，而且还会损害其身体健康。

2. 身体脂肪

身体脂肪包括基本脂肪和储存脂肪两种。

1)基本脂肪

基本脂肪是指维持人体正常生理功能需要的脂肪,包括心脏、肺、肝脏、脾脏、小肠、骨骼肌中的脂肪,以及中枢神经系统和骨髓中的脂肪。

2)储存脂肪

储存脂肪是指胸腔、腹腔内保护内脏免受创伤的脂肪组织和储存于皮肤下的大量脂肪组织。尽管男女储存脂肪的比例大致相同(男性为体重的12%,女性为体重的15%),但女性基本脂肪的重量相当于男性的4倍。

3. 去脂体重与瘦体重

去脂体重,是指体内所有无脂肪的化学成分和组织,包括水、肌肉、骨骼、连接组织以及内脏器官。瘦体重是指去脂体重加身体基本脂肪。

瘦体重和去脂体重各具有特殊的含义。瘦体重(一种理论上的固体物质)含有相当于3%体重的基本脂肪,这些基本脂肪主要位于中枢神经系统、骨髓和内脏器官。相比之下,去脂体重表示体重减去所有的可提取的脂肪(去脂体重=体重-脂肪重量)。去脂体重为尸检术语,而瘦体重是指在成年人一生中相对恒定的水分有机物和矿物质组成的固体物质。对于含有正常数量水分健康的成年人来说,去脂体重不含脂肪成分,而瘦体重包括基本脂肪。

4. 身体成分与健康的关系

体脂过多地积累会造成肥胖,特别是脂肪堆积的部位会影响人体患病的危险程度,总脂肪量相同的肥胖者,若脂肪堆积在腰腹部,即腹部皮下脂肪、网膜和系膜脂肪以及腹膜后脂肪,其患心血管疾病、血脂异常、高血压、2型糖尿病及中风的危险性高于脂肪堆积在臀部和大腿部的肥胖者。

体脂过少也会危害人体健康,如因长期节食、营养不良、厌食症及其他疾病造成的体脂过少时,人体会出现代谢紊乱、身体功能失调(如女性闭经),严重者可导致死亡,这些疾病除体脂过少外,瘦体重也减少。

二、身体成分测量的常用方法

(一)皮脂厚度法

皮脂厚度法是用皮脂厚度计测量身体某些部位的皮脂厚度,再计算体密度、体脂百分比、体脂重和瘦体重的方法。它比水下称重法简便易行,仪器轻便容易携带,适宜于群体测量。

1. 皮脂厚度测量

皮脂厚度测量的测量仪器为皮脂厚度计(压强应保持在 10 g/mm^2)。

测量前应将校验砝码挂于皮脂厚度计的钳口,将指针调整至红色标记刻度的 15~25 mm范围内,每次测试前将指针调至零点。皮脂厚度计如图 4-22 所示,校正皮脂厚度计的压力如图 4-23 所示。

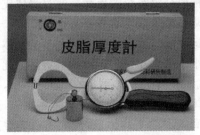

图 4-22 皮脂厚度计

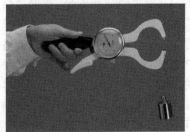

图 4-23 校正皮脂厚度计的压力

皮脂厚度的测量方法如下。

受试者自然站立,暴露测试部位。测试者选准测量点,用左手拇指和食指、中指将受试者的皮脂捏起,右手持皮脂厚度计将卡钳张开,卡在捏起部位下方约 1 cm 处,待指针停稳,立即读数并记录。测量三次取中间值或取其中两次相同的值,测量误差不得超过 5%,以 mm 为单位,取小数点后一位数记录。

皮脂厚度的测量部位如下。

(1)臂部:肩峰与上臂后面鹰嘴连线中点,皮脂走向与肱骨平行,如图 4-24 所示。

(2)肩胛部:肩胛骨下角点下约 1 cm 处,皮脂走向与脊柱呈 45°角,方向斜下,如图 4-25 所示。

(3)腹部:脐水平线与锁骨中线相交处,皮脂走向与躯干长轴方向平行,如图 4-26 所示。

(4)髂部:髂嵴上缘与腋中线相交处上方约 1 cm 处,皮脂走向稍向前下方。

(5)大腿部:大腿前部股骨中点处,皮脂走向与股骨平行。

图 4-24　臂部皮脂厚度测量

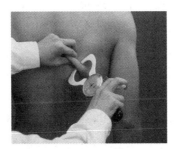

图 4-25　肩胛部皮脂厚度测量

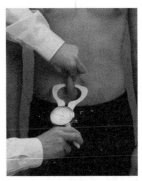

图 4-26　腹部皮脂厚度测量

2. 计算方法

1)计算体密度(D)

将测得皮脂厚度数值代入体密度推算回归方程式(见表 4-4)计算体密度。

2)计算体脂百分比($F\%$)

$$F\% = \left(\frac{4.570}{D} - 4.412\right) \times 100$$

3)计算体脂重(F)

$$F = W \times F\%$$

式中:W 为空气中体重,单位为 kg。

4)计算瘦体重(LBW)

$$LBW = W - F$$

表 4-4　体密度推算回归方程式

年龄/岁	男　子	女　子
9~11	$D=1.0879-0.00151X_1$	$D=1.0794-0.00142X_1$
12~14	$D=1.0868-0.00133X_1$	$D=1.0888-0.00153X_1$
15~18	$D=1.0977-0.00146X_1$	$D=1.0931-0.00160X_1$
成人	$D=1.0913-0.00116X_1$	$D=1.0897-0.00133X_1$
成人	$D=1.0863-0.00176X_2$	$D=1.0709-0.00105X_2$
成人	$D=1.0872-0.00205X_3$	$D=1.0711-0.00164X_3$

表中:D 为体密度;X_1 为肩胛部皮脂厚度与臂部皮脂厚度之和;X_2 为腹部皮脂厚度;X_3 为髂部皮脂厚度。

2010年中国学生体质与健康调研,全国及湖北省汉族学生上臂部、肩胛部、腹部皮脂厚度的平均值如表4-5至表4-7所示。第三次国民体质监测2010年湖北省各年龄段成年男女身体各部位皮脂厚度的平均值如表4-8所示。

表4-5 2010年全国及湖北省汉族学生上臂部皮脂厚度的平均值/mm

年龄/岁	全国		湖北			
	男生	女生	城男	乡男	城女	乡女
7	9.61	10.21	9.76	8.10	9.51	8.48
8	10.54	11.06	11.35	9.08	10.81	10.02
9	11.65	11.88	12.86	10.69	10.97	10.78
10	12.78	12.77	14.77	13.13	12.54	12.63
11	13.42	13.15	14.88	12.66	14.04	12.02
12	12.60	13.82	13.93	11.14	13.69	11.91
13	11.44	14.97	13.28	9.84	15.02	12.30
14	10.88	16.06	11.53	8.27	15.55	13.44
15	10.70	16.73	13.85	7.55	16.58	12.85
16	10.49	17.06	10.84	8.91	15.38	14.92
17	10.62	17.13	10.78	8.63	16.10	15.26
18	10.40	16.78	12.24	9.31	15.61	15.54
19～22	11.33	17.51	8.69	7.78	17.60	17.36

(中国学生体质与健康研究组等:《2010年中国学生体质与健康调研报告》,高等教育出版社,2012年版。)

表4-6 2010年全国及湖北省汉族学生肩胛部皮脂厚度的平均值/mm

年龄/岁	全国		湖北			
	男生	女生	城男	乡男	城女	乡女
7	7.38	7.64	7.29	6.14	7.32	6.21
8	8.32	8.53	8.96	6.96	8.36	7.46
9	9.54	9.33	10.16	8.16	8.56	8.02
10	10.79	10.52	11.41	10.44	9.37	10.08
11	11.57	11.38	11.22	10.14	10.68	9.79
12	11.31	12.46	11.23	9.03	11.28	10.94
13	10.92	13.89	11.36	9.25	12.31	12.07
14	10.90	15.10	10.91	8.35	13.22	12.25
15	11.33	16.06	14.08	7.95	17.82	12.99
16	11.50	16.48	11.35	8.90	13.66	14.28
17	12.09	16.77	11.75	9.20	14.24	14.35
18	12.18	16.62	12.91	9.99	15.16	15.33
19～22	13.71	16.45	11.44	11.05	16.09	16.42

(中国学生体质与健康研究组等:《2010年中国学生体质与健康调研报告》,高等教育出版社,2012年版。)

表 4-7　2010 年全国及湖北省汉族学生腹部皮脂厚度的平均值/mm

年龄/岁	全国		湖北			
	男生	女生	城男	乡男	城女	乡女
7	9.06	8.93	9.89	7.21	8.89	7.96
8	10.51	10.18	11.70	8.43	10.20	9.50
9	12.32	11.52	13.79	11.21	11.11	10.42
10	14.38	13.18	16.84	14.66	12.50	13.47
11	15.55	14.61	17.41	14.36	16.77	13.00
12	14.96	16.17	18.26	12.86	17.32	14.65
13	14.23	18.02	17.74	12.01	18.85	16.94
14	14.06	19.59	15.99	11.17	19.98	17.85
15	14.14	20.42	18.22	9.41	23.09	17.71
16	13.98	20.87	15.57	11.28	20.80	19.42
17	14.76	21.09	16.80	10.51	20.98	18.62
18	14.69	20.97	17.11	11.41	21.35	18.82
19～22	15.49	20.11	13.93	12.56	21.68	21.22

(中国学生体质与健康研究组等:《2010 年中国学生体质与健康调研报告》,高等教育出版社,2012 年版。)

表 4-8　2010 年湖北省各年龄段成年男女身体各部位皮脂厚度的平均值/mm

部位	性别	20～	25～	30～	35～	40～	45～	50～	55～59
上臂部	男	10.1	11.2	11.4	11.3	11.2	11.2	10.6	10.9
	女	14.7	15.0	16.1	16.6	17.2	17.7	17.7	17.5
肩胛部	男	12.7	14.6	15.8	15.9	16.2	16.4	15.2	15.5
	女	14.3	14.9	16.1	16.8	17.5	18.1	17.9	17.9
腹部	男	16.2	19.2	21.2	21.8	22.3	22.6	20.6	20.3
	女	18.4	18.1	19.2	20.4	21.4	22.5	23.7	24.2

(湖北体育科学研究所等:《2010 年湖北省国民体质监测报告》,中国出版集团、世界图书出版公司,2012 年版。)

(二)水下称重法

水下称重法是根据阿基米德定律,即浸入液体中的物体所受到的浮力等于该物体所排开同体积液体的重量。人体浸入水中所受到的浮力,等于人体所排开水的重量。通过人体在空气和水中体重的差值、浸入水中体内肺残气量以及水的密度等,计算出人体密度,再推算出体脂百分比、体脂重和瘦体重。

用水下称重法测量身体成分较为复杂,需要在实验室条件下进行,不适宜大面积地进行群体测量。在进行群体测量时,用水下称重法计算体密度的有效性和可靠性较高,常作为效标来检验其他身体成分测量方法的有效性。

水下称重法的测量仪器有水箱、称重仪、恒温器、水温计、肺活量计、体重计。

1. 测量方法

(1)受试者在测量前 2 小时之内不得进食,需要排空大小便。
(2)受试者着泳衣(裤)测量空气中体重。
(3)测量受试者的肺活量并换算成标准状态下的肺活量(见表 4-9)。
(4)受试者进入称重仪水箱之前,先淋浴全身及头发,使全身湿透。
(5)受试者进入称重仪水箱,坐于水中称重仪座位上,排出身体表面及衣裤中的气体。

表 4-9 不同室温标准状态下肺活量(BTPS)

T/℃	BTPS	T/℃	BTPS
20	1.102	26	1.068
21	1.096	27	1.063
22	1.091	28	1.057
23	1.085	29	1.051
24	1.080	30	1.045
25	1.075		

(6)受试者深吸气后将肺内气体尽量呼出,然后闭气将头浸没在水中,至水中气泡全部排出,身体不要摆动。测试者认真观察称重仪上的指针,待指针稳定后立刻读数并记录。连续测量几次,当测量值稳定在一定范围时,取相邻数值接近的三个实测值的平均数为水下称重的测量值。测量完毕,测试者立刻记录即时水温。计算时,按照记录的即时水温查水的密度。水的密度表如表 4-10 所示。

表 4-10 水的密度表

水温/℃	水密度/(kg·L^{-1})	水温/℃	水密度/(kg·L^{-1})
21	0.998 0	31	0.995 4
22	0.997 8	32	0.995 1
23	0.997 5	33	0.994 7
24	0.997 3	34	0.994 4
25	0.997 1	35	0.994 1
26	0.996 8	36	0.993 7
27	0.996 5	37	0.993 4
28	0.996 3	38	0.993 0
29	0.996 0	39	0.992 6
30	0.995 7	40	0.992 2

2. 计算方法

1)计算体密度(D_b)

$$D_b = \frac{W_a}{\dfrac{W_a - W_w}{D_w} - (RV + 0.1)}$$

式中:W_a 为空气中体重,单位为 kg;W_w 为水中体重-水中附加物重量的差,单位为 kg;D_w 为测定时水温所对应的水密度,单位为 kg/L;RV 为肺残气量,单位为 L,男性 RV=肺活量×0.24;女性 RV=肺活量×0.28;0.1 为肠残气量,单位为 L。

2)计算体脂百分比($F\%$)

$$F\% = \left(\frac{4.570}{D_b} - 4.142\right) \times 100$$

3) 计算体脂重（F）
$$F = W_a \times F\%$$
4) 计算瘦体重（LBW）
$$LBW = W - F$$

（三）生物电阻抗法

生物阻抗分析仪的基本原理：生物组织对外加电流场具有不同的导电效果，当在人体表面加一固定频率的低频电流时，含水 70% 以上的肌肉组织为良好导体，而含水较少的脂肪组织近似为绝缘体，因此通过测出阻抗值可计算出人体成分。生物阻抗分析仪用于人体成分分析是基于这样的假设：人体具有圆柱状的几何外形，生物组织中的水和电解质的分布均匀而恒定，人体整体阻抗主要由手臂和腿的阻抗决定。通过测量手臂或腿的长度和电阻就可精确地预测人体成分，此方法特别适用于老年人、儿童或卧床病人。

目前，所有的生物电阻抗法评估人体成分公式都是采用 Nyboer 的基于人体为规则几何形状的理论模型，其基本公式为 $R = \rho L^2 / V$，其中 ρ 是导体的电阻率。即导体的电阻 R 与导体的长度 L 的平方成正比，与导体体积 V 成反比，对此公式做变换得 $V = \rho L^2 / R$，这样通过测量出导体的电阻就可计算出导体的体积。

把此公式应用于人体，则可获得类似的经验公式：
$$V = \rho(ht)^2 / R$$

式中：ht 为人体身高；R 为身体总电阻。

人体对导电有贡献的是非脂肪组织，因而通过此公式可计算出非脂肪组织的体积 V，然后乘以该物质的平均体密度，则可得出非脂肪组织的含量，因此其基本公式可写为
$$FFM = \beta(ht)^2 / R$$
$$BF\% = 100 \times [1 - \beta(ht)^2 / (R \times W)]$$

式中：BF% 为身体脂肪比率；β 为非脂肪组织的体密度和电阻率的乘积；W 为人体体重。

现有多种专门的人体成分分析仪如人体成分分析仪（见图 4-27），只要几分钟的时间就可以直接给出如体重、瘦体重、身体水分总量、细胞内液总量、细胞外液总量、体表面积、身体脂肪、腰臀脂肪分布比率、骨骼肌、身体脂肪比率等数据，极大地提高测量效率。

图 4-27 人体成分分析仪

（四）空气置换法

空气置换法的技术原理与水下称重法基本相同，水下称重法是通过水下称重求得人体的体积，而空气置换法通过人体进入测试舱内几秒钟，利用电子感受器压力，测出人体排出的空气量来计算人体体积，结合精确测量的体重（精确度 0.01 kg）即可计算人体密度，根据人体密度估算体脂百分比和瘦体重。

空气置换系统由仓体、计算机、电子感受器和数值标尺等组成，如图 4-28 所示，操作方法简单，5 分钟即可完成整个测量过程，但测试设备价格昂贵。

图 4-28 空气置换系统

（五）身体成分评价

我国目前对身体成分评价尚未有统一标准，有待研究确定。据有关研究报道，我国青年男性体脂百分比一般在 10%~15%，青年女性为 20%~25%，随着年龄的增长，体脂百分比有所增加，中年时期最高。除个别运动项目外，长期从事运动的人及运动员体脂百分比一般人低。人体要保持良好的机能状况，适宜的脂肪是必不可少的，各种身体状态下的体脂百分比如表

4-11 所示。

表 4-11　各种身体状态下的体脂百分比/(%)

身 体 状 态	男	女
必需脂肪量	0～5	0～8
最少脂肪量	5	15
运动员	5～13	12～22
最佳健康状况	10～25	18～30
最佳体力状态	12～18	16～25
肥胖	＞25	＞30

人体理想身体成分状态受年龄和性别的影响较大，根据体脂百分比可将身体成分划分为 6 个等级，如表 4-12 所示。

表 4-12　根据体脂百分比划分身体成分等级

性别	年龄	体脂过少	非常好	很好	正常	体脂多	体脂过多
男	≤19	＜3	12.0	12.1～17.0	17.1～22.0	22.1～27.0	≥27.1
	20～29	＜3	13.0	13.1～18.0	18.1～23.0	23.1～28.0	≥28.1
	30～39	＜3	14.0	14.1～19.0	19.1～24.0	24.1～29.0	≥29.1
	40～49	＜3	15.0	15.1～20.0	20.1～25.0	25.1～30.0	≥30.1
	≥50	＜3	16.0	16.1～21.0	21.1～26.0	26.1～31.0	≥31.1
女	≤19	＜12	17.0	17.1～22.0	22.1～27.0	27.1～32.0	≥32.1
	20～29	＜12	18.0	18.1～23.0	23.1～28.0	28.1～33.0	≥33.1
	30～39	＜12	19.0	19.1～24.0	24.1～29.0	29.1～34.0	≥34.1
	40～49	＜12	20.0	20.1～25.0	25.1～30.0	30.1～35.0	≥35.1
	≥50	＜12	21.0	21.1～26.0	26.1～31.0	31.1～36.0	≥36.1

表 4-13 为日本人用皮脂厚度评价肥胖程度的标准，仅供参考。

表 4-13　日本人用皮脂厚度评价肥胖程度的标准

性别	年龄/岁	轻度肥胖		中度肥胖		高度肥胖	
		皮脂厚度/mm	体脂肪/(%)	皮脂厚度/mm	体脂肪/(%)	皮脂厚度/mm	体脂肪/(%)
男	6～8	20	20	30	25	40	30
	9～11	23	20	32	25	40	30
	12～14	25	20	35	25	45	30
	15～18	30	20	40	25	50	30
	成人	35	20	45	25	55	30
女	6～8	25	25	35	30	45	35
	9～11	30	25	37	30	45	35
	12～14	35	25	40	30	50	35
	15～18	40	30	50	35	55	40
	成人	45	30	55	35	60	40

注：皮脂厚度＝臂部皮脂厚度＋肩胛部皮脂厚度。

1975年,库茨尔曼介绍了一种体脂百分比简易测量法,根据皮脂厚度总和查表估计体脂百分比。此方法男女皮脂测试部位不同,男性测量肱二头肌部、肱三头肌部、髂嵴部、肩胛部四个部位,女性测量肱三头肌部和髂嵴部两个部位,然后依表4-14根据各部位皮脂厚度测试总和查找对应的体脂百分比。

表4-14 根据各部位皮脂厚度估计体脂百分比

男		女	
皮脂厚度总和/mm	体脂/(%)	皮脂厚度总和/mm	体脂/(%)
15	5	8	13
20	9	12	14
25	11	14	15
30	13	18	16
35	15	20	17
40	17	24	18
45	18	26	19
50	20	30	20
55	21	32	21
60	22	34	22
65	23	38	23
70	24	40	24
75	25	42	25
80	26	44	26
90	27	48	27
100	28	50	28
110	29	52	29
120	30	56	30
130	31	58	31
140	32	62	32
150	33	64	33
160	34	68	34
175	35	70	35
190	36	72	36
205	37	76	37
220	38	80	38
235	39	82	39
255	40	86	40
275	41	88	41
295	42	90	42

第四节 心肺功能测量

心肺功能是人体生命活动的重要功能,它直接与健康、运动能力相关,从而影响人们的生活质量。本节主要介绍心肺功能测量评价的基本原理和常用的测量与评价方法,为今后的体育工作实践打下良好的基础。

一、心血管系统机能的测量

循环系统是由心脏和血管组成的闭环管道。它的功能反映一个人的发育水平、体质状况和运动训练的水平。对心血管系统的机能做出较全面的评价,应当测量在相对安静状态、定量负荷状态和最大负荷状态下的机能反应(即三态反应)。因为在安静状态下,普通人和经常锻炼者或运动员的心血管机能表现无显著差异,只有在承担强度较大的负荷时,才能表现出明显的差异。一般采用定量负荷的方法测试心血管机能。在最大负荷状态下能够很简单地区分普通人和经常锻炼者或运动员的差异,但在实验过程中,存在很大的危险因素,建议不予推广应用。

(一)心率(脉搏)的测量

1. 安静时的心率测量——脉搏触摸法

安静时的心率测量主要用脉搏触摸法和听诊法。对于体育教师来说,脉搏触摸法更容易操作。心脏搏动所产生的压力变化使主动脉管壁发生振动,沿着动脉管壁向外周传播,故又称为脉搏。

脉搏触摸法的测量部位为桡动脉。

脉搏触摸法的测量仪器为秒表。

脉搏触摸法的测量方法如下。

受试者静坐15~20分钟后,然后坐于测试者的右侧,将右臂掌心向上平放在桌面上。测试者以食指、中指和无名指的指腹触摸受试者腕部桡动脉处,明显地感觉桡动脉搏动后正式计数。

先连续测量三个10秒的脉搏数,以判断是否处于相对安静状态。当三次测量值相同或其中两次值相同并与另一次相差不超过一次时,表明受试者已处于相对安静状态,可正式测量30秒的脉搏数,再换算为1分钟脉搏数,记录单位为次/分。若受试者还未处于安静状态,则令其继续静坐,直到达到要求后再进行测量。

2. 运动中的心率测量

1)简易心率遥测法

简易心率遥测法的测量仪器包括心率发射机、收录机、功率自行车和跑台、秒表、节拍器。

简易心率遥测法的测量方法如下。

测试者用酒精棉球擦拭受试者粘贴电极部位的皮肤,将两个电极片涂上导电膏后,分别贴于受试者胸骨体和胸大肌左下方第5肋间处,再用橡皮胶布固定在受试者皮肤上。测试者将心率发射机固定在备用腰带上,使引导电极的插头与心率发射机相连接,打开心率发射机电源开关,将调频收录机的收音波段调到可清晰听到受试者的心率时,就可以用秒表计时,然后听声音数心率,也可以用录音磁带录下,重播整理计数。

测量运动中的心率一般有定量负荷和阶梯递增负荷两种类型。在实验室内,负荷设备主要是功率自行车和跑台。

2) POLAR 表心率遥测法

POLAR 表心率遥测法的测量仪器包括心率遥测仪(POLAR 表)、计算机、心率分析系统。POLAR 表心率遥测法的测量方法如下。

POLAR 表由一个系于胸部的发射器和一块腕表接收器组成,它实现心率无线监测、传送和接收模拟及数字心率信号,回放和显示记忆文件信息。把发射器和松紧带连接好,调整松紧带至合适长度,用清水沾湿发射器的电极区域,将发射器佩带于胸部以下,扣好按扣,确认电极区域和皮肤完全接触,使 POLAR 表正置于胸前中间位置,戴好腕表。在日期、时间状态下,按 SELECT 键。心率测试开始,开始搜索传送密码。几秒钟后,心率读数显示在屏幕底线上。按 SET/START/STOP 键,秒表开始计时,同时开始自动记录心率信息。

POLAR 表心率遥测法用于评价运动训练效果,从而合理调整运动量,适用于无身体接触的运动项目及耐力项目。

3) 运动中的心率评价

在一般情况下,运动时的心率与运动强度的增加成正比(见表 4-15)。在定量负荷中,运动中的心率较安静时的心率增加不多,则机能较好。在阶梯递增负荷试验中,同一心率水平负荷强度越高,负荷量越大,则心血管机能越好。测试者要根据测量对象的特征和实际测量数据进行评价。

表 4-15 心率与运动强度的关系

运动强度	心率/(次/分)	
	男	女
低强度	130 以下	135 以下
中强度	131～155	136～160
大强度	156～175	161～180
亚极限强度	176～185	180 以上
极限强度	186～220	181～220

3. 运动后的心率测量

运动后的心率测量分为运动后即刻心率的测量和恢复期心率的测量。

1) 运动后即刻心率的测量

运动后即刻心率与运动中的心率十分接近,通常用它来代表运动中的心率。

运动后即刻心率的测量仪器包括心率遥测仪、秒表、心率发射机和收录机。

运动后即刻心率的测量方法如下。

运动后即刻心率,即测量运动后 10 秒心率,换算成 1 分钟心率。因剧烈运动后心率极快,10 秒心率误差较大,目前常用测量运动后即刻 30 次心搏所用时间来计算心率。

$$计算公式为:HR=\frac{1\,800}{t_{30}}$$

式中:HR 为运动后即刻心率;t_{30} 为运动后即刻 30 次心搏所用时间。

2) 运动后恢复期心率的测量

运动后恢复期的心率测量是由几次测量组成,反映心率恢复到运动前状态所需要的时间。一般来说,恢复期心率下降的速率越快,恢复时间越短,心血管机能越好。各种心血管机能试验和台阶试验指数等都是基于同样的原理。持续运动时间与运动后几次心率测试之和的比值越大,心血管机能越好。

测量运动后恢复期的心率一般从第 2 分钟开始,每次测量前 30 秒的心率,换算成 1 分钟的心率。

(二)血压的测量

血压是指血液在血管内流动时,对血管壁产生的侧压力。一般血压是测量肱动脉血压。正常人安静时血压变动范围是收缩压 90~120 mmHg(毫米汞柱),舒张压为 60~90 mmHg。血压受许多因素影响:心脏每搏输出量增多和心率增加,导致收缩压和舒张压增高;外周阻力的变化主要影响舒张压;大动脉血管的弹性能够起到缓冲收缩压和维持舒张压的作用。运动时,血压升高,收缩压升高更为明显。在正常情况下,血压与心率成正比,在运动中保持稳定。若心率升高,血压升高不明显或下降,则表明心脏机能很差,不能承担较大负荷的运动。因此,血压与心率指标常常同时使用,由此构成的各种心脏功能指数,才能够更加准确。

1. 安静时血压的测量

安静时血压的测量仪器包括水银血压计或电子血压计、听诊器。

安静时血压的测量方法如下。

测量前,测试者应检查血压计的水银柱是否在零位,若水银柱面高于或低于零位时,应予以校正,并要认真观察水银柱有无气泡,若有气泡应及时排除。根据受试者上臂长度选用不同宽度的袖带,袖带以覆盖受试者上臂长的 1/2~2/3 处为宜。受试者坐于测试者的右侧,右臂自然前伸平放在桌面上。血压计零位应与受试者心脏和右臂袖带处于同一水平面。测试者应平整地捆扎袖带,松紧适度,肘窝暴露,将听头放其肱动脉上。然后,拧紧螺栓打气入袋使水银柱上升,直到听不到肱动脉搏动声,打气再升高 20~30 mmHg,然后拧开螺栓缓慢放气,每次下降 2~4 mmHg 为宜,放气至第一次听到搏动声时,此时水银柱的高度即为收缩压。继续放气,搏动声突然从洪亮声变为模糊声时,水银柱的高度为舒张压变音点。继续放气至搏动声消失,此时水银柱高度为舒张压的消音点。以 mmHg 为单位记录测量结果,力求一次测准,实在听不清,可测量第二次。世界卫生组织规定,14 岁以下者舒张压以变音点为准,15 岁以上者舒张压以消音点为准。

注意事项:测量前 1~2 小时受试者不得从事任何体力活动。

2. 运动后血压的测量

运动后血压的测量方法如下。

运动时,先将袖带和血压计的连接断开,脉压带仍捆扎在受试者右上臂由受试者手托打气球。负荷后,即刻连接袖带与血压计(力求在 10 秒内),用安静时测量血压的方法测量血压,分别在第 1、2、3、4、5 分钟内测出血压,读数并记录,以收缩压/舒张压(mmHg)记录。

(三)运动负荷试验

在安静状态下,无法测量受试者心血管机能潜力。所以,测量心血管机能最好在运动试验的条件下,观察受试者对运动的各种反应。这里主要介绍各种不同的定量负荷试验。令受试者承受一定的定量负荷后,根据恢复期的心率、血压等生理指标的不同变化,评定受试者心血管机能状况的机能试验,统称为定量负荷试验。

定量负荷试验主要包括以下几个步骤:首先,测量相对安静状态下的脉搏数与血压等生理指标;其次,严格按规定要求做定量运动;再次,测量运动后的即刻心率或恢复期的心率和血压;最后,计算评定指数或描记生理指标曲线图,并根据评定标准予以评价。

下面介绍几种常用的运动负荷试验。

1. 30 秒 20 次蹲起

30 秒 20 次蹲起的测量仪器包括秒表、节拍器或事先录制好的录音带及收录机。

30 秒 20 次蹲起的测量方法如下。

受试者静坐 3~5 分钟,测量 10 秒的稳定脉搏数换算成 1 分钟的脉搏数记录。然后受试者按口令(节拍器或录音节奏)做 30 秒 20 次蹲起动作。蹲起动作由直立姿势开始,两足自然开立与肩同宽,两臂自然下垂。下蹲时必须全蹲,而且足跟不许离地,同时两臂前摆成前平举,起立时还原。最后一个蹲起动作一结束,即取坐位连续测量恢复期 1~3 分钟的前 10 秒脉搏数,共测 3 次,再把它换算成 1 分钟脉搏数记录。

评定:承受负荷后,脉搏数变化不甚显著,恢复期也较短,则心血管机能较好;承受负荷后的即刻脉搏数比安静脉搏数增加 70% 以上,3 分钟内不能恢复到安静水平者,其心血管机能适应能力较差。

2. 30 秒 30 次蹲起

30 秒 30 次蹲起是瑞典体育联合会制定的一种测量运动员心血管机能的简易方法。该方法简便易行,常作为测量一般人及运动员心血管机能指标而被广泛应用。

30 秒 30 次蹲起的测量仪器包括秒表、节拍器或事先录制好的录音带及收录两用机。

30 秒 30 次蹲起的测量方法如下。

受试者静坐 5 分钟,然后测量 15 秒相对稳定的脉搏数,再换算成 1 分钟脉搏数(P_1);以 1 秒 1 次的节律做 30 次蹲起(共 30 秒),并测量运动后的 15 秒脉搏数,再换算成 1 分钟脉搏数(P_2);休息 1 分钟后再测 15 秒脉搏数并换算成 1 分钟脉搏数(P_3)。

代入下式计算心血管机能指数 x:

$$x = \frac{(P_1 + P_2 + P_3) - 200}{10}$$

评定:$x<0$ 为优,$x=1\sim5$ 为良,$x=6\sim10$ 为中,$x=11\sim15$ 为下,$x>16$ 为差。这一标准只适用于运动员,在评价一般人的心血管机能时,应另行制定评价标准。

我国青少年田径运动员心血管机能指数评价标准如表 4-16 所示。

该标准适合我国 11~17 岁青少年男女田径运动员心血管机能评价,评价时仅以项目分组评价,可不考虑年龄和性别的差异。

表 4-16 我国青少年田径运动员心血管机能指数评价标准

评价等级	项目	
	中长跑	短跨跳投
最好	0 以下	3 以下
较好	1~3	4~6
一般	4~11	7~14
较差	12~14	15~17
最差	15 以上	18 以上

3. 15 秒原地快速跑

15 秒原地快速跑的测量方法如下。

先测受试者安静时的脉搏数和血压,然后受试者以百米赛跑的强度原地跑 15 秒,跑完后立即测 10 秒的脉搏数,随后 50 秒内测完血压,如此连测 5 分钟。

评定:15 秒原地快速跑一般有 5 种反应类型,如图 4-29 至图 4-33 所示。

1)正常反应

脉搏适度加快,收缩压适度上升,舒张压不变或略下降(降5～10 mmHg),3～5分钟内恢复至安静水平,表明心血管机能良好。

2)紧张性增高反应

负荷后第1分钟收缩压上升很多(>180 mmHg),舒张压也上升(>20 mmHg),同时脉搏明显加快,脉搏和血压的恢复时间明显延长。这种反应是周围血管调节障碍所致,多见于训练水平不高或初次参加训练的人。青春发育期的少年运动员,心血管系统兴奋性高,常常会出现这种反应。

3)紧张性不全反应

负荷后第1分钟舒张压极度下降,常常出现"无休止音"现象。这种反应可在两种截然不同的情况下发生:一种是由于负荷后心跳极快,心肌收缩力强,收缩压较高,致使舒张期过短,舒张压为零,但一般持续时间不超过1分钟,训练良好的运动员在激烈的竞赛后可能出现这种反应;另一种是负荷后收缩压上升不明显,脉搏明显加快,恢复期延长,且这种现象持续2分钟以上,属于血管张力明显下降,调节血管张力的中枢神经由于疲劳,酸性代谢产物刺激等引起的变化,常见于身体机能不良,或者是运动员早期过度训练的征象。

4)梯形反应

负荷后收缩压不是在第1分钟达到最高,而是第2分钟或第3分钟达到最高,呈现阶梯形上升,之后才逐渐下降。同时脉搏明显加快,舒张压上升或不变,恢复时间延长。这种反应提示,在进行负荷运动时,心血管机能已开始逐渐减弱。负荷结束后,由于得到休息,心肌收缩力逐渐恢复,心血管机能有所改善,故收缩压回升,出现后一分钟的血压高于前一分钟的阶梯现象。当身体有病尚未恢复,运动员过度训练时,均可出现这种反应,说明心血管机能不良。

5)无力反应

负荷后收缩压升高不明显或不升高(一般不超过10～15 mmHg),甚至下降,脉搏明显加快,舒张压升高或不变,恢复时间延长。这表明心肌收缩无力,心脏每搏输出量减少,导致心率代偿性增加,多见于患病或明显疲劳的运动员。

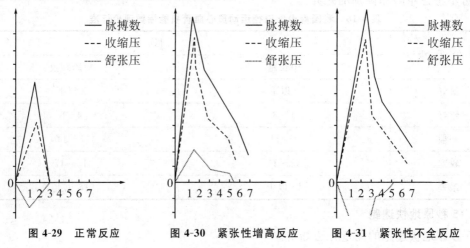

图4-29 正常反应　　图4-30 紧张性增高反应　　图4-31 紧张性不全反应

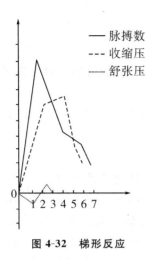
图 4-32　梯形反应

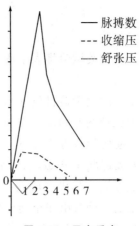
图 4-33　无力反应

4. 联合运动负荷试验

把三个不同时间和不同强度的一次机能试验按一定顺序和时间组合而成的负荷试验称为联合运动负荷试验。联合运动负荷试验包括 30 秒 20 次蹲起、15 秒原地快速跑、3 分钟（女子和少年 2 分钟）原地高抬腿慢跑，可反映心血管系统对速度和耐力的适应能力，如图 4-34 所示。其缺点是个人因素对试验结果的影响太大，因此一般只适用于具有一定运动水平的运动员。

联合运动负荷试验的方法如下。

(1)受试者先休息 10～15 分钟，测安静时的脉搏数和血压。

(2)跟着节拍器的节奏完成 30 秒 20 次蹲起，休息 3 分钟。

(3)完成 15 秒原地快速跑，休息 4 分钟。

(4)完成 3 分钟（女子和少年 2 分钟）原地高抬腿慢跑，休息 5 分钟。

在上述所有休息期间的每分钟内，前 10 秒测脉搏数，后 50 秒测血压。

具体实验评定如下。

参照 15 秒原地快速跑的一次运动负荷试验的五种反应类型来评定心血管机能水平。联合运动负荷中的蹲起可视为准备活动，原地疾跑代表速度，原地慢跑代表耐力负荷，所以联合运动负荷试验的试验结果还能反映心血管对速度和耐力的适应能力。

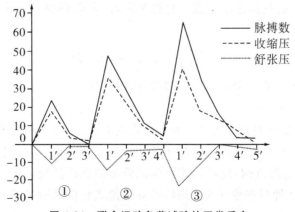

图 4-34　联合运动负荷试验的正常反应

①—30 秒 20 次蹲起；②—15 秒原地快速跑；③—3 分钟原地高抬腿慢跑

5. 台阶试验

1）哈佛式台阶试验

哈佛式台阶试验为美国哈佛大学疲劳实验室于1942年设计的定量负荷试验，在国际上有一定影响。

哈佛式台阶试验的测量器材包括50 cm高的台阶（成年男子用）、42 cm高的台阶（成年女子用）、节拍器或事先录制好的录音带、收录机和秒表。

哈佛式台阶试验的测量方法如下。

受试者由相对安静状态开始，以每分钟30次的节律连续蹬台阶150次，共持续5分钟。若受试者中途不能以规定节律完成动作，即应停止运动，并记录已完成蹬台阶运动的实际时间。上下一次台阶的运动共由四个动作构成：由直立姿势开始，①将一足放在台阶上面；②在台阶上成直立姿势；③一足落到地面；④还原成开始姿势。受试者每次上下台阶后，须伸直双腿，挺直躯干。定量负荷一结束，便令受试者取坐位休息，并测量恢复期第2、3、4分钟前30秒的脉搏数，代入下式求哈佛式台阶评定指数：

$$哈佛式台阶评定指数 = \frac{蹬台阶运动持续时间}{2\times(第2、3、4分钟前30秒脉搏数之和)}\times 100$$

哈佛式台阶指数评价表如表4-17所示。例如，某学生蹬台阶运动时间为5分钟，恢复期第2、3、4分钟前30秒的脉搏数分别为64、52、46次，因评定指数大于90，其心血管机能应评定为优。也可以只测量恢复期第2分钟前30秒的脉搏数，代入下式求简易评定指数：

表4-17 哈佛式台阶指数评价表

评 价 等 级	哈佛式台阶评定指数
优	90
良	80～89
中	65～79
下	55～64
差	55

$$简易评定指数 = \frac{蹬台阶运动持续时间}{5.5\times(第2分钟前30秒脉搏数)}\times 100$$

卡特等人认为，上式只适用于完成5分钟负荷者，未能完成5分钟负荷者应按下式评定指数：

$$x = \frac{100D}{5.5P} + 0.22\times(300-D)$$

式中：P为第2分钟前30秒脉搏数；D为实际蹬台阶时间。

2）改良哈佛式台阶试验

哈佛式台阶试验，最初只用于大学生的心血管机能的评定，而且指标评定标准也是根据约8 000名男大学生的测定结果确定的，所以不论是台阶的高度、运动时间或评定标准均有很大的局限性。为了扩大适用范围，使哈佛式台阶试验能够更广泛地适用于不同年龄、性别的人群，长期以来，许多学者针对本地区人群的特点对哈佛式台阶试验的平台高度、蹬台阶频率和持续时间进行过不少改良。

我国学者也对哈佛式台阶试验做了一些改良。我国《学生体质健康标准(试行方案)》操作方法如下。

改良哈佛式台阶试验的仪器及场地:台阶(或凳子),其高度分别为 25 cm(小学 1～3 年级男女生)、35 cm(小学四年级以上男女生)、40 cm(初中以上男女生);秒表;节拍器或事先录制好的录音带。

改良哈佛式台阶试验的测试方法如下。

受试者在相对安静状态下开始,以 30 次/分的频率上、下台阶,持续 3 分钟上、下台阶 90 次,动作要求如前所述。结束后,受试者立刻坐在凳子上测量运动结束后 1～1.5 分钟、2～2.5 分钟、3～3.5 分钟的 3 次脉搏数。用下列公式求得评定指数,计算结果包含有小数的,对小数点后的一位进行四舍五入取整进行评分。

$$评定指数 = \frac{蹬台阶运动持续时间}{2 \times (3 次测定脉搏数的和)} \times 100$$

改良哈佛式台阶试验的注意事项如下。

(1)有心脏病的受试者不能测试。
(2)上、下台阶时,受试者的膝、髋关节都应伸直。
(3)当受试者跟不上节奏时应及时提醒,如果 3 次跟不上节奏应停止试验,以免发生伤害事故,但要记录实际蹬台阶的时间,用实际蹬台阶时间代入公式进行计算。
(4)受试者不能自己测量脉搏数。

我国学生台阶试验评价标准如表 4-18 所示。

表 4-18 我国学生台阶试验评价标准/次

		5～6 年级	7 年级	8 年级	9 年级	10 年级	11 年级	12 年级	大学
优秀	男	64 以上	59 以上	58 以上	57 以上	59 以上	59 以上	57 以上	54 以上
	女	62 以上	57 以上	55 以上	54 以上	55 以上	54 以上	54 以上	52 以上
良好	男	51～63	48～58	47～57	47～56	49～58	49～58	47～56	46～53
	女	48～61	45～56	45～54	46～53	46～54	45～53	45～53	44～51
及格	男	41～50	40～47	40～46	41～46	41～48	41～48	41～46	40～45
	女	40～47	38～44	39～44	40～45	40～45	39～44	39～44	25～43
不及格	男	40 以下	39 以下	39 以下	40 以下	40 以下	40 以下	40 以下	39 以下
	女	39 以下	37 以下	38 以下	39 以下	39 以下	38 以下	38 以下	24 以下

(学生体质健康标准研究课题组等:《〈学生体质健康标准(试行方案)〉——为了每位学生的健康解读》,人民教育出版社,2002 年版。)

6. PWC_{170} 机能试验

PWC 是 physical work capacity 的英语缩写。PWC_{170} 是指运动中心率达到每分钟 170 次的稳定状态时,单位时间内身体所做的功。根据功率的大小,评定心血管机能水平。PWC_{170} 原理是运动时人体心率与输出功率在一定范围内(相当于心率在 120～180 次/分)呈直线相关。F. L. Karpman 提出用公式法间接测定 PWC_{170} 的方法,此方法要求受试者完成两个不同大小的负荷,要求第一次负荷的功率应使心率超过 110 次/分,第二次负荷的功率应使心率接近 170 次/分。将两次负荷最后 30 秒的心率或负荷后即刻 10 秒的心率(乘以 6 换算为每分钟心率)及两次负荷量(单位是 kg·m)代入公式即可计算出 PWC_{170} 值。

$$PWC_{170} = W_1 + (W_2 - W_1) \times \frac{170 - F_1}{F_2 - F_1}$$

式中:W_1、W_2 分别为第一次和第二次负荷的功率,单位为(kg·m)/min;F_1、F_2 分别为第一次和第二次负荷后的心率,单位为次/分。

这是一项评定身体工作能力的常用指标,反映的是机体在同样条件下的输出功率的大小,即 PWC_{170} 的值越大,身体工作能力越好。根据 F. L. Karpman 资料,一般男子的 PWC_{170} 的值为 1 060(kg·m)/min,女子的 PWC_{170} 的值为 580(kg·m)/min。教练员可利用不同时期队员 PWC_{170} 值的变化作为评定训练效果,进行成绩预测及了解机能状况的客观指标。例如,在未有伤病影响正常训练的情况下,若队员的 PWC_{170} 值一直没有提高,甚至下降,说明队员的训练方法不当或身体疲劳、有病的表现,需要寻找具体原因。

PWC_{170} 机能试验可用以下两种方法进行。

1)自行车功率计测定法

自行车功率计测定法的试验过程如下。

(1)调整功率自行车车座的高度。立位时,车座高度应与受试者大转子等高,坐位时,车座适宜高度如图 4-35 所示。

(2)选择第一次负荷量(W_1),即负荷时的阻力和蹬踏板频率。

(3)进行 3~5 分钟运动负荷试验。

(4)测定负荷最后 30 秒或运动后即刻 10 秒的心率 F_1。

(5)休息 3~5 分钟。

(a)用前脚掌蹬踏板至最低
位置时,膝关节微屈

(b)用脚心蹬踏板至最低
位置时,膝关节伸直

图 4-35 功率自行车测试中车座的适宜高度

(6)查表确定第二次负荷量。

(7)进行第二次负荷(W_2)。

(8)测定负荷最后 30 秒或运动后即刻 10 秒的心率 F_2。

(9)将结果代入公式计算。

(10)结果分析。

自行车功率计测定法的具体操作方法如下。

(1)采用功率自行车进行负荷试验前首先要调整车座的高度,要求是用单足站立在自行车的踏板上,刚好可以坐在车座上。

(2)定负荷量。根据受试者身体情况确定采用 400 kg、500 kg、600 kg 的负荷量,如表 4-19 所示。

定负荷量的方法:第一次负荷 3~5 分钟,休息 3~5 分钟;第二次负荷 3~5 分钟,测量每次负荷后即刻 10 秒的心率。要求第一次负荷使心率达到 110 次/分左右,第二次负荷达到 170 次/分左右。一般情况下,第一次负荷量和第二次负荷量男女可分别采用150(kg·m)/min、300(kg·m)/min 和 300(kg·m)/min、600(kg·m)/min。

(3)在功率自行车上选择合适的蹬踏板频率及阻力,一般尽量保持蹬踏板频率为50～60次/分内(见表4-20)。如进行120 W负荷试验时,可以采用60×2或者40×3的组合。

表 4-19　测定运动员 PWC_{170} 时负荷的选择第一次负荷功率值

受试者 PWC_{170} 估计值	第一次负荷量/kg	第一次负荷后即刻心率/(次/分)				
		80～89	90～99	100～109	110～119	120～129
		第二次负荷功率参考值/[(kg·m)/min]				
<1 000	400	1 100	1 000	900	800	700
1 000～1 500	500	1 300	1 200	1 100	1 000	900
>1 500	600	1 500	1 400	1 300	1 100	1 100

表 4-20　功率自行车负荷选择表

蹬踏板频率 r/min	阻力 KP(×10=N)						
	1	2	3	4	5	6	7
	W(瓦特)						
30	30	60	90	120	150	180	210
40	40	80	120	160	200	240	280
50	50	100	150	200	250	300	350
60	60	120	180	240	300	360	420
70	70	140	210	280	350	420	490
80	80	160	240	320	400	480	560
90	90	180	270	360	450	540	630
100	100	200	300	400	500	600	700
110	110	220	330	440	550	660	770

2)台阶测定法

如果没有功率自行车,也可用台阶测定法来测定 PWC_{170},台阶高度可根据受试者体重及体能水平灵活选择。

台阶测定法的负荷功率公式如下:

$$W = \frac{PHN}{T} \times 1\frac{1}{3} = \frac{4}{3T}PHN$$

式中:P 为体重,单位为 kg;H 为台阶高度,单位为 m;N 为上、下台阶总次数,单位为次;T 为上、下台阶总时间,单位为分钟。

例如,受试者体重为 60 kg,台阶高度为 0.3 m,上、下台阶频率为 30 次/分,共上、下台阶 3 分钟,则负荷功率 $W = 4/3 \times 60 \times 0.3 \times 30 = 720$ (kg·m)/min。

由此结果可以看到,负荷功率的大小与运动时间无关,要求运动 3 分钟是为了使心率达到负荷功率下的稳定状态。台阶测定法测定 PWC_{170} 的公式与自行车功率计测定法是一样的,只是两次负荷功率值需要分别计算。

需要注意的是,受试者两次负荷功率及蹬台阶频率的选择也应以第一次负荷使心率在110 次/分左右、第二次负荷使心率达到 170 次/分左右的要求为原则。

台阶测定法的评价如下。

将负荷功率 W 除以自身体重,得到 W 的相对值,再给予评价:W 的相对值 20 以上为优,17～19 为良,13～15 为中,8～11 为下,7 以下为差。

二、呼吸机能测量

呼吸是机体与环境的气体交换过程。呼吸运动是以自主神经反射为主,由躯体神经参与支配的骨骼肌收缩活动。因此,呼吸机能的测量与评价主要从肺通气功能的量和对呼吸运动控制能力的质两个方面进行。就肺通气功能而言,主要指标是肺活量,测量结果有绝对值和相对值之分。实际上,相对值更能反映呼吸机能水平。闭气是呼吸运动中的特别方式,反映机体对呼吸肌收缩的控制能力。

(一)肺活量的测量与评价

肺活量为一次呼吸时的最大通气量,在一定程度上反映肺的通气功能水平。肺活量的大小,主要取决于呼吸肌的力量、肺和胸廓的弹性等因素。吸入和呼出的气体容积可用肺活量计测量。

1. 安静时肺活量的测量与评价

安静时肺活量的测量仪器如下。

单浮筒式肺活量计(0～7 000 mL)或电子肺活量计。用单浮筒式肺活量计测量前应备好水,严格掌握标准水线,尽量保持水温和室温一致,校正仪器使浮筒刻度在零位,仪器误差不超过 200 mL。用电子肺活量计测量前应根据使用说明打开电源,检查肺活量计的工作状态。

安静时肺活量的测量方法如下。

受试者将肺活量计调到零位后,面对肺活量计取站立姿势。受试者预先做 1～2 次扩胸或深呼吸的准备动作,然后手握住吹气嘴,做最大吸气,对准吹气嘴向肺活量计内做最大的呼气。受试者呼气时不宜过猛,也不要过慢,掌握适中,直至不能再呼气时为止。测试者读肺活量计上的数值并做记录,每位受试者测量 3 次,每次间隔 15 秒,3 次测量均应做记录,取最佳一次作为测量值,测量误差不得超过 200 mL。

安静时肺活量的测量注意事项如下。

测试者在测试前应向受试者讲解、示范肺活量的测试方法,受试者可稍作练习。测试者要注意受试者吸气和呼气是否充分或有无漏气现象,若有问题应及时纠正。如用单浮筒式肺活量计测量,测试者应在测量前准备好消毒用具,测试时不要让水溢出并保持水的清洁。

2010 年中国学生体质与健康调研,全国及湖北省汉族学生肺活量的平均值如表 4-21 所示,第三次国民体质监测(2010 年)湖北省成年男女各年龄段肺活量的平均值如表 4-22 所示。

表 4-21　2010 年全国及湖北省汉族学生肺活量的平均值/mL

年龄/岁	全　国		湖　北			
	男生	女生	城男	乡男	城女	乡女
7	1099.40	1004.91	1140.27	1180.99	993.64	1024.87
8	1282.34	1154.11	1269.43	1237.52	1179.40	1151.64
9	1467.88	1308.22	1502.63	1471.47	1288.52	1330.76
10	1661.01	1501.26	1668.61	1715.80	1511.37	1607.37
11	1867.70	1670.58	1913.07	1898.39	1838.51	1701.83

续表

年龄	全国		湖北			
	男生	女生	城男	乡男	城女	乡女
12	2102.11	1829.93	2273.40	2120.27	1975.48	1912.43
13	2477.08	1995.88	2460.49	2621.03	2186.27	2235.97
14	2830.13	2108.74	2950.55	2953.92	2300.87	2281.64
15	3164.06	2207.75	3274.73	3205.43	2418.99	2358.50
16	3413.35	2301.95	3548.35	3655.23	2580.02	2433.55
17	3554.53	2332.39	3797.22	3784.20	2675.87	2506.21
18	3601.56	2352.11	3816.19	3883.87	2740.86	2616.15
19～22	3887.81	2555.76	4134.83	4101.37	2811.30	2726.72

（中国学生体质与健康研究组等：《2010年中国学生体质与健康调研报告》，高等教育出版社，2012年版。）

表 4-22　2010年湖北省成年男女各年龄段肺活量的平均值/mL

	年龄段	20～	25～	30～	35～	40～	45～	50～	55～59
男	平均值	3786.2	3739.9	3671.7	3604.9	3465.3	3350.3	3158.7	2994.6
女	平均值	2484.2	2454.8	2432.2	2402.1	2325.3	2245.8	2145.6	2013.5

（湖北体育科学研究所等：《2010年湖北省国民体质监测报告》，中国出版集团、世界图书出版公司，2012年版。）

常用的肺活量指数为肺活量/体重指数，肺活量/体重指数是反映人体机能较简易而有效的指标。2010年中国学生体质与健康调研，全国及湖北省汉族学生肺活量/体重指数平均值如表4-23所示。第三次国民体质监测（2010年）湖北省成年男女各年龄段肺活量/体重平均值如表4-24所示。

表 4-23　2010年全国及湖北省汉族学生肺活量/体重指数平均值/(mL/kg)

年龄/岁	全国		湖北			
	男生	女生	城男	乡男	城女	乡女
7	43.06	42.13	42.17	47.93	42.10	44.70
8	45.06	43.53	43.67	43.65	43.86	45.22
9	46.17	43.99	43.64	46.62	41.82	46.22
10	46.84	44.44	46.06	47.60	45.80	47.32
11	47.13	43.79	47.95	49.28	48.39	45.81
12	47.80	43.23	50.73	49.64	45.81	45.46
13	50.17	43.19	49.52	53.53	46.13	49.41
14	52.57	43.26	53.45	57.22	47.01	48.43
15	55.30	44.05	54.98	61.63	46.93	48.96
16	57.66	45.04	60.41	67.83	50.16	49.45
17	58.30	45.11	62.47	67.25	52.47	51.17
18	58.60	45.51	60.74	68.09	53.76	52.36
19～22	61.70	49.58	67.61	69.50	54.82	53.97

（中国学生体质与健康研究组等：《2010年中国学生体质与健康调研报告》，高等教育出版社，2012年版。）

表 4-24　2010 年湖北省成年男女各年龄段肺活量/体重平均值统计表/(mL/kg)

	年龄段	20～	25～	30～	35～	40～	45～	50～	55～59
男	平均值	60.4	57.0	54.9	53.7	51.2	49.3	47.4	45.4
女	平均值	48.1	46.6	45.2	43.9	41.4	39.3	37.5	35.1

(湖北体育科学研究所等:《2010年湖北省国民体质监测报告》,中国出版集团、世界图书出版公司 2012 年版。)

2.5 次肺活量试验(洛金塔里试验)

5 次肺活量试验,主要用来测定呼吸肌的耐力。

5 次肺活量试验的方法如下。

受试者取立位,每 15 秒测量 1 次肺活量,共测 5 次。15 秒时间,既包括吹气的时间,又包括休息的时间,因此在 75 秒之内测量 5 次肺活量。5 次测量结果基本接近或逐次增加为人体机能良好,反之,逐次下降,尤其最后两次显著下降为人体机能不良。

3. 定量负荷后 5 次肺活量试验

先测量受试者安静时的肺活量,然后受试者做定量运动(其负荷量应根据不同对象而定),受试者运动后立即测量 1～5 分钟的每分钟肺活量,共测 5 次。

负荷后的每分钟肺活量逐次增加,或保持安静时的水平,为人体机能良好或正常;反之,负荷后的肺活量逐次下降,经 5 分钟仍不能恢复至安静时的水平为人体机能不良。

(二)闭气试验

闭气试验指测定闭气时间。闭气时,肺泡中的二氧化碳分压逐渐升高,而氧分压逐渐下降,机体缺氧加重,因而引起呼吸循环系统和神经系统等其他器官系统的一系列机能变化。尽管目前对此试验仍有分歧意见,但一般认为,闭气试验结果可反映机体对缺氧的耐受能力及碱储备等重要生理机能水平。由于闭气时间这一生理指标的敏感度较差,15 秒以内的差值一般无多大实际意义。实际上,精神因素对闭气时间有较大的影响。

1. 安静状态下闭气试验

受试者静坐休息片刻,然后测量其深吸气或深呼气之后的闭气时间。前者称为斯坦格试验,后者称为汉契试验。闭气时应用手捏住鼻孔,以防漏气。男女闭气时间评价表如表 4-25 所示。

表 4-25　男女闭气时间评价表

等级	深吸气后闭气/秒		深呼气后闭气/秒	
	男	女	男	女
优	56 以上	50 以上	46 以上	40 以上
良	46～55	40～49	36～45	30～40
中	31～45	26～39	26～35	20～29
下	20～30	12～25	16～25	10～19
差	19 以下	11 以下	15 以下	9 以下

(孙庆祝、郝文亭、洪峰:《体育测量与评价(第二版)》,2010 年版。)

2. 定量负荷后的闭气试验

定量负荷方法如下。

可根据不同对象自行设计,作为一般的负荷试验,可让受试者以每分钟180步的频率原地跑步1分钟或做某项运动1分钟,然后连续测定5分钟恢复期的每分钟闭气时间,共测5次,最好同时测定闭气结束之后的呼吸频率。

负荷后的闭气时间一般应在5分钟之内恢复到安静时的水平,而且每次闭气结束之后,呼吸频率不应显著增加,或在2分钟之内基本恢复到安静水平。

呼吸系统机能较差者,闭气结束之后的呼吸频率显著增加,而且在5分钟之内不能恢复到安静水平。1分钟原地跑步之后的即刻闭气时间的减少率,男大学生为48%,女大学生为45.3%,一般不超过50%。

3. 重复闭气试验

连续测定3次闭气时间,每次间隔休息45秒。德国的学者认为,重复测定的闭气时间应逐次延长,延长的时间长短能反映呼吸循环系统的机能水平。

第五节　运动系统功能检查

一、肌力测量

力量是肌肉紧张或收缩时所表现的一种能力,通常以肌肉收缩时所做的功或功率来表示。力量是保证人体完成各种简单或复杂运动的首要素质,因而被视为各项身体素质的基础。肌力测量应是运动员体格检查的一个重点,它提供的资料对评定运动员的身体发育和训练水平等有重要的帮助。肌力测量的仪器和方法很多,常用的肌力测定内容和方法如下。

(一)握力

握力主要反映前臂及手部肌群的抓握能力,是上肢静力性力量的常用指标之一。

握力的测量仪器为指针式握力计或电子握力计(见图4-36)。

握力的适用对象:适用于6岁至成人。

握力的测试方法如下。

测试前,受试者用有力的那只握住握力计内外握柄,另一只手转动握距调整轮,调到适宜的用力握距,准备测试。测试时,受试者身体直立,两脚自然分开与肩同宽,两臂斜下垂,掌心向内,用最大力握紧内外握柄(见图4-37)。握力以kg或N为单位记录成绩,精确到0.1 kg。测两次,取最佳成绩。

握力测试的注意事项如下。

测试时禁止受试者摆臂、下蹲或将握力计接触身体,受试者不能确定哪只手是有力手时,左右手各测两次,记录最大值,受试者每次测试前应将握力计调零。

图 4-36　电子握力计

图 4-37　握力测试

2010年中国学生体质与健康调研,全国及湖北省汉族学生握力的平均值如表4-26所示。

表4-26　2010年全国及湖北省汉族学生握力的平均值/kg

年龄/岁	全国		湖北			
	男生	女生	城男	乡男	城女	乡女
7	10.26	8.97	11.53	10.49	9.59	9.05
8	12.01	10.46	13.55	12.16	11.69	10.19
9	13.90	12.24	15.21	14.25	13.53	11.88
10	16.00	14.46	16.86	17.47	15.83	15.28
11	18.58	16.99	19.82	19.50	18.52	17.51
12	22.40	19.51	24.52	23.09	19.40	20.38
13	28.32	22.09	30.29	29.26	21.48	23.18
14	33.34	23.47	36.98	34.24	22.57	24.04
15	37.40	24.68	42.96	38.90	23.84	24.31
16	40.45	25.52	43.11	41.20	24.76	25.04
17	42.05	26.19	45.59	43.61	25.94	25.23
18	43.10	26.52	45.63	44.21	26.32	26.33
19～22	43.31	26.50	46.21	46.28	26.76	27.08

(中国学生体质与健康研究组等:《2010年中国学生体质与健康调研报告》,高等教育出版社,2012年版。)

(二)背力

背力主要反映背部伸肌群的静力性力量。

背力的测量仪器为电子背力计或背肌拉力计。

背力的适用对象:适用于6岁至成人。

背力的测试方法如下。

如图4-38所示,受试者两脚分开约15 cm,直立在背力计的底盘上,两臂和两手伸直下垂于同侧大腿的前面。测试者调背力计拉链的长度,使背力计握柄与受试者两手指尖接触,或将背力计握柄的高度调至使受试者上体前倾30°的位置。测试时,受试者两臂伸直,掌心向内紧握背力计握柄,两腿伸直,上体绷直抬头,尽全力上拉背力计。背力测试以kg为单位记录成绩,精确到0.1 kg,测两次,取最佳成绩。

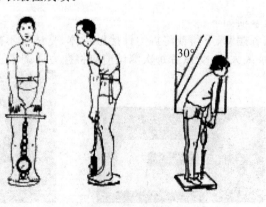

图4-38　背力测试

背力测试的注意事项如下。

(1)测试前,受试者应做好准备活动。测试时,受试者不能屈肘、屈膝或上体后倒。

(2)受试者应以中等速度牵拉,不得过慢或用力过猛,每次测试,背力计都应回零。

背力测试的评价:背力测量值越大,则受试者的背部肌肉力量就越大。

第三次国民体质监测(2010年)湖北省成年男女各年龄段背力测试的平均值如表4-27所示。

表4-27 2010年湖北省成年男女各年龄段肌力测试的平均值

年龄段/岁	背力/kg				俯卧撑(男)/次 1分钟仰卧起坐(女)/次				纵跳/cm			
	20～25	25～30	30～35	35～39	20～25	25～30	30～35	35～39	20～25	25～30	30～35	35～39
男	125.4	130.9	141.4	148.4	25.5	23.0	21.2	19.1	37.2	35.1	33.6	32.1
女	70.9	71.1	84.5	88.1	25.5	23.7	21.9	19.3	23.2	22.7	21.7	20.8

(湖北体育科学研究所等:《2010年湖北省国民体质监测报告》,中国出版集团、世界图书出版公司,2012年版。)

(三)上肢肌力

1. 俯卧撑

俯卧撑主要反映受试者前臂肌肉的力量和肌肉耐力。

俯卧撑的适用对象:适用于12岁至成年男女。

俯卧撑的场地器材:平地。

俯卧撑的测试方法如下。

俯卧撑测试前,受试者俯身两手撑地,两手分开与肩同宽,双臂伸直,手指向前,同时两足并拢,前脚掌着地,两腿向后伸直,身体保持平直。测试者发出开始口令后,受试者曲臂使身体平直下降至肩与肘处在同一水平面上,然后将身体平直撑起至开始姿势,此时为完成一次俯卧撑动作,如图4-39所示。按上述方法反复做至力竭为止。俯卧撑测一次,以次为单位记录受试者完成的次数。女子可选用跪卧撑(见图4-40)测试。

图4-39 俯卧撑

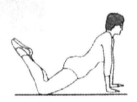

图4-40 跪卧撑

俯卧撑测试的注意事项如下。

(1)受试者如果出现提臀、塌腰、屈膝、臂未伸直,未保持身体平直或身体未下降至肩与肘处在同一水平面的情况时,该俯卧撑动作不计数。

(2)一名测试人员负责一名受试者,报数兼指出受试者的出错处。

(3)跪卧撑测验仅适用于10岁至大学女生,除屈膝跪地支撑外,其他姿势与俯卧撑相同。

俯卧撑测试的评价:俯卧撑(跪卧撑)的次数越多,则受试者肩臂肌肉的力量耐力就越好。

中国成年男子俯卧撑评分表如表 4-28 所示。

表 4-28 中国成年男子俯卧撑评分表

组　　别	1分	2分	3分	4分	5分
20～24 岁	7～12	13～19	20～27	28～40	>40
25～29 岁	5～10	11～17	18～24	25～35	>35
30～34 岁	4～10	11～15	16～22	23～30	>30
35～39 岁	3～6	7～11	12～19	20～27	>27

(国家体育总局:《国民体质测定标准手册(成年人部分)》,人民体育出版社,2003 年版。)

第三次国民体质监测(2010 年)湖北省成年男子各年龄段俯卧撑测试的平均值如表4-27所示。

2. 引体向上

引体向上主要反映相对于自身体重的上肢肌群和肩带肌群的力量及动力性力量耐力。

引体向上的适用对象:适用于 12 岁以上男子。

引体向上的测量器材:高单杠。

引体向上的测试方法如下。

如图 4-41 所示,受试者跳起,双手采用正握方式握杠,两手握杠间距与肩同宽,身体呈直臂悬垂姿势,整个身体停止晃动静止后,两臂同时用力向上引体(受试者身体不得有任何附加动作),当引体上拉躯干到下颌超过横杠上缘,然后还原呈直臂悬垂姿势为完成一次。按上述方法反复做至力竭为止。引体向上测一次,以次为单位记录其完成次数。

图 4-41　引体向上

引体向上测试的注意事项如下。

(1)横杠较高时,应有相应的保护措施,测试者要防止伤害事故的发生。

(2)矮个受试者不能自己跳起握杠时,可以借助别人的帮助,但测试时必须自行完成整个引体过程。

(3)测试过程中,如受试者借助身体摆动或其他附加动作引体时,该次不计数。

引体向上测试的评价:引体向上的次数越多,则受试者的上肢肌群和肩带肌群的力量及动力性力量耐力就越好。

2010年全国及湖北省13～22岁男生引体向上测试成绩的平均值如表4-29所示。

表4-29 2010年全国及湖北省男生斜身引体(7～12岁)、引体向上(13～22岁)、女生1分钟仰卧起坐平均值/次

年龄/岁	全国		湖北			
	男生	女生	城男	乡男	城女	乡女
7	23.30	17.91	20.41	29.30	14.14	16.95
8	24.45	20.11	21.62	30.06	15.69	17.50
9	25.86	22.51	28.27	30.39	18.01	18.63
10	26.82	24.16	29.13	31.09	18.36	19.19
11	28.32	25.29	23.53	32.05	20.63	20.65
12	28.43	25.52	22.01	32.84	22.40	23.28
13	2.36	26.21	0.78	3.36	22.93	23.52
14	3.12	27.20	1.07	4.49	24.72	24.40
15	3.78	28.28	2.41	4.77	25.53	25.45
16	4.38	28.67	2.23	4.55	25.41	26.02
17	4.86	29.06	2.20	4.42	25.68	26.63
18	5.34	28.93	3.25	5.11	26.15	26.11
19～22	5.13	28.68	4.15	4.28	26.12	26.75

(中国学生体质与健康研究组等:《2010年中国学生体质与健康调研报告》,高等教育出版社,2012年版。)

3. 斜身引体

斜身引体主要反映受试者上肢肌群和肩带肌群的力量及动力性力量耐力。

斜身引体的适用对象:适用于女生及12岁以下男生。

斜身引体的测量器材:可以调节高度的低单杠一副,或备有不同高度的低单杠若干副。

斜身引体的测试方法如下。

通过调节或选用适宜高度的低单杠,使杠面高度与受试者胸部(乳头)齐平。受试者两手握杠间距与肩同宽,用正握方法握杠,两腿前伸,两臂与躯干呈90°。两脚着地并由同伴压住两脚,使身体斜下垂,然后做屈臂引体,使下颌能触到或超过横杠,然后伸臂复原为完成一次,如图4-42所示。按上述方法反复做至力竭为止。斜身引体测一次,以次为单位记录其完成次数。

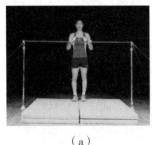
(a)

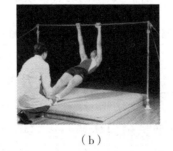
(b) (c)

图4-42 斜身引体

斜身引体测试的注意事项如下。

(1)若受试者两脚移动或借用塌腰、挺腹力量引体或下颌未到达横杠时,该次引体屈臂不计入成绩。

(2)每次屈臂引体前,必须恢复到预备姿势。

(3)两次间隔超过10秒即停止测验。

为避免出现伤害事故,单杠下应铺垫子。测试者站在受试者后侧方注意保护。

2010年中国学生体质与健康调研,全国及湖北省7～12岁男生斜身引体测试成绩的平均值如表4-29所示。

(四)下肢爆发力

下肢爆发力是指下肢肌肉快速收缩发出的力,是完成许多位移运动必不可少的重要素质。常以立定跳远或原地纵跳成绩衡量下肢爆发力的大小。

1. 立定跳远

立定跳远主要反映受试者向前跳跃时下肢肌肉的力量和爆发力。

立定跳远的适用对象:适用于6岁至大学男女生。

立定跳远的场地器材:量尺、标志带、平地。

立定跳远的测试方法如下。

如图4-43所示,受试者双腿自然分开,站在起跳线后,脚尖不能踩线或过线,两腿原地起跳,不得有垫步或连跳动作,丈量起跳线后缘至最近着地点后缘之间的垂直距离。立定跳远以cm为单位记录成绩,不计小数,每个受试者试跳3次,记录最好成绩。

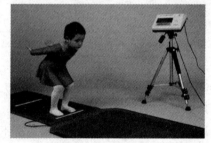

图4-43 立定跳远

立定跳远测试的注意事项如下。

(1)受试者犯规时,此次成绩无效。

(2)受试者一律穿运动鞋测试,也可以赤脚,但不得穿钉鞋、皮鞋、塑料凉鞋进行测试。

(3)受试者起跳时不能有助跑或助跳动作。

立定跳远测试的评价:立定跳远的测量值越大,受试者的下肢爆发力就越好。

2010年中国学生体质与健康调研,全国及湖北省汉族学生立定跳远测试成绩的平均值如表4-30所示。

表4-30 2010年全国及湖北省汉族学生立定跳远测试成绩的平均值/cm

年龄/岁	全国		湖北			
	男生	女生	城男	乡男	城女	乡女
7	126.17	116.98	121.77	126.97	112.39	119.39
8	137.18	126.66	134.25	137.71	121.82	124.27
9	145.19	136.01	143.23	142.93	136.91	136.57

续表

年龄/岁	全国		湖北			
	男生	女生	城男	乡男	城女	乡女
10	153.88	143.71	151.17	150.29	142.45	143.65
11	161.73	150.09	162.94	159.56	150.46	147.97
12	173.03	155.16	173.35	171.47	153.95	156.32
13	188.50	158.84	186.16	188.74	155.57	160.97
14	201.73	160.78	202.21	206.83	157.25	161.93
15	213.01	163.28	222.88	210.78	155.29	163.73
16	223.13	166.00	219.97	219.89	162.70	165.00
17	227.11	167.37	224.44	230.00	164.21	167.66
18	229.16	167.80	227.01	233.69	165.55	167.50
19~22	228.10	167.17	225.44	228.23	168.25	168.18

(中国学生体质与健康研究组等:《2010年中国学生体质与健康调研报告》,高等教育出版社,2012年版。)

2. 纵跳

纵跳主要反映受试者垂直向上跳跃时下肢肌肉快速收缩的能力。

纵跳的适用对象:适用于6岁至40岁男女。

纵跳的测量仪器:电子纵跳计或纵跳计。

纵跳的测试方法如下。

受试者踏上纵跳板,双脚自然分开,呈直立姿势,准备测试。测试时,受试者屈膝半蹲,双臂尽力后摆,然后向前上方迅速摆臂,双腿同时发力,尽力垂直向上跳起,如图4-44所示。当受试者下落至跳板后,显示屏显示测试值。纵跳以cm为单位记录成绩,精确至0.1 cm,测3次,取最佳成绩记录。

纵跳测试的注意事项如下。

(1)起跳时,受试者双脚不能移动或有垫步动作。

(2)在起跳后至落地前,受试者不能屈膝、屈髋。

(3)如果受试者没有下落到纵跳板,测试失败,需要重新测试。

纵跳测试的评价:纵跳测量值越大,则受试者下肢爆发力就越好。

中国成人纵跳评分标准如表4-31所示。第三次国民体质监测

图4-44 纵跳

(2010年)湖北省成年男女各年龄段纵跳测试成绩的平均值如表4-27所示。

表4-31 中国成年男女各年龄段纵跳测试成绩的平均值

组别	性别	1分	2分	3分	4分	5分
20~24岁	男	19.9~24.8	24.9~32.3	32.4~38.4	38.5~45.8	>45.8
	女	12.7~15.8	15.9~20.5	20.6~24.7	24.8~30.0	>30.0
25~29岁	男	19.6~23.9	24.0~31.3	31.4~36.8	36.9~43.6	>43.6
	女	12.4~15.0	15.1~19.7	19.8~23.4	23.5~28.5	>28.5
30~34岁	男	18.4~22.3	22.4~29.3	29.4~34.7	34.8~41.1	>41.1
	女	12.0~14.5	14.6~18.7	18.8~22.6	22.7~27.7	>27.7

续表

组　　别	性别	1分	2分	3分	4分	5分
35～39 岁	男	17.8～21.4	21.5～27.9	28.0～33.0	33.1～39.5	>39.5
	女	11.5～13.7	13.8～17.8	17.9～21.3	21.4～26.1	>26.1

(国家体育总局:《国民体质测定标准手册(成年人部分)》,人民体育出版社,2003年版。)

3. 原地纵跳摸高

原地纵跳摸高主要反映受试者垂直向上跳跃时下肢肌肉快速收缩的能力。

原地纵跳摸高的适用对象:适用于 6 岁至 40 岁男女。

原地纵跳摸高的测量器材包括纵跳测量板(标有刻度,固定于墙上)、皮尺、白粉末,也可用电子摸高计。

原地纵跳摸高的测量方法如下。

受试者用右手中指蘸一些白粉末,身体直立,右侧足靠墙跟,右臂上举,身体轻贴墙壁,手伸直,用中指尖在板上点一个指印。测试者先丈量其原地摸高的高度,然后令受试者在离墙 20 cm 处,用力向上起跳摸高,如图 4-45 所示。原地纵跳摸高以 cm 为单位丈量高度,精确到 0.1 cm,测 3 次,取最佳成绩记录。

原地纵跳摸高测试的注意事项如下。

(1)测试时,受试者起跳和落地均用双足,不得跨部、垫步,可做预摆动作。

(2)受试者在原地伸臂点指印时,臂要充分伸直,体侧要轻贴墙壁。

原地纵跳摸高测试的评价:原地纵跳摸高数值越大,受试者的下肢爆发力就越好。

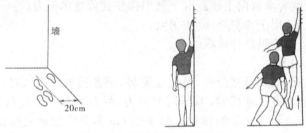

图 4-45　原地纵跳摸高测试

(五)腰腹部肌力

1. 1 分钟仰卧起坐

1 分钟仰卧起坐主要反映受试者的腹肌力和腹肌耐力。

1 分钟仰卧起坐的适用对象:适用于 12 岁至大学男女生。

1 分钟仰卧起坐的场地器材:软垫、秒表。

1 分钟仰卧起坐的测试方法如下。

如图 4-46 所示,测试前,受试者在软垫上屈膝仰卧,大小腿呈 90°,两手手指交叉抱于脑后,另一同伴双手握住受试者两侧踝关节处,将双足固定于地面。受试者听到"开始"口令后,双手抱头、收腹使躯干完成坐起动作,双肘关节触及或超过双膝后,还原至开始姿势,为完成一次仰卧起坐动作。受试者须连续不断地重复此动作,持续运动 1 分钟。测试者在发出"开始"口令的同时,开表计时,并记录受试者在 1 分钟内完成仰卧起坐的次数(允许中间停顿休息)。1 分钟仰卧起坐以次为单位记录成绩。

图 4-46　仰卧起坐

1分钟仰卧起坐测试的注意事项如下。

(1)测试时,如果受试者借用肘部撑起或臀部上挺后下压的力量完成起坐,或双肘未触及或未超过双膝,该次仰卧起坐不计数。

(2)测试中,测试者要随时向受试者报告已完成次数。

(3)受试者的双脚必须放在垫子上,并由同伴固定。

1分钟仰卧起坐测试的评价:1分钟仰卧起坐的次数越多,则受试者的腹肌力和腹肌耐力就越强。

2010年中国学生体质与健康调研,全国及湖北省女生1分钟仰卧起坐测试成绩的平均值如表4-29所示。第三次国民体质监测(2010年)湖北省成年女子各年龄段1分钟仰卧起坐测试成绩的平均值如表4-27所示。

二、柔韧性测量

柔韧素质是指人体关节在不同方向上的运动能力,以及肌肉、韧带的伸展能力。柔韧素质对保证速度、力量素质的充分发挥,保证动作的协调性,增加动作的幅度以及防止伤害事故均有重要意义。柔韧素质对运动员竞技能力具有重要的影响,而且在保证中老年人的周围神经及血管的正常生理机能方面起着不容忽视的作用。因此,柔韧素质的测定越来越受到重视。柔韧性的好坏取决于关节结构、关节的灵活性、韧带及肌肉的弹性和神经系统对肌肉的调节能力。

我国国民体质监测采用的柔韧素质测量方法为坐位体前屈。

1. 坐位体前屈

坐位体前屈主要反映受试者躯干和下肢各关节可能达到的活动幅度,以及下肢肌群、韧带的伸展性和弹性。

坐位体前屈的适用对象:适用于儿童至老年人。

坐位体前屈的测量器材:坐位体前屈测量计、薄垫子。

坐位体前屈的测试方法如下。

受试者面向仪器坐在垫子上,双腿向前伸直,脚跟并拢,蹬在测试仪的挡板上,脚尖自然分开。如图4-47所示,测试时,受试者双手并拢,掌心向下平伸,膝关节伸直,上体尽量前屈,用双手中指指尖推动游标平滑前进,直到不能推动为止,不得做突然下振动作。坐位体前屈以cm为单位记录成绩,精确至0.1 cm;测两次,记录最好成绩。测量计零点以上为负值,零点以下为正值。

坐位体前屈测试的注意事项如下。

(1)测试前,受试者应做好准备活动,以防测试时软组织拉伤。

(2)测试时,受试者双臂不能突然前振,不能用单手前推游标,膝关节不能弯曲。

(3)每次测试前,测试者都要将游标推到导轨近端位置。

(4)测试者要正确填写受试者测试值的"+""-"号。

(5)如果受试者测试值小于"-20 cm",按"-20 cm"记录。

坐位体前屈测试的评价:坐位体前屈测量值越大,则受试者躯干和下肢各关节以及下肢肌肉和韧带的伸展性和弹性就越好。

2010年中国学生体质与健康调研,全国及湖北省学生坐位体前屈测试成绩的平均值如表4-32所示。

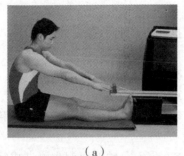 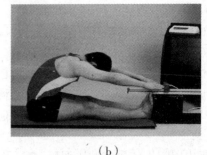

（a）　　　　　　　　　　　　（b）

图 4-47　坐位体前屈

表 4-32　2010 年全国及湖北省学生坐位体前屈测试成绩的平均值/cm

年龄/岁	全国		湖北			
	男生	女生	城男	乡男	城女	乡女
7	6.75	10.36	5.61	9.01	10.11	10.77
8	6.49	10.07	6.33	6.36	10.61	11.19
9	5.78	9.49	5.59	6.75	9.44	9.49
10	5.48	9.42	3.44	5.72	9.38	10.95
11	5.30	9.50	3.06	6.75	8.89	10.00
12	5.51	9.67	5.00	5.56	9.80	11.71
13	6.85	10.51	5.42	7.84	10.27	10.99
14	8.24	11.30	5.71	8.52	9.54	12.38
15	9.58	11.98	7.42	9.58	10.75	13.13
16	11.12	12.91	8.81	13.37	11.26	15.50
17	11.59	13.31	8.44	13.84	12.41	15.36
18	12.14	13.46	9.56	14.70	13.98	16.17
19～22	11.58	14.05	10.63	11.35	13.10	14.08

（中国学生体质与健康研究组等：《2010 年中国学生体质与健康调研报告》，高等教育出版社，2012 年版。）

三、平衡性测量

平衡性是维持身体姿势的能力，人体的平衡能力是人体的中枢神经前庭分析器本体感受器及视觉感受器等机能能力的综合反映。平衡性与很多运动项目及人们的日常生活均有密切的关系，如自由体操、跳马、花样滑冰、滑雪等运动项目，日常生活中的走独木桥、走窄路、骑自行车活动等。

我国国民体质监测采用的平衡性测量方法为闭目单足立。

闭目单足立主要反映人体的静态平衡能力，也可评价受试者在不依赖视觉的情况下，位置感觉和本体感觉间的协调能力。

闭目单足立的适用对象：适用于中学生至成人。

闭目单足立的测量仪器：秒表。

闭目单足立的测试方法如下。

受试者赤足,两手叉腰,两腿并拢直立,脚尖向前。如图 4-48 所示,听到口令时,受试者闭眼的同时用习惯支撑脚站立,另一腿屈膝提起,使脚离开地面。计时从脚离开地到失去身体平衡为止。闭目单足立以秒为单位记录站立时间,不计小数;测两次,记录最好成绩。

闭目单足立测试的注意事项如下。

(1)当受试者离地脚触地、支撑脚移动或手离开腰时停表。

(2)测试时要有人保护,尤其对患有高血压及平时有眩晕现象的病人要慎重对待。

(3)测试过程中,受试者不能睁眼。

(4)测试者站在受试者的正面进行测试。

图 4-48 闭目单足立

闭目单足立测试的评价:闭目单足立的时间越长,则受试者静态平衡能力就越好。

第三次国民体质监测(2010 年)湖北省成年男女各年龄段闭目单足立测试成绩的平均值如表 4-33 所示。

表 4-33　2010 年湖北省成年男女各年龄段闭目单足立测试成绩的平均值/秒

	年龄段/岁	20～24	25～29	30～34	35～39	40～44	45～49	50～54	55～59
男	平均值	38.8	35.1	34.6	30.5	24.6	21.1	18.6	16.3
女	平均值	36.7	34.1	33.5	27.9	21.8	17.9	14.3	11.3

(湖北体育科学研究所等:《2010 年湖北省国民体质监测报告》,中国出版集团、世界图书出版公司,2012 年版。)

第六节　体格评价的常用指数

人体是一个完整的有机体,身体各部分之间都存在一定的比例关系。指数法就是根据人体各部分之间的比例和相互关系,借助一定的数学公式,将两项或两项以上指标联系起来并结合成某种指数来综合评价体质水平的方法。

为了使不同年龄、性别、地区和种族的个体或群体之间的比较与评价建立对等条件和同一客观尺度,原来那种用绝对值的比较与评价和用单一指标的比较与评价,都很难反映出他们之间的差异。因此,必须采用相对值和多指标的结合进行综合评价,提高评价的可靠性和有效性。

近年来,身体指数已在研究和探索青少年儿童生长发育的规律,研究不同年龄、性别、种族的体格和身体能力特点,研究营养、环境和体育锻炼对人体生长发育过程的影响,研究运动员选材和进行身体发育水平的评价等方面得到了广泛的应用。

下面介绍在体格评价中常用的指数。

一、体重指数(BMI)

$$体重指数(BMI) = 体重 / 身高^2$$

BMI 指数的英文全称为 body mass index,简称 BMI,是用体重(单位为 kg)除以身高(单位为 m)的平方得出的数字,是目前国际上常用的衡量人体胖瘦程度以及是否健康的一个标准。世界卫生组织也用 BMI 来对肥胖或超重进行定义。

世界卫生组织1998年据BMI对成人超重和肥胖的分类标准是≥25,2000年7月在新加坡公布的专为亚洲人修订的BMI指数的健康标准为18岁及以下的亚洲人,BMI在18.5～23之间为正常,超过23为超重。

中国肥胖问题工作组2004年2月公布了中国学龄儿童青少年超重、肥胖筛查体重指数值分类标准(见表4-34)。2010年中国学生体质与健康调研,全国及湖北省学生BMI指数的平均值如表4-35所示。第三次国民体质监测(2010年)湖北省成年男女各年龄段BMI指数的平均值如表4-36所示。

表4-34 中国学龄儿童青少年超重、肥胖筛查体重指数值分类标准

年龄/岁	男超重	男肥胖	女超重	女肥胖
7	17.4	19.2	17.2	18.9
8	18.1	20.3	18.1	19.9
9	18.9	21.4	19.0	21.0
10	19.6	22.5	20.0	22.1
11	20.3	23.6	21.1	23.3
12	21.0	24.7	21.9	24.5
13	21.9	25.7	22.6	25.6
14	22.6	26.4	23.0	26.3
15	23.1	26.9	23.4	26.9
16	23.5	27.4	23.7	27.4
17	23.8	27.8	23.8	27.7
18	24.0	28.0	24.0	28.0

表4-35 2010年全国及湖北省学生BMI指数的平均值/(kg/m^2)

年龄/岁	全国		湖北			
	男生	女生	城男	乡男	城女	乡女
7	16.08	15.38	16.86	15.66	15.37	14.93
8	16.52	15.73	16.92	16.63	15.90	15.25
9	17.08	16.19	17.36	16.92	16.30	15.73
10	17.69	16.78	17.85	17.77	16.83	16.95
11	18.32	17.44	18.15	18.36	17.14	17.28
12	18.72	18.16	18.73	18.50	18.32	18.05
13	19.14	18.92	19.23	19.30	19.15	18.67
14	19.58	19.49	19.84	19.06	19.44	19.07
15	20.01	19.91	20.21	18.86	20.35	19.61
16	20.30	20.19	20.55	19.03	20.37	19.75
17	20.71	20.36	20.77	19.54	20.18	19.76
18	20.88	20.37	21.38	19.77	19.89	19.95
19～22	21.24	20.11	20.72	20.33	20.03	19.97

(中国学生体质与健康研究组等:《2010年中国学生体质与健康调研报告》,高等教育出版社,2012年版。)

表 4-36　2010 年湖北省成年男女各年龄段 BMI 指数的平均值/(kg/m²)

	年龄段/岁	20～24	25～29	30～34	35～39	40～44	45～49	50～54	55～59
男	平均值	21.9	22.9	23.6	23.9	24.2	24.3	24.1	24.0
女	平均值	20.7	21.2	21.8	22.3	23.0	23.4	23.7	23.9

(湖北体育科学研究所等:《2010 年湖北省国民体质监测报告》,中国出版集团、世界图书出版公司,2012 年版。)

二、维尔维克指数*

$$维尔维克指数 = (体重 + 胸围)/身高 \times 100$$

维尔维克指数是 1920 年维尔维克提出的,它实际上是体重与身高之比和胸围与身高之比两个指数的和,反映了人体长度、围度、宽度、厚度和密度,与心肺和呼吸机能密切相关。身高、体重、胸围是衡量体格发育状况和发育水平的重要指标,三者的结合,可以说明人体的充实度和发育情况。因此,它不仅是体格、体质的评价指数,而且也是一个很好的营养评价指数。

三、克托莱指数

$$克托莱指数 = 体重/身高 \times 1\,000$$

克托莱指数是被称作"人体测量之父"的克托莱提出的,它通过体重与身高的比例关系,作为相对体重或等长体重来反映人体的围度、宽度、厚度以及机体组织密度,又称作肥瘦系数。它在一定程度上能反映身体的充实度,指数越大,则相对体重越大。

克托莱指数是反映人体形态发育水平和身体匀称度的有效指标。

四、劳雷尔指数

$$苏雷尔指数 = 体重/身高^3 \times 10^7$$

苏雷尔指数是由德国学者劳雷尔 1908 年设计发表的。他认为人体是一个立方体,身高是这个立方体的一个边,用身高的三次方去除体重,表明人体每立方厘米体积的重量。它反映了肌肉、骨骼、内脏器官及脂肪组织的发育状态,作为显示人体充实度和营养状态的指数被广泛采用。

五、肺活量指数

$$肺活量指数 = 肺活量/体重$$

肺活量指数是反映人体机能较简易而有效的指标。

人体的生理机能水平,尤其是心肺功能,是衡量体质强弱的一个很重要的方面。国内外专家普遍认为,动态机能试验(如在跑台或自行车功率计上直接测定最大吸氧量、PWC_{170} 机能试验和台阶试验等)是反映心血管系统机能和体质状况典型而有效的指标。但是,从当前我国各类学校的条件来看,普遍采用动态机能试验的方法尚有许多困难。因此,必须从实际出发,从当前基本可行的且被广泛采用的常规指标中选择一些相对有效的指标进行测试和评价,才更有利于体质测试与评价工作的普及。

＊本节涉及的指数公式中,体重的单位为 kg,胸围、身高的单位为 cm,肺活量的单位为 mL。

基于这种考虑,我国学者以实验室直接测得的(跑台试验)最大摄氧量结果作为指标,运用数理统计的多因素分析的方法,对常规机能指标进行了筛选,其结果如下。

(1)以最大摄氧量/分为因变量,安静时脉搏、血压、肺活量、握力、背肌力、肺活量/体重、肺活量/瘦体重、握力/体重、握力/瘦体重、背肌力/瘦体重为自变量,逐步回归分析,结果背肌力、背肌力/瘦体重、肺活量三项指标被选入最优回归方程。

(2)以最大摄氧量/瘦体重/分为因变量,以上述机能指标为自变量的逐步回归分析,结果肺活量、舒张压和握力/体重指数三项指标被选入最优回归方程。

两次回归分析结果,肺活量均被选入最优回归方程,而且肺活量与最大摄氧量/分的相关系数为 $0.7437(P<0.01)$。因此,可以认为,肺活量作为一项简易可行的指标,大体上可以间接反映人体的最大摄氧量水平和心肺功能。

虽然直接入选方程的是肺活量而不是肺活量/体重,但在综合评价时,为了消除某些因素对评价结果所产生的影响,因此采用肺活量的相对值,即肺活量指数(肺活量/体重或胸围)进行评价更为合理。因为只有这样,才能使不同性别、年龄、种族、地区之间的比较和评价建立对等条件。

【本章小结】

本章介绍了体格检查的基本内容和常用指标、各指标的测量意义及标准化测量方法。在内容的选择上力求符合湖北省学生的实际情况,结合竞技体育、群众体育和国民体质监测的需要,具有可操作性。在部分主要检测指标的测量与评价方法后面,还附上了我国国民体质监测中湖北省学生及成人的最新测试结果及评价标准,方便学生在以后的实际工作中了解自己工作对象的体格状况在湖北省相应年龄人群中所处的位置,从而用所学知识对体育运动参加者进行医务监督。本章所述内容能体现湖北省的地方特色,介绍的内容实用性强,能真正为学生所用。

【思考复习题】

1. 试述体格检查的意义。
2. 试述身高、体重、胸围的测量要求。
3. 试述身体成分测量的常用方法及意义。
4. 30 秒 20 次蹲起试验正常反应类型的表现如何?
5. 试述台阶试验的原理及方法。
6. 试述用指数评价体格状况的好处。

第五章 体育运动医务监督

【学习目标】

(1)掌握自我监督的内容与方法,掌握健身活动、学校体育、运动训练与体育竞赛的医务监督方法;

(2)理解体育运动医务监督的意义;

(3)了解消除运动性疲劳的常用方法。

体育运动医务监督是运用医学基本知识和体育运动理论,对体育运动参加者的身体进行医学检查和观察,对身体健康状况、发育情况和训练水平进行客观评价,为安全、科学地进行体育锻炼提供依据,为体育教师和教练员的科学训练提供依据,保证运动训练顺利进行并取得良好成绩的一种手段。

第一节 医务监督概述

一、医务监督的意义与内容

(一)医务监督的意义

在运动训练过程中,有计划地、系统地对运动员进行医务监督,可以及时了解运动员身体训练水平和机能状态的变化,了解不同运动量和不同训练方法对运动员身体形态和机能的影响。另外,运动医务监督在选择科学训练方法,确定合理运动量,预防运动性伤病等方面都有重要意义。

(二)医务监督的内容

医务监督的内容包括自我监督、运动疲劳的消除、运动员身体机能状况评定、学校体育医务监督、运动训练和体育比赛医务监督、健身活动医务监督等内容。

下面重点介绍自我监督和运动疲劳的消除。

二、自我监督

自我监督是运动员在训练过程和比赛期间采用自我观察和检查的方法,对健康状况、身体反应、功能状况及比赛成绩进行记录和分析,是医务监督的重要内容之一。运动员自我监督指标的变化,对判断运动员的机能状况、疲劳程度有重要的参考价值,也是科学安排训练的参考依据。自我监督包括主观感觉和客观检查两个方面:主观感觉包括精神状态、运动心情、自我感觉、睡眠、食欲、排汗量;客观检查包括脉搏、体重、运动成绩等。另外,女生还要注意月经期间的情况。

（一）主观感觉

1. 精神状态

精神状态反映了整个机体的功能状态，尤其是中枢神经系统的状态。身体健康者，其精神状态好、精力充沛、心情愉快、积极性高。患病或过度训练时，大部分人常会感到精神萎靡不振、疲倦、乏力、头晕及容易激动等。在进行记录时，可分为以下三种情况：如果自我感觉精神饱满、心情愉快，可记为"良好"；如果有精神不振、疲倦等不良感觉时，可记为"不好"；如果自我感觉精神状态一般，但又未出现上述不良现象时，可记为"一般"。

2. 运动心情

运动心情是反映运动员有没有训练欲望的指标，而训练的欲望取决于运动员身体的机能状况。运动员身体机能正常时，精神状态良好，体力充沛，总是乐于参加体育运动。如果出现对运动不感兴趣，表现为冷淡或厌倦，或特别厌烦与运动有关的场地、器材、人物和语言，可能是教学训练方法不当或疲劳的表现，也可能是过度训练的早期征象。教练员可根据运动员的具体情况加以记录，可填写为渴望训练、愿意训练、不愿意训练等。

3. 自我感觉

自我感觉是反映运动中或运动后除运动性疲劳以外的不正常感觉。在剧烈运动或比赛后，大多数人会因机体产生疲劳而出现一些不良的感觉，如四肢无力、肌肉酸痛、关节疼痛等，这些现象适当休息后会慢慢消失，训练水平越高消失得越快。但在运动中或运动后，除了出现上述现象外，还伴有心悸、头晕、头痛、气喘、恶心、呕吐、胸痛或其他部位的疼痛时，则表明运动负荷过大或健康状况不良。观察运动员在训练过程中的不良反应，有利于教练员及时发现问题，应及时查明原因并采取相应措施。运动员自我监督记录时可根据具体情况填写。

4. 睡眠

睡眠状况是反映神经系统功能状态的指标。好的睡眠表现为入睡快、睡得熟、少梦或无梦，醒后精力充沛。若出现失眠、易醒、睡眠不深、多梦、嗜睡或清晨醒后仍感疲劳等，一般表明对运动负荷不适应、机体已疲劳或是过度训练的早期表现，需要进行调整。运动员自我监督记录时可填写睡眠的时间、睡眠状况，如良好、一般、不好（如失眠、易醒、多梦等）。

5. 食欲

食欲是反映中枢神经系统是否疲劳的比较敏感的指标之一。健康的青少年学生和运动员运动后能量消耗较多，食欲应当良好，想进食，食量大。如果在正常进食时间内，出现不想进食、食欲减退，并在一定时期内才能恢复食欲，则表明中枢神经系统已疲劳，健康状况不良或有过度训练倾向，应做进一步的检查及调整教学训练计划。运动员自我监督记录时可填写食欲良好、一般、不好、厌食等。

6. 排汗量

运动时排汗量的多少与温度、湿度、饮水量等有关，也与运动量大小、身体机能状况、神经系统紧张程度等有关。如果在适宜的外界条件和适当的运动负荷下，运动员出现大量出汗或在安静时出汗，甚至夜间盗汗，则表明身体机能状况不良、健康状况下降或近期运动负荷过大。训练良好的运动员，在同样条件下大量出汗，可能是过度训练的征象或极度疲劳。在高温环境中或大运动负荷下出汗减少可能是机体脱水的征象，会引起体温升高、中暑等。运动员自我监督记录时可填写出汗正常、减少、增多、夜间盗汗等。

(二)客观检查

1. 脉搏

运动员在自我监督中,常用晨脉来评定训练水平和身体机能状况,晨脉随着训练水平的提高呈缓慢减少趋势。运动员在训练期间,若晨脉比过去减少或无明显改变,节律齐,表明身体机能反映良好,若晨脉加快,尤其是每分钟超过平时 12 次以上,表明身体机能状况不良,如睡眠不佳、患病或过度疲劳尚未恢复,若晨脉比过去次数明显增加,且长时间恢复不到原有水平,可能是早期过度训练综合征的体现。测试者在测量受试者脉搏时,除注意频率外,还应注意脉搏的节律,如果发现节律不齐或有停跳现象,表示可能有心脏机能异常,应进一步做心电图、超声心动图检查,记录时应写明每分钟脉搏数和心律是否整齐。

2. 体重

正常成人体重较为稳定,儿童青少年体重随着生长发育逐渐增加。健康人在大运动负荷运动后,由于体液的丧失,会有一时性体重下降,但 1~2 天后就能恢复正常。在训练期间,若体重出现持续下降,并伴有其他异常现象(如睡眠失常、情绪恶化等),可能是健康状况不良或是早期过度训练综合征或身体有慢性病变(如肺结核、甲亢等)。运动员进行自我监督时,应每周测体重 1~2 次,记录下具体体重。

3. 运动成绩

在合理的训练中,运动成绩应逐步提高。如果成绩没有提高甚至下降,动作的协调性破坏,可能是身体机能状况不良的反映,也可能是过度训练综合征的早期表现。运动员自我监督时,根据运动成绩稳步提高、运动成绩保持原有水平、运动成绩下降或动作协调性破坏等情况,可分别记录为"良好""一般"和"不良"。

在客观检查中,除上述指标外,还可根据设备条件和专项特点,定期测定背肌力、握力、肺活量、呼吸频率等生理指标,并加以记录,如有伤病情况应如实记录。从总体上来说,运动员自我监督的指标不宜过多,应简便易行,客观有效,只有这样才能有效地长期坚持自我监督工作。

三、运动疲劳的消除

(一)疲劳的划分

运动性疲劳是指在运动过程中出现了机体工作(运动)能力暂时性下降,但经过适当的休息和调整后,可以恢复到原有机能水平的一种生理现象。

疲劳一般分为生理疲劳和心理疲劳。生理疲劳是由于身体活动或肌肉工作而引起的疲劳,表现为人体活动、工作能力的降低。心理疲劳是由于心理活动所造成的一种疲劳状态,主要表现为注意力不集中、记忆力减退、思维反应迟钝,行为上表现为动作迟缓、操作不灵敏、准确性下降、协调能力降低等。根据局部和整体的不同,疲劳可划分为全身疲劳和局部疲劳。根据疲劳的身体器官的不同,疲劳可分为骨骼肌疲劳、心血管疲劳和呼吸系统疲劳。根据运动方式的不同,疲劳可分为快速疲劳、耐力疲劳。按程度的不同,疲劳可分为轻度疲劳、中度疲劳、非常疲劳和过度疲劳。疲劳程度标志表如表 5-1 所示。

表 5-1 疲劳程度标志表

内容	轻度疲劳	中度疲劳	非常疲劳	过度疲劳
面色	微红	较红	非常红或明显苍白	苍白发青
呼吸	稍快	较快	非常快或用嘴呼吸	呼吸困难、用嘴呼吸
排汗量	较少	较多	全身汗湿并有盐迹	全身汗湿,出虚汗
注意力	非常集中	比较集中	分散	严重分散
自我感觉	无不适感	一般感觉良好,轻度疲劳	有不适感,肌肉酸痛	失眠,食欲不振,无力
动作协调性	动作协调	动作较稳定	动作不稳定,失误增多	动作明显紊乱
运动量	小强度	中等强度	大强度	过度强度

(二)运动疲劳的消除方法

1. 改善代谢法

改善代谢法可使肌肉放松,改善肌肉血液循环,加速代谢产物排出,常用方法有整理活动、水浴、蒸汽浴、理疗、按摩等。

整理活动一般在运动训练结束后即刻进行,主要方式有两种:一是慢跑和呼吸体操,以改善全身血液循环,加速下肢血液回流,促进代谢产物的消除;二是肌肉、韧带拉伸练习,此方法对缓解肌肉酸痛和僵硬有良好的作用。拉伸时以主要活动肌肉和韧带为主,常采用静力性拉伸方式。

水浴有温水浴和冷、温水浴交替。温水浴时水温以40℃左右为宜,温度不宜过高,时间为10分钟左右,勿超过20分钟,以免加重疲劳。冷、温水浴交替一般在训练结束半小时后进行,冷水温度为15℃,热水温度为40℃,冷浴1分钟,热浴2分钟,交替3次。

蒸汽浴是利用湿热环境,加速血液循环,使人体大量排汗,体内的代谢产物从而能及时排出体外。蒸汽浴一般不要在运动结束后即刻进行,以免造成脱水和加重疲劳。

理疗包括光疗、电疗等,对促进疲劳肌肉的代谢过程,加速疲劳消除有积极意义。

按摩可放松肌肉,改善局部血液循环,增加关节活动度,促进代谢产物的排出。

2. 中枢神经调节法

通过调节中枢神经系统,降低交感神经的兴奋性,增加迷走神经的兴奋性,加强机体的合成代谢功能,使机体尽快恢复。中枢神经调节法主要有睡眠、放松练习、音乐疗法、活动性休息等。

良好充足的睡眠是消除疲劳的一种最直接、最有效且经济的好方法。人体深度睡眠时,大脑皮层的兴奋性最低,机体的合成代谢最旺盛,有利于体内能量的蓄积。

放松练习是通过诱导性的语言使运动员用意念来调动肢体,通过对中枢神经的暗示使肌肉放松,改善呼吸和循环系统机能,使机体的疲劳尽快消除。

音乐疗法是通过舒缓优美的音乐来放松神经系统,调节情绪。积极向上、乐观愉快的情绪有助于加速疲劳的消除,欣赏优美动听的音乐,这些对体力恢复都有促进作用,使人心情舒畅,身心放松。音乐疗法作为一种辅助方法,配合其他消除疲劳的方法,以增强疲劳消除的效果。

早在20世纪,生理学家就发现,当局部肢体疲劳之后,可通过使另一部分肢体肌肉的适当活动来加速已疲劳肌肉的体力恢复,故称为活动性休息。之后很多生理实验研究证实,当局部肢体疲劳后,可利用未疲劳的另一些肌肉进行一些适当活动,借以促进全身代谢过程,加速疲劳消除。当全身疲劳时,也可通过一些轻微的、兴趣高的体力活动,来达到加速消除肌肉代谢产物的目的。

3. 补充法

通过补充机体在运动中大量失去的物质,促进疲劳消除,可分为营养素补充法和中药调理法等。

1)营养素补充法

运动疲劳后,饮食中要有较充分的糖和蛋白质补充。此外,疲劳后要注意维生素和无机盐的补充,维生素C、B_1、B_2、A、E等对疲劳的消除有重要作用。同时,各种高能运动饮料、电解质运动饮料及一些营养滋补剂等对体力恢复也有益。营养素补充法中,以补糖最为普遍。运动前补糖宜安排在赛前数日和赛前1.5～2小时。运动中补糖(以运动饮料形式)每隔15～30分钟或每隔30～60分钟为宜。运动后补糖时间稍早为好,最好不要超过6小时。对蛋白质的补充最好以易消化的优质蛋白质为主。脂肪对消除疲劳没有明显的作用,不必专门补充,可适当补充一些磷脂。

2)中药调理法

中药调理以健脾益肾、抗疲劳专用方剂和药物型运动饮料等进行。

消除运动性疲劳的方法很多,单独使用某一种方法的效果是有限的,必须综合应用才能有较好的效果。运动性疲劳的恢复是一个复杂的过程,恢复过程中要做到全面、系统、科学。

第二节　学校体育医务监督

一、体育课医务监督

体育课的医务监督应注意以下几点：一是看体育课的健康分组是否符合医务监督要求；二是对体育课的全过程进行医学观察；三是在教学实践过程中看体育课教案中运动量的安排是否符合医务监督的要求。

(一)健康分组

体育教师在进行体育教学时，有必要进行健康分组，客观、全面地了解每个学生的健康状况、功能水平和发育程度等情况，结合生物学、心理学和社会学等因素，在体育教学中，按不同的情况因人制宜、区别对待。对学生进行健康分组，其目的可使更多学生在运动方式、内容和运动量等方面更适合个体的特点。同时，体育教师也能针对不同的组别，实施更直接的医务监督，避免不合理的体育运动给身体健康造成不良影响。

1. 健康分组的依据

健康分组的对象主要是大、中、小学学生，由体育教师根据医生意见并参照学生身体各方面的检查结果，根据参加体育运动的学生健康状况、身体发育程度、生理功能水平，以及运动史和生理素质状况进行教学分组。

1)健康状况

根据学生的既往病史和对身体各系统的生理功能检查，由医生得出健康状况良好或存在某些缺陷的结论，根据对某系统或器官病变程度的诊断和评价，确定合适的体育活动项目和适宜的运动量分组。

2)身体发育程度

根据学生的身高、体重和胸围等生长发育指标以及身体发育上有无缺陷的情况，综合评定其身体发育程度，得出身体发育良好、中等或差的结论，确定其参加体育活动的适宜组别。

3)生理功能状况

采用各种生理功能检查，确定各系统的功能水平，特别是心血管系统、呼吸系统、运动系统和神经系统的功能状况。

4)运动史和生理素质状况

通过询问运动史和对学生进行全面身体素质测试，了解其过去的运动习惯、参加运动的年限、成绩水平、运动伤病情况。同时，通过了解其身体素质发展水平，评价运动能力，得出相应的结论作为分组依据。

2. 健康分组的组别

根据学生的健康状况、身体发育程度、生理功能状况，以及运动史和生理素质状况，在体育教学中一般可分为基本组、准备组、医疗体育组（特别组）三个组（见表5-2），各组参加体育活动的内容和教学要求有所不同。

表 5-2　健康分组标准

组　别	分　组　标　准	体育教学要求
基本组	(1)身体发育正常； (2)健康状况正常或只存在轻微缺陷，但功能水平尚好，并经常参加体育锻炼者	(1)按国家教委颁发的《体育教学大纲》进行教学； (2)定期达到《国家体育锻炼标准》良好以上； (3)可从事专项训练
准备组	(1)身体发育存在轻微缺陷； (2)健康状况正常，但功能水平较差； (3)平时基本不参加体育锻炼	(1)按国家教委颁发的《体育教学大纲》进行教学，应注意循序渐进，适当减慢教学进度； (2)经过一定时期锻炼后，达到《国家体育锻炼标准》的要求
医疗体育组	(1)健康状况不正常； (2)身体存在严重的缺陷； (3)不宜系统参加国家教委颁布的《体育教学大纲》者	(1)按特殊需要制定的《体育教学大纲》进行教学； (2)根据需要和身体许可，有选择地采用国家教委颁发的《体育教学大纲》的部分内容进行教学，但须减慢进度和降低标准； (3)实施医疗体育

(吴有海：《体育教学的健康分组》，小作家选刊：教学交流(下旬)，2012 年第 10 期。)

3. 健康分组的注意事项

(1)一般在新生入学之初进行健康分组，在新生体格检查后由校医和体育教师协商确定组别。一般经过一个学期的体育锻炼后，可再根据学生身体健康状况和功能水平调整组别。原医疗体育组和准备组的学生，经过一段时间的体育锻炼后，如果健康状况和功能水平有所提高，经检查原有疾病逐渐好转或痊愈，就可转入准备组或基本组。原属基本组和准备组的学生，由各种原因引起健康状况下降，就应转入准备组或医疗体育组。

(2)健康分组的调整一般在每学期或每学年的体格复查后进行。个别学生如果需要调整组别，可根据其具体情况，由体育教师和校医取得联系，经补充体检后可提前转组。如果分组发生困难时，可暂时将其编入较低的一组，经过一段时间的观察，根据主观感觉和客观检查材料，再确定组别。

(3)体格检查时，部分学生可能由于精神紧张、疲劳、感冒发烧等其他原因出现功能异常反应，在这种情况下，不宜匆忙确定组别，应改期进行功能检查，予以鉴别。

健康分组确定后，体育教师和校医应定期观察和检查分组是否恰当，特别是对医疗体育组和拟转入较高一组的学生，更应加强医务监督。

4. 几种常见疾患的健康分组

1)心脏功能异常

(1)器质性心脏疾病。无自觉症状、功能试验正常者，平时经常参加运动的可编入准备组，平时极少运动的则应列入医疗体育组。经过一段时间锻炼后，根据临床征象，再考虑是否转组。如果功能试验结果异常者，可暂不参加体育课学习。

(2)有功能性杂音。运动后杂音不变或消失，功能试验结果正常且身体发育良好，平时经常参加运动，可编入基本组。运动后杂音加强，但功能试验良好，平时经常进行体育锻炼者可编入基本组，平时少运动者可编入准备组。对于功能试验结果反应不良者，可编入医疗体育组。

2)血压增高

检查时若发现18岁以下的青少年有血压增高征象,应考虑是否为"青少年型高血压",对患"青少年型高血压"者,可在体育教师正确的教学方法指导下继续从事正常的体育运动,但应加强保健指导,适当控制运动量和强度,避免进行连续紧张激烈的比赛,并少参加举重、摔跤等有屏气动作的运动项目。

血压增高有继发性血压增高和原发性血压增高两种。继发性血压增高是伴随原发性疾病而产生的血压增高,分组时要考虑原有疾病的程度,一般编入医疗体育组,从事医疗体育活动。对于原发性血压增高,可按下列情况分组。对无自觉症状及心血管病变者,若功能试验反应良好,平时常运动者可编入基本组,平时不运动者可编入准备组。对血压过高者,血压明显增高,即使没有心血管病变和功能试验良好,也要列入医疗体育组。高血压并有功能异常者,若平时经常参加运动者可列入准备组,但锻炼时必须加强监督和保健指导,平时不运动者可列为医疗体育组。

3)肺结核

对肺结核患者进行健康分组时,必须在分组前了解病灶性质、类型以及代偿功能水平。因为同一类型的病变,由于各人的体质不同,可表现出不同水平的代偿功能,可从功能试验的结果和自我感觉两个方面来评价其代偿功能的好坏。

局灶性肺结核,病变硬化,无自觉症状,功能试验反应良好,平时常参加体育锻炼者可列入基本组,平时不经常参加运动者则编入准备组,根据参加锻炼以后的反应和自觉症状及复查结果考虑是否转组。治疗后,由浸润型肺结核转为局灶性肺结核不久,且平时很少参加运动者,对虽已硬结但病变范围较大者,都应列入医疗体育组。浸润型肺结核患者列入医疗体育组,按照医疗体育方法进行锻炼。胸膜增厚者,若不影响气体交换可列入基本组。对结核性胸膜炎痊愈不久者,可列入医疗体育组,逐渐增加运动量,然后根据情况考虑转组。对于仍有发烧或功能代偿不全的肺结核者,不列入分组范围,免修体育。

上述分组必须在代偿功能良好的情况下进行,若代偿功能不全(功能检查反应不良、发烧、盗汗和消瘦等)则不宜进行体育活动。此外,分组后要经常进行医学观察,特别是自我监督指标出现异常(体重下降、食欲减退和体温升高)时,应及时请医生检查。

4)骨、关节疾病

(1)骨折愈合无后遗症者。骨折患者基本康复后,在排除骨折端连接不良或骨痂不多等容易造成再度骨折因素后,可列入基本组;对关节活动不便,肌力未恢复者,应列入体育医疗组。

(2)关节风湿病。一般运动后关节疼痛或肿胀者,应列入医疗体育组。关节虽无改变,但运动后或阴雨天均有疼痛者,也可暂时列入医疗体育组。关节轻微疼痛,但与运动或气候变化无关,且平时经常参加体育锻炼者列入基本组,平时不锻炼者则列入准备组。

(二)体育课生理负荷量测定

通过体育课生理负荷量的测定,可以了解运动负荷的大小,观察机体对体育课的反应和评定学生身体功能水平,为改进体育课教学提供依据,同时也是评价一堂体育课成功与否的标准之一。运动负荷的大小取决于强度、密度和时间三个因素,其中强度和密度是两个重要因素,尤以强度因素更为重要。常用的生理负荷量评定方法有两种:一种是指数法;另一种是百分法。

1. 指数法

常用的方法是将受试者安静时、准备活动结束时、基本部分结束时、整理活动结束时和课后10分钟的心率绘成曲线图,根据曲线图的变化,算出体育课的平均生理负荷量,代入生理负荷量指数公式,算出生理负荷量指数,利用生理负荷量指数评定表(见表5-3),分析体育课的运动量是否合理。

表 5-3 生理负荷量指数评定表

强度指数	运动量等级
2.0～1.8	最大
1.8～1.6	大
1.6～1.4	中等
1.4～1.2	小
1.2～1.0	最小

$$生理负荷量指数 = \frac{体育课平均脉搏数}{课前安静时脉搏数}$$

2. 百分法

据库珀报道,对心肺功能锻炼的最佳运动强度是在心脏每搏输出量最大时的心率范围内,这个范围的心率与体位有关。平卧位时心率为 120 次/分,即可达每搏输出量的最大值,斜卧位时心率为 130～140 次/分,每搏输出量达最大值;直立位时心率为 150 次/分,每搏输出量达最大值。另有实验证明:心率超过 180 次/分的运动,对增进健康不利。因此,运动生理学家把 180 次/分的运动强度定为健康价值阈的上限。所以,对大、中学校体育课生理负荷量的确定,可用百分法($K\%$)来计算,并参照体育课生理负荷量等级表(见表 5-4)来评价其生理负荷量等级。即:

$$K\% = \frac{体育课平均心率 - 课前安静时心率}{体育课最高心率 - 课前安静时心率} \times 100\%$$

由于体育课最高心率为 180 次/分,所以

$$K\% = \frac{体育课平均心率 - 课前安静时心率}{180 - 课前安静时心率} \times 100\%$$

表 5-4 体育课生理负荷量等级表

运动负荷指数	运动量等级
1%～20%	最小
20%～40%	小
40%～60%	中等
60%～70%	大
70%～80%	最大

在计算生理负荷量时,要特别注意受试者课前安静时心率,尽量设法排除课前影响心率的各种外界因素和心理因素,否则,计算出来的生理负荷量等级可因安静时心率的上升而偏低。上述两种方法可为评定生理负荷量等级时选用。

体育课的生理负荷量,应该根据人体生理和功能活动变化的规律,逐渐加大运动量,到体育课结束前又要逐渐减少运动量。因此,在一堂体育课中,随着课程的进行,心率应呈上升趋势(呈波浪式的),到基本部分(中期或偏后)应达到最高峰,心率可达 160～180 次/分,体育课结束前心率就开始下降,并在体育课后 10 分钟内恢复正常。如果曲线太高,最高心率达 180 次/分以上,恢复时间太长,说明运动量太大或者机体功能状况不良。体育课的生理负荷量到底多少比较合理,主要在完成本课时教学任务的前提下,以体育课后 15 分钟内疲劳是否能得到消除来确定(可用闪光融合试验来测定)。

二、课外体育锻炼医务监督

(一)早操医务监督

早操,也称早锻炼,是在每天清晨起床后至上午第一节课前进行的体育活动。早操能增加氧的摄取量,通过全身各部位的活动能有效加大各关节的活动幅度、肌肉与韧带的弹性,也能加速血液循环,改善呼吸功能和心血管功能,促进新陈代谢。另外,通过机体活动的刺激可使得一夜处在睡眠状态的神经系统(特别是大脑皮层)逐渐提高兴奋性,特别是在音乐伴奏下良性刺激更有助于使人感到精神振奋,头脑清醒,以适宜的精神状态开始一天的学习和生活,有助于提高兴奋效率。

早操的项目和内容,应根据不同的年龄、性别、健康状况和季节而定,一般应以学生比较熟悉的、简单易行的活动内容为主,如广播体操、慢跑、拉韧带、武术基本功和太极拳等。

早操的时间不宜过长,以 20~30 分钟为宜,运动量也不宜过大,心率以 130~160 次/分为宜,应避免做剧烈的体育运动或比赛。早锻炼后应及时擦干汗水,冬天在室外进行早锻炼时应有御寒用品。早锻炼后至早餐前应有一定的时间间隔。

(二)课间操医务监督

课间操是在上午第二节课和第三节课之间进行的,有助于消除学生在学习中产生的疲劳。课间操可对人体各系统、各器官给予调节,通过做操,使人体运动,增加肢体血流量,使人体的血液重新分配,松弛大脑神经,调节用眼,减轻长时间的坐姿而引起的身体疲劳。同时,通过做操呼吸室外新鲜空气,对大脑保健,用眼卫生,调节视神经,预防近视或防止近视的加深都大有好处。

课间操的时间一般是 10~15 分钟,内容以广播操为主,也可安排视力保健操、徒手操和轻器械练习。根据季节变化或实际需要,也可安排一些简单易行的活动内容,如武术、跑步、健美操和游戏等。

课间操应集体进行,并在有人直接领操下进行,以培养学生良好的精神面貌和组织纪律性。做广播操时要求学生姿势正确,动作到位。如果安排其他活动内容,则运动量不宜过大,最高心率应控制在 150 次/分以下。

(三)大课间操的医务监督

大课间操是在课间操基础上发展起来的一种学校体育组织形式,与课间操相比,大课间操时间长,活动内容多,组织形式活,练习强度适宜,它可以对学生紧张的学习起调剂作用,巩固和提高体育课所获得的知识和技能,养成学生自觉锻炼的习惯。

大课间操应内容丰富、形式多样,可根据季节特点,组织长跑、跳绳、拔河、踢毽子、游戏和球类比赛等活动,还可以利用大课间操对有生理缺陷、患有慢性病或体质很弱的学生,在专人指导下进行医疗体育活动,以提高他们的健康水平。大课间操的时间,每周至少两次,每次以 1 小时左右为宜,运动心率应在 180 次/分以下。

由于参加的学生人数多,内容多,如果安排不当,容易发生伤害事故,造成不良影响。为保证大课间操有条不紊、安全有效地进行,学校事先应做周密安排,做到定时、定内容、定场地器材和定辅导人员。负责人员应事先检查场地器材的安全程度,做器械练习时,要安排人员保护帮助。运动前要做好充分的准备活动,教育学生遵守纪律,预防运动伤病的发生。对课外活动时间的安排,应与体育课的时间间隔开来,以利于体质的增强和健康水平的提高。

第三节 运动训练和体育比赛医务监督

一、校运动队训练的医务监督

校运动队训练的医务监督是指采用医学方法对学校校运动队运动员训练过程的全程监控,以产生最佳运动效果,避免产生运动损伤,从而保障训练的有效进行,促进运动员最大能效的发挥。因此,校运动队训练的医务监督是校队运动员和教练员在训练过程中应注重的首要前提。

(一)肌纤维类型推测

为了产生最佳运动效果,有必要对校队运动员进行肌纤维类型检测。对红肌纤维偏多的运动员,在一般有氧运动训练基础上,适当多安排耐力性项目;对白肌纤维偏多的运动员,则应在一般有氧运动训练基础上,多安排速度、力量性项目练习。

骨骼肌纤维按照收缩的特性大致分为快肌纤维和慢肌纤维两种类型,这两类肌纤维因其内部构造不同,功能上有很大差异,包括肌肉收缩速度、收缩力量和耐力水平等。快肌纤维含量高,运动员速度素质、爆发力就好,但是快肌纤维收缩速度快,收缩力较大,持续时间较短,疲劳出现早。慢肌纤维由于其含肌红蛋白较多,所以颜色较深,虽然在力量与爆发力方面逊色于快肌纤维,但其拥有很好的耐力,所以慢肌纤维收缩速度较慢,持续时间较长,疲劳出现较晚。

在运动过程中,如果以较低的强度运动时,慢肌纤维首先被动员,如果运动强度较大时,快肌纤维首先被动员。运动员的肌纤维组成具有项目特点,参加时间短、强度大的项目运动员,其骨骼肌中快肌纤维百分比较从事耐力项目运动员和一般人要高,耐力性项目的运动员慢肌纤维百分比较非耐力项目运动员和一般人要高,而既需要耐力又需要速度项目的运动员(如中距离跑、骑自行车等),其快肌纤维和慢肌纤维百分比相当。

(二)常用生理生化指标测试

运动员身体机能评定是一个多指标、多层次、多因素的整体综合评定,在训练过程中应定期进行机能诊断,根据评定的目的和测试对象的年龄、运动专项、训练水平等具体情况选择测试指标,了解训练计划是否与运动员机能状态相适应,以及运动员潜在的能力,为制订下一步切实可行的计划提供科学依据。随着训练科学化发展,运动员身体的机能评定已成为科学化训练的重要组成部分。一般进行机能评定常用的指标有如下几种。

1. 脉搏

1)安静时脉搏

常人安静时平均心率的大致范围是 60~100 次/分。经常参加体育活动者的心率较低,特别是经过系统训练的耐力项目运动员,常出现安静时脉搏低于 60 次/分,在多数情况下,这是对长期系统训练的一种良好的适应性变化。当安静时心率超过 100 次/分,称为心动过速,常由心脏病、甲亢、发热等病理原因引起。运动员训练期间若排除病理原因,安静时心动过速,表示机体反应不良,可能是因为过度疲劳或早期过度训练所引起的。此时,更应注意晨脉的变化,及时查出原因,调整训练计划。

2）晨脉

晨脉即基础脉搏，是在清晨起床前，清醒状态下，卧位的脉搏数。其特点是较为稳定，且随训练年限延长，训练水平提高而适当减慢。在训练期间，如果晨脉比过去减少或无明显改变，节律整齐，表明机体反应良好，有潜力，若突然加快或减慢，常常表示机体反应不良，提示身体过度疲劳或有疾病存在。如果晨脉的脉搏数比过去有增加明显且长期恢复不到原来水平，可能是早期过度训练综合征的反应，应做进一步的检查。

3）运动中心率

运动中心率主要用于判断机体的疲劳程度和运动强度的控制。在定量负荷时或在完成规定的成套动作时，运动员心率较平时明显增加，说明运动员的机能水平下降或机体已经疲劳。

4）运动后即刻心率

运动后即刻心率增加的幅度不变或下降，说明机体功能水平提高，训练时运动负荷安排得当。如果运动后即刻心率增加的幅度明显上升，说明机体的功能状况较差或训练负荷安排不当。

2. 血压

血压是反映运动员机能状态及疲劳程度的常用指标，在训练期间应经常做血压检查。高血压是动脉血压超过正常值的异常升高（舒张压$\geq$90 mmHg，收缩压$\geq$140 mmHg），低血压是动脉血压低于正常值的异常降低（收缩压$\leq$90 mmHg 或舒张压$\leq$60 mmHg）。当身体机能良好时，则血压较为稳定。若安静时血压比平时升高 20％左右且持续两天以上不恢复，往往是机能水平下降或疲劳的表现。

在运动过程中，收缩压会随运动强度的加大而升高，舒张压不变或有轻度的上升或下降。但是，如果运动时血压增加的程度比平时减少，心血管机能检查时出现梯形反应，或出现无休止音，或出现无力型反应等情况则说明运动员机能水平下降或疲劳。

3. 心脏形态

运动员心脏即运动员心脏综合征，是指经常参加运动的运动员的心脏、循环和心电图常会发生某些变化，这些变化包括：左室容积增加表现为心肌肥大，室壁增厚；安静时心动徐缓；心电图变化包括左室高电压、窦性心动过缓、S-T 段和 T 波变化、房室传导阻滞、文氏现象、束支传导阻滞等。运动员心脏综合征的特点为：副交感神经张力增加，特别是迷走神经张力增加而发生心动徐缓，同时出现各种各样的传导变化，所以，运动员心脏综合征这一现象常在耐力项目中见到。另外，训练以抗阻练习为主的运动员（如举重或摔跤运动员），有左室壁肥大现象，心室容积很少或没有增加。

病理性的心脏肥大，除了有病理性的心脏杂音外，还出现心悸、心律不齐、胸闷、气喘等症状。心电图既是临床检查心脏疾病的一种重要方法，又是观察运动员机能状况的重要指标。如果心电图出现室性期前收缩、显著窦性心律不齐、长期存在不完全右束支传导阻滞、S-T 段降低和 T 波倒置等假缺血性复极异常改变时，应及时调整训练计划，或暂停训练进行临床检查。

4. 最大摄氧量

最大摄氧量是反映人体在极量运动负荷时心肺功能水平高低的一个主要指标。最大摄氧量的高低主要取决于最大每分输出量，即与心泵功能的强弱关系最大。经过长期训练特别是耐力训练之后，运动员的最大摄氧量明显提高。

当运动员由于过度疲劳或过度训练引起心肺功能下降时，最大摄氧量会明显下降，运动成绩也会下降。经过运动负荷调整和相应的休息后，其值会回升。新参加运动训练的运动员，在训练期间最大摄氧量值稳步提高，说明心肺功能提高明显，训练计划得当，机体功能状况良好。最大摄氧量的绝对值和相对值对不同项目有不同意义，最大摄氧量的绝对值对划船运动员的重要性比相对值要大；相反，对于长距离跑运动员来讲，最大摄氧量的相对值可能更有意义。

5. 血红蛋白

血红蛋白是红细胞中具有携带氧功能的含铁蛋白质，是评定运动员机能状态的重要指标之一。我国正常成年人血红蛋白的标准：女子为 105～150 g/L；男子为 120～160 g/L。在训练期间，血红蛋白正常，成绩提高，说明机体功能状况良好；如果血红蛋白值下降至正常成年人的标准值以下，说明此时出现运动性贫血。在确定是运动性贫血后，可采取如下措施：减少运动量，必要时暂停专项训练，边练边治，但要减小运动强度，避免长时间运动，如长跑、长距离竞走等；加强营养，饮食应含有充足的蛋白质、维生素和有机铁。服用补铁药物时，应同时服用维生素 C 和胃蛋白酶，以促进铁的吸收。

6. 蛋白尿

正常人每日尿中排出蛋白质总量是非常微量的，为 40～80 mg。安静状态下，运动员的尿蛋白含量与一般常人无差别。运动导致的一过性蛋白尿从而引起尿液中蛋白增加的现象称为运动性蛋白尿。运动性蛋白尿中的蛋白质主要来自血浆蛋白，运动后尿蛋白比安静时增加，可多达 100 倍不等。

运动性蛋白尿可能出现于所有的运动项目，以长距离跑、游泳、踢足球等运动后出现率高。在大运动量训练过程中，开始运动员身体不适应，蛋白尿的排出量增多，如果继续坚持一阶段训练后，在完成相同强度的训练时蛋白尿的排出就会逐渐减少，这是运动员机能状况良性的适应性变化，但是如果蛋白尿不减少反而增加，则可能是运动员身体状态不良的表现，应酌减运动强度或运动量。

当机体出现运动性蛋白尿时也应该与病理性蛋白尿相互区别，主要表现在以下几点：运动性蛋白尿出现在训练后的第一次尿液中，且在运动后数小时内消失，一般在 24 小时内恢复正常。运动性蛋白尿出现时，运动员大多没有不良感觉，且预后良好。病理性蛋白尿存在时，患者除尿出蛋白外，还伴有不良感觉及症状，如血尿、管型尿、浮肿等。运动性蛋白尿休息、调整负荷后会逐渐减少或者消失，若仍不消失甚至出现不运动仍有蛋白尿的现象，提示可能是病理性蛋白尿，如肾炎等，应停止训练并做进一步的检查。

7. 血糖

正常人在空腹时血糖浓度为 3.89～6.11 mmol/L。空腹血糖浓度低于 2.8 mmol/L，称为低血糖。在运动员训练期间，血糖正常运动成绩提高，说明机体功能状态良好，如果血糖持续降低，运动成绩下降，说明运动时间、运动量过大，血糖利用过度，葡萄糖过量消耗。

（三）预防过度训练

1. 过度训练的含义

过度训练是运动员训练不当造成的运动性疾病之一。运动员由于疲劳的连续积累而导致机体出现功能紊乱或病理状态，将使运动员发生训练与恢复、运动与运动能力、应激与应激耐受性之间的失衡状态。

过度训练基本原因主要包括以下几个方面：训练安排不合理、训练方法简单、枯燥无味、生活规律破坏、运动员身体机能不良、饮食营养不合理、各种心理因素的刺激。

目前，过度训练的发病机理还不清楚，存在很多看法，主要包括：大脑皮层紊乱学说，认为过度训练的发病基础是由于神经系统的过度紧张造成兴奋和抑制之间失去平衡所致，所以一直把过度训练看作是一种特殊的"神经官能症"；神经内分泌学说，认为神经内分泌之间的不平衡是造成过度训练症候群的主要机制；谷氨酰胺学说，Newsholem 于 1991 年观察到过度训练者出现持久的谷氨酰胺水平下降。此外，还有氨基酸色氨酸减少学说、糖原学说、训练单调学说、肾素-血管紧张素系统学说等。

2. 过度训练的诊断

目前,对运动员过度训练还没有一种特异的、灵敏的和简便的诊断方法,需要根据运动员的主诉、运动史、各种体力实验、心理测试等客观检查来确定诊断。当运动能力因疲劳而持续下降时,应考虑过度训练的可能。同时,运动试验是诊断过度训练不可缺少的环节,根据条件可测定运动员最大工作能力、最大乳酸水平、最大摄氧量、无氧阈、心电图运动试验、心血管系统联合机能试验等。

3. 过度训练的处理与预防

1) 过度训练的处理

多数过度训练的运动员经过治疗后可以恢复健康。治疗上基本围绕消除病因、调整训练内容或改变训练方法、加强各种恢复措施以及对症治疗四个方面进行。

较早期和轻度的过度训练一般经过两周左右即可基本消除恢复正常的训练。这时主要是调整训练内容或改变训练方法,包括适当减少运动量、控制训练强度、减少力量性练习等。

对比较严重的过度训练者,除减少运动量外,还要避免大强度、大力量训练,暂停专项训练,做一般小强度的身体训练。

对特别严重的过度训练者,需要完全中止训练一段时间,或者改变环境,进行一段时期的疗养和药物治疗。

2) 过度训练的预防

(1) 合理安排运动训练。发生过度训练的主要原因是训练安排不当,因此,预防的关键在于根据运动员的具体情况,制订合理的训练计划,加强队医、运动员、教练员之间的交流和配合。

(2) 最佳训练负荷的原则。最佳负荷取决于多种因素,如遗传特性、生活方式、健康状况等。为了及时调整训练量要注意调整训练节奏,合理安排生活作息制度,伤病后积极治疗不宜过早恢复训练,长年坚持有氧训练,不要采用过多的指标评价运动强度和运动量。

(3) 及时发现过度训练的早期表现。运动员完成训练或比赛时感觉非常费力,两组训练间的恢复时间延长;训练后运动员有持续疲劳或恢复不足感,并伴有睡眠不良和晨脉增加的现象;处理日常事务时表现出易怒和情绪化;缺乏训练热情,训练效果不佳;女运动员月经周期改变,甚至出现闭经现象。上述这些症状均为过度训练的早期表现,队医和教练员应当警惕这些早期表现,并积极促进运动员的恢复。

二、体育比赛医务监督

(一) 赛前医务监督

赛前调整期的医务监督的主要目的是了解运动员的状态,保证其正常参加比赛。

1. 赛前体格检查

参赛运动员比赛之前应体检,对参赛运动员体检的重点是心血管系统。除了一般医学检查之外,还要进行机能检查,必要时可做肝功能、心电图等特殊检查。要严格把关,不允许有感冒、发烧、心动过速、心电图有异常改变、外伤未愈或各种内脏器官疾病者参加比赛。

2. 检查比赛日程

检查比赛日程安排是否符合医务监督要求,避免和防止运动员连续参加比赛等不合理现象。气象条件是否适应比赛也要在考虑之列。

3. 检查比赛场地、路线、器械设备和服装

例如:马拉松比赛,对途中地形、饮食安排和救护车的配备要做详细调查;冰球比赛,对运动员头盔、防护服装的检查等。

(二) 赛中医务监督

比赛期的运动员往往处于精神高度紧张的状态，为保证其正常参加比赛，发挥出正常水平，应更加注意做好医务监督工作。督促运动员进行合理和充分的准备活动，协助做好赛期伙食的调配和管理工作，为运动员提供充足的营养。建立赛场医务急救站，每个赛场都必须配有医务监督人员，以便及时做好伤、病的急救和治疗工作，做好兴奋剂的防范与检测工作，做好赛中的饮料供应工作。开展体育卫生宣传工作，如比赛前充分做好准备活动，注意饮食卫生，遵守比赛规则，遵守生活制度，讲究个人卫生等。

(三) 赛后医务监督

比赛后要注意了解运动员的身体反应情况，掌握疲劳程度及存在的具体问题，合理安排训练计划，促进疲劳的消除。运动员要进行赛后体格检查，根据比赛项目的特点和需要，有针对地测试某些生理指标，从中发现是否有异常改变，以便及时处理，尤其对那些能量消耗大的比赛项目，赛后要密切观察身体恢复情况，要消除赛后疲劳，促进体力恢复。比赛引起的疲劳以及体力的消耗常常不能在一两天内恢复，采用数种恢复方法以防止产生"停训综合征"。睡眠对于疲劳的消除十分重要，其他如温水浴、局部按摩、热敷和局部负压等手段，效果也很显著。此外，赛后仍应注意补充营养，切忌暴饮暴食。

第四节　健身活动医务监督

一、一般体育活动医务监督

(一) 运动前的准备工作

运动前要做好准备活动。在体育锻炼中，不少运动损伤都是由于准备不足导致的。准备活动可以提高中枢神经系统的兴奋性，克服人体机能活动的生理惰性，为正式练习做好准备，可以增加肌肉中毛细血管开放的数量，提高肌肉的力量、弹性和灵活性，还可以提高关节韧带的机能，增加韧带的弹性，使关节更加灵活，从而防止肌肉和韧带的损伤。

(二) 不同人群运动项目选择及运动负荷的控制

1. 少年儿童运动项目的选择

青少年时期，11~18岁的年龄阶段，骨骼尚未完全骨化，在骨骺与骨干之间存在着骺软骨，儿童和青少年时期，骺软骨生长速度很快，尤以四肢更为明显，并且这一时期，骨的承压较小，易变形，因此，体育锻炼内容应以速度和爆发力项目为主，少负重，每组运动时间短，间歇时间长，运动强度和运动量要适度。

2. 青年人运动项目的选择

20~35岁之间的青年人，生理功能已达到顶峰，基本素质侧重于身体柔韧性的锻炼，多做伸展运动，重点部位是背部和腿部的肌肉，久坐办公室的人更要注意伸展运动。健身运动贵在坚持，虽然没有必要每天抽出时间去健身房参加运动，但是要养成随时健身的习惯，提高自己的锻炼意识。青年人可以加强户外锻炼，如慢跑、做健美操、平衡操等，还可以进行大量的腰腹练习，如仰卧起坐、骑自行车等。

3. 中年人运动项目的选择

中年人是指 35～60 岁这一年龄阶段。中年人各器官、系统都有不同程度的退行性病变，所以选择的运动方式要多种全面，如步行、慢跑、骑自行车、做广播操、游泳、打太极拳、练习气功、打小球类、远足、登山等。锻炼应选择人少、宁静、空气清新的环境，如广场、公园等地方。根据科学锻炼的要求，运动强度应达到最大心率的 70%～85% 为目标的心率范围，锻炼时间一般每周安排 3～5 次，每次 20～45 分钟。

4. 老年人运动项目的选择

老年人指 60 岁以后的年龄阶段。老年人运动项目应该有利于保持良好的体型，而且能预防常见的老年性疾病，如高血压、心血管病、脑卒中和糖尿病等。老年人不宜参加速度性和力量锻炼，宜选择以提高心肺功能为主的有氧全身运动，如散步、练习气功、做广播操、游泳等。老年人参加体育锻炼必须根据自己的身体情况，量力而行，运动负荷要从小到大逐渐增加，增加的速度不宜太快，在锻炼中要掌握循序渐进和持之以恒的原则。老年人运动强度为 60% 的最大心率，其适应心率为 110～130 次/分，每周 3 次左右，每次 20～30 分钟。老年人的适宜运动负荷也可用 170－年龄。

二、拉丁舞、健美操医务监督

拉丁舞、健美操的运动强度不大，其运动特征是持续一定时间的、中低程度的全身性运动，属于有氧运动项目，主要锻炼健身者的心肺功能。拉丁舞为体育舞蹈的一种，分为恰恰、桑巴、伦巴、牛仔、斗牛等，健美操通常采用徒手或持轻器械进行练习。

拉丁舞、健美操的准备活动通常分为两个阶段：一般性准备活动阶段和专门性准备活动阶段。一般性准备活动阶段侧重于使健身者达到集中注意力和热身的目的；专门性准备活动则是全面动员机体各器官系统，为基本部分做好准备。在一般准备活动阶段可采用不间断的徒手体操、舞蹈组合等形式，强度要适中，难度不宜过大，应该循序渐进，由慢到快。在专门性准备阶段，健身者要使手腕关节、肩关节、腰部、髋关节、膝踝关节等关键部位充分锻炼。拉丁舞更注重肩部的准备活动，如压肩或者转肩活动。

健身者要根据自己的实际情况安排运动的时间、强度、练习组数等。有慢性病的人要在医生的指导下进行锻炼，心血管疾病患者应减少剧烈运动，避免快速旋转头部和突发性动作，患重感冒时最好停止运动。一般进食后间隔两个小时才可进行锻炼，因为进食后胃中食物充盈，立即运动会影响消化，容易出现腹痛、恶心等症状，运动前应吃些易于消化的食物，运动后应休息 30 分钟后再进食。在锻炼过程中应注意及时补充水分，以保证身体健康和正常机体的需要。补充水分的方法最好是少量多饮，随时保持体内水的平衡。

健美操应该选择有弹性的运动服装，以动作不受束缚为好，最好选择有弹性、纯棉、柔软、舒适的服装，棉制服装吸汗性较强，适合运动时穿着，每次练习后，要及时清洗服装，保持服装干爽。鞋子不仅要大小合适，而且还要有衬垫，并具备一定的弹性和弯曲性，切忌穿高跟鞋和厚底鞋。

拉丁舞服装按照场合分为拉丁舞比赛服装、拉丁舞表演服装和练习服。拉丁舞比赛服装是选手在规模型比赛场合穿着的服装，由于多组选手在同一场地同时竞技，需要豪华、闪耀的效果以吸引评审的注意，所以好的服装可起到为参赛选手加分的作用。拉丁舞表演服装通常是一对表演者在表演舞蹈时穿着的服装，须具备艺术表现力和感染力，但对奢华感的要求却不似拉丁舞比赛服装那么高。通常拉丁舞比赛服装和拉丁舞表演服装可以互换使用，界限并不严格。练习服是舞者在平时练习时穿着的基本服装，只需满足功能性即可，可不需要任何装饰。

三、动感单车的医务监督

动感单车是由美国私人教练兼极限运动员 Johnnyg 于 20 世纪 80 年代首创,是一种结合了音乐、视觉效果等独特的充满活力的室内自行车训练课程。动感单车在克服了室外行驶的缺点后,由于技术上的改进,使得这项运动在简单易学之余,成为一项能够使全身得到锻炼的有氧运动。有研究表明,动感单车减肥效果尤为突出。16 周每周 3 次每次 45~60 分钟,心率在 110~150 次/分的动感单车练习,练习者体脂百分比女子由练习前的 20.28 ± 3.8 降低为 16.03 ± 3.7,男子由练习前的 9.61 ± 4.9 降低为 6.44 ± 5.7。

一节动感单车课程为 45 分钟:前 5 分钟为热身运动,35 分钟为主要训练,教练员会根据个人力度来调节动感单车的阻力和转数,并模拟上下坡、原地走的动作,在锻炼耐力的同时大量消耗脂肪,最后 5 分钟为放松运动,可起到塑形效果,令人体线条更加好看。

动感单车的运动量大,对心肺功能要求较高,所以练习者锻炼前最好做些心肺功能的医学检查,如听心音、做心电图等,对有特殊需要者还可做超声心动或超声血流图。练习者锻炼时要有运动量控制:在恢复区间,没有爬坡也没有跳跃,只有很轻的阻力,只要闭上眼睛,用鼻呼吸并且放松,感觉脚下的循环踩踏,让它变得顺畅起来,专注于躯体放松,双手轻轻地搭在车把上,将心率维持在最大心率的 50%~60%,轻松完成所有动作;在耐力区间,最大心率可维持在 65%~75%之间,重点是找到令人感觉舒适的、能够保持长运动时间的心率和踩踏方式,放松肩膀、脖子、肘关节以及小腿;在力量区间,可锻炼肌肉和心肺功能,它要求在强阻力下做稳定、匀速的踩踏,尽量放松,感觉踏板上的双脚,将最大心率保持在 75%~85%之间;在间歇区间,强调强度、节奏、时间和韵律,控制强度,将最大心率控制在 65%~92%之间,掌握好节奏,坐姿和站姿之间的转换要流畅,在两个难度大的做功之间达到运动恢复心率(最大心率的 65%)并注意心率恢复的时间。注意观察排汗量,运动后做肌力测定。

【本章小结】

本章主要介绍了医务监督的意义与内容,学校体育医务监督,运动训练和体育比赛医务监督,健身活动的医务监督等内容,使学生能对体育运动医务监督有一个全面的认识和了解。

【思考复习题】

1. 体育运动医务监督的概念、意义和内容分别是什么?
2. 怎样用晨脉进行自我监督?
3. 过度训练的原因、处理与预防措施分别是什么?
4. 体育课怎样进行健康分组?
5. 早操、课间操怎样进行医务监督?
6. 体育比赛怎样进行医务监督?

第六章 按 摩

【学习目标】
(1)了解按摩的定义、作用原理、应用、要求及注意事项;
(2)掌握常用的按摩手法;
(3)掌握常用穴位和取穴方法,能够熟练地进行运动按摩、自我保健按摩和几种常见伤病的治疗按摩。

第一节 按摩概述

一、按摩概述

按摩又称推拿,是利用手、足或器械等进行各种手法操作,刺激人体体表一定的部位或穴位,运动伤肢,以提高或改善人体生理功能、消除疲劳或防治疾病的一种物理治疗方法。

按摩在我国已有几千年的历史,它简便易行,不需要特殊的设备。按摩对纠正运动员赛前、赛后出现的功能失调、消除疲劳、改善运动能力和防治运动伤病等方面都起着积极的作用。因此,学习和掌握按摩技术,对体育教学、训练和比赛都具有一定的实用意义。

二、按摩的作用原理

(一)对皮肤的作用

按摩首先作用于皮肤,使局部衰老的上皮细胞得以消除,皮肤的呼吸得到改善,有利于汗腺和皮脂腺的分泌。按摩还可使皮肤内某些蛋白质分解,产生一种组织胺的物质,这种物质能活跃皮肤的毛细血管和神经,使毛细血管扩张,血流量增多,从而改善了皮肤的营养,使皮肤润泽而富有弹性。

(二)对神经系统的作用

按摩能改善大脑皮层的兴奋与抑制过程。不同的按摩手法对神经系统可产生不同的作用,如切击法起兴奋作用,而摩法起抑制作用。同一种按摩手法,由于运用的方式不同,对神经系统也有着不同的影响,如果手法用力大小、频率快慢和持续时间长短等不同,其作用也不相同。一般来说,用力大、频率快、持续时间短的手法(如重推法)起兴奋作用,用力小、频率慢、持续时间长的手法(如轻推法)则起镇静或抑制作用。

在运动损伤治疗中,穴位或局部按压可以镇痛和移痛。这种镇痛和移痛的机理,有人认为与大脑皮层的内、外抑制机制和大脑皮层的兴奋优势法则有关。按摩以后,神经反应时值缩短。根据脊髓节段反射,按摩颈部可调节上肢和脑内血液循环,降低颅内压,故有降低血压的作用。

(三)对循环系统的作用

按摩可引起周围血管的扩张,降低大循环中的阻力,同时又可加速静脉血的回流,因此能减轻心脏的负担,有利于心脏的工作。

按摩能直接挤压淋巴管,促进淋巴回流。有人做了动物实验,发现按摩后淋巴流速比按摩前淋巴流速快7倍,有助于渗出液的吸收,对消除局部水肿具有良好的作用。

此外,按摩还能影响血液的重新分配,调整肌肉和内脏的血流量,以适应肌肉紧张工作时的需要。适当的按摩可增加肌肉的伸展性,使紧张的肌肉放松,而肌肉的放松又可改善血液循环。经测定,肌肉放松时的血流量要比肌肉紧张时提高10倍。

按摩还可以引起血液成分的改变。按摩前后的红细胞、血红蛋白、白细胞计数和分类,白细胞噬菌能力等指标都有明显的改变,如白细胞可平均增加19.7%,淋巴细胞比例升高,中性白细胞相对下降。白细胞的噬菌能力在按摩后有所提高,其噬菌指数平均增加4.02%。

(四)对呼吸系统的作用

按摩胸部或某些穴位可反射性地使呼吸加深。有实验证明,进行全身按摩以后,氧的需要量增加10%~11%,同时相应增加了二氧化碳的排出量。

(五)对消化系统的作用

按摩腹部或有关经穴,能提高肠胃的分泌功能和加强肠胃的蠕动,从而改善和提高消化器官的功能。

(六)对运动器官系统的作用

由于按摩能使肌肉毛细血管扩张和后备毛细血管开放,使局部血液供应加强,营养改善,并可加速疲劳时肌肉中乳酸的排出,有利于疲劳的消除,提高肌肉的工作能力和防止肌肉萎缩。此外,经常按摩能增强韧带的柔韧性和加大关节活动的范围。这不仅对体育运动有实际意义,还能消除骨伤病人因固定过久对关节、韧带、肌腱的不良影响,并能预防关节、韧带因过度牵拉而引起的损伤。

三、按摩的要求及注意事项

按摩的适应范围很广,它常用于运动实践、养生保健和治疗伤病中。用于运动实践中的按摩,它主要是用来调节赛前状态,消除疲劳,提高运动能力;用于养生保健、延年益寿的按摩称为保健按摩;用于疾病治疗的按摩称为治疗按摩。

按摩者的手要保持清洁和温暖,手要保持光滑,指甲应剪短,并要除去异物,如戒指、手表等,以免引起不适感或损伤皮肤。按摩者与被按摩者的姿势与体位要适宜,被按摩者肌肉要放松,同时又要便于按摩者进行操作。运动按摩的方向一般应沿着静脉血和淋巴液回流的方向进行,但淋巴结的部位不宜做按摩。按摩时的力度应由轻到重、再由重到轻,被按摩的面积一般由大到小、再由小到大,并随时观察被按摩者的反应,询问其感觉,以便及时调整手法和强度。全身按摩应注意按摩的顺序,一般由头、颈、上肢、躯干、下肢的顺序进行按摩。进行运动按摩时,也有人主张从运动负荷量最大的部位开始,一般按大腿、小腿、臀部、腰背、胸腹部、上肢的顺序进行。按摩四肢部位时,先按摩一侧后再按摩另一侧。若身体不明原因地发热或有肿瘤、急性炎症、皮肤病、开放性损伤及急性闭合性软组织损伤等早期症状则不适宜做按摩。女性月经期及妊娠期不宜做腰部、腹部的按摩。

为了减少对皮肤的摩擦和借助于某些药物的治疗作用,按摩者在被按摩者的皮肤上涂擦油类、酒类及粉类等物质,这些物质称为介质。常用的油类介质有玉树油、水杨酸甲酯、麻油、祛风油等,可加强透热功能,多在冬季使用。酒类有舒活酒、椒盐酒、虎骨木瓜酒、五加皮酒等,具有祛风、散寒、除湿等作用,多在治疗时使用。粉类有滑石粉、爽身粉等,主要起润滑皮肤的作用,一般在夏季使用。

第二节　按摩的基本手法

用手或肢体的其他部位按各种特定的动作技巧在体表上进行操作的方法,称按摩手法。手法在按摩疗法中起到针和药的作用,手法操作是否准确、熟练,能否正确运用,将会直接影响到按摩的效果。因此,要求按摩者通过一定时间的手法基本功练习和反复的临床实践,使手法在操作中具有持久、有力、均匀、柔和的技巧,从而达到"深透"的要求。按摩手法种类繁多,这里只介绍几种常用手法。

一、滚法

(一)操作方法

滚法(见图 6-1)是由腕关节的屈伸运动和前臂的旋内、旋外运动复合而成的一种手法。按摩者手指自然弯曲,用手背近小指侧部分紧贴按摩者的治疗部位,通过腕关节做连续的屈伸运动,带动前臂旋内、旋外,使小鱼际及掌背在治疗部位持续不断地来回滚动。

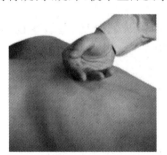
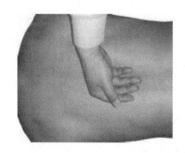

图 6-1　滚法

(二)动作要领

运用滚法时,按摩者肩臂和手腕要放松,肩关节要自然下垂,肘关节微屈,腕关节屈曲、前臂旋后时向外滚动约 80°左右,腕关节伸展、前臂旋前时向内滚动约 40°左右。滚法的着力要均匀,动作要协调而有节律,一般滚动的频率为每分钟 140 次左右。

(三)作用

滚法具有活血散瘀、消肿止痛、缓解肌肉痉挛、增强肌肉的活动能力和韧带的柔韧性、促进血液循环及消除肌肉疲劳等作用。

(四)应用

滚法的压力较大,接触面积较广,适用于肩背部、腰臀及四肢等肌肉较肥厚的部位,常用于治疗运动损伤及消除肌肉疲劳。

二、推法

(一)操作方法

推法是用手掌、掌根、拇指指腹或指间关节背部为着力点,进行单方向的直线推动,如图6-2所示。根据用力的大小和作用的不同,推法分为轻推法和重推法两种。轻推法动作要柔和均匀,力量只达皮肤;重推法用力较重,手法与轻推法基本相同,只是着力点在掌根和大、小鱼际处。用全掌重推法时,按摩者四指并拢,拇指分开,掌根着力,虎口稍抬,必要时可用另一手掌面重叠按压于手背上,双手同时向下加压,沿着淋巴流动和静脉血回流的方向进行。

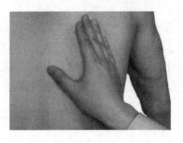 

图 6-2　推法

(二)动作要领

运用推法时,按摩者指、掌等着力部分要紧贴皮肤,用力要稳,推进的速度要缓慢而均匀,但不要硬用压力,以免损伤皮肤或引起不适感。按摩者可取坐位或直立位进行,并注意自身姿势,要沉肩垂肘,含胸拔背,掌虚指实,压力自然,不可用蛮力,应紧推慢移,单向直线运行。

(三)作用

轻推法具有镇静止痛、缓和不适感等作用;重推法具有疏通经络、理筋整腹、活血散瘀、提高局部温度、缓解痉挛、加速静脉血和淋巴液回流等作用。

(四)应用

轻推法多用于按摩的开始和结束,以及换用手法之间。重推法常用于按摩过程中。

三、擦法

(一)操作方法

擦法是用手掌、大鱼际、小鱼际或者掌根部着力,紧贴在皮肤上,做来回直线的摩动,如图6-3所示。

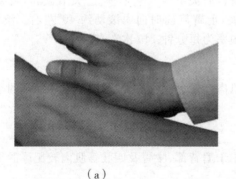 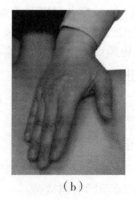

(a)　　　　　　　　　　　　　　(b)

图 6-3　擦法

(二)动作要领

运用擦法时,按摩者的腕关节要伸直,使前臂与手接近相平,以肩关节为支点,带动手掌做上下或者左右直线往返摩动,不可歪斜。按摩者手掌向下的压力要均匀适中,在摩动时以不使皮肤出现褶子为宜。摩动的速度一般较快,往返摩动的距离要长,动作要均匀而连贯,但不宜久擦,以局部皮肤充血潮红为度,防止擦损皮肤。

(三)作用

擦法具有温经通络、行气活血、镇静止痛、能提高皮肤温度、增强关节韧带的柔韧性等作用。

(四)应用

擦法多用于按摩的开始和结束时,或换用手法之间,以减轻疼痛或不适感。擦法多用于提高局部皮肤温度,增强机体抗寒能力,摩擦的频率宜快,所用的压力较大,往返按摩的距离要长。根据不同的按摩部位,可采用不同的手形,如踝关节宜用大鱼际擦,背腰部用手掌或小鱼际擦,肌腱与小关节处用拇指指腹擦。

四、揉捏法

(一)操作方法

运用揉捏法(见图6-4)时,按摩者的拇指外展,其余四指并拢,手呈钳形,将全掌及各指紧贴于皮肤上,做环形旋转的揉捏动作,边揉边捏边做螺旋形地向心方向推进,根据需要可单手或双手(并列或加压)操作。

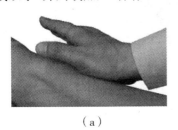
(a)

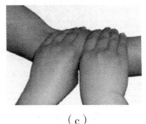
(b)　　　　　　(c)

图6-4 揉捏法

(二)动作要领

运用揉捏法时,按摩者的全掌要紧贴皮肤,以拇指指腹和大鱼际构成钳形着力的一面,与四指指腹和小鱼际构成着力的另一面,捏紧时前臂略做旋后,使拇指指面做由内向前再向外(向食指方向)的半圆形揉动,然后前臂略做旋前,带动拇指指面由外向后旋转,随着手的放松,拇指指面继续向内旋动,做完圆形揉动的一周,接着全掌向前滑动约一拇指宽的距离。如此周而复始地边揉边捏边螺旋形向前推进。揉捏时,要求按摩者的全掌着力均匀,必须有意识地减少食指与拇指习惯性的对掌用力,以加强拇指与其他三指的对掌用力。

(三)作用

揉捏法具有促进局部组织的血液循环和新陈代谢,增加肌力和防治肌肉萎缩,缓解肌肉痉挛,消除肌肉疲劳和活血散瘀、止痛等作用。

(四)应用

揉捏法多用于四肢、臀部等肌肉肥厚处,常与揉法交替使用。

五、按压法

(一)操作方法

按压法(见图6-5)的操作方法:按摩者用单手或双手的手指、肘或掌根贴于被按按摩部位,用较大的力量向下或相对按压,力量先由轻到重,再由重到轻。根据不同手法及其要领的不同,按压法可分为以下四种。

1. 拇指按

按摩者拇指伸直、食指屈曲护住拇指第一关节处,用拇指指面垂直用力向下按压,使刺激达到肌体组织的深层,使被按摩者产生酸、麻、沉、胀和走窜的感觉,持续数秒后渐渐放松,如此反复操作。

2. 屈指按

按摩者用中指或食指的第二个指间关节屈指骨突部位进行按压。

3. 屈肘按

按摩者用屈肘突出的鹰嘴部按压被按摩者的按摩部位。

4. 掌按

按摩者用单掌或双手掌根着力向下按,也可用双掌相对按。

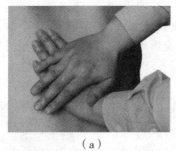 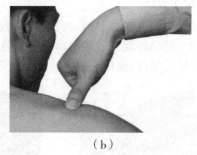

(a)　　　　　　　　　　　(b)

图6-5　按压法

(二)动作要领

运用按压法时,着力部位要紧贴体表,不可移动,用力方向要与体表垂直,由轻到重,稳而持续,使力达组织深部,拇指按穴位要准确,用力以被按摩者有酸、胀、热、麻等感觉为度。

(三)作用

按压法具有舒筋活络、放松肌肉、消除疲劳、活血止痛、整形复位等作用。

(四)应用

拇指按法适用于经络穴位,临床上常与拇指揉法相结合,组成按揉复合法,以加强按摩效应及缓解用力按压后的不适感。掌按法多用于腰背部、肩部及四肢肌肉僵硬或发紧的地方,也用于关节处,如腕关节、踝关节等。

六、拿法

(一)操作方法

运用拿法时,按摩者用单手或双手的拇指与食、中两指,或拇指与其他四指指面着力,做相对用力,在一定的穴位或部位上进行有节律的捏而提起的操作。

(二)动作要领

运用拿法时,按摩者的肩臂要放松,腕要灵活,以腕关节和掌指关节活动为主,用指面相对用力提拿揉捏,用力要由轻到重,再由重到轻,动作要缓和而连贯。

(三)作用

拿法具有疏通经络、解表发汗、镇静止痛、开窍提神、缓解痉挛等作用。

(四)应用

拿法主要用于颈项、肩背及四肢部。拿法刺激强度较大,拿捏持续时间宜短,次数宜少,拿后应配合使用轻揉法,以缓解强刺激引起的不适。临床上常拿风池穴、肩井穴等穴位及颈项两侧部位,治疗外感头痛。拿法也用于运动中,能使人精神振奋。

七、叩击法

用手掌或手的尺侧面等拍击体表,称拍击类手法,即叩击法。常用的叩击法有拍打、叩击和切击。

(一)操作方法

拍打时,按摩者两手半握拳或五指并拢,拇指伸直,其余四指的掌指关节微屈形成空心掌,掌心向下,两手有节奏地进行上下交替拍打,如图6-6(a)所示。叩击时,按摩者两手握空拳,用拳的尺侧面进行上下交替叩打,如图6-6(b)所示。切击时,按摩者两手的手指伸直,五指并拢,用手的尺侧面进行上下交替切击,如图6-6(c)所示。

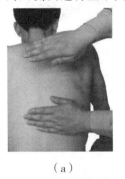　　

(a)　　　　　　　　　　(b)　　　　　　　　　　(c)

图 6-6　叩击法

(二)动作要领

拍打时,按摩者的肩、肘、腕要放松,以手腕发力,着力轻松而有弹力,动作要协调灵活,频率要均匀。叩击和切击时,按摩者以肘为支点进行发力,动作要协调、连续、灵活。叩击时,按摩者的肩、肘、腕要放松。切击时,按摩者的肩、肘、腕较为紧张,以力达组织深部。

(三)作用

叩击法具有促进血液循环、舒展肌筋、消除疲劳和调节神经肌肉兴奋性的作用。

(四)应用

叩击法多用于肩背、腰臀及四肢等肌肉肥厚处。缓慢的拍打和叩击常用于运动后加速消除疲劳;用力较大、频率较快、持续时间短的切击常用于运动前提高神经肌肉兴奋性。

八、搓法

(一)操作方法

运用搓法(见图6-7)时,按摩者用双手手掌着力,挟住被按摩的部位,相对用力,方向相反,来回快速地搓动,同时做上下往返移动。

(二)动作要领

运用搓法时,按摩者双手掌用力要匀称,动作柔和而均匀,来回搓动要快,上下移动要慢。

(三)作用

搓法具有舒筋通络、调和气血、松弛组织、缓解痉挛、加速疲劳的消除、提高肌肉的工作能力等作用。

(四)应用

搓法适用于腰背、胁肋及四肢部,以上肢和肩、膝关节处最为常用,常在每次按摩的后阶段使用。运动前,若采用压力大、频率快而持续时间短的搓动,能提高肌肉的工作能力;运动后,若采用压力小、频率缓慢而持续时间较长的搓动,能加速消除肌肉的疲劳。

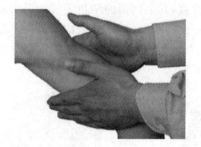
图6-7 搓法

图6-8 抖法

九、抖法

(一)操作方法

抖法(见图6-8)分肢体抖动和肌肉抖动两种。肢体抖动时,按摩者用单手或双手握住被按摩者的肢体远端,在轻微的持续牵引下,稍用力做连续小幅度上下快速抖动。肌肉抖动时,按摩者用手轻轻抓住被按摩者肌肉,进行短时间的左右或上下的快速振动。

(二)动作要领

运用抖法时,按摩者的动作要连续、均匀,频率由慢到快,再由快到慢,抖动的幅度要小,抖动频率一般较快,用力不要过大。

(三)作用

抖法具有舒筋通络、放松肌肉、消除疲劳的作用。

(四)应用

抖法多用于肌肉肥厚的部位和四肢关节,是按摩结束阶段常用的一种手法。

十、掐法

(一)操作方法

运用掐法(见图6-9)时,按摩者用拇指指端或指甲缘着力,切取一定的部位或穴位,用持续或间断的力垂直向下按压。

(二)动作要领

掐法用于局部消肿时,按摩者必须从肿胀部位的远心端开始,以轻巧而密集地手法向下切压皮肤,依次向近心端移动,移动的速度宜缓慢,用力不可过大;掐法用于点掐穴位时,要空手握成拳,拇指伸直,紧贴于食指桡侧缘,用拇指指端或指甲(以指代针)着力于穴位上,力度逐渐加重,以引起"得气"为度,掐后轻揉局部以缓解不适感;掐法用于急救时,手法宜重、快,但要防止指甲切破皮肤。

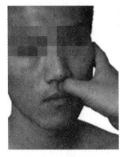

图6-9 掐法

(三)作用

掐法具有消肿止痛、防止粘连及开窍醒脑、提神解痉、行气通络的作用。

(四)应用

掐法适用于消除局部肿胀。掐穴法常用于急救。

十一、拨法(分筋、拨筋)

(一)操作方法

运用拨法(见图6-10)时,按摩者用双手拇指或单拇指的指端掐压在一定部位上,适当用力做与韧带或肌纤维呈垂直方向的来回拨动。

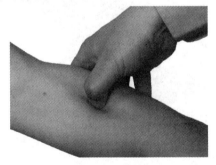

图6-10 拨法

(二)动作要领

运用拨法时,按摩者的拇指端要深按于韧带或肌肉、肌腱的一侧,然后做与韧带或肌纤维呈垂直方向的拨动,好像弹拨琴弦一样。按摩者也可沿被按摩者肌肉的一端依次向另一段移动弹拨,使局部有酸胀感,力度以被按摩者能忍受为度。

(三)作用

拨法具有分离粘连、消散结聚、解痉止痛等作用。

(四)应用

拨法常用于治疗肌肉、肌腱和韧带的慢性损伤。

十二、弹筋法(提弹法)

(一)操作方法

运用弹筋法时,按摩者用拇指与食、中两指或拇指与其余四指指腹将肌肉或肌腱速提速放,像木工弹墨线一样。

(二)动作要领

运用弹筋法时,按摩者用指腹着力,切勿用指端用力掐,力度要由轻到重,刚中有柔,每处每次可提弹1~3下,然后使用轻揉法,以缓和因提弹而引起的被摩擦者的不适感。

(三)作用

弹筋法具有舒筋活络、畅通气血、解痉止痛、对局部神经有强刺激作用。

(四)应用

弹筋法一般用于治疗肌肉酸痛和肌肉痉挛等。

十三、理筋法(顺筋法)

(一)操作方法

运用理筋法(见图6-11)时,按摩者用拇指指腹压迫被按摩者的伤部,顺着肌纤维、韧带或神经行走的方向缓慢移动,以理顺其筋。

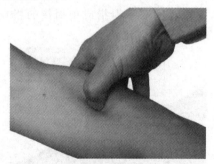

图6-11 理筋法

(二)动作要领

运用理筋法时,被摩擦者的伤部应尽量放松,按摩者用一手拇指指腹固定被按摩者伤部的一端,另一手拇指指腹沿着韧带、肌纤维或神经的走向向伤部理顺,反复数遍。按摩者用力必须均匀持续,指腹移动必须缓慢。

(三)作用

理筋法具有调和气血、顺筋归位的作用。

(四)应用

理筋法多用于治疗急性闭合性软组织损伤。

十四、拔伸法

(一)操作方法

拔伸即牵拉或牵引,固定肢体或关节的一端,牵拉关节的另一端使关节周围的肌肉、韧带、筋膜等软组织发生不同程度的伸展。拔伸法可分为颈部拔伸法、肩部拔伸法、腕部拔伸法、指间关节拔伸法等。

1. 颈部拔伸法(见图6-12)

被按摩者正坐,按摩者站于其后,用双手拇指托于被按摩者枕骨隆突的一侧下方,食、中指托于被按摩者两侧下颌骨,然后逐渐用力向上拔伸。

2. 肩部拔伸法(见图6-13)

被按摩者为坐位,上肢放松,按摩者站于被按摩者后外侧,用双手握住其腕部和前臂慢慢向上牵拉,按摩者为坐位或站于被按摩者外侧,向外下方牵拉的同时让被按摩者上身略向对侧倾斜,形成对抗牵引。

3. 腕部拔伸法

被按摩者为坐位,按摩者在其对面而坐,用双手握住被按摩者手腕,逐渐用力拔伸,与此同时让被按摩者上身略向后仰,形成对抗牵引。

图6-12 颈部拔伸法

4. 指间关节拔伸法(见图6-14)

按摩者用一手握住被按摩者腕上部,另一手捏住被按摩者指端,两手同时向相反方向用力拔伸。

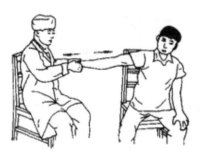

图6-13 肩部拔伸法

图6-14 指间关节拔伸法

(二)动作要领

运用拔伸法时,按摩者与被按摩者双方要配合密切,注意放松,顺势而行,因势利导。按摩者用力要持久、稳定、均匀,缓缓用力拔伸,用力与拔伸强度要恰到好处,由轻到重,适可而止,切忌粗暴,以免发生损伤。

(三)作用

拔伸法的作用主要是拉宽关节间隙,调整有关肌肉韧带等软组织,理顺筋骨、松解粘连、滑利关节。

(四)应用

拔伸法适用于四肢关节,常在按摩结束时使用,以活动肢体和关节。

十五、运拉法

(一)操作方法

运用运拉法时,按摩者一手握住被按摩者关节远端肢体,另一手握住被按摩者关节近端肢体,在关节的生理活动范围内做被动性运动。常用的运拉法有如下几种。

1. 颈部运拉法(见图 6-15)

按摩者一手扶住被按摩者头颈,另一手托住被按摩者下颌部,使被按摩者轻轻地做左右旋转和前后俯仰的屈伸运动。

2. 肩关节运拉法(见图 6-16)

按摩者一手握住被按摩者腕部或托住被按摩者肘部,另一手按在被按摩者肩部上方,然后使被按摩者做肩关节的外展、内收、旋内、旋外及环转运动。

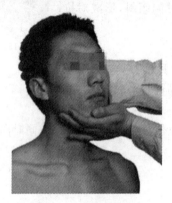
图 6-15　颈部运拉法

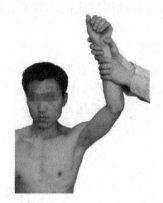
图 6-16　肩关节运拉法

3. 肘关节运拉法(见图 6-17)

按摩者一手握住被按摩者前臂远端,另一手轻轻拖住被按摩者肘后,然后使被按摩者做肘关节的屈伸及旋转摇动。

4. 腕关节运拉法(见图 6-18)

按摩者一手握住被按摩者腕关节上方,另一手握住被按摩者手掌中部,然后使被按摩者做腕关节的屈伸、内收、外展及旋转运动。

图 6-17　肘关节运拉法

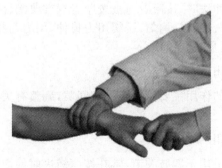
图 6-18　腕关节运拉法

5. 髋关节运拉法（见图 6-19）

被按摩者取仰卧位,髋、膝屈伸,按摩者一手握住被按摩者足跟部,另一手扶住被按摩者膝部上方,然后使被按摩者做髋关节的屈、伸、外展、内收和环转运动。

6. 膝关节运拉法（见图 6-20）

被按摩者取仰卧位,按摩者一手握住被按摩者踝部,另一手按于被按摩者膝关节上,然后使被按摩者做膝关节的屈伸与旋内、旋外等运动。

图 6-19　髋关节运拉法　　　　　图 6-20　膝关节运拉法

7. 踝关节运拉法（见图 6-21）

被按摩着取坐位或仰卧位,按摩者一手握住被按摩者小腿下部或托住被按摩者足跟部,另一手握住被按摩者前足掌,然后使被按摩者做踝关节的屈伸、内收、外展及旋转运动。

 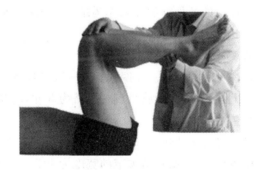

图 6-21　踝关节运拉法　　　　　图 6-22　腰部运拉法

8. 腰部运拉法（见图 6-22）

被按摩者取仰卧位,屈膝、屈髋,按摩者立于被按摩者侧方,以两手及前臂扶按被按摩者膝部,另一手握被按摩者踝部或托臀,使被按摩者做腰部摇动。

（二）动作要领

运拉时,按摩者动作要缓和,用力要稳,动作幅度必须在被按摩者生理范围内做到由小到大。做环转运动时,可沿着顺时针或逆时针方向进行。

（三）作用

运拉法具有通利关节、舒筋活血、防止或松解关节粘连、改善关节运动功能和矫正小关节的细微解剖位置改变等作用。

（四）应用

运拉法适用于四肢关节和颈、腰部,常在按摩结束时使用,以活动肢体和关节。

第三节 经络穴位按摩

经络穴位按摩是我国传统医学中古老而独特的防治疾病的方法之一,它以中医的气血、经络和脏腑学说为理论基础,运用手法技巧直接作用于人体经络穴位上,以达到防治疾病的目的。这种主要在经络、穴位上进行的按摩,称为经络穴位按摩。

一、中医经络基础理论

中医经络理论认为,经络是人体运行气血联络脏腑肢节,沟通上下内外,调节体内各部分的通路,有经脉和络脉之分。经脉由十二经脉(手三阴经、手三阳经、足三阴经、足三阳经)和奇经八脉组成,其中十二经脉和任督二脉合称十四经脉,是经络系统的主体。

经穴又称腧穴,是人体脏腑经络之气输注于体表的部位,绝大部分分布在十四经脉上,故名经穴。它们都有其特定的名称、部位和治疗功效。此外,还有一些经脉之外的具有特定部位和一定治疗作用的经外奇穴。

学会取穴法,才能寻找到穴位的准确位置,取穴正确与否将直接影响按摩效果。常用的取穴方法有如下几种。

1. 解剖标志取穴法

人体体表的各种解剖标志作为取穴的根据,如五官、毛发、皮纹、肌腱、骨突、指甲、乳头、脐、关节间隙、凹陷等。

2. 骨度法

骨度法又称折量法。如图 6-23 所示,将身体不同部位之间规定出尺寸,按这些尺寸在被按摩者身上画出等分,如胸骨剑突至脐为 8 寸,肘横纹至腕横纹为 12 寸等。

3. 指量法

指量法又称指寸法,是以被按摩者手指宽度为标准。例如:拇指指关节处的宽度为 1 寸;食指与中指合并,以第一指关节的宽度为 1.5 寸;四指宽度为 3 寸。此外,被按摩者的拇指、中指尖相对连接成环状,以中指节侧面横纹之间的宽度为 1 寸。

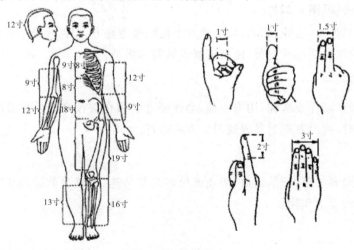

图 6-23 骨度分寸

二、穴位的主治功能

据现有文献记载,人体上分布的穴位已有800多个。在伤病中出现的压痛点也可作为穴位。穴位的主治功能大致体现在如下几个方面。

1. 局部主治性

所有的穴位都有局部的主治性能,如眼区的穴位能治疗眼病,某一内脏所在的体表穴位能治疗该内脏的疾病。

2. 邻近主治性

某些穴位有兼治其附近器官、组织的疾病,如有的穴位分布于两个部位之间,往往兼有两个部位的局部主治性能。例如,印堂穴能治疗额区和鼻区的疾病。有些穴位的针刺感应可以扩散至邻近部位,往往也能主治邻近有关部位的疾病。例如,刺激曲池穴时其感应可上下扩散,因而对肩、肘、腕部疾病均有治疗作用。

3. 远道主治性

某些穴位能治疗远隔部位的器官、组织的疾病。四肢上分布于肘关节和膝关节以下的穴位,大都有主治头面部、躯干部器官和组织的疾病,如合谷穴能治疗牙痛,足三里穴能治疗腹痛、腹泻。凡位于脊神经或神经丛、神经干通路上的穴位,可治疗有关胸腹和四肢远端的疾病。例如,承扶穴位于坐骨神经干通路上,可治疗下肢疾病。

4. 整体主治性

有些穴位具有整体性的主治功能,如足三里穴具有强壮身体的作用。位于躯干正中线和四肢末端的穴位,对整体的作用比较明显,如大椎穴具有退热作用,人中穴、十宣穴等在昏迷时起急救作用。

三、按摩的配穴原则及施治顺序

选穴的原则如下。

1. 就近选穴

根据穴位具有局部和邻近主治性的规律,治疗某一部位的疾病时,可以选用病变部位和邻近部位的有关穴位,如肩痛可选肩髃穴、肩贞穴等。

2. 远道选穴

它是穴位远道主治性的应用,也即循经选穴。按照经络的内在联系,头面、躯干部的疾病可选用四肢肘、膝关节以下的穴位。

3. 对症选穴

针对某些疾病的症状,可选用相应的主治穴位。例如:发热可选用大椎穴、曲池穴;腓肠肌痉挛可选用承山穴;昏迷时可选用人中穴、十宣穴、涌泉穴等。

四、经络穴位按摩的注意事项

经络穴位按摩要讲究火候,按摩者用力不宜过大,以免损伤局部组织,一般以出现酸、胀、麻感为宜。用力应由轻到重,再由重到轻。取穴要少而精。在治疗疾病时,应配合采用其他的相应疗法。应根据被按摩者的病情、体质状况而选用不同手法。

五、常用穴位

头面部常用穴位如表6-1所示。

表6-1　头面部常用穴位

穴　位	位　置	主　治
百会穴	头顶正中线与两耳尖连线的交点	昏厥、头痛、眩晕、失眠
印堂穴	两眉内侧端连线中点	头痛、眩晕、失眠、鼻疾
人中穴	人中沟上1/3与下2/3交界处	休克、中暑、昏迷、腰扭伤
太阳穴	眉梢与目外眦之间向后1寸凹陷处	感冒、头痛、眼疾
攒竹穴	眉内侧端凹陷中	近视、前头痛、面瘫
鱼腰穴	眉毛中点	眼疾
丝竹空穴	眉外侧端	斜视、结膜炎、头痛、面瘫
晴明穴	目内眦内上方凹陷中(攒竹下3分)	近视、斜视、结膜炎
承泣穴	眼眶下缘上方目正视，瞳孔正下7分	近视、目赤肿痛、视神经萎缩
四白穴	眼平视瞳孔直下1寸，当眶下孔凹陷处	眼疾、头痛、面瘫
风池穴	胸锁乳突肌与斜方肌之间凹陷处，平耳垂	感冒、眩晕、失眠、肩颈痛

腰背部常用穴位如表6-2所示。

表6-2　腰背部常用穴位

穴　位	位　置	主　治
大椎穴	第7颈椎与第1胸椎棘突之间	感冒、发热、中暑、项背部疼痛
天宗穴	肩胛骨下缘正中与肩胛下角连线的上1/3与下2/3交界处	肩胛部麻木、疼痛、落枕
肩井穴	大椎与肩峰连线的中点处	肩背部疼痛、手臂不举
肺俞穴	第3、第4胸椎棘突间旁开1.5寸	咳嗽、哮喘、背部软组织劳损
胃俞穴	第12胸椎和第1腰椎棘突间旁开1.5寸	胃痛、消化不良、呕吐、慢性腹泻
肾俞穴	第2、第3腰椎棘突间旁开1.5寸	腰腿痛、泌尿系统疾病
大肠俞穴	第4、第5腰椎棘突间旁开1.5寸	腰痛、腰扭伤、腹泻、便秘
腰阳关穴	第4、第5腰椎棘突间	腰痛、下肢麻痹

上肢常用穴位如表6-3所示。

表6-3　上肢常用穴位

穴　位	位　置	主　治
肩髃穴	肩峰外下方，举臂凹陷处	肩臂痛、上肢功能障碍
肩贞穴	后侧腋缘上1寸处	肩臂酸痛、肩周炎
曲池穴	屈肘90°，肘横纹尽头与肱骨外上髁连线中点	手臂疼痛、麻木、无力
手三里穴	曲池下2寸	上肢酸痛、麻痹、腹痛、腹泻
外关穴	腕背横纹上2寸，尺桡骨之间	上肢功能障碍、落枕、牙痛
内关穴	掌侧腕横纹上2寸，两肌腱之间	昏迷、上腹痛、胸痛、恶心
合谷穴	手背第1、第2掌骨之间，靠第2掌骨体中点	感冒、头痛、发热、牙痛、中暑
后溪穴	握拳第5掌骨头后，掌横纹尽尖处	落枕、急性腰扭伤
落枕穴	手背第2、第3掌骨之间，掌指关节后5分	落枕、手指麻木、咽喉痛
十宣穴	十指尖端，距指甲1分	中暑、昏迷、休克

下肢常用穴位如表6-4所示。

表6-4 下肢常用穴位

穴 位	位 置	主 治
环跳穴	骶骨裂孔与股骨大转子尖连线的外侧1/3与内2/3交界处	腰痛、坐骨神经痛、下肢麻痹
承扶穴	臀横纹线中点	腰骶痛、坐骨神经痛、股二头肌痉挛
风市穴	立正,两手下垂腿外侧,中指尖所触处	坐骨神经痛、下肢麻木无力
血海穴	正坐屈膝,股骨内上髁上2寸	膝痛、尿血
伏兔穴	膝髌骨上缘6寸,在髂前上棘与髌骨外上缘连线上	下肢瘫痪、麻痹、疼痛
委中穴	腘窝横纹中点	急性腰扭伤、膝痛、坐骨神经痛
膝眼穴	屈膝、髌韧带两侧凹陷中	膝软、膝痛
阳陵泉穴	屈膝,腓骨小头前下凹陷中	膝痛、下肢麻木、无力
足三里穴	外膝眼下3寸,胫骨前嵴外侧1寸	腹痛、腹泻
承山穴	腓肠肌肌腹下方"人"字纹处正中	腓肠肌痉挛、腰腿痛、足跟痛、坐骨神经痛
悬钟穴	外踝尖上3寸,腓骨后缘	踝扭伤、落枕
昆仑穴	外踝最突出点与跟腱之间凹陷中	踝痛、腰背痛、坐骨神经痛、痛经
太溪穴	内踝最突出点与跟腱之间凹陷中	眩晕、失眠、踝痛、足跟痛
涌泉穴	足底正中线前1/3与后2/3交界处	中暑、昏迷、足底抽筋

第四节 按摩的应用

一、局部按摩

(一)头部按摩

被按摩者取坐位,按摩者立于其体侧或身后,双手于头顶插入发间来回进行摩擦。用大拇指指腹按揉被按摩者太阳穴,将双手掌搓热后用掌心置于面部上下反复搓擦。

(二)颈部按摩

被按摩者取坐位,按摩者立于其身后,两手分别放在被按摩者颈部的两侧,自上而下做轻推摩,推至颈根处,两手分别转向两侧肩部,重复数次后,自颈上部向下外侧直至肩胛部做揉捏。按摩者用力先轻后重,几次后再揉胸锁乳突肌,接着叩打背部,最后做头部各个方向的运拉手法。

(三)腰背部按摩

被按摩者取俯卧位,头转向一侧,上肢伸直平放于躯干两侧,或一侧上肢屈曲垫于颈下。按摩者站立于被按摩者身旁,两脚分开与肩同宽,上肢稍前倾。按摩者先做轻推,自被按摩者的腰部起至肩胛骨下角,然后向外展开,再转向其腋窝,力量由轻到重。轻推之后,按摩者在被按摩者的腰背部用手掌或掌根自下向上大面积地揉,棘突两旁用拇指指腹自下往上揉,在肋间处可用指腹做推摩和擦摩。在做被按摩者的肩胛骨下角及内侧缘按摩时,按摩者用一手顶住被按摩者的肩部,用另一手的手掌内侧自上而下摩擦。按摩者双手并列按压按摩者两侧竖脊肌,双手重叠按压脊柱,再后自下而上切击或轻拍脊柱两旁肌肉,最后以轻推结束。

(四)上肢按摩

1. 手部和腕关节按摩

按摩者站(或坐)在被按摩者对面,先从被按摩者指间关节向腕关节做轻推、擦摩数次后,然后在被按摩者手指的掌侧和背侧做横向推摩和擦摩,再沿被按摩者手指两侧向上推摩。在被按摩者手背部位沿着掌骨间进行推摩、擦摩和揉,再重点揉腕关节,然后按压腕关节。按压时,按摩者两手十指交叉,两掌根夹住被按摩者的腕关节,相对用力,力量由轻到重,再由重到轻,重复数次,最后做指间、掌指及腕关节的运拉而结束。

2. 前臂和肘关节按摩

按摩者和被按摩者双方相对站立(或坐),按摩者一手握住被按摩者的腕关节,另一手从前臂下端向肘关节做轻推,接着做较长时间的单手揉捏,然后重点在肘关节侧副韧带处揉、擦摩,继而运拉肘关节,最后以轻推结束。

3. 手臂和肩部按摩

体位同上,按摩者站在被按摩者侧方,对被按摩者的肘部向肩部进行几次推摩,然后对被按摩者的肱二头肌、肱三头肌、三角肌及肩关节进行拿和揉捏,接着从被按摩者的肘至肩来回搓动。搓被按摩者的肩部时,按摩者一手紧压在被按摩者的肩关节前面,另一手压在被按摩者的肩胛骨中上部进行搓动,然后叩击三角肌,抖动肱二头肌和肱三头肌,最后运拉肩关节结束。

(五)下肢按摩

1. 足踝部按摩

被按摩者取坐位或卧位,按摩者的按摩方向从远端向近端进行,先从被按摩者的足趾、足背、踝部向小腿方向做几次轻推,然后用指腹或小鱼际在被按摩者的足背和踝关节周围擦摩、揉,以揉为主,继而做被按摩者的趾关节和踝关节的运拉,最后以轻推结束。

2. 小腿和膝关节按摩

被按摩者取卧位或坐位,膝关节屈曲。按摩者站立或坐于被按摩者小腿同侧,先从被按摩者的踝关节到腘窝做几次轻推,然后双手或单手揉捏被按摩者的小腿三头肌,在揉捏过程中可间断进行轻推或抖动,接着在被按摩者的膝关节周围,特别是两侧副韧带处揉和擦摩,以揉为主,继而搓被按摩者的膝关节及小腿,最后以运拉和轻推结束。

3. 大腿按摩

被按摩者体位同上。按摩者从被按摩者的膝关节向腹股沟及髋关节方向进行几次轻推,然后在其大腿外侧重推,在大腿前面、后面及内侧面进行拿和揉捏,再在周围进行叩击和拍打,最后以轻推摩结束。

4. 髋关节与臀部按摩

被按摩者取俯卧位,按摩者站立于其体侧。按摩者先从被按摩者的臀部由内下至外上顺着淋巴回流的方向进行轻推,然后揉捏被按摩者的臀部。由于被按摩者的臀部肌肉丰厚,按摩时力度宜重,在揉时可用掌根或双手重叠加压揉,最后叩击臀部肌肉和运拉髋关节结束。

二、全身按摩

全身按摩的手法与局部按摩的手法基本相同。全身按摩的体位与按摩的顺序一般是：首先，俯卧位，按摩颈部—背部—腰部—臀部；其次，仰卧位，按摩胸部—腹部；再次，取坐位，按摩四肢。在按摩肢体时，应先按摩大肌肉群，后按摩小肌肉群。有研究表明，例如按摩下肢，先按摩大腿肌肉，对同侧小腿及对侧大腿都可以产生良好影响，使肌肉和血管的张力降低，改善血液循环，若先按摩小腿就没有这种效果。这是由于大肌肉群感受器分布丰富，按摩的刺激通过神经反射作用，对周围肌肉群也会产生良好影响。

按摩时，应按摩完一个部位再按摩另一个部位，按摩完一侧再按摩另一侧。在按摩肌肉比较发达处，若按摩者力度不够，可配合使用按摩工具。一般全身按摩的时间为30～60分钟。

三、自我按摩

用自己的双手在体表运用一些简单的手法进行按摩，以达到强身、保健和减轻伤病症状的目的，称为自我按摩。中医认为，按摩能疏通经络、调和气血、平衡阴阳，因而古代医学家都把自我按摩作为养生的重要手段，并创造了各种自我按摩保健法。因体位的限制，自我按摩时肌肉不能充分放松，有些部位难以采用某些手法，因此，不能完全取代他人提供的专业化按摩。

（一）头部自我按摩

头为一身之主宰，是诸阳所会、百脉所通。因而头部按摩可使诸阳上升、百脉调和、气血不衰，按摩头部具有养生、防病的保健作用。

1. 梳头法

《清异录》中记载："服饵导引之余，有二事乃养生大要：梳头、洗脚是也。"古人认为梳头可疏风散火、滋养头皮、延年益寿。当然，此处所说的梳头是以手代梳的一种按摩手法。

梳头法的操作方法如下。

取坐位或立位均可，先将双手手指弯曲呈耙子形，将十指尖端贴于前发际；然后向上推，经头顶一直推到后发际。如此做20～30次，每日早、晚各做1次。

2. 干洗脸

干洗脸能促进面部血液循环，改善皮肤营养，使皮肤保持红润和富有弹性，并有益于眼、鼻疾病的防治。

干洗脸的操作方法如下。

取坐位或立位均可，先将两手掌相对搓热后，左手擦左侧脸面，右手擦右侧脸面，从头上擦到下颚，上下反复为1次，左右各10次或感到发热为度。每日早、晚各做1次。

3. 旋眼

坚持每日做几次旋眼法，有助于保持正常视力，防治近视眼和推迟眼的老花。

旋眼的操作方法如下。

睁开眼睛，眼球向顺时针方向旋转7圈，再逆时针旋转7圈，然后闭目养神片刻，再睁开眼睛。

4. 浴鼻

浴鼻能促进鼻部血液循环,提高鼻腔内的温度,暖和鼻腔内的空气,减少冷空气在咽喉部的刺激,增强鼻黏膜的抵抗力,有助于防治感冒和鼻病。

浴鼻的操作方法如下。

拇指与食指呈"八"字,其余三指弯曲,拇指抵于颌下,两手食指贴于鼻翼两侧,上下来回擦动10~15次,或以发热为度,向上擦到鼻根,向下擦到鼻孔两侧,一上一下为1次。

5. 搓耳

中医认为,耳科上分布众多的穴位,耳区的排列好像子宫内的一个倒置的胎儿,因此身体的各部在耳区都有相应的投影点。搓耳可以促进耳的血液循环,疏通经络,调和气血,有助于保持正常听力,并对全身起着良好的作用。

搓耳的操作方法如下。

取坐位或立位均可,先用双手手掌捂住两边耳孔,然后向前搓动,使耳轮向前卷和盖住耳孔,随即向后搓使耳轮还原。如此往复搓动20~30次或以发热为度,每日做2~3次。

6. 鸣天鼓

中医认为:头后枕骨内是十二筋络的诸阳经聚会处,也是小脑所在的部位。每日坚持做几次鸣天鼓有清醒头脑、增强记忆、维持正常听力和预防耳病的作用。

鸣天鼓的操作方法如下。

取坐位或立位均可,双手的掌心紧贴在两侧耳孔上,两手的中间3个手指轻轻叩击头后枕骨10~15次,此时可以听到"咚、咚"的声响。接着两手掌心按住两侧耳孔,四指紧按头后枕骨部不动,两掌骤然抬离,此时听到"嘭"的一声轻响,如此重复10~15次。最后两手用食指插入耳孔,转动3~5次后骤然将手指拔出,此时也可以听到"嘭"的一声轻响,如此反复3~5次。

7. 鼓腮

坚持练鼓腮法,能促进唾液腺的分泌,增强消化功能。

鼓腮的操作方法如下。

闭目,口中如含物,然后用腮和舌做漱口动作40~50次。做漱口动作时,唾液腺分泌增加,待唾液充满口内时,宜分几次慢慢咽下。初次鼓腮时可能唾液不多,但每天坚持锻炼后就会增加。

8. 叩齿

叩齿可以锻炼牙齿,预防牙病,增强消化吸收功能。

叩齿的操作方法如下。

上下齿相互轻轻碰击40~50次。每日早、晚各做1次。牙周炎或牙痛不宜做叩齿锻炼。

(二)躯干自我保健按摩法

1. 浴胸

浴胸能宽胸理气,放松胸部肌肉,加深呼吸,化痰止咳。

浴胸的操作方法如下。

两手掌分别从两侧上胸部向下推至小腹部,反复推摩15~20次,然后用右手食、中、小指向锁骨开始,向外平推左胸部15~20次,再用左手用同样的手法推右胸部。每日做1~2次。

2. 摩腹

摩腹能增强胃肠蠕动,促进消化液分泌,改善消化吸收功能,并可防治慢性便秘和消化不良等。

摩腹的操作方法如下。

取仰卧位,屈膝屈髋,右手掌平放在肚脐的右侧,以肚脐为中心做顺时针方向按摩腹部。摩腹的圈子由小到大。待摩遍全腹后,再把左手掌放在肚脐左侧,以肚脐为中心做顺时针方向按摩腹部,如此反复做3～5次。每日做1次。

3. 擦少腹

擦少腹可温补下焦,用于防治痛经、遗精、月经不调等。

擦少腹的操作方法如下。

仰卧,膝微屈,两手小鱼际贴于肚脐两侧,由外上向内下做往返斜擦,以局部微热为度。月经期前后一两日不宜擦小腹。每日做1～2次。

4. 擦腰

擦腰能疏通经络,温肾散寒,防治腰腿痛。

擦腰的操作方法如下。

两手掌对擦发热后,左手贴于左腰部,右手贴于右腰部,上下擦摩15～20次,或以发热为度,然后用掌指关节突出部按揉肾盂穴3～5次。每日做1～2次。

(三)上肢自我保健按摩法

1. 浴臂

上肢是手三阴、手三阳诸经络的通道,浴臂能疏通经络,调和气血,并能防治上肢活动功能障碍。

浴臂的操作方法如下。

取坐位或立位,右手掌贴于左腕部前内侧,沿上臂、前臂的前内侧向上擦至腋下,然后翻至肩部,沿手臂后外侧擦到左手背,如此反复擦10～15次,接着用左手如上法擦右臂10～15次。每日做1～2次。

2. 擦手

中医认为,手背和手掌上分布许多穴位,并存在着人体生理代表点,因而擦手不但能防治手部疾病,而且还能起到良好的养生健身的作用。

擦手的操作方法如下。

两手掌相对摩擦至热后,右手掌擦左手背,然后左手掌擦右手背,两手各擦40～50次。每日早、晚各做1次。

(四)下肢自我保健按摩法

1. 浴腿

上肢是足三阴、足三阳诸经络的通道,浴腿能疏通经络,调和气血,并对防治泌尿、生殖、消化系统等疾病和防治下肢活动功能障碍有一定的作用。

浴腿的操作方法如下。

坐床上,下肢伸直,两手分别从内外两侧抱住一条大腿根部,向下擦至踝部,随即再向上擦至大腿根部,一上一下为1次,上下来回擦10～15次,然后擦另一条腿。每日做1～2次。

2. 擦足掌

足掌上有许多人体生理代表区,擦足掌能养生健身,还可以防治失眠、高血压、月经不调等多种疾病。

擦足掌的操作方法如下。

取坐位,先把左小腿放于右大腿上,用右手掌或手的尺侧面擦摩左足掌,以发热为度,然后右小腿放于左大腿上,用左手擦右足掌。每日做1～2次。

四、运动按摩

体育与卫生相结合,两者必将相互促进和发展,按摩在体育运动中的应用,也就随之发展,并逐渐形成了运动按摩。

运动按摩以调整和保护运动员良好的竞技状态,增进和发展运动员潜在体能,提高运动成绩为目的。近年来,国内外的一些实践表明,它为创造优异的运动成绩所起的作用和意义已越来越重要了。

根据运动员在各项运动中比赛,对他们在临场前后所出现的各种变化,教练员采用按摩帮助运动员克服赛前发生的一些机能失调,消除赛后出现的疲劳,加速体能恢复,以利再战,取得了一定的效果。

(一)运动前按摩

运动前按摩是运动员参加训练或比赛前所进行的按摩,其目的是使运动员处于最佳的赛前状态。按摩可以增加肌肉力量,增加韧带的柔韧性和关节的灵活性,因而可达到提高运动能力和预防运动伤病的目的。此时的按摩应与准备活动结合起来,宜在训练或比赛前15分钟内进行,按摩时间为2～10分钟。按摩手法依运动员的体能状态、比赛项目和气候条件等具体情况而定。

1. 训练前按摩

体育运动一般分为运动训练和运动竞赛,在这些活动之前进行的按摩,称为运动前按摩。它能动员人体的神经、肌肉、关节、内脏器官和心理情绪,以适应即将面对的运动和比赛,从而为预防伤病、提高体力发挥积极的作用。

运动训练前的按摩,能帮助运动员提高训练作业的能力,能帮助运动员促进身体素质的发展,有利于预防疾病,能动员人体各系统的器官,以适应即将到来的运动活动。在具体操作上,必须根据运动项目的特点,以及运动员的个体特点进行。一些能量消耗较多的运动项目,如中长跑、游泳、自行车比赛、打篮球、踢足球、打排球等,如果采用按摩的方法来代替需要消耗部分能量的准备活动,这就为运动提供了更多的能量。

训练前按摩的操作方法如下。

坐位(屈膝屈髋各90°),用手先对大腿前面的、侧面的和后面的肌群自远而近地揉捏按摩。此后,再对小腿的肌群和跟腱进行揉捏,约需10分钟,可在运动之前进行。

这种按摩,运动员之间可以相互进行,也可以自我按摩。不同的运动项目,对运动员身体各部分的要求是不同的。也就是说,身体各部分的负担量是随着不同的运动项目而变化的。例如,棒垒球、网球、羽毛球等项目的运动员,他们持器械的那一上肢(肩、臂、肘、腕),负荷量较大,而对侧上肢则较小。负荷量较大的这些部位对运动员创造良好的成绩是重要的,又是急性损伤和慢性劳损的好发部位。对这些部位的按摩,除了提高局部的功能之外,对于预防运动性伤病也有其积极的意义。

2. 赛前按摩

运动前按摩可使运动员保持训练和比赛前的良好状态,增强肌肉力量,增进关节的灵活性和韧带的柔韧性,调节神经系统的兴奋性。

1)提高兴奋性的按摩法

对训练或比赛出现的情绪低落、精神不振的运动员,应查明原因,消除思想因素的影响。此外,还可用按摩法来提高运动员的兴奋性,即在一般准备活动完成之后,运动员处坐位,按摩者在其身旁,先用双手拇指揉攒竹穴、丝竹空穴、太阳穴,点揉风池穴、大椎穴、内关穴、足三里穴等穴位,接着用重手法快速揉捏肩部斜方肌和从外向内重推第4至第7颈段斜方肌的外侧缘,使酸胀反应直达头部,最后轻拍肩部。按摩时间为2～3分钟,按摩后再做专项准备活动。

2)克服赛前紧张状态的按摩法

运动员在临赛前过度兴奋,常坐立不安、情绪激动、多尿、动作协调性下降,这时可采用频率较慢、用力较轻、时间较长、接触面积较大的局部按摩。根据所从事的项目,对运动时负荷量较大的肌肉和关节进行轻推、轻揉、轻揉捏等,通过这些弱刺激使抑制过程扩散,兴奋过程减弱而起到镇静作用。也可以进行缓和的头部按摩,即被按摩者取坐位,按摩者立于其身旁,先用拇指指腹揉运动员印堂穴、太阳穴各10次,再用双手拇指指腹紧贴于运动员印堂穴上方的皮肤,进行来回交叉抹动眉上方约10次,后3次当拇指抹到运动员眉梢时再延伸至太阳穴,并揉太阳穴,然后推至运动员两耳后方,五指并拢向下推至颈部两侧,最后把一手五指分开,用指腹从运动员前额向头后方做梳头动作,反复约10次,并揉百会穴、风池穴各3～5次。

3)消除局部肌肉无力的按摩法

运动员训练或比赛前,若局部肌肉无力,可在准备活动后,先进行重推和擦摩3～4次后,接着做1分钟左右的重手法揉捏,然后再做切击、轻拍等兴奋性手法,运动员按摩后再做专项准备活动。

4)提高皮肤温度的按摩法

在冬季参加训练或比赛时,运动员常因皮肤发凉、肌肉、关节僵硬而影响运动成绩,甚至发生运动损伤,这时可用较重而快速的推摩和擦摩,以促进局部的血液循环,提高皮肤温度,增强肌肉和关节活动功能。

(二)运动中按摩

运动中按摩是利用运动间歇的时间进行的按摩。其目的是迅速消除肌肉的僵硬和疲劳,因项目的不同运用的手法和部位也不同。跑跳项目的运动员多采用揉捏和抖动下肢的肌肉,擦、揉踝关节与膝关节,轻拍打肩关节;投掷项目的运动员,运用揉捏、搓和抖动等对上肢进行按摩,并擦、推、揉肩胛部。

运动中按摩,应根据项目的特点和间歇的长短,采用短暂、兴奋的重手法按摩疲劳和将要承受负荷量较大的部位。例如,投掷运动员,通常是按摩其用力臂(执器械侧的上肢),而对跳跃运动员,则是按摩其踏跳侧的下肢。一般按摩时间为3～5分钟。

上肢的按摩:用轻快柔和的手法揉捏,向心按摩,即由前臂—上臂—肩部方向进行,促进血液和淋巴的回流,消除过度的肌紧张。

下肢的按摩:运动员采取坐位。用轻快的揉和揉捏手法,自足部向腹部进行,以促进血液和淋巴的回流,提高局部肌群的运动能力。术后嘱咐运动员做缓慢的跑跳活动,效果较静止休息好。

举重运动员腰部的负荷量较大,在间歇时,可按摩主要用力的肌群,保持其兴奋性,避免单纯消极的休息。运动员俯卧或坐位,按摩者用掌根在运动员背阔肌和骶棘肌轻快地揉 3 分钟。总之,竞赛间歇的按摩,用力宜轻,面积宜大,频率宜快,按摩后应做一些专项准备活动,以便发挥较好的技术水平。

(三)运动后按摩

激烈的运动训练或竞赛之后,运动员的神经、体液、循环、呼吸、消化、代谢和酸碱平衡等方面,都会发生巨大的变化,这些变化一时破坏了机体内环境的平衡,但机体很快又会达到新的平衡,这个新的平衡通常都标志着机体工作能力的提高。在内环境各机能系统达到平衡的过程中,有时会出现迟缓环节,一般表现为精神过度紧张、失眠、肌肉紧张、疲劳等。运动后的按摩,可以促使这些现象消除,加速内环境达到新的平衡,加速提高对运动负荷的能力,加速完成对后面运动负荷的准备。

运动后按摩所采用的手法、用力的大小、时间的长短等,均应根据运动员的体质、性别、运动项目的特点,特别是要求根据运动后反映出来的情况(如头昏脑涨、欲呕、四肢乏力、肌紧张、失眠等)来决定,需要遵守个别对待的原则,不可千篇一律。一般是按摩负荷量大的部位:极度疲劳时,可休息 2~3 小时后进行全身按摩;局部按摩时,关节和躯干以按揉手法为主,四肢以揉捏为主,先大肌肉群后小肌肉群。通常采用的按摩手法有抚摩、揉捏、推压、振动和抖动等。对体质强壮、肌肉丰满者,按摩力量应当重些,时间应当长些;反之,用力则要轻些,时间应当短些。运动员在十分疲劳的情况下,常采用经络穴位按摩,其按摩手法是按、压、揉、掐、推等,以疏通气血、内外通达、平衡阴阳,使运动能力得到较快的恢复,并有所提高。

1. 运动后的全身按摩

运动后的全身按摩通常是一周进行 1 次,运动员在训练后休息 1~2 小时或更长的时间后进行,最好是在温水浴后,在温暖、清静的室内进行。运动员舒适地躺在床上,裸露被按摩的部位,依照胸、腹、上肢、下肢的次序进行按摩。按摩者依血液和淋巴回流的方向进行按摩,使用揉捏、推压、摇晃、抖动等手法,力度由重到轻,同时根据各个部位的疲劳情况,循经取穴,施行揉、捻、推、掐等手法,以调和气血,更快地消除疲劳。若按摩进行到运动员快要入睡时,应停止按摩,给运动员轻轻盖上被子,以防止感冒。运动员睡醒之后,便会精神饱满,全身舒适。不同的运动项目,对身体各部分肌肉形成的负荷量是不同的。

2. 上肢按摩

上肢按摩的重点是肱二头肌、肱三头肌、三角肌和前臂肌群,这是体操、游泳、举重、排球等运动员容易疲劳的部位。常用的按摩手法有揉捏、推压、搓、抖动、摇晃和被动活动(如抽送关节)等。局部按摩时间约 10 分钟,同时可在相应的部位选用肩井穴、天宗穴、曲池穴、手三里穴、内关穴、外关穴、合谷穴等穴位进行经络穴位按摩。

3. 腰背部按摩

腰背部按摩重点应放在背阔肌、斜方肌及骶棘肌上,这是体操、举重、跳水、排球、篮球等运动项目容易疲劳而又不易活动开的部位。运动员应当俯卧,按摩者的主要手法有揉、擦、推压、提弹、叩击。同样的体位,采取经络穴位按摩,常用穴位有腰俞穴、肾俞穴、气海俞穴、关元俞穴、骨盆边缘、肩胛骨内侧缘等部位,按摩手法有揉、掐、推等。

4. 胸部按摩

对胸大肌、胸小肌和前锯肌的按摩,对于排球运动员、体操运动员、投掷运动员来说是十分重要的。运动员取坐位或仰卧位。按摩者常用揉捏、推压、振动、提弹等按摩手法,按摩时,从运动员取胸骨部缓缓向腋下移动。

5. 臀部按摩

田径、自行车、举重、排球、足球、竞走等项目对臀肌的工作负荷要求很高,是按摩的重点。从运动员取腹股沟外侧端起,沿骨盆边缘(髂嵴)到骶部、臀部,进行抚摩、揉、叩击等,用力大小必须因人而异。经络穴位按摩环跳穴,常用按摩手法是按、揉等。这对促进气血运行,消除疲劳有良好的作用。

6. 下肢按摩

下肢按摩几乎对所有运动员都非常必要,按摩者主要按摩手法是拿、揉、搓、推压、叩击、抖动等,同时配合经络穴位按摩,取承扶穴、足三里穴等穴进行按、揉、掐、推等。

(四)几种常见运动损伤的按摩

1. 踝关节扭伤

踝关节扭伤的发生率是关节扭伤的首位,其中以外副韧带损伤最为常见,受伤24～48小时后可进行按摩治疗。

按摩治疗踝关节扭伤的方法如下。

1)踝关节矫正法

由于踝关节多因为内翻致伤,治疗手法应向相反的方向矫正。被按摩者取坐位,按摩者双手十指交叉抱住被按摩者足趾部,先使其足背伸直,用力拉开关节并外翻,常可听到"咔嗒"声。局部做向心轻揉,以促进血肿的吸收,并点揉悬钟穴30秒,最后用"8"字绷带把足固定于中立位。

2)足趾运摇法

按摩者左手固定被按摩者,右拇指、食指钳住被按摩者的小指第一节,轻轻牵引并向左右、上下摇动8～10次,然后用拇指沿被按摩者的足趾纵轴向上推摩数次。

3)踝关节揉捏法

被按摩者取卧位或坐位,按摩者一手固定被按摩者足的远端,使关节成中立位,另一手拇指及其余四指从伤处自下而上至踝上进行揉捏,重复数遍,然后按摩及弹拨韧带,以软化粘连与瘢痕组织,每次按摩2～3分钟。

4)痛点推、揉、切法

在被按摩者痛点及瘀血处,按摩者用拇指进行推、揉、切,促使瘀血消散。此法较痛,需要被按摩者配合方可。

5)揉跟腱法

被按摩者取俯卧位,两腿伸直,踝前垫一小枕,足呈中立位,按摩者双手拇指分别于被按摩者跟腱两侧,自上向下用力均匀地向跟骨结节处推按,重复数遍。

6)摇踝法

被按摩者取坐位,伤肢屈膝,按摩者一手握住被按摩者小腿下1/3处,另一手握住其足趾部,左右摇动踝关节5～10次,最后再做屈伸运动。

2. 手指关节扭伤

手指关节扭伤、挫伤在篮球、排球运动中发生率最高,发生部位多在拇指掌关节和其他各指的近侧指间关节。

按摩治疗手指关节扭伤的方法如下。

1)拇指按法

按摩者用一手的拇指、食指捏住被按摩者的伤指远端,另一手的拇指、食指由轻到重按揉痛点(封闭后按摩更好),用拇指尖在该点做横向波动。

2)手指摇捏法

按摩者一手握住被按摩者的腕部,一手的拇指、食指捏住被按摩者伤指远端,沿顺时针和逆时针方向各摇动5~10次。

3)手指引牵法

按摩者一手握住被按摩者的腕部,另一手的拇指、食指捏住被按摩者伤指,尽量向掌侧弯曲,然后稍用力将伤指牵拉伸直,重复做数次。

手指的自我按摩法以健侧拇指、食指做揉、捏、推、搓,然后牵引、摇动伤指,反复数次。

3. 落枕

落枕是因为睡眠姿势不正,或枕头高低不适,或受风寒,出现急性颈部肌肉紧张、僵直、局部酸胀等。轻者可自行痊愈,重者可延至数周,按摩治疗的效果较好。

按摩治疗落枕的方法如下。

1)揉摩法

被按摩者反骑坐在椅子上,两手臂搭放在椅背上,按摩者立于被按摩者背后,先用双手小鱼际在被按摩者的颈部和肩部依次揉5~10遍。

2)提拿法

按摩者站在被按摩者背后,用双手拇指、食指、中指三指分别提拿被按摩者的颈后肌和斜方肌,一拿一松,3~5次为度。手法的力度因人而异,一般以使被按摩者感到酸胀、微痛为度。按个体情况不同,可采用三指提拿、五指提拿。

3)拿肩井法

按摩者站在被按摩者前面,以双手拿住被按摩者的两侧肩井穴,拿后再进行揉捏、放松。

4)双手端颈旋转法

被按摩者端坐,按摩者一手臂微屈,在前托住被按摩者下颌,另一手掌托住被按摩者枕部,同时上提,缓慢地左右旋转一次和侧屈3~5次,但诊断必须明确,左右旋转不得超过40°,动作必须轻柔、缓和,切忌粗暴。

5)指压穴位法

被按摩者仍取坐姿,按摩者以右手拇指轻揉风池穴、肩井穴、后溪穴、悬钟穴、落枕穴等穴,每穴连续按揉20~30秒。

4. 腰背肌肉筋膜炎

腰背肌肉筋膜炎是引起腰背疼痛的重要原因,病因至今尚未十分清楚,文献中曾有腰背肌肉劳损、腰背纤维炎、腰背筋膜炎疼痛症候群等名称。该病的治疗方法很多,其中按摩疗法是一种较好的治疗手段。

按摩治疗腰背肌肉筋膜炎的方法如下。

1)抚摸腰背部法

被按摩者俯卧,按摩者站在另一侧,以手掌紧贴在被按摩者的腰部皮肤上,用前臂带动手腕,做环形而有节律的抚摸。先从上至下,先健侧后伤侧,缓慢而柔和地进行,每分钟约60次。

2)拿捏腰部诸肌法

被按摩者俯卧,按摩者用双手拇指和其余四指指腹对合用力,拿捏腰部诸肌。拿捏方向与肌纤维垂直,从上到下直至臀大肌,先轻后重,先健侧后伤侧,重点要放在棘突两侧竖脊肌和压痛明显处,反复拿捏1~2分钟。

3)推揉疏筋法

被按摩者俯卧,按摩者以掌根或小鱼际着力,在病变部位做螺旋形揉,边揉边移动,持续2~3分钟,再用掌根沿脊椎做鱼摇尾式推摩,反复8~12遍。

4）腰部侧扳法

被按摩者侧卧,双手臂交叉于胸前,上面的腿伸直,下面的腿弯曲,按摩者站在被按摩者背后,一手握住被按摩者的下侧手腕,另一手推被按摩者的上侧髋部,双手配合一前一后扳动,先轻轻晃动,然后再用力将被按摩者的臀部前推,另一手向后拽被按摩者的腕使其肩关节固定,如果听到"咔"的声响,则是手法成功的标志。之后被按摩者再换另一方向侧卧,按摩者以同法再扳一次。

5）单腿后扳法

被按摩者俯卧,下肢伸直,按摩者立于被按摩者一侧,一手臂抱托被按摩者一侧大腿的下1/3处,用力向上扳动(过伸),同时用另一手掌根按压被按摩者的腰部,扳按3~5次。再用此法扳被按摩者的另一只腿。

6）双腿后扳法

方法同单腿后扳法,不同的是双腿同时后搬,连续搬3~5次。

7）推法

被按摩者俯卧,按摩者站其体侧,双手拇指在内,其余四指并拢在外,自下而上以拇指进行推摩。按摩者的拇指紧贴被按摩者的皮肤并沿其皮肤轻轻上滑,再紧贴其皮肤进行下推,着力点在被按摩者的皮下深层组织,切勿摩擦皮肤以避免出现疼痛。然后,按摩者再点按肺俞穴、肾俞穴等。

5. 髌骨劳损

髌骨劳损是指髌骨软骨病和髌骨周缘腱止装置慢性损伤的总称。这两种损伤可单独发病,也可同时存在,损伤的原理基本相同,症状也相似,因此两者的按摩治疗方法也基本相同,故合并叙述。本病一旦明确诊断,除调整运动负荷外,可进行按摩治疗。

被按摩者仰卧,腘窝处垫一枕头,按摩者站其一侧,先做推、揉、揉捏等,接着点揉阳关、阳陵泉、血海、阴陵泉、双膝眼等穴,然后用拇指端刮髌骨边缘及痛点。

【本章小结】

本章主要介绍了按摩的定义、作用原理、按摩的要求及注意事项,基本按摩手法的操作技巧、穴位的位置及其主要作用,各种手法如何有机配合运用于体育实践。

按摩有提高人体机能、消除疲劳、防治疾病等功效,对防治运动损伤有较好的效果。

【思考复习题】

1. 按摩有哪些生理作用?
2. 按摩的注意事项有哪些?
3. 按摩的禁忌证是什么?
4. 运动前按摩有什么作用?如何根据运动员比赛前状态的不同进行按摩?
5. 运动后按摩的原则是什么?如何根据运动员比赛后的情况进行按摩?

第七章 运动性病症

【学习目标】
(1)了解常见的运动性病症的发病原因及发病机理;
(2)掌握常见的运动性病症的症状及体征;
(3)掌握常见的运动性病症的处理方法及预防措施。

第一节 过度训练

"过度训练"这一术语的名称和定义目前尚未统一,但这一术语在各国体育界已广泛采用,有的国家也称为过度训练综合征、过度劳累、运动过度和肌肉过度紧张等,我国称为过度训练。目前国外的多数学者将过度训练定义为:过度训练是训练与恢复、运动和运动能力、应激和耐受能力之间的一种不平衡。我国学者认为过度训练是机体机能与运动负荷不相适应,以致疲劳连续积累而引起的一系列功能紊乱或病理状态的心理-生理反应的综合征。

一、发病原因与发病机制

(一)训练安排不当、训练方法单调

在训练中未遵守循序渐进性、全面性和系统性训练原则,运动负荷过大或持续进行大运动量负荷训练,超过了人体的负荷能力。比较常见的现象是教练员或者运动员为了急于出成绩,随意增加运动负荷造成运动负荷增加过快。另一个常见的原因是训练方法单调、训练内容单一,教练员常常缺乏根据运动员个人特点、机体状况、季节和地理环境进行训练计划的适当调整,使运动员缺乏全面身体素质和心理素质的训练。

(二)比赛安排不当

比赛安排不当包括:运动员连续比赛而缺乏调整、缺少足够的休息;运动员赛后体力未完全恢复就进行大运动量负荷训练;运动员伤病后过早参加比赛等。

(三)其他原因

过度训练的其他原因包括运动员生活规律遭到破坏、各种心理因素、饮食营养不合理和环境不良等。

过度训练的发生不是单一因素引起的,往往发生在上述几种因素的共同作用下。在相同的条件下,运动员是否发生过度训练取决于多种因素。

过度训练的发病机理目前还不是很清楚。有的学者认为,过度训练的发病基础是由于运动员神经系统的过度紧张,连续疲劳使大脑皮层兴奋与抑制之前的平衡性遭到破坏,造成过度兴奋或过度抑制,是一种"神经官能症"。有的学者认为,过度训练不仅仅是神经系统功能紊乱,强调过度疲劳是过度训练的前提,在过度疲劳的基础上出现机体的内脏器官、内分泌系统、运动系统的形态和机能的改变。

二、症状与体征

(一)过度训练早期

过度训练早期一般无特异性症状,其临床表现主要集中在神经系统和心理方面,常出现疲乏无力、精神不振、头晕、睡眠障碍、记忆力减退、反应迟钝等症状。运动员出现无训练欲望或者厌烦训练,在训练中疲劳出现过早或训练后疲劳加重且不易恢复。此外,运动员也可出现胸闷、心悸、气短、食欲不佳、恶心、呕吐、腹胀等。

(二)过度训练晚期

过度训练晚期的症状加重,异常体征及其他客观指标异常出现增多。机能试验反应异常,血红蛋白下降,负荷后血乳酸增多,尿蛋白增多等。

1. 心血管系统症状

运动员出现心悸、胸闷、心律失常,严重者出现明显的收缩期杂音,心电图检查往往出现异常改变(如 P-R 间期延长、QRS 间期延长、ST 段下降、T 波方向改变等),晨脉加快,血压常常升高,心血管系统联合机能试验出现脉搏、血压恢复过程缓慢和不良反应,血液化验检查少数人血红蛋白降低、血细胞总数增高等。

2. 消化系统症状

运动员出现食欲不振、恶心、呕吐、腹痛、腹胀、腹泻或便秘等胃肠功能紊乱,个别运动员可能出现消化道出血症状。

3. 运动系统症状

运动员出现肌肉持续酸痛、肌肉僵硬、肌肉痉挛、跟腱炎、膑腱周围炎等。

4. 其他症状

运动员常常出现全身乏力,体重持续下降,运动成绩下降,运动后尿异常(如蛋白尿、血尿、管型尿等),免疫力下降。女运动员会引起月经紊乱,男运动员可引起血浆睾酮水平降低。

三、处理

过度训练处理的基本原则是消除病因、调整训练内容或改变训练方法、加强各种恢复措施和对症治疗。

(一)调整训练

对轻度的过度训练者,主要是调整训练计划,可以从训练内容和训练方法上进行调整,如减少运动量、控制训练强度和减少力量性练习等,但不应完全停止训练,以免出现停训综合征。一般经过两周左右的时间即可基本消除,恢复正常训练。

对比较严重的过度训练者,除减少运动量外,宜减免大强度、大力量性训练,暂停专项练习,训练以健身为主,持续几周到几个月。

对严重过度训练者,须完全停止训练,并转换训练环境进行一段时间的疗养和药物治疗。

(二)各种恢复措施

一般包括营养物质的补充,如高能量物质、高糖、各种微量元素和维生素(如补充复合维生素 B、维生素 E、维生素 C 等)。

(三)对症治疗

过度训练的对症治疗主要是改善睡眠,增加睡眠时间,必要时可适量服用镇静药(如甲丙氨酯)、安眠药(如水合氯醛)或中成药(如人参、刺五加等),减轻心理负担,增加文艺欣赏,采用必要的恢复手段如温水浴、按摩和从事医疗体育等。在医务人员监督下,还可酌情采用小剂量激素治疗,大多数过度训练者经过治疗后可以恢复健康。

四、预防

过度训练预防的关键应根据运动员的具体情况制订合理的科学的训练计划。考虑运动员性别、年龄、身体发育状况、训练水平和训练状态等具体情况,逐渐增加训练量、节奏明显,避免骤然增加训练量的方案。对优秀运动员训练量的安排应注意节奏性,即大、中、小、运动量有机配合;对青少年运动员除了专项训练外应加强全面训练,特别是提高身体素质的基本训练。加强医务监督,增强队医、教练员、运动员之间的交流沟通,并相互配合,做到早发现、早诊断、早调整、早治疗。

第二节 运动应激综合征

运动应激综合征是指运动者在比赛或训练时,运动负荷超过了机体的承受能力而发生的生理功能紊乱的病理现象。运动应激综合征常在一次剧烈的训练或比赛后即刻发生,或者在训练后、比赛后短时间内发生,其临床表现类型很多,轻重程度差异较大,可涉及一个系统或几个系统,多发生在中长跑、马拉松、自行车、足球、划船等运动项目中。

一、发病原因与发病机制

运动应激综合征多发生在训练水平低、比赛经验较少的新手身上或因伤病长期中断运动训练后突然进行剧烈运动或参加比赛的运动员,有时也发生在受巨大精神刺激后的高水平运动员身上,为一种急性的运动性疾病。运动应激综合征也可以发生在患有心血管疾病的人群参加剧烈运动时,严重时可导致猝死。

运动应激综合征的发病机制十分复杂,目前尚在进一步探讨中,一般从临床表现的四种类型来阐述。

(一)昏厥型

昏厥型运动应激综合征的产生是由于供血量的减少或脑血管痉挛引起脑缺血造成的。如举重时昏厥,是由于胸腔及肺内压骤然剧增,造成回心血量减少,致使每分输出量锐减,造成短暂的脑供血不足。再如重力性休克,如田径运动员疾跑后突然停止活动时,肌肉的收缩活动骤然停止,致使血液大量聚积于下肢,造成循环血量明显减少,血压下降,引起脑缺血。还有一种强烈刺激后发生的昏厥,常常发生在高水平运动员参加重大国际性比赛时,表现为紧张剧烈比赛后运动员突然丧失意识。

(二)脑血管痉挛型

脑血管痉挛型运动应激综合征的发病机理可能与运动时脑部供血障碍或存在某些脑血管先天畸形有关。

(三)急性胃肠道综合征型

在激烈运动和情绪紧张时交感神经占优势,胃肠血管收缩致胃局部血液循环障碍,导致胃粘膜出血性糜烂甚至溃疡。再者,运动员原患某些消化道慢性疾病,也会因运动诱发应激出血。

(四)急性心功能不全和心肌损伤型

运动员在剧烈运动时,交感-肾上腺髓质系统兴奋使其心率加快、心肌耗氧量增加,心脏负担过重而直接诱发心肌出血、水肿、炎症、心脏急性扩张等变化而导致心肌缺血、心肌梗死和急性心力衰竭,从而诱发急性心功能不全和心肌损伤型运动应激综合征。运动员在患有某些心脏病(如马凡氏综合征、风湿性心脏病和病毒性心肌炎、肥厚性心脏病和冠状动脉先天发育畸形等)的基础上诱发急性心功能不全和心肌损伤型运动应激综合征。还可能因运动员胸部受到直接打击,如拳击、足球、摔跤等有身体接触的运动项目,导致运动员血管运动神经反射作用引起心脏循环系统休克。

二、症状与体征

(一)昏厥型

昏厥型运动应激综合征主要表现为运动员在运动中或运动后一过性意识丧失。昏厥前,运动员常伴有头晕、耳鸣、眼前发黑、面色苍白、出冷汗、乏力等;昏厥后,运动员意识丧失、脉搏增快或正常、血压下降或正常、呼吸减慢或加快、手足发凉;清醒后,运动员精神不佳,全身无力,常伴有头痛、头晕、恶心和呕吐等症状。

(二)脑血管痉挛型

脑血管痉挛型运动应激综合征表现为运动员在运动中或运动后即刻出现一侧肢体麻木,动作不灵活,常伴有剧烈的恶心和呕吐等症状。

(三)急性胃肠道综合征型

急性胃肠道综合征型运动应激综合征表现为运动员在剧烈运动后即刻或运动后不久,轻者出现面色苍白、头痛、头晕、恶心、呕吐、上腹痛等症状,较重者可呕吐咖啡渣样物,化验潜血试验阳性。

(四)急性心功能不全和心肌损伤型

急性心功能不全和心肌损伤型运动应激综合征表现为运动员在运动中或运动后不久,出现面色苍白、呼吸困难、发绀、步态不稳、恶心、呕吐、咳嗽、咯血、胸痛和右肋部痛,甚至意识丧失等急性心功能不全症状。检查时可见心律不齐、脉搏快而弱、血压下降等。

三、处理

运动员出现运动应激综合征均应中止运动。昏厥型病情较轻者,让其平卧,头稍低位,保持呼吸道通畅,注意保暖;昏厥型病情较重者可给予吸氧,静脉注射高渗葡萄糖液。急性胃肠道综合征型尤其是发生胃出血后应休息观察,进流质、半液质饮食或软饮食,必要时可用止血药。急性心功能不全和心肌损伤型应立即采取半卧位,现场给予吸氧;伴昏迷者,针刺或点掐人中穴、百会穴、涌泉穴等穴位;伴呼吸、心跳停止者,立即进行人工呼吸和心脏叩击或胸外心脏按压,并同时呼救,转送医院进一步抢救。

四、预防

运动前做好身体检查,当运动员集训或参加激烈比赛前,应做全面的体格检查,以排除某些潜在性疾病,如心血管系统、消化系统等均不应进行剧烈运动或参加比赛。遵守科学训练和比赛的原则,加强训练或比赛时的医学观察或自我监督。

第三节 运动性低血糖症

在正常情况下,人体通过神经、体液和多种酶的控制和调节,血糖浓度维持在正常范围内,当血糖的生成或利用过度时就会发生低血糖症。正常人早晨空腹血糖浓度为 80~120 mg/100 mL,当血糖浓度低于 55 mg/100 mL 时就会发生一系列的临床症状,称为低血糖症。当血糖浓度低于 10 mg/100 mL 时会出现深度昏迷,称为低血糖性休克。运动中低血糖症的发生,多见于长跑、超长跑、长距离滑雪及自行车等运动项目比赛过程中或结束后。血糖是葡萄糖在体内的运输形式,也是细胞,尤其是脑细胞能量的主要来源。发生低血糖症时,中枢神经系统的功能首先受到影响,造成脑功能不全,严重和持续时间较长的低血糖可导致脑细胞不可逆的损害甚至发生死亡。

一、发病原因与发病机制

(一)糖摄入不当

训练或比赛前糖的摄入不足或过量补糖是运动性低血糖症的发病原因之一。训练或比赛前食物摄入不足致使体内糖原储备不足,运动中又没有及时补充消耗的糖。训练或比赛前过量补糖,使大量的葡萄糖在短时间内快速进入血液,导致血糖浓度迅速提高,刺激机体胰岛素分泌量增加,可迅速引起血糖浓度下降,出现"回跃性低血糖症"。

(二)糖大量消耗

长时间的剧烈运动消耗了体内的大量血糖,常见于自行车、超长跑、长距离滑冰、滑雪等运动项目比赛的过程中或结束后。

(三)紧张及其他因素

赛前精神过于紧张,强烈的情绪波动以及患病、饥饿或过度使用降糖药物等情况,干扰了中枢神经系统糖代谢调节机制,刺激胰岛素的分泌量增加,导致了低血糖的发生。

二、症状与体征

低血糖症是一个综合征,患者的临床症状个体差异较大,不一定与血糖下降的速度、程度和持续时间有关。低血糖症轻者,有明显的饥饿感及头晕、眼花、面色苍白、出冷汗、心慌和乏力等症状。低血糖症严重者神志模糊,思维、语言迟钝,步态不稳,视物不清,出现精神错乱、狂躁易怒,甚至直接表现为精神行为异常、癫痫样发作或昏迷,检查时可见其四肢湿冷、脉搏细速、呼吸短促、瞳孔扩大、血压或无明显变化,查血血糖浓度下降至 40~50 mg/100 mL 以下。有些低血糖患者也可在发病初期直接表现为突然昏迷。

三、处理

低血糖症为临床急症,如果低血糖持续时间较长,会使脑细胞呈不可逆性损害而发生死亡,因此要采取积极有效的急救措施。本症确诊后,轻者平卧休息,注意保暖,意识清醒者给予口服温热糖水或少量含糖流质饮食,症状短时间便可消除。症状较重或出现昏迷者,可以点掐人中穴、百会穴、涌泉穴和合谷穴等穴位,配合双下肢按摩,应迅速静脉注射50%葡萄糖40~100 mL,一般即可纠正低血糖及消除症状。若病情仍不缓解,可继续予以5%~10%葡萄糖液静脉点滴,并迅速请医生前来处理。

四、预防

平时训练水平低、缺乏锻炼、身体机能差或空腹饥饿者,一般不宜参加长时间的剧烈运动,如马拉松、骑自行车和长时间跑等项目。进行长时间运动或比赛前应适当补充糖类食物或葡萄糖,并在运动过程中还需适量补充含糖饮料。少年儿童由于体内肌糖原、肝糖原储备较少,加之代谢旺盛,运动前和运动中尤应加强补充血糖,以防止血糖症的发生。减肥者在进行运动结合节食减肥时,不可过分节食,应注意基本的营养平衡。积极治疗原发病和合理用药,避免过度用药引起的低血糖症。对于经常发生低血糖的人群,应随时准备一定量的糖块。

第四节 运动性昏厥

昏厥是指暂时性脑供血不足或血中化学物质变化所致的意识短暂紊乱或丧失,也是运动应激综合征的一种表现形式。昏厥发生时,大多数表现为突然晕倒,短时间意识丧失,而各种反射依然存在。

一、发病原因和发病机制

由于血压急剧下降和每分输出量突然减少引起脑血流量骤减而导致昏厥,因此,凡能引起血压急剧下降和每分输出量锐减的因素均可能引起昏厥。

(一)单纯性昏厥

单纯性昏厥是最常见的一种类型,占昏厥病例总数的50%以上,各种人群均可发生,以体质较弱的青年女性多见。常常有明显的诱因,如情绪激动、受到受惊、见到出血或恐怖场面、接受注射或针灸治疗等,也可见于运动员发生运动应激综合征时。这是由于精神反射使血管紧张性降低,引起急性广泛性周围小血管扩张,血压降低,导致脑部缺血、缺氧引起昏厥。

(二)直立性低血压

直立性低血压常常发生在长时间站立不动或久蹲后突然起立,长期卧床后突然站立时都可引起昏厥。这是由于体位的突然变化,肌肉泵和血管调节功能发生障碍,致使回心血量骤减和动脉血压降低,引起脑部暂时供血不足而产生昏厥。

(三)胸内和肺内压增加

举重者在完成大重量挺举时,由于憋气引起胸腔及肺内压突然剧增,造成回心血量减少,致使每分输出量急剧减少,造成短暂脑供血不足,可发生持续20~30秒的昏厥状态。

(四)重力性休克

疾跑后突然停止而引起的昏厥称为重力性休克,多见于竞赛运动,尤在短跑、中跑中多见,有时自行车和竞走运动也可发生。人体在进行下肢为主的运动中,下肢肌肉内的毛细血管大量扩张,血流量比安静时增加20~30倍,这时依靠肌肉有节奏的收缩和舒张以及胸腔负压的吸引作用,血液得以返回心脏,当运动者突然停止运动时,肌肉的收缩对静脉的节律性挤压作用骤然停止,使大量血液聚集在下肢,造成循环血量明显减少,血压下降,每分输出量减少,脑供血不足而造成昏厥。

(五)血液中化学成分的改变

低碳酸血症或低血糖也可以引起意识丧失。癔症发作或其他原因引起的持续深快呼吸,发生过度通气,排出过多CO_2,可引起低碳酸血症。无论何种原因引起的血糖水平下降都可出现脑组织对葡萄糖摄取减少,对氧的利用能力下降。长时间剧烈运动后,体内血糖消耗产生的低血糖反应也可能导致昏厥,如参加马拉松、长距离游泳、滑雪和公路自行车等运动项目。有低血糖病史的人进行运动时易诱发低血糖症。

(六)心源性昏厥

心源性昏厥为心脏本身的功能不良而导致的昏厥,如某些先天性心脏疾病、急性心肌梗死、严重的心律失常等。心源性昏厥可发生在足球、篮球、网球、冰球、马拉松等运动项目中。青年和中老年均有发生,以中老年为多见,激烈运动时心肌需氧量增加,特别是已经患有冠状动脉狭窄的患者在激烈运动时,原已狭窄的冠状动脉不能满足心肌供血需要。运动本身可刺激儿茶酚胺分泌增加或动脉壁的敏感性增加,引起冠状动脉痉挛产生心肌供血不足,每分输出量减少和脑供血不足而发生昏厥。运动还可激发没有器质性心脏病的人发生心律失常,如阵发性心动过速期间发生短暂的昏厥。

二、症状与体征

昏倒前,患者感到全身软弱无力、头昏、耳鸣、眼前发黑;昏厥时,患者失去知觉,突然昏倒,昏倒后,其面色苍白、手足发凉。检查可发现患者的脉搏细而弱,血压降低,呼吸减慢。轻度昏厥,一般在昏倒后不久由于暂时的脑部缺血得以缓解,能很快恢复知觉,醒后仍有头昏,全身无力等症状。

三、处理

发生昏厥后应让患者平卧,头部稍低并偏向一侧,以免呕吐物或舌根后坠堵塞呼吸道。松开患者的衣领和腰带,足部略抬高,这可增加脑血流量。注意保暖防暑,同时可以进行双下肢向心性按摩,以促进血液回流。针刺或点掐患者的人中穴、百会穴、合谷穴和涌泉穴等穴位,一般能很快恢复知觉。患者清醒后可服用热糖水和维生素C及维生素B_1等,并注意休息。

四、预防

昏厥的主要危害在于昏厥发生刹那间摔倒后的骨折和外伤。运动的特殊环境如空中、水下和高原,以及运动时速度、力量和方位的迅速变化,突发的意识丧失会导致严重的后果如头颅外伤、溺水或窒息等,这些后果远远超过昏厥本身的危害,因而昏厥的预防显得尤为重要。

坚持科学训练的原则,疾病恢复期或年龄较大者必须按照运动处方进行运动。避免发生过度疲劳、运动应激综合征等运动性疾病,平时要加强体育锻炼,增强体质,提高健康水平。

疾跑后不要立即站立不动,应继续慢跑并调整呼吸,然后再停下来,如果疾跑后感到很虚弱,应让别人扶着走一段路,以免昏倒。久蹲后避免突然起立,应慢慢起立,如感到有头晕等前驱征象时,应立即俯身低头或仰卧。进行长距离运动时注意及时适量补充糖、盐和水分。

第五节　运动中腹痛

运动中腹痛是指由于运动本身引起或诱发的腹部疼痛,是运动中常见的症状,时常在运动过程中或运动结束时发生,主要见于中长跑、竞走、马拉松、自行车和篮球等运动项目,男性的发病率高于女性,以右上腹痛为多见。

一、发病原因与发病机理

运动中腹痛的发生和运动员的身体机能状况、训练水平和运动前准备活动情况以及运动前饮食状况等因素有关。这些因素往往是运动中腹痛的潜在原因。在原发性疾病的基础上由于运动而诱发腹痛也是引起运动中腹痛的原因。

(一)肝脾瘀血

肝脾瘀血发生的主要原因是运动员准备活动不充分,心肺功能水平低下以及运动中呼吸动作的协调性较差。如果运动前的准备活动不充分或者准备活动的运动强度过大,由于内脏器官的生理惰性没有完全消除,内脏器官的机能不能满足剧烈运动的需要。尤其是在循环系统功能低下、心肌收缩力较弱的情况下,下腔静脉压增高,从而造成肝脾瘀血肿胀,增加了肝脾被膜张力,使肝脾被膜上的神经收到牵扯而产生腹部疼痛。运动中呼吸不协调、急促而表浅的呼吸,可使胸膜腔内压上升,影响下腔静脉回流,同样可造成肝脾瘀血。

(二)胃肠道痉挛或胃肠功能紊乱

运动时发生胃肠道痉挛,可能是剧烈运动使血液重新分布,骨骼肌血流量增加,胃肠道血流量减少,仅为安静时的30%~40%,大量血液从腹腔内转移到了骨骼肌,导致胃肠道缺血、缺氧,引起胃肠道的痉挛和功能紊乱。另外,运动前饮食不合理也会造成胃肠痉挛,比如,饭后过早参加运动,运动前吃得过饱,喝水过多,空腹运动,以及运动前吃了易产生气体或难消化的食物,都可发生胃肠道蠕动增强或痉挛而引起腹痛。

(三)呼吸肌痉挛

运动过程中呼吸动作不协调,呼吸与运动节奏不合理,呼吸急促、表浅,可使得肋间肌、膈肌等呼吸肌收缩过于频繁,严重者出现痉挛性收缩而引起腹痛。此外,准备活动不合理或者不充分时,也会影响呼吸肌的机能状态,造成呼吸肌缺氧,从而使腹痛加剧,由此产生的腹痛一般为钝痛,以季肋部和下胸部疼痛最为常见,与呼吸活动有关,当呼吸加深时,疼痛明显。

(四)腹内和腹外病变

腹内病变常见的有病毒性肝炎、胆道疾病、消化道溃疡、炎症等腹部病变是运动中腹痛的潜在因素,运动可使病变器官受牵扯震动等刺激而诱发腹痛。腹外病变常见的有右肺下叶肺炎、胸膜炎、肾结石以及腹肌损伤。运动员的腹肌损伤并不少见,但容易被忽视。

二、症状与体征

运动中腹痛程度与运动强度、运动量大小密切相关。在低强度和小运动量运动时,腹痛往往不明显,而运动强度和运动量增加时,腹痛随之加剧。直接由运动引起的腹痛,多数为钝痛、胀痛。腹腔脏器有病变者,则多锐痛、牵扯痛、钻顶样痛及阵发性绞痛等。

腹痛的部位,依据病变脏器所在解剖位置而不同。肝脏瘀血肿胀、肝炎、胆道疾病为右上腹痛;脾脏瘀血肿大为左上腹痛;胃痉挛、急慢性胃炎、胃、十二指肠溃疡多为中上腹痛;肠痉挛、急性肠炎、肠套叠或者肠道蛔虫多为腹中部疼痛;阑尾炎、髂腰肌痉挛时为右下腹痛;呼吸肌痉挛则为季肋部痛。

三、处理

运动中出现腹痛,首先适当减小运动强度,调整呼吸节奏,加深呼吸,同时用手按压疼痛的部位或弯腰跑一段,一般疼痛可得到缓解。如经上述处理疼痛仍然不能缓解,则应停止运动,口服解痉药(如阿托品),针刺或点掐足三里穴、内关穴、三阴交穴等穴位,并进行腹部热敷,如果仍然无效应请医生处理。

四、预防

遵守训练的科学原则,循序渐进地增加运动量,加强全面训练,以提高人体生理机能。合理安排饮食,运动前不宜饱餐或饱饮,饭后1.5～2小时后才能参加运动。运动前做好充分的准备活动,运动中调整呼吸节奏,中长跑时合理分配速度,注意呼吸和动作的协调性。对各种疾病引起的腹痛,应积极彻底治疗原发病,同时在医生的指导下进行体育活动。

第六节 运动性血尿

正常人尿液中无红细胞或偶见个别红细胞,如离心沉淀后的尿液,光学显微镜下每高倍视野有3个以上红细胞,称为血尿。血尿轻者尿色正常,须经过显微镜检查才能确定,称为镜下血尿。血尿重者尿色呈洗肉水状或血色,肉眼看到红色尿液,称为肉眼血尿。血尿常见的原因有泌尿系统疾患如炎症、结石、肿瘤、畸形;泌尿系统附近的器官疾患如前列腺炎、盆腔炎;全身性疾病如血液病、心血管疾病、代谢性疾病及药物和化学因素等。

运动性血尿是指由运动引起的,排除其他原因引起的一过性血尿,多发生在健康者身上。对于运动性血尿发生率报道不一,可发生在各项运动项目。初参加训练者以及有经验的运动员身上发生,主要与剧烈运动有关。尤其在跑、跳、球类和拳击项目中较多见,男性发病率多于女性。

一、发病原因与发病机理

运动性血尿的发病原因、机理至今不明,目前有以下两种假说。

(一)肾血液循环障碍

1. 肾静脉高压

在直立位长时间的蹬地动作,如连续过多的跑跳运动,可使肾脏因震动而下垂,肾静脉扭曲或肾静脉与下腔静脉间的角度变小,使静脉血回流不畅或受阻,造成肾静脉压升高,导致红细胞渗出,引起血尿。

2. 肾脏缺血、缺氧

运动时由于血液重新分配，大量血液流向了骨骼肌，使肾脏的血流量减少，造成了肾脏缺血、缺氧，同时运动使得血液中乳酸、丙酮酸等酸性物质含量增高，结果肾小球毛细血管的通透性增高，红细胞渗出而发生血尿。

(二)泌尿系统损伤

1. 肾脏损伤

运动时由于腰部的直接撞击、扭转屈伸和挤压均可直接或间接对肾脏造成不同程度的损伤，造成肾组织和肾内毛细血管的轻微损伤，引起血尿。如足球、篮球、拳击、摔跤等对抗性运动项目对肾脏的直接打击和震动可直接对肾脏造成损伤引起血尿。如长距离游泳、自行车比赛和划船较长时间蜷缩体位等运动，可使肾脏受到挤压造成间接损伤出现血尿。

2. 膀胱损伤

在膀胱排空的情况下，由于跑步时地面对身体的震动，引起膀胱黏膜发生碰撞摩擦，导致膀胱壁挫伤出血。运动中的直接外力作用同样会造成膀胱损伤而引发血尿。

二、症状与体征

运动性血尿症状的发生与运动有直接关系，在运动后即刻出现血尿，大多数在运动量突然增加或运动强度加大过快后出现症状。出现血尿后如停止运动，则血尿迅速消失，绝大多数患者在运动后 24~72 小时尿中的红细胞即完全消失，最长不超过 7 天。除血尿外，无其他特异性症状和异常体征，半数以上的运动员出现无任何伴随症状的运动性血尿，少数运动员有身体机能下降、腰痛、腰部不适、尿道口烧灼等症状中的某种表现，但血液化验、肾功能检查、肾盂造影、X 线检查、B 超检查等项检查均正常。

血尿是一个很重要的临床症状，运动后出现血尿，除了运动性血尿外，还有一些器质性疾病和外伤也可以引起，因而在诊断时注意排除相关疾病，如肾小球肾炎、泌尿系统结石、泌尿系统感染、泌尿系统肿瘤等疾病。

三、处理

患者出现运动性血尿要引起重视。对于出现肉眼血尿者，无论有无其他伴随症状都应暂时停止运动；对于无症状的镜下血尿者，要及时调整训练计划，减少运动负荷，尤其减少跑跳动作，继续观察并加强医务监督。药物治疗可试用维生素 K、维生素 C、维生素 B_{12}、中草药等。同时在 24~48 小时内重复做尿常规检查，直到重复尿检查都是阴性为止。

四、预防

遵守科学的运动训练原则，运动强度和运动量要循序渐进，避免突然增大运动强度和运动量，做好全身和腰部的充分准备活动。合理安排训练和比赛时的饮水制度，在剧烈运动中和比赛过程中要适当补充水分。

第七节 运动性贫血

与运动训练密切关系或者直接由运动训练所致的贫血,称为运动性贫血。贫血是一种常见症状,是指循环血液中单位容积红细胞数、血红蛋白量、红细胞比容低于正常最低值的病理状态。正常成人血红蛋白量,男性为 120~160 g/L,女性为 110~150 g/L;红细胞数,男性为 $4.0×10^{12}$~$5.5×10^{12}$ 个/升,女性为 $3.5×10^{12}$~$5.0×10^{12}$ 个/升;红细胞比容,男性为 40%~50%,女性为 37%~48%。我国运动性贫血的诊断标准为血红蛋白量男性低于 120 g/L,女性低于 105 g/L,14 岁以下男女少年低于 120 g/L。

运动性贫血以缺铁性贫血为常见,少数为溶血性贫血,个别为混合性贫血。女运动员和少年运动员发病率较高,主要发生在竞走、长跑、足球及跳跃等运动项目。

一、发病原因与发病机理

运动而引起贫血的原因及发病机理至今尚不十分明确。根据近年来国内外的研究综合报道,大致有以下三个方面的原因。

(一)血浆容量增加

经研究发现,一些耐力项目运动的运动员经训练之后,机体为适应运动训练可引起血浆容积的明显增加,红细胞压积降低。长期从事耐力项目运动的运动员血浆容量的增加与血红蛋白的增加不成比例,血浆容量的增加大于血红蛋白总量的增加,出现相对性贫血。这种变化结果只是一种假性贫血或相对假性贫血。

例如,运动员的血量多于非运动员,平时不运动的男性坚持跑步训练一个月后其总血量可增加 16%。

(二)红细胞的生成减少

血红蛋白合成需要足够的铁、蛋白质、维生素和叶酸等。低蛋白血症及铁储备降低会造成红细胞的生成减少。进行大负荷的运动训练增加了机体的能量消耗,对蛋白质、铁等营养素的需求量随之增加,运动员此时若不及时增加蛋白质的摄入量,运动训练一段时间后便会可能出现贫血。特别是某些运动员如体操和舞蹈运动员还需要限制膳食摄入量,更容易出现合成血红蛋白的原料不足,致使血红蛋白合成减少而导致贫血。训练时大量出汗会使铁随着汗液大量流失而导致铁储备降低从而造成缺铁性贫血。有研究表明,许多女运动员膳食中血红素铁含量很低,而且女性由于有月经周期中失血使得铁排出量高于男性,这样女运动员因铁吸收少而排出量多更容易出现缺铁性贫血。

(三)红细胞的破坏增加

剧烈运动可导致红细胞的破坏增加。运动时的血流速度加快,增加了红细胞之间及红细胞与血管间的撞击和摩擦机会。运动时肌肉的极度收缩、挤压或牵伸造成相应部位微细血管内溶血或红细胞破坏,加上进行长跑、竞走、足球及跳跃等运动时,施加于足部毛细血管造成足部毛细血管内溶血,同时由于脾脏收缩引起大量释放溶血卵磷脂等溶血因子,作用于红细胞,使胸膜的通透性增加,从而加速了红细胞的破裂,引发溶血性贫血。当血液中游离的血红蛋白超过结合珠蛋白的结合能力时,大部分剩余的游离血红蛋白可通过肾脏排出,从而形成血红蛋白尿。

二、症状与体征

红细胞的主要功能是携带氧气,贫血时可出现缺氧以及有缺氧所致的代偿表现。运动性贫血症状的有或无,与贫血发生程度、速度、患者年龄及机体代偿能力有关。运动性贫血一般以轻度占多数,在安静状态下较少出现症状或症状不明显,大多数运动员依然能坚持正常训练,主要的症状有头晕、气促、心慌、乏力、倦怠、食欲减退和注意力不集中等,在运动中或运动负荷加大时症状明显。

轻度贫血体征不明显。中重度贫血可出现皮肤黏膜苍白(以口唇、眼睑部较为明显)为最常见的体征。贫血较重时出现反甲现象,体检时还可发现心率加快,心尖区出现吹风样收缩期杂音,严重者还可出现肢体浮肿、心脏扩大等体征。血细胞检查红细胞数、血红蛋白量及红细胞压积均低于正常值。

三、处理

当运动员出现贫血时,首先应确定其贫血的原因,排除非运动因素所致的贫血。若一旦确诊是运动性贫血,则需要调整训练量,适当减小运动负荷,必要时可停止运动训练。轻度贫血即血红蛋白男性在 100～120 g/L,女性在 90～110 g/L 时可边治疗边训练,但在训练时应减轻运动负荷,避免耐力练习。如果血红蛋白男性低于 100 g/L,女性低于 90 g/L,则应停止训练,以治疗为主。对重度贫血应以休息和治疗为主。治疗贫血的常用药物主要有口服补铁药物(如硫酸亚铁等),采用中药或中西药配合治疗贫血也有较好的疗效。此外,通过合理膳食补充蛋白质,食用含铁丰富及维生素较多的饮食。

四、预防

运动性贫血的预防,关键在于合理安排运动强度和运动量,遵守循序渐进、个别对待的科学原则,建立合理的膳食制度,提供营养全面的平衡膳食,摄入足量的蛋白质和铁。运动员要克服偏食和挑食的不良习惯,对女运动员、青少年运动员和初次参加训练的运动员应加强医务监督,定期检查血红蛋白和血清铁蛋白,以防运动性贫血的发生。

第八节 肌肉痉挛

肌肉痉挛是肌肉发生不自主的强直性收缩,俗称抽筋。运动过程中最容易发生肌肉痉挛的肌肉是小腿腓肠肌,其次为足底部的屈肌、屈趾肌。最容易发生肌肉痉挛的运动是游泳。

一、发病原因及发病机理

(一)低温刺激

在寒冷低温的环境中运动,肌肉可因低温寒冷的刺激而使兴奋性增高,以致引起肌肉强直性收缩,发生痉挛,多见于游泳时受到冷水刺激,以及冬季户外运动时受到了冷空气的刺激。在未做准备活动或准备活动不充分的情况下,在低温环境中运动训练就更容易发生肌肉痉挛。

(二)电解质丢失过多

高温环境中运动或长时间剧烈运动或有些运动员急性减体重时,机体会大量排汗,从而使体内的电解质(钙离子、钠离子、氯离子)随汗液大量流失,造成体内电解质平衡失调。电解质的主要生理功能之一是维持肌肉的应激性,体内电解质的平衡维持了正常的肌肉兴奋性,当电解质丢失过多会致使肌肉兴奋性增高而发生肌肉痉挛。

(三)肌肉的收缩频率过快

在紧张激烈的运动训练或比赛中,肌肉收缩频率过快而放松的时间过短,破坏了肌肉收缩、舒张的协调性,使肌肉发生强直收缩引起痉挛,在训练水平不高、新手中较多见。

(四)疲劳及肌肉损伤

身体疲劳直接影响肌肉的生理功能,疲劳的肌肉中有较多的代谢产物堆积,如乳酸不断地对肌肉刺激而导致肌肉痉挛。特别是局部肌肉疲劳时再进行剧烈运动或突然用力动作,容易发生肌肉痉挛。

运动可能引起肌肉微细结构的损伤,使得钙离子进入细胞,细胞内钙离子增多,从而造成肌纤维收缩失控,引起局部肌肉痉挛。另外,损伤性疼痛也会反射性地引起肌肉痉挛。

二、症状与体征

发生痉挛的肌肉剧烈收缩发硬,疼痛难忍,触之僵硬,邻近关节因疼痛会出现暂时性功能障碍。发生肌肉痉挛的运动员不能坚持参加运动或比赛,发作常常可以持续数分钟。

三、处理

牵引痉挛的肌肉是常用的缓解办法,适用于不太严重的肌肉痉挛,只要以相反方向牵引痉挛的肌肉,一般都可以缓解。例如:小腿腓肠肌痉挛时,可取坐位或仰卧位,伸直膝关节,缓慢用力地将足部背伸;屈肌、屈趾肌痉挛时,可将足和足趾用力背伸。同时,可配合局部按摩(如按压、揉、捏)、点穴(如承山穴、委中穴)等措施,有助于痉挛的迅速缓解。牵引过程中注意用力宜缓,切忌暴力,以防肌肉拉伤,严重的肌肉痉挛有时需要采用麻醉才能缓解。

在游泳时如果发生了肌肉痉挛,首先自己不要惊慌,如自己无法处理或解救时,可先深吸一口气后仰浮于水面,然后采用同样方法对痉挛的肌肉进行牵引。例如:腓肠肌、足趾痉挛时,用同侧手压在痉挛侧膝盖上,另一侧手握住痉挛侧足趾,在促使膝关节伸直的同时,缓慢用力向身体方向拉,可连续重复;大腿肌肉痉挛时,可先弯曲痉挛侧膝关节,然后双手抱住小腿用力使之向大腿靠近,再用力向前伸直。上肢肌肉痉挛,可做反复用力屈伸肘关节及用力握拳、张开等动作。待肌肉的痉挛得以缓解后,不宜再继续游泳,应上岸休息,并注意保暖、局部按摩使肌肉放松,如果自己未能掌握自救方法,应立即呼救。

四、预防

平时要加强体育锻炼,提高机体抵抗力和对低温环境的适应能力。运动前必须认真做好准备活动,对容易发生痉挛的肌肉,可在运动前适当按摩。游泳时若水温较低,时间不要过长。冬季运动注意防寒、保暖,夏季运动注意及时补充水、盐、维生素 B_1。

第九节　运动性中暑

中暑是由高温环境引起的,以体温调节中枢功能障碍、汗腺功能衰竭以及水、电解质丢失过多为特点的疾病。运动性中暑是近年来提出的运动性疾病之一,是指肌肉运动时产生的热量超过身体散发的热量而造成运动员体内的过热状态,多见于年轻的体育锻炼者、铁人三项运动员、马拉松运动员以及在炎热季节进行长时间训练和比赛者。运动性中暑常在高温、高湿和通风不良的环境中进行运动时发生,属于一种急性的物理病因疾病。

一、发病原因及发病机理

正常人的体温一般恒定在37℃左右,受体温调节中枢控制,在下丘脑体温调节中枢控制下产热与散热平衡的结果。人体的热源来自内源和外源:内源是机体代谢过程中体内氧化过程中产生的基础热量以及肌肉收缩和肌肉不自主地寒战也能产生热量;外源来自环境。

人体与外界环境间通过传导、辐射、对流和蒸发几种方式不断地进行热交换,即吸热和散热。周围环境的温度越高,人体通过辐射散热的作用越少,当气温达到35℃或35℃以上时,蒸发出汗成为唯一的散热途径。蒸发的快慢与空气的湿度及流动的速度有直接关系,在温度相对高的条件下,仅有的蒸发散热方式也大受影响。

运动性中暑是体温调节系统在运动时超载或衰竭所致。机体在运动时产生大量热量,其中25%用来完成机械功,其余以热的形式储存或散发,当产热或储热超过散热时就会出现体温调节系统的超载。机体在高温环境下如果运动量很大,体内产热较多,热量积累的结果使体温明显升高,有时可升至42℃,从而影响人体的生理活动。

体温明显升高会导致体温调节功能失调、汗腺功能衰竭而致汗闭,发生热射病。高温环境下运动时,日光长时间直接照射头部,可穿透颅骨引起脑膜充血、水肿而发生日射病。剧烈运动时,出汗过多,水盐代谢紊乱,血中氯化钠浓度降低,引起肌肉兴奋性增高,导致肌肉痉挛。在这种情况下,如果未及时补充水、盐,继续出汗,可导致脱水、血液浓缩,血液黏稠度增高,血容量不足,引起周围循环衰竭而发生热衰竭。

二、症状与体征

根据发病机制和临床表现不同,中暑可分为下列各综合征。

(一)中暑高热(热射病)

中暑高热又称为热射病,往往在高温环境下训练或工作数小时后发病,以高热、无汗、昏迷为特征。老年人、体弱者和慢性病患者常在夏季持续高温数天后发病。

热射病的症状轻重不等。轻症患者呈虚弱状态,出现疲乏、头昏、头痛、口渴和多汗等症状,并伴体温升高、脉搏和呼吸增快。重症患者出现高热、无汗、昏迷症状。热射病发病很急,皮肤灼热而无汗,体温可高达40~42℃,意识模糊,以致完全昏迷,周围循环衰竭,血压下降,严重者可因心力衰竭或和呼吸衰竭而致死。

头部直接受太阳辐射引起的热射病称为日射病。

（二）中暑痉挛（热痉挛）

运动时大量出汗引起氯化钠丢失过多，导致肌肉兴奋性增高，发生肌肉疼痛和肌肉痉挛者，称为热痉挛。轻者只是对称性肌肉抽搐，重者大肌群发生痉挛，并呈阵发性。负荷较重的肢体肌肉和腹肌最容易发生痉挛，患者意识清楚，体温一般正常，血及尿中的氯化钠浓度降低。

（三）中暑衰竭（热衰竭）

中暑衰竭又称为热衰竭，多发生于饮水不够的老年人、体弱者和婴儿，也可见于在高温下从事训练的新手、补足盐而饮水不足者。因体内无过量热量蓄积，一般无高热。患者先有头痛、头晕、多汗、恶心、呕吐、口渴，继而有明显脱水表现，皮肤苍白，出冷汗，软弱无力，呼吸表浅急促，血压下降，意识模糊或昏迷，常同时伴发热痉挛。

在临床上，以上三种综合征可同时存在，不能截然区分。

三、处理

运动性中暑较容易诊断。在炎热天气下剧烈运动或长时间运动，健康者骤然出现虚脱，首先应想到运动性中暑。各种类型的中暑患者，按临床表现轻重可分为轻症和重症。轻症患者，经过休息和一般对症处理即可好转。重症患者应立即离开高温的环境进行积极抢救，场地急救药要保持呼吸道通畅，测量脉搏、血压和直肠温度，严重时要及时送往医院抢救。各种运动性中暑综合征的治疗分述如下。

（一）中暑高热者

中暑高热者采用迅速有效地全身降温，积极使用物理降温和药物降温方法。物理降温可用冷水（冰水）浴，温度保持在10℃左右、冰帽。酒精擦浴：以50％酒精溶液，擦洗全身较大动脉行走部位、面部、胸部，但腹部和外生殖器不宜擦浴。对呼吸困难者应给氧，昏迷者可针刺（指针）人中穴、涌泉穴等穴位。日射病者患者取头高足低位，头侧向一边，头部用冰袋或冷水湿敷。

（二）中暑痉挛与中暑衰竭者

根据发病原因，中暑痉挛与中暑衰竭者主要是要迅速纠正水盐代谢紊乱，可静脉注射生理盐水或5％葡萄糖盐液。神志清醒者可口服含氯化钠饮料，神智昏迷者可针刺人中穴、涌泉穴等穴位，肌肉痉挛者可牵伸痉挛的肌肉使之缓解，并在四肢做向心重推摩，严重时送医院。

经上述处理后，较轻的中暑痉挛、中暑衰竭和日射病的预后良好。严重的热射病患者若抢救不及时，有死亡的危险，死亡率可高达5％～30％，体温超过42℃或昏迷的患者，死亡率也高。

四、预防

（一）训练时间和运动服装

高温环境下运动应合理安排训练和比赛时间，特别是耐力运动项目宜安排在上午9时以前和下午4时以后。在比赛和训练时，运动员应穿有利于排汗散热的浅色薄型透气的丝、棉织品，戴遮阳帽（比赛规则允许范围内）。

(二)普及中暑知识和防暑降温饮料

让运动员了解中暑的早期症状如口渴、大量出汗、注意力不集中、四肢乏力、步态不稳和头昏眼花等,使其能够酌情终止运动。另外,高温季节准备防暑降温饮料(低渗含糖盐饮料)。长时间的运动项目,如马拉松、公路自行车等,可在训练或比赛中每隔20分钟左右供给100~200 mL的低渗含糖盐饮料。运动中大量出汗者,运动结束后也应注意补充适量的糖盐水。

(三)热适应性训练

通过热适应训练能改善人体的散热能力,防止体温过高。在高温条件下,进行4~8天循序渐进性的练习,能产生对热的适应。热适应训练一般在正式训练或比赛前一周左右进行。热适应训练开始运动时强度不大,练习时间约1小时。以后,运动量逐日增加,练习时间逐日延长10~20分钟。训练时,每运动20分钟,应休息5~10分钟。

(四)加强医务监督

高温环境下运动应加强医务监督,身体欠佳、饥饿、疲劳和肥胖者,不宜在高热环境中进行剧烈运动。

第十节 运动性猝死

运动性猝死是指有或无症状的运动员和进行体育锻炼的人在运动中或运动后24小时内发生的非创伤性死亡。猝死可能发生在参加体育锻炼的普通人群,也可能发生在高水平的优秀运动员身上,有的可能在30秒内死亡,一旦发生,死亡率极高。

根据对运动性猝死者的尸检,多数病例均可证明患有疾病,大部分为心脏病,部分为脑出血、中暑、急性出血性胃炎等。

一、发病原因和发病机制

(一)心源性猝死病因

据国内外文献报道,心源性猝死占运动性猝死的绝大多数,在年轻人运动性猝死病例中,心源性疾病比例大于80%。心源性猝死不是由运动这个单一因素导致的,而是由运动和潜在的心脏病共同引起的致死性心律失常所致。运动中发生的心血管意外的常见疾病如下。

1. 冠心病

运动时发生心血管意外的疾病中,以冠心病引起心肌梗死的发生率居首位,所占比例高达73%~95%。尤其在40岁以上的人或35岁以上较年长的运动员运动时发生运动性猝死,冠心病是心源性猝死的最常见的原因。

心肌梗死的致病因素中剧烈运动和比赛引起的体力超支、精神过度紧张(如跑步、举重和足球比赛等)占多数,尤其是年轻人发生心肌梗死。运动中,尤其是在接近终点时易发生,可能与机体处于衰竭状态有关。

2. 心脏瓣膜病、心肌病及心脏传导系统的结构异常等

对于年轻运动员来说,其潜在的心脏病多为与动脉粥样硬化无关的结构性心脏病。最常见的首先为肥厚型心肌病,占所有心源性猝死的36%,其次为先天性冠状动脉畸形,占17%~19%,患有先天性冠状动脉异常的病例运动中猝死的危险性很大,其死亡病例50%的发生与运动有关,且死亡年龄要比与运动无关的死亡年龄小,再次为特发性左心室肥厚,占9%~10%。其他比较少见的病因包括主动脉破裂、致心律失常性右室心肌病、主动脉瓣狭窄、长QT综合征、二尖瓣脱垂、心脏震荡、预激综合征和冠心病等。心肌炎也是运动性猝死的常见疾病之一。

3. 马凡氏综合征

马凡氏综合征是一种常染色体显性遗传性疾病,主要涉及全身结缔组织,引起骨骼、心血管和眼部的病变。有的病例心血管症状出现得早,有的可多年无任何症状,而猝死为此征的首发表现,经尸检发现有升主动脉夹层动脉瘤破裂和左房室瓣中度脱垂等。患有此征的人常身材瘦长、腿长、臂长,易作为运动员选材的对象,所以在运动员选材时除重视外部条件外,还应进行详细的体检。

(二)心源性猝死发病机制

运动时由于儿茶酚胺水平升高,交感神经活动增加,更易导致血管痉挛、心肌缺血和心肌应激性增加,从而引起心律失常或心肌梗死,甚至猝死。同时,运动时血流重新分配使得肢体血管大量扩张,冠状血管可发生一过性供血不足或心肌肥厚达一定程度后,运动时供血就会发生障碍,引起心肌局部相对缺血。特别是冠状血管本身存在病变更易发生。剧烈运动时还可以引起自主神经系统平衡失调及心肌电解质钾离子、钠离子的变化而致心肌发生代谢性坏死。

另外运动剧烈时,可由于血管内膜出血、间质出血或粥样硬化物破裂堵塞冠状动脉,导致运动者猝死。研究发现青年人多见单纯堵塞性损害,少见梗死。运动员中常见的窦性心动过缓、Q-T间期延长、先天性血管畸形、动脉瘤等会激发运动时心律失常的发生。

以上几个方面的原因,彼此不是孤立的,有时是相互影响的,而运动是发生心血管意外(包括猝死)的促进因素。

(三)其他致病因素

1. 脑源性猝死

脑源性猝死也是运动性猝死的重要原因之一,主要为脑血管畸形、动脉瘤或高血压、动脉硬化所致脑卒中。

2. 中暑

有些资料将中暑列为运动猝死中仅次于心脏猝死的第二大原因。体温调节紊乱可致完全健康的人发生死亡,剧烈运动尤其是耐力运动项目在热环境下进行尤其易发生中暑,甚至导致死亡。

二、处理

当病人出现猝死情况后,在场的人要立即争分夺秒地抢救。心脏发生心室颤动时,在事发现场可以赤手空拳地除颤,即手握空心拳头,在病人心前区捶击2次,如果无反应,则可再捶击2~3次。对于刚刚发生室颤的心脏,胸前区捶击有较好的除颤效果,可以使室颤消除而重新出现心脏跳动。必须注意,要及早采用,在用耳朵听不到心跳的一分钟内实施拳击除颤效果最好。

三、预防

运动性猝死死因发生突然、病程急、病情严重,很难救治,尤其是对于心源性运动猝死而言,所以如何预防和避免其发生是解决问题的关键。

(1)参加运动训练或比赛前进行严格的体格检查,识别运动性猝死的高危人群。所以,参加运动训练或比赛前进行体检是非常必要的,特别是对心血管系统的监测,包括心电图、超声心电图、心电图运动负荷试验可以发现冠状动脉疾病,并且每年进行全面的复查,及早发现,及早预防。运动时猝死者中不少的人是有猝死家庭史的成员。

(2)严格鉴别运动员长期训练引起的心脏生理性变化和病理性变化的区别。一些专家认为,某些运动员发生运动猝死可能与运动员心脏有关。对运动员中出现的T波变化、束支传导阻滞、心律失常等心电图变化都应进行全面系统的检查。

(3)密切观察运动员在运动时出现的各种症状。对运动员在运动中出现昏厥的病例,要做全面系统的检查。对运动员在运动中或运动后出现的胸闷、胸痛、胸部压迫感、头痛和极度疲劳等症状要引起足够的重视,进行详细的检查,还应抓住猝死前的胸痛和失神等先兆,在训练调整及运动时对过度疲劳、睡眠不足也应格外注意。

(4)遵守科学训练的原则、遵守训练的卫生原则和患病后恢复训练原则。运动员不遵守训练的科学原则时,造成过度训练或过度紧张,对心血管系统有害。掌握运动的适应证和禁忌证,积极预防青少年的心肌炎、心肌病。患有流感、急性扁桃体炎和麻疹等感染后过早参加剧烈运动均易发生心血管意外。

(5)运动员的选择注重体格检查,严密注意马凡氏综合征,特别是篮球、排球和跳高等需要身材高大的运动员项目。

(6)还须普及心肺复苏方法,及时进行抢救,加强对运动猝死的调查和研究。

【本章小结】

运动性病症,是指由于运动训练或比赛安排不当以及机体对运动不适应而出现的疾病或异常造成体内调节平衡的功能紊乱而出现的一类疾病、综合征或功能异常。常见的运动性病症有过度训练、运动应激综合征、运动性低血糖症、运动性昏厥、运动中腹痛、运动性血尿、运动性贫血、肌肉痉挛、运动性中暑、运动性猝死等。本章主要介绍几种常见的运动性疾病的发病原因与发病机理、症状与体征、处理方法及预防措施,使学生对运动性病症有一个全面的了解和认识。

【思考复习题】

1. 简述过度训练的征象和预防。
2. 简述运动应激综合征的治疗方法。
3. 简述运动性低血糖症的原因。
4. 简述昏厥的发病原因、发病机制及处理方法。
5. 简述运动中腹痛的发病原因。
6. 简述运动性血尿的发病原因。
7. 简述贫血的发病原因和发病机制。
8. 试述肌肉痉挛的发病原因和处理方法。
9. 简述运动性中暑的类型和治疗方法。
10. 运动性猝死的可能原因有哪些?

第八章　运动损伤的预防与处理

【学习目标】
(1)掌握运动损伤的分类、原因及其预防原则；
(2)掌握各种常用运动损伤的急救方法；
(3)掌握各种常用软组织损伤的处理方法；
(4)掌握各种常用运动损伤的治疗方法。

第一节　运动损伤概述

一、运动损伤的概念与分类

人体在体育运动过程中所发生的损伤，称为运动损伤。运动损伤的发生往往与体育运动项目及技术、战术动作特点密切相关，也与训练水平、运动环境和条件等因素有关。对运动损伤进行一定的分类，有助于运动损伤的治疗和康复，也可为合理安排伤后的体育运动提供科学依据和实践指导。

运动损伤常用的分类方法如下。

1. 按组织学分类

运动项目的种类很多，不仅包括常见的田径、球类、体操等项目，而且还有军事体育项目，如摩托、跳伞等。常见的运动损伤有肌肉韧带的挫伤及断裂、挫伤、四肢、颅骨、脊椎骨折，关节脱位，脑震荡，内脏破裂等。临床诊断多采用此种分类方法。

2. 按运动损伤的轻重程度分类

(1)轻度伤。轻度伤基本不影响工作能力。
(2)中度伤。中度伤受伤后需要停止工作24小时以上，且需要在门诊治疗。
(3)重度伤。重度伤需要长期住院治疗。

3. 按运动能力丧失的程度分类

(1)轻度伤。轻度受伤后仍能进行体育活动或训练。
(2)中度伤。中度受伤后需要进行门诊治疗，不能按训练计划进行训练，须减少伤部活动或停止伤部练习。
(3)重度伤。重度伤完全不能训练，往往需要住院治疗。

根据北京大学运动医学研究所的统计，在运动中发生重度损伤的较少，大部分属轻、中度损伤，其中以肌肉、筋膜、肌腱、腱鞘、韧带、关节囊损伤最多，其次是肩袖损伤、半月板撕裂和髌骨软化症。

4. 按损伤部位分类

按损伤部位分类,主要包括头颈部损伤、腰背部损伤、肩部损伤、肘部损伤、腕部损伤或髋、膝、踝部损伤等。

5. 按皮肤或黏膜是否受损分类

(1)开放性损伤。开放性损伤伤处皮肤或黏膜的完整性遭到破坏,有伤口与外界相通,如擦伤、刺伤、撕裂伤及开放性骨折等。

(2)闭合性损伤。闭合性损伤伤后皮肤或黏膜仍保持完整,无伤口与外界相通,如挫伤、肌肉拉伤、关节韧带损伤、闭合性骨折、关节脱位等。

6. 按发病的缓急分类

(1)急性损伤。急性损伤由瞬间暴力一次作用而致伤,伤后症状迅速出现。其特点为发病急、症状骤起,如关节扭伤、骨折、脱位、急性滑囊炎、肌肉拉伤等。

(2)慢性损伤。慢性损伤是指由于长时间的局部负荷过大,超出了组织所能承受的能力而导致的组织损伤,其特点为发病缓慢、症状渐起,如慢性腱鞘炎、疲劳性骨膜炎、髌骨软骨病、慢性牵拉性骨骺炎等。

(3)陈旧伤。陈旧伤是指急性损伤后因早期失治或处理不当而导致的组织损伤,其特点是病程长、病情绵延。

7. 按与运动技术的关系分类

(1)运动技术伤。运动技术伤与运动项目和技术、战术动作密切相关。多数为慢性损伤,如网球肘、跳跃膝、足球踝等。少数为急性伤,如标枪肘,体操、技巧运动中的跟腱断裂等。

(2)非运动技术伤。非运动技术伤多为意外伤,如骨折、挫伤、擦伤、关节扭伤等。

二、运动损伤的原因

运动损伤的原因很复杂,致伤因素也很多。根据国内外运动损伤原因的相关研究,可把运动损伤的原因归纳为直接原因和潜在原因两个方面。

(一)直接原因

1. 缺乏运动损伤预防常识

运动损伤的发生,常与体育教师、教练员、社会体育指导员或体育运动参加者对预防运动损伤的意义认识不足,思想上麻痹大意及缺乏专业的预防知识有关。他们往往平时不重视安全教育,在健身运动、体育教学、运动训练或比赛中没有积极采取各种有效的预防措施,发生运动损伤后不认真分析原因、总结规律和吸取教训,使伤害事故不断发生。

2. 准备活动不合理

为了提高中枢神经系统的兴奋性和各器官系统的功能活动,使人体从相对静止状态过渡到运动状态,在体育运动前,都应该进行科学规范的准备活动。据报道,缺乏准备活动或准备活动不合理,是造成运动损伤最重要的原因之一。在准备活动问题上常存在如下问题。

1)不做准备活动或准备活动不充分

在身体相关系统没有得到充分动员的情况下,就投入高强度的运动。由于身体的协调性不足,肌肉的弹性和伸展性较差,关节的灵活性也不能满足运动的需要,因而容易发生损伤。

2）缺乏专项准备活动

准备活动的内容与正式运动的内容衔接不好，特别是运动中负担较重部位或有运动损伤隐患部位的功能没有得到充分改善，或因休息而消退的条件反射性联系尚未恢复。

3）准备活动的强度和负荷量安排不当

开始做准备活动时，用力过猛，速度过快，违反了循序渐进的原则和功能活动的规律，容易引起肌肉拉伤或关节扭伤。或身体已经出现疲劳状态，在参加正式运动时，身体的功能水平已经有所下降，此时完成高难度的动作就容易发生损伤。

4）准备活动与正式运动的时间相隔过长

准备活动所产生的生理作用已经减弱或消失，失去其活动的生理价值。

3. 技术动作错误

违反人体解剖结构生理特点，不符合运动时的生物力学原理，因而容易发生运动损伤。不仅是初学者和学习新动作时容易因错误动作致伤，已熟练掌握技术动作的运动员在身体疲劳或注意力不够集中的情况下，也会因此致伤。例如：做前滚翻时，因头部位置错误引起颈部扭伤；篮球接球时，因手形不正确引起手指扭伤或挫伤；投标枪时，在上臂外展90°、屈肘90°（甚至肘低于肩）的错误姿势下出手，引起肘关节内侧软组织损伤，甚至发生撕脱性骨折等。

4. 运动量过大

安排运动负荷时，没有充分考虑到运动者的解剖生理特点，运动量安排过大，尤其是局部负担量过大，这往往是专项训练中造成慢性损伤的主要原因。在健身运动或体育教学中，同样也存在局部负荷过大而导致的运动损伤。

5. 组织方法不当

在教学或训练中，不遵守循序渐进、系统性和个别对待的原则，以及比赛的编排不合理；在组织方法方面，如学生过多，教师又缺乏正确的示范和耐心细致的教导，缺乏保护和自我保护，组织性、纪律性较差，以及比赛日程安排不当，比赛场地和时间任意更改，允许有病或身体不合格的人参加比赛等，这些都可成为受伤的原因。

6. 运动参加者的生理功能或心理状态不良

运动参加者睡眠或休息不好，患病、受伤、伤病初愈阶段或疲劳时，肌肉力量、动作的准确性和身体的协调性显著下降，警觉性和注意力减退，反应较迟钝等。在上述情况下参加剧烈运动或练习较难的动作，就可能发生损伤。另外，心理状态与损伤的发生也有密切关系，如心情不舒畅、情绪不高、对训练和比赛缺乏自觉性和积极性、注意力不集中等都容易导致动作失常而引起损伤。缺乏锻炼的知识和经验，争强好胜，不顾客观条件，盲目地参加有一定危险性的运动，也容易发生运动损伤。

7. 动作粗野或违反规则

在比赛中不遵守比赛规则，或在教学训练中相互逗闹、动作粗野、故意犯规等，往往是篮球或足球等同场竞技项目中发生损伤的重要原因。

8. 场地、器材设备、服装不符合要求及气候不良

运动场地不平，有小碎石或杂物；跑道太硬或太滑；沙坑没有掘松或有小石头，坑沿高出地面，踏跳板与地面不平齐；器械维护不良或年久失修，表面不光滑或有裂缝；器械安装不牢固或安放位置不妥当；器械的高低、大小或重量不符合锻炼者的年龄、性别特点；光线不足，能见度差；缺乏必要的防护用具（如护腕、护踝、护腰等）；运动时的服装和鞋袜不符合运动卫生要求；气温过高或过低，湿度过大等。在上述情况下运动，都容易引发运动损伤。

(二)潜在原因

运动损伤发生的原因除了直接原因以外,还主要与两个潜在的原因有关:①人体某些部位的解剖生理特点;②运动项目的技术、战术特点。在教学训练安排不当、局部负荷过大等直接原因作用下,导致局部解剖生理特点与专项技、战术的特殊要求不相适应,从而导致运动损伤的发生。每个运动项目都有它自己的技术动作特点。例如,篮球运动员最易伤膝,是因篮球运动的一些基本动作都要求膝关节呈半蹲位(130°～150°)屈伸、扭转与发力有关,而这个角度又恰是膝关节的解剖生理弱点,关节的稳定性相对减弱,易发生内外旋或内外翻,关节面间也会发生"不合槽"运动,因而易引起膝关节损伤。又如,体操运动员易伤肩,是因经常出现大幅度的转肩动作,肩部承受的牵拉力很大,而肩关节运动时的稳定性主要靠肩袖的肌肉来维持,同时肩袖肌腱又易受到肱骨大结节与肩峰的挤压和摩擦,一旦活动过多即可引起肩袖损伤。

总之,只有认识了这样的规律,在体育运动中才可以有针对性地进行预防,尽量回避上述致伤因素,并有计划地发展某些部位的功能,从而减少运动损伤的发生。

三、运动损伤的预防原则

(一)加强安全教育

平时要注意加强防伤观念的教育,无论是健身运动还是在体育教学、训练或比赛中,都要认真贯彻预防为主的方针。在社会体育指导员、体育教师、教练员和运动参加者中,要普及运动损伤的预防知识,经常进行安全教育,克服麻痹思想,养成良好的体育道德风尚。

儿童少年运动经验不足,思想麻痹,缺少防伤意识,运动中好胜心强,盲目从事力所不能及的运动,极易导致运动损伤的发生。女生在体育运动中,有胆小、害羞、畏难等情绪,做动作时表现为恐惧、犹豫或紧张等,也容易导致运动损伤。上述这些情况都应在预防工作中引起重视。

(二)认真做好准备活动和整理活动

在正式运动或比赛之前,运动员应充分做好准备活动。准备活动的目的是提高中枢神经系统的兴奋性和克服自主神经的惰性。通过全身各关节、肌肉的活动加速全身的血液循环,使肌肉组织得到充分的血液供应,增强肌肉的力量和弹性,并恢复技术动作的条件反射,为正式活动做好充分的准备。

准备活动应注意以下几点。

(1)一般准备活动要做充分,使身体明显发热,并微微出汗。

(2)专项准备活动一定要有针对性,与后面的正式活动建立有机的联系。

(3)准备活动的内容与负荷应依据正式活动的内容、个人身体机能状况、当时的气象条件等因素而定。

(4)加强易伤部位的准备活动,一般需要加大局部活动的比重。

(5)在损伤康复期,损伤部位的准备活动要慎重,动作要和缓,幅度、力度、速度要循序渐进。

(6)在运动中,间歇时间较长时,应在运动前再次做好准备活动。

(7)准备活动结束与正式活动的间隔时间,一般以 1～4 分钟为宜。

(8)在准备活动中进行适当的肌肉力量练习(针对易伤的肌肉),对于提高肌肉温度和改善肌肉功能很有益处。此外,在准备活动中加入一些肌肉伸展练习,对预防肌肉拉伤有积极效果。

除了要做好准备活动外,还要注意运动后的放松练习。其中,肌肉的拉伸练习对放松局部肌肉,防止肌肉僵硬和肌肉劳损都有良好的作用。对于负荷较大的关节,运动后可适当采用冷疗的方法,使局部组织尽快降温,对防止某些慢性损伤有一定的作用。

(三)合理安排运动负荷

运动负荷安排不足,不能出现生理性的"超量恢复",达不到促进人体运动能力提高的目的。运动负荷安排过大,超出了人体所能承受的能力,不仅会使运动系统的局部负荷过重,还会导致中枢神经系统疲劳,致使全身机能下降,协调能力降低,注意力、警觉反应都减弱,从而容易发生损伤。如果局部的运动负荷长期过大,则会导致一些慢性损伤。为了减少因此发生的损伤,体育运动指导者和参加者都应严格遵守体育运动的基本原则,根据年龄、性别、健康状况、训练水平和运动项目的特点,个别对待,循序渐进,合理安排运动负荷。

少年运动员和女性运动员的运动负荷更应注意合理安排。少年儿童不宜过早地进行专项训练,不宜参加过多的比赛和过早地追求出成绩。合理地安排运动负荷,预防运动损伤发生,对提高运动成绩有着重要的意义。

(四)正确掌握技术动作

技术动作错误,可以直接造成运动损伤。反复进行错误动作的练习,不但运动成绩不会提高,相反会造成局部过度负荷引起损伤的不断发生。因此,应注意在动作形成阶段,不断调整动作的节奏和结构,使之合理化,避免运动损伤的发生。

(五)加强易伤部位的练习

根据运动项目的技术、战术特点,加强对易伤部位和相对薄弱部位的练习,提高其机能,是预防运动损伤的积极措施。例如:为了预防膝部损伤,就要注意加强股四头肌力量的练习,以稳定膝关节;为了预防腰部损伤,除应加强腰部肌肉力量练习外,还应加强腹肌的练习,因为腰部受伤,从某种意义上讲也与其拮抗的腹肌有关,腹肌力量不足,易使脊柱过度后伸而致腰部损伤;为预防股后肌群拉伤,在发展其肌肉力量的同时,还应注意加强肌肉的伸展性练习。

另外,对于陈旧性的损伤部位也应加强功能练习,使之能够维持应有的生理功能,以防止重复性损伤。

(六)合理安排教学、训练和比赛

教师要认真钻研教材,充分备课,应对教学、训练中的重难点以及容易发生损伤的动作做到心中有数,事先要采取相应的预防措施,遵守循序渐进和个别对待的原则。学习技术动作应从易到难,由简单到复杂,从分解动作到整体动作来进行。

(七)加强运动中的保护和帮助,合理使用运动护具

在进行某些容易造成损伤的运动项目时,要根据运动的内容和运动者的具体情况,采取合理的保护和帮助,尤其在学习新技术动作时更应注意。教师应将正确的保护与自我保护方法传授给学生。例如:摔倒时,要立即低头、团身、屈肘,以肩背着地,就势滚翻,不可直臂撑地;从高处跳下时,应双膝并拢,先以前脚掌着地,然后过渡到全脚掌以增加人体的缓冲作用。

合理使用运动护具和保护带可以有效地减少运动损伤的发生。特别是在对抗性较强的运动项目中显得尤为重要,如足球、曲棍球等,都需要专业护具的保护。护具的选择一定要符合专项特点,并及时淘汰和更新,以达到最佳的防护效果。

(八)加强医务监督

对体育运动参加者,应定期进行体格检查。参加重大比赛的前后,要进行身体补充检查,以观察体育锻炼、比赛前后的身体机能变化。对体检不合格者,则不允许参加比赛。伤病初愈者参加体育活动或训练时,应取得医生的同意,并做好自我监督。

医务监督一般包括以下内容。

1. 一般内容

每天记录晨脉、自我感觉,每周测一次体重。如果晨脉逐日增加,自我感觉不良,运动成绩下降,机能试验时脉搏恢复时间延长,说明身体机能不良,应及时到医院查明原因。女性要遵守月经期的体育卫生要求,做好监护工作。

2. 重点内容

根据不同项目特点和运动创伤的发生规律,应特别注意观察运动系统的局部反应,如局部有无肿胀和发热、肌肉有无酸痛、关节有无肿痛等。如果有不良反应应及时请医生诊治,此时不宜加大运动负荷,更不宜练习高难度动作。另外,还应经常认真地对运动场地、器械、设备以及个人运动服装、鞋、袜及防护用具等进行安全检查。

四、常见运动项目的损伤特点及预防

体育的运动项目很多,且各有其技术特点和要求,各项目对人体各部位的负担量也不同,所以各运动项目都有各自的易伤部位。例如:投掷标枪的出手动作,要求肩关节急剧旋转,这就容易引起肩袖和肱三头肌肌腱的损伤;短跑运动易引起股后肌群与跟腱拉伤;足球运动易引起踝关节扭伤;排球运动易引起手指关节扭伤等。因此,了解和掌握主要运动项目中发生损伤的特点及规律(见图8-1和图8-2),采取合理的预防措施,对诊断和预防运动损伤有重要意义。

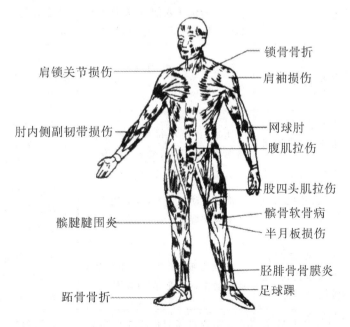

图 8-1 常见运动损伤及发病规律(腹侧)

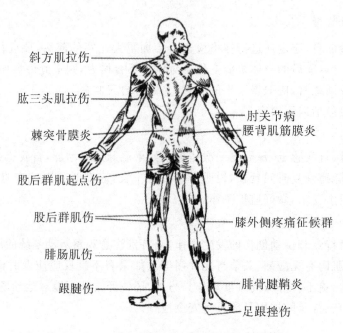

图 8-2 常见运动损伤及发病规律（背侧）

现将主要运动项目常见损伤的部位、原因及预防措施归纳成表 8-1。

表 8-1 主要运动项目常见损伤的部位、原因及预防措施

项	目	损伤的部位	原　　因	预 防 措 施
田径	短跑	股后肌群及跟腱拉伤和踝关节扭伤	股四头肌猛烈收缩而股后肌群不能及时放松,小腿三头肌收缩超过本身的承受能力,跑道不平和过多地采用足尖跑与后蹬跑等	做好准备活动,加强股后肌群的伸展性,避免在不平或过硬的跑道上过多地用足尖跑及后蹬跑
	中长跑	胫腓骨疲劳性骨膜炎	运动量过大,场地过硬落地技术不正确	掌握正确的落地动作,合理地安排运动量,避免过多地在硬地上练习
	跳	踝关节扭伤,足跟挫伤及股后肌群和腰肌拉伤	跑道、沙坑不符合卫生要求,落地动作不正确,过度挺腹等	认真检查场地、器材,掌握正确的动作要领及落地技术,加强腰腹肌力量、柔韧性练习
	投	肩、肘、腰、膝扭伤与拉伤	准备活动未做好,投掷动作的技术未掌握	加强易伤部位的准备活动和肌力与柔韧性练习,掌握正确的投掷要领
体操	单、双杠	肘、腕关节韧带扭伤,踝、膝关节扭伤,腿部肌肉擦伤与挫伤	杠面粗糙,未掌握技术要领,落地动作不正确,穿短裤练习	练习前擦光杠面,掌握正确的动作要领及落地动作,加强保护与自我保护
	跳箱	腕关节挫伤和膝关节扭伤	未掌握过箱时的推手及落地要领,缺乏保护	加强保护,掌握正确的动作要领

续表

项　　目		损伤的部位	原　　因	预　防　措　施
球类	足球	皮肤和肌肉擦伤、挫伤，踝、膝关节扭伤	犯规动作，局部负荷过大或场地不良	加强预防及道德教育，裁判执法要严、公正，做好准备活动
	篮球	手指挫伤，踝关节扭伤、挫伤	未掌握接球技术要领，场地不符合卫生要求，落地不稳以及不正规的比赛	加强基本技术动作的练习，做好准备活动，创造合乎要求的场地，严格执行裁判规则
	排球	手指挫伤和膝、肩、腰拉伤和扭伤	缺乏准备活动和技术动作不正确	纠正技术上的缺点，做好准备活动，加强肩、腰肌肉力量和柔韧性练习
武术		股后肌群和股内肌拉伤，踝关节扭伤	准备活动不够，动作用力过猛，技术动作错误和场地不良等	加强易伤部位肌肉的伸展性力量练习，基本功练习要循序渐进

第二节　运动损伤的急救

一、急救概述

运动损伤的急救是指在运动场对受伤的人员进行紧急处理，属于损伤救治过程中一个非常重要的环节。急救处理的正确与否直接关系到伤者的生存率与致残率。因而，无论何种急性损伤，做好现场急救都是十分重要的。

(一)急救的目的

急救是指对意外或突然发生的伤病事故，进行紧急的临时性处理。其目的是保护伤者的生命安全，避免再度损伤，防止伤口污染，减轻痛苦，预防并发症，并为伤者的转运和进一步治疗创造条件。

(二)急救工作内容

1. 急救的组织工作

1）设置急救点

在固定场地训练或比赛时，应就近设急救点。有些训练路线是不固定的，如马拉松的拉练要经过几个省，长距离自行车训练中医生和保健员有时无法照顾，可设流动的急救点，把急救箱放在随行的机动车上以便应急。急救点的工作可由医务工作者和保健员共同负责。

2）急救物质的准备

根据运动项目的特点、损伤发生情况，做必要的急救物质准备，如冷敷用品和大的压迫棉垫、粘胶和缝合包、绷带和三角巾、止血带及常用的急救药物等。一些易发生严重损伤的比赛项目，如摩托车、公路自行车比赛，应预先查看比赛路线，在易受伤的地点设置急救站，并配备急救车辆，组织人力重点保证，以求受伤后能得到及时抢救。此外，还要确定后方医院，以便及时联系做好伤者的转运工作。

2. 现场的具体急救工作

1）初步诊断

（1）收集病史。首先扼要了解伤情，迅速加以分析，确定损伤性质、部位、范围，以便进一步重点检查。询问的内容包括受伤经过、受伤时间、受伤原因、受伤动作、伤者的自我感觉等。

（2）就地检查。就地检查包括全身状况观察和局部检查。检查要点包括：有无呼吸道阻塞、呼吸困难、紫癜、异常呼吸等现象；有无休克，检查时若发现呼吸急促、脉搏细弱、血压下降、面色苍白和四肢发凉出汗，则提示有休克发生，应先抢救；有无伤口、外出血及内出血；有无颅脑损伤，凡神志不清的伤者，出现瞳孔改变、耳鼻道出血、眼结膜瘀血以及神经系统症状者，应疑有颅脑损伤；有无胸腹部损伤；有无脊髓周围神经损伤及肢体瘫痪等；有无肢体肿胀、疼痛、畸形及功能丧失等，以确定骨与关节损伤。

2）初步急救处理

根据以上检查结果做出诊断后，应迅速按不同情况进行初步急救处理。

二、包扎法

伤口包扎在急救中应用范围较广，可起到保护创面、固定敷料、支持伤肢、防止感染和止血、止痛的作用，有利于伤口早期愈合。包扎时应做到：动作轻巧，不要碰撞伤口，以免增加出血量和疼痛；接触伤口面的敷料必须保持无菌，以免增加伤口感染的机会；包扎要快且牢靠，松紧度要适宜，打结避开伤口或不宜压迫的部位。包扎一般用绷带和三角巾。绷带包扎应从伤处的远心端到近心端，尽可能使四肢指（趾）端外露，以便观察末梢血液循环的情况。包扎结束时，绷带末端用粘膏固定。

（一）绷带包扎法

1. 环形包扎法

环形包扎法（见图 8-3）适用于头额部、手腕和小腿下部等粗细均匀部位。包扎时把绷带头斜放，用手压住，将绷带卷绕肢体包扎一圈后，再将带头的一个小角反折过来，然后继续绕圈包扎，后一圈压住前一圈，包扎 3~4 圈即可。

2. 螺旋形包扎法

螺旋形包扎法（见图 8-4）适用于包扎肢体粗细相差不多的部位，如上臂、大腿下段和手指等处。包扎时以环形包扎法开始，然后将绷带向上斜形缠绕，后一圈压住前一圈的 1/2~1/3。

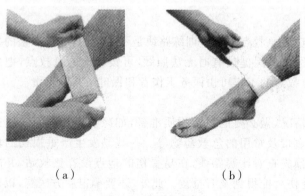

图 8-3　环形包扎法

图 8-4　螺旋形包扎法

3. 转折形包扎法

转折形包扎法（见图8-5）适用于包扎前臂、大腿和小腿粗细相差较大的部位。包扎时从环形包扎法开始，然后用一个拇指压住绷带，将其上缘反折，后一圈压住前一圈的1/2～1/3，每圈的转折线应互相平行。

4."8"字形包扎法

"8"字形包扎法多用于包扎肘、膝、踝等关节处，包扎方法有以下两种。

（1）从关节开始，先做环形包扎法，后将绷带斜形缠绕，一圈绕关节的上方，一圈绕下方，两圈在关节凹面交叉，反复进行，逐渐远离关节，每圈压住前一圈的1/2～1/3，如图8-6(a)所示。

（2）从关节下方开始，先做环形包扎，后由下而上、由上而下地来回做"8"字形缠绕，逐渐靠拢关节，最后以环形包扎结束，如图8-6(b)所示。

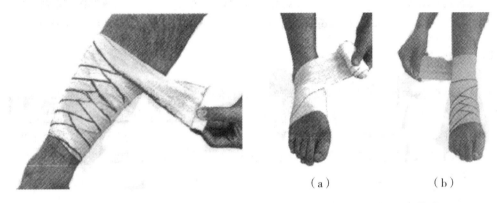

图8-5 转折形包扎法　　　　图8-6 "8"字形包扎法

（二）三角巾包扎法

用边长为1 m的正方形白布或纱布，将其对角剪开即分成两块大三角巾，小三角巾是大三角巾的一半。用三角巾进行包扎，使用方便，适用于全身各部位的包扎。

1. 手部包扎法

将三角巾平铺，手指对向顶角，将手平放在三角巾的中央，底边横放于腕部。先将三角巾顶角向上反折，再将三角巾两底角向手腕背部交叉围绕一圈，在腕背侧打结。

2. 头部包扎法

将三角巾底边置于前额，顶角在后，将底边从前额绕至头后，压住顶角并打结。若底边较长，可在枕后交叉再绕至前额打结，最后把头角拉紧并向上翻转固定。

3. 足部包扎法

足部包扎法与手部包扎法基本相同。

4. 大悬臂带

大悬臂带适用于除锁骨和肱骨骨折以外的上肢损伤。将大三角巾顶角放在伤肢后，一底角放在健侧肩上，肘关节屈曲90°放在三角巾中央，下底角上折，包住前臂并在颈后与上方底角打结，最后把肘后的顶角折在前面，用别针固定，如图8-7所示。

5. 小悬臂带

小悬臂带适用于锁骨和肱骨骨折。将大三角巾叠成四横指宽的宽带，中央放在伤侧前臂的下1/3处，两端在颈后打结，如图8-8所示。

图 8-7　大悬臂带　　　　　　　　图 8-8　小悬臂带

三、止血法

血液是维持生命的重要物质,成年人血量约占体重的 8%,即 4 000~5 000 mL,如出血量达总血量的 20%(800~1 000 mL)时,会出现乏力、头晕、口渴、面色苍白、心跳加快、血压下降等全身不适症状。若出血量达总血量的 30%(1 200~1 500 mL),可出现休克,甚至危及生命。大出血伤员的急救,只要稍拖延几分钟就有可能会造成无法弥补的危害。因此,外伤出血过多是最需要急救的危重症之一。

(一)出血的分类

血液从损伤的血管外流称为出血。出血分为外出血和内出血两种。外出血指血液从皮肤创口处向体外流出,是运动损伤中较为常见的一种。外出血按受伤血管不同,可分为动脉出血、静脉出血和毛细血管出血三类,但一般所见的出血多为混合型出血。内出血指血液从损伤的血管内流出后向皮下组织、肌肉、体腔(包括颅腔、胸腔、腹腔和关节腔)及胃肠和呼吸器官内注入。内出血也分为三种,即组织内出血、体腔出血和管腔出血。组织内出血如皮下组织、肌肉等,体腔出血如胸腔、颅腔等,管腔出血主要是指胃肠道出血。内出血较外出血性质严重,因其初期不易被察觉而容易被忽视。

1. 动脉出血

动脉血的颜色鲜红,血液自伤口的近心端呈间歇性、喷射状流出,出血速度快,出血量多,危险性大,常因失血过多而出现急性贫血,以至血压下降,呼吸和心跳中枢神经麻痹,从而引起心跳和呼吸停止。

2. 静脉出血

静脉血的颜色暗红,血液自伤口的远心端呈持续性、缓慢地向外流出,危险性小于动脉出血。

3. 毛细血管出血

毛细血管血的颜色介于动脉血和静脉血之间,血液在创面上呈点状渗出并逐渐融合成片,最后渗满整个伤口,常常能自行凝固,一般没有危险性。

(二) 止血的方法

现场急救常用的止血方法有多种,使用时可根据具体情况选用其中一种,也可以把几种止血法结合起来应用,以达到最快、最有效、最安全的止血目的。下面介绍几种外出血常用的止血方法。

1. 冷敷法

冷敷可使血管收缩,减少局部充血,降低组织温度,抑制神经的感觉,因而有止血、止痛、防肿的作用,常用于急性闭合性软组织损伤。冷敷一般用冷水或冰袋敷于损伤部位,常与加压包扎止血法和抬高伤肢法同时使用。

2. 抬高伤肢法

抬高伤肢法是指将受伤肢体抬至高于心脏15°~20°,使出血部位压力降低。此法适用于四肢小静脉或毛细血管出血的止血,常在绷带加压包扎后使用,在其他情况下仅为一种辅助方法。

3. 加压包扎法

有创口的可先用无菌纱布覆盖压迫伤口,再用三角巾或绷带用力包扎,包扎范围应比伤口稍大,在没有无菌纱布时,可使用消毒卫生巾、餐巾等代用。这是目前最常用的一种止血方法,此法适用于小静脉和毛细血管出血的止血。

4. 加垫屈肢法

前臂、手和小腿、脚出血时,如果没有骨折和关节损伤,可将棉垫或绷带卷放在肘或关节窝上,屈曲小腿或前臂,再用绷带做"8"字形缠绕,如图8-9所示。

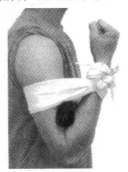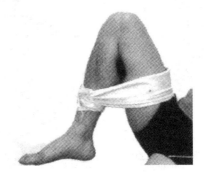

图8-9 加垫屈肢法

5. 直接指压法

直接指压法是用手指指腹直接压迫出血动脉的近心端。为了避免感染,宜用消毒敷料、清洁的手帕或清洁纸巾盖在伤口处,再进行指压止血。

6. 间接指压法

间接指压法又称止血点止血法,是止血方法中最重要、最有效且极简单的一种方法。压迫时用手指把身体浅部的动脉压在相应的骨面上,阻断血液的来源,可暂时止住该动脉供血部位的出血,适用于动脉出血,但只能临时止血。重要的止血点有七个,即颞浅动脉止血点、颌外动脉止血点、锁骨下动脉止血点、肱动脉止血点、指动脉止血点、股动脉止血点、胫前动脉和胫后动脉止血点。

1) 头部出血

头部前额、颞部出血可压迫颞浅动脉,压迫点在耳屏前方,用手指摸到搏动后,将该动脉压在颞骨上,如图8-10所示。

2）面部出血

面部出血而可压迫颌外动脉,压迫点在下颌角前面约 1.5 cm 处,用手摸到搏动后,将该血管压迫在下颌骨上,如图 8-11 所示。

 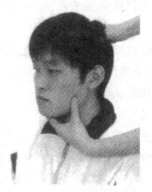

图 8-10　颞浅动脉止血点　　　图 8-11　颌外动脉止血点

3）上肢出血

肩部和上臂出血可压迫锁骨下动脉,压迫点在锁骨上窝、胸锁乳突肌外缘,用手指将该动脉向后内正对第一肋骨压迫,如图 8-12 所示。前臂出血可压迫肱动脉,即让伤肢外展,用拇指压迫上臂内侧,如图 8-13 所示。手指出血可压迫指动脉,压迫点在第一指节近端两侧,用拇、食两指相对夹压,如图 8-14 所示。

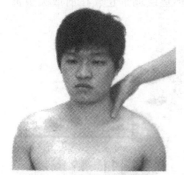  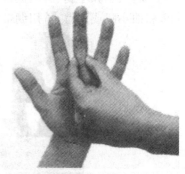

图 8-12　锁骨下动脉止血点　　　图 8-13　肱动脉止血点　　　图 8-14　指动脉止血点

4）下肢出血

大腿、小腿部出血可压迫股动脉,压迫点在腹股沟皱纹中点动脉搏动处,用手掌或拳向下方的股骨面压迫,如图 8-15 所示。足部出血可压迫胫前动脉和胫后动脉,用两手的拇指分别按压于内踝与跟骨之间和足背皱纹中点,如图 8-16 所示。

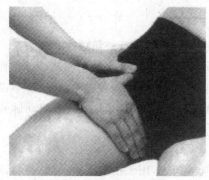 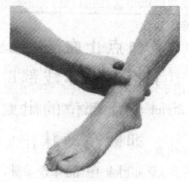

图 8-15　股动脉止血点　　　图 8-16　胫前动脉和胫后动脉止血点

7. 止血带法

止血带止血只适用于四肢大出血,且当其他止血法不能止血时才使用此方法。止血带主要有橡皮止血带、气性止血带(如血压计袖带)和布制止血带三种,其操作方法各不相同。

1) 橡皮止血带

常用的橡皮止血带是一种特制的胶皮管,操作时左手在离带端约 10 cm 处由拇指、食指和中指紧握,使手背向下放在止血带的部位,右手持止血带中段绕伤肢一圈半,然后把止血带塞入左手的食指与中指之间,左手的食指与中指紧夹一段止血带向下牵拉,使之成为一个活结,外观呈"A"字形。

2) 气性止血带

常用的气性止血带是血压计袖带,操作方法比较简单,只要把袖带绕在扎止血带的部位,然后打气至伤口停止出血。

3) 布制止血带

将三角巾折成带状或将其他布带绕伤肢一圈,打一个蝴蝶结,取一根小棒穿在布带圈内,提起小棒拉紧,将小棒依顺时针方向绞紧,再将绞棒一端插入蝴蝶结内,最后拉紧活结并与另一头打结固定。

使用止血带时应注意事项。

(1) 部位。先将伤肢抬高然后再用止血带,止血带应缚在出血部的近心端。上臂外伤大出血应扎在上臂上 1/3 处,前臂或手部大出血应扎在上臂下 1/3 处,下肢外伤大出血应扎在股骨中下 1/3 交界处。

(2) 衬垫。使用止血带的部位应有衬垫,否则会损伤皮肤。止血带可扎在衣服外面,把衣服当衬垫。

(3) 松紧度。松紧度应以出血停止、远端摸不到脉搏为合适,过松达不到止血效果,过紧又会损伤组织。

(4) 时间。缚上止血带后上肢应每 30 分钟、下肢应每 1 小时分别放松一次,放松时间为 1～2 分钟,以免引起肢体缺血坏死。

(5) 标记。使用止血带者应有明显标记贴在前额或胸前易发现部位,写明时间。如果立即送往医院,可不写标记,但必须当面向值班人员说明缚扎止血带的时间和部位。

四、心肺复苏术

心肺复苏是针对呼吸、心跳停止的伤病者所采用的抢救措施,即以人工呼吸代替伤病者的自主呼吸,以胸外按压形成暂时的人工循环,并诱发心脏自主搏动。临床上将两者合称为心肺复苏术。体育运动中一些严重的意外事故,如溺水、外伤性休克等可能会出现呼吸骤停或心脏停搏的情况,如果未能在现场得到及时正确的抢救,伤病者将因全身严重缺氧而很快死亡。人工呼吸和胸外心脏按压是心脏复苏初期最主要的急救措施。

在常温情况下,心脏停搏 3 秒时,伤病者就会感到头晕,10 秒伤病者出现昏厥,30～40 秒后伤病者瞳孔散大,60 秒后伤病者呼吸停止、大小便失禁,4～6 分钟后伤病者大脑发生不可逆的损伤。因此,对心脏停搏、呼吸骤停伤病者的抢救应当在 4 分钟内进行心肺复苏,开始复苏时间越早,成活率越高。

(一)人工呼吸

人工呼吸是借助人工方法来维持机体的气体交换,以改善伤病者的缺氧状态,并排出二氧化碳,为恢复伤病者自主呼吸创造条件。人工呼吸的方法很多,最常用的是口对口人工呼吸法,此法简便有效。

人工呼吸的操作方法如下。

伤病者仰卧,急救者松开其领口、裤带和胸腹部衣服,清除口腔内异物,把伤病者口腔打开,盖上一块纱布。急救者一手掌尺侧置于伤病者前额,使其头部后仰,拇指和食指捏住伤病者鼻孔,以免气体外溢,另一手托起伤病者下颌,掌根部轻压环状软骨,使其间接压迫食道,以防吹入的空气进入胃内。然后深吸一口气,张开嘴巴,用双唇包绕封住伤病者的嘴外缘,并紧贴住向里吹气,吹气完后立即放开鼻孔,待伤病者呼气,并吸入新鲜空气,准备下一次吹气,如此反复进行,如图8-17所示。吹气要深而快,每次吹气量800~1 200 mL或每次吹气时观察伤病者胸部上抬即可。开始应连续两次吹气,以后每隔5秒吹一次气,吹气频率为每分钟12~16次,直到伤病者恢复呼吸为止。

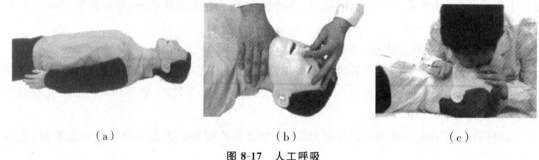

(a)   (b)   (c)

图8-17 人工呼吸

(二)胸外心脏按压

胸外心脏按压是通过按压伤病者胸骨下端而间接地压迫其左右心室腔,使血液流入主动脉和肺动脉,从而建立有效的大小循环,为心脏自主节律的恢复创造条件。胸外心脏按压时,收缩压可达13.3 kPa(100 mmHg),平均动脉压为5.3 kPa(40 mmHg)。颈动脉血量仅为正常的1/4~1/3,这是支持大脑活动的最小循环血量。因此,进行胸外心脏按压时,伤病者应平卧,最好头低脚高位,背部垫木板,以增加脑的血流供应。

胸外心脏按压的操作方法如下。

伤病者仰卧于硬板床上或地上,急救者以一手掌根部置于伤病者胸骨的中、下1/3交界处,另一手交叉重叠于其手背上,肘关节伸直,充分利用上半身的重量和肩、臂部肌肉的力量,有节奏地带有冲击性地垂直按压伤病者的胸骨,使之下陷3~4 cm(儿童相对要轻些)。急救者每次按压后随即迅速抬手,使伤病者的胸部复位,以利于心脏舒张。按压频率为每分钟60~80次,儿童稍快。

急救中,急救者如能摸到颈动脉或股动脉搏动,上肢血压收缩压达8 kPa(60 mmHg)以上,口唇、甲床颜色较前红润或者呼吸逐渐恢复,瞳孔缩小,则为按压有效,应操作至伤病者自主心跳出现为止。

对呼吸、心跳均停止的伤病者,应同时进行上述两种急救措施。单人心肺复苏急救时,每按压胸部15次,吹气2次,即15∶2,最好由两人配合进行,一人做人工呼吸,一人做胸外心脏按压,如图 8-18 所示。双人心肺复苏急救时,每按压 5 次,吹气 1 次,即 5∶1。

进行心肺复苏时,急救一经开始,就要连续进行,不能间断,直到伤者恢复自主呼吸、心跳或确诊死亡为止。在抢救的同时,应迅速派人请医生来处理。

图 8-18　单人心肺复苏急救

【知识补充】

溺水急救方法、假死和真死的判断

(一)溺水

1. 病因

溺水常因未掌握游泳技术而误入深水或因肌肉痉挛等原因所引起。溺水者发生溺水时,水经口、鼻进入肺内,引起呼吸道阻塞,又因冷水或吸入时的刺激引起反射性的咽喉部痉挛,使空气不能进出肺脏,引起窒息。同时,溺水者不断地挣扎又使窒息加重,造成机体缺氧,时间长了,可因缺氧而危及生命。

2. 处理方法

发生溺水时,必须立即就地抢救,同时请医生前来处理。

溺水者被救出水后,应立即打开口腔,清除口、鼻的分泌物和其他异物,并松开裤带、领扣和衣服,迅速倒水(但时间不可过长,以免延误抢救时间),然后迅速进行人工呼吸,若心跳停止,则要同时进行胸外心脏按压,必须连续进行,不能间断,直到溺水者恢复自主呼吸、心跳或确定死亡(真死)为止。

与此同时立即派人与急救中心或医院联系来处理。

(二)假死和真死的判断

伤者死亡具备四个特征:呼吸停止;心跳停止;瞳孔散大,对光反射消失;角膜反射消失。若只出现上述 1～2 个征象,并非真死,称为假死。此时不要放弃抢救机会。

五、伤者的搬运

伤者在现场进行初步急救处理后和随后送往医院的过程中,必须经过搬运这一重要环节。搬运伤者的方法很多,根据不同条件、不同情况大致有以下几种。

(一)徒手搬运法

徒手搬运法是指在搬运伤者过程中凭人力和技巧,不使用任何器具的一种搬运方法。该方法适于伤势轻和搬运距离较短的伤者。此方法主要包括以下几种。

1. 扶持法

急救者位于伤者的体侧，一手抱住伤者的腰部，伤者的手绕过急救者颈后至肩上，急救者的另一手握住其腕部，两人协调缓行，如图 8-19 所示。扶持法适用于伤势轻、神志清醒而又能自己站立步行的伤者。

2. 抱持法

急救者一手抱住伤者的背部，另一手托住伤者的大腿及腘窝，将伤者抱起，伤者的一侧臂挂在急救者的肩上，如图 8-20 所示。抱持法适用于伤势轻、神志清醒但较软弱的伤者。

图 8-19　扶持法

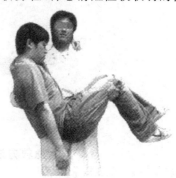
图 8-20　抱持法

3. 托椅式搬运法

两名急救者站立在伤者两侧，各以一手伸入伤者大腿下方而相互握住对方腕部，另一手彼此交替支撑伤者背部。伤者坐在急救者互握的手上，背部支撑于急救者的另一臂上，伤者的两手分别搭于两名急救者的肩上，如图 8-21 所示。托椅式搬运法适用于神志清醒、足部损伤而行走困难的伤者。

4. 卧式三人搬运法

三名救护者同站于伤者的一侧，第一个人以外侧的肘关节支撑伤者的头颈部，另一肘置于伤者的肩胛下部，第二人用双手自腰至臀托抱伤者，第三人托抱伤者的大腿下部及小腿上部，三人行走要协调一致，如图 8-22 所示。

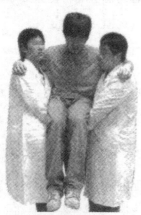
图 8-21　托椅式搬运法

图 8-22　卧式三人搬运法

(二)器械和车辆搬运法

在不能徒手搬运伤者时应采用担架或车辆搬运。

1. 担架搬运法

特制的担架可用棉被或毛毡垫好,将伤者放入,并盖好保暖。若伤者神志不清,需要用宽带将其固定于担架上。伤者如果脊柱骨折,不宜使用特制担架时,可采用床板、门板等作为临时担架。

2. 车辆搬运法

当伤者伤势严重、运送路程较远时,应用车辆,最好是救护车,车宜慢行,避免震动。

六、骨折的急救

骨折是指骨与骨小梁的连续性发生断裂。骨折急救的目的是用简单而有效的方法抢救生命,保护伤肢,使伤者能安全迅速地运送至医院。

(一)骨折的原因

引起外伤性骨折的暴力,按其作用的性质和方式可分为直接暴力、传达暴力、牵拉暴力和积累性暴力。

1. 直接暴力

骨折发生于暴力直接作用的部位,如跌倒时膝盖直接撞击于地面引起髌骨骨折。

2. 传达暴力

骨折发生于暴力作用点以外的部位,如跌倒时手掌撑地,由跌倒时的冲力所引起的地面反作用力沿上肢向上传导,可引起舟状骨或桡骨远端、尺骨与桡骨干、肱骨骨折等,这是最常见的骨折原因。

3. 牵拉暴力

由于不协调的、急剧猛烈的肌肉收缩或韧带突然紧张而引起附着部的撕脱骨折,如股四头肌猛烈收缩引起髌骨或胫骨粗隆地撕脱骨折。

4. 积累性暴力

多次或长期积累性暴力作用引起的骨折,也称疲劳性骨折,如反复跑跳或长途行军引起第二跖骨颈或腓骨的疲劳性骨折等。

(二)骨折的分类

1. 按骨折周围软组织的病理情况分

1)闭合性骨折

闭合性骨折是指骨折处皮肤或黏膜完整,骨折断端与外界不相通。

2)开放性骨折

开放性骨折是指骨折断端穿破皮肤,直接与外界相通。这种骨折容易感染,发生骨髓炎与败血病。

2. 按骨折断裂的程度分

1)不完全骨折

不完全骨折是指骨的连续性未完全破坏,或骨小梁的一部分连续中断。因儿童的骨质较软而韧,不易完全断裂,如同幼嫩的树枝被折断,又称青枝骨折。

2) 完全骨折

完全骨折是指整个骨的连续性以及骨外膜完全破裂。骨折端可以保持原位(无移位),也可移位而形成重叠、分离、旋转、成角、侧方移位等。

3. 按手法复位外固定后骨折的稳定性分

1) 稳定骨折

稳定骨折是指骨折面横断或近乎横断,有锯齿的斜折,经反复固定后,不易再移位。

2) 不稳定骨折

不稳定骨折是指骨折后经反复外固定,仍易再移位,如斜面骨折、螺旋骨折、粉碎骨折等。

4. 按骨折线的形态分

1) 裂缝骨折

裂缝骨折是指骨折后无移位,就像瓷器上的裂纹一样。

2) 骨膜下骨折

骨膜下骨折是指骨膜未破,移位不明显。

3) 青枝骨折

青枝骨折是指仅有部分骨质和骨膜被拉长、皱褶或破裂,常有成角、弯曲畸形,多见于儿童。

4) 撕裂骨折

撕裂骨折又称撕脱骨折。

5) 横骨折

横骨折是指骨折线与骨干纵轴接近垂直。

6) 斜骨折

斜骨折是指骨折线与骨干的纵轴呈一定的角度。

7) 螺旋骨折

螺旋骨折是指骨折线呈螺旋状,多由扭转力引起。

8) 粉碎骨折

粉碎骨折是指骨折块碎裂成两块以上者,多由直接外力所致,常见于成人。

9) 嵌入骨折

嵌入骨折多由于压缩性间接外力所致。

10) 骨骺骨折

骨骺骨折多发生于儿童少年。

(三) 骨折的症状与体征

1. 疼痛

骨折当时疼痛较轻,随后即加重,活动受伤肢体则更疼,持续剧痛可引发休克。

2. 肿胀和皮下瘀血

骨折时,骨及周围软组织的血管破裂,发生局部出血和肿胀。若软组织较薄,骨折的部位表浅,血肿渗入皮下,形成青紫色的皮下瘀斑,也可随血液沿肌间隙向下流注,在远离骨折处出现瘀斑。

3. 伤肢失去功能

因疼痛、肌肉痉挛、骨杠杆作用破坏和周围软组织损伤等,肢体不能站立、行走或活动。

4. 畸形

完全骨折时,常因暴力作用和肌肉痉挛使骨折断端移位,出现伤肢缩短、成角或旋转等畸形。

5. 异常活动或骨摩擦音

四肢长骨完全骨折时,在关节以外的地方出现异常活动。轻微移动肢体时,因骨折断端互相摩擦而出现骨摩擦音,这是完全骨折的特有征象。检查时应小心谨慎,以免加重损伤和造成伤者的痛苦。

6. 压痛和震痛

骨折处有敏锐的压痛,有时轻轻叩击远离骨折的部位,在骨折处也出现疼痛。

7. X 线拍片检查

骨折裂痕、断裂或粉碎,X 线拍片检查是最具有权威性的确诊方法。

(四)骨折的急救原则

1. 防治休克

严重骨折、多发性骨折或同时合并其他损伤的伤者,可能会发生休克,急救时应注意预防休克。若有休克必须先抗休克,再处理骨折。预防休克的方法是早期就地实施制动固定术,并在骨折部位注射 1‰～2% 的普鲁卡因止痛,针刺人中穴、十宣穴,给静脉注射 50% 葡萄糖液,吸氧及平卧保暖是升压和预防休克发展和治疗的简要措施。

2. 就地固定

骨折后及时固定可避免骨折断端移动,防止加重损伤。固定时,必须先牵引再上夹板,使伤肢处于较为稳定的位置,可减少疼痛,便于伤者转运。未经固定,不可随意移动伤者,尤其是大腿、小腿和脊柱骨折的伤者。

3. 先止血再包扎伤口

伤口有出血时应先止血,可根据实际情况选择适宜的止血方法。有穿破骨折的伤者应先清洗伤口,再用消毒巾包扎,以免感染,争取在 6～12 小时以内送到医院施行手术,并注射破伤风血清。暴露在伤口外的骨折断端,未经处理一定不要复回,应敷上清洁纱布,包扎固定后迅速送往医院处理。

(五)骨折急救的注意事项

夹板的长短、宽窄要适宜,使骨折处上下两个关节都固定。无夹板时,可用树枝、竹片等代替。夹板要用绷带或软布包垫,夹板的两端、骨突部和空隙处要用棉花或软布填充,防止引起压迫性损伤。肢体明显畸形而影响固定时,可将伤肢沿纵轴稍加牵引后再固定。缚扎夹板的绷带或布条应缚在骨折处的上下段,固定要牢靠,松紧度适中,过松则失去固定的作用,过紧又会压迫神经和血管。因此,固定时应露出指(趾)端,若发现指(趾)端出现苍白、发麻、发凉、疼痛或变紫时,须立即松解,重新固定。上肢骨折固定后,用悬臂带把伤臂挂于胸前;下肢骨折固定后,可把伤腿与健腿捆缚在一起,经固定后尽快将伤者送到医院,争取及早整复治疗。

(六)骨折急救固定法

常见的骨折急救固定法有以下几种。

1. 锁骨骨折

锁骨骨折可采用"双环包扎法"固定。急救者先取 3 条三角巾并折叠成宽带,在伤者双肩腋下填上软布团或棉花,然后用 2 条宽带分别绕过伤者两肩在背后打结,形成两个圆环,再用第 3 条宽带在伤者背后穿过两个肩环,拉紧打结,最后将两前臂缚扎固定或将伤侧肢体挂在伤者胸前,如图 8-23 所示。

2. 肱骨干骨折

伤者屈肘呈直角,急救者用两块长短宽窄适宜的有垫夹板,分别放在伤臂的内、外侧,用3～4条宽带将骨折处上下部缚好,再用小悬臂带把前臂挂在胸前,最后用宽带或三角巾将伤臂固定于伤者体侧,如图8-24所示。

图 8-23　锁骨骨折　　　　图 8-24　肱骨干骨折

3. 前臂骨折

急救者可用两块有垫夹板分别放在伤者前臂的掌侧和背侧,板长从肘到掌,前臂处于中立位,屈肘呈直角,拇指朝上,用3～4条宽带缚扎夹板,再用大悬臂带把前臂挂在伤者胸前,如图8-25所示。

4. 手腕部骨折

急救者可用一块有垫夹板放在伤者前臂和手的掌侧,手握绷带卷,再用绷带缠绕固定,然后用大悬臂带把伤臂挂在伤者胸前,如图8-26所示。

图 8-25　前臂骨折　　　　图 8-26　手腕部骨折

5. 股骨骨折

股骨骨折可采用旁侧夹板固定。急救者先用两手(一手握伤者脚背,一手托伤者脚跟)轻轻将伤者脚向下拉,直到与健腿等长,如果有疼痛感可注射吗啡。急救者再将两块长夹板分别放在伤者伤肢的内、外侧,内侧夹板上至大腿根部,下达足跟,外侧夹板自腋下达足部,然后用5～8条宽带固定夹板,在外侧打结,如图8-27所示。

6. 小腿骨折

急救者用两块有垫夹板分别放在伤者小腿的内、外侧,两块夹板上自大腿中部,下至足部,然后用4～5条宽带分别在膝上、膝下及踝部缚扎固定,如图8-28所示。

 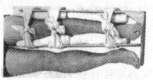

图 8-27　股骨骨折　　　　图 8-28　小腿骨折

7. 踝足部骨折

踝足部骨折可采用直角夹板固定。急救者首先将伤者的鞋脱掉，取一块直角夹板置于伤者小腿后侧，用棉花或软布在踝部和小腿下部垫妥后，再用 3 条宽带分别在膝下、踝上和足跖部缚扎固定，如图 8-29 所示。

8. 胸腰椎骨折

疑有胸腰椎骨折时，应尽量避免伤者骨折处的移动，以免脊髓受压迫而损伤。固定方法是将硬板或门板置于伤者体侧，一人稳住头，再由两人将伤者轻轻推滚至木板上，取仰卧位，用数条宽带将伤者缚扎于木板上。若为软质担架，可令伤者采取俯卧位，使脊柱伸直，禁止屈曲，然后迅速送至医院，如图 8-30 所示。

图 8-29　踝足部骨折

图 8-30　胸腰椎骨折

9. 颈椎骨折

颈椎骨折时，务必使伤者头部固定于伤后位置，不屈、不伸、不旋转，数人合作将伤者抬至木板上，头部两侧用沙袋或卷起的衣服垫好固定，用数条宽带把伤者缚扎在木板上，如图 8-31 所示。颈椎损伤的伤者，如搬运不当，有引起骨髓压迫的危险，造成四肢和躯干的高位截瘫，甚至影响呼吸造成死亡。

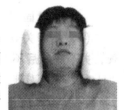

图 8-31　颈椎骨折

七、关节脱位的急救

凡相连两骨之间失去正常的连接关系，称为关节脱位。关节脱位时，由于暴力作用往往伴有关节囊及关节周围软组织的损伤，严重者还可伤及神经、血管或伴有骨折。关节复位的原则是使脱位的关节端按原来脱位的途径退回原处。严禁动作粗暴和反复复位，以免加重损伤，造成骨折或血管、神经的损伤。实施复位的时间越早越易复位，效果也越好。复位成功的标志是关节被动活动恢复正常，骨性标志复原，X 线检查显示已复位。复位后将关节固定在稳定的位置上，固定期间要加强功能锻炼。没有条件时应立即用夹板和绷带在脱位所形成的姿势下固定伤肢，保持伤者安静，尽快送医院处理。

体育运动中最常见的关节脱位是肩关节前脱位和肘关节后脱位。

(一)肩关节前脱位

1. 损伤机制

在运动过程中，只要在跌倒时，肩关节处于上臂外展位，用手或肘部着地，都有可能发生肩关节前脱位。这种姿势使肱骨头移向肩胛盂的前下方，一旦外力过大，肱骨头就自肩胛盂脱出。此外，上臂在外展位突然过度背伸或过度外旋时都可能发生肩关节前脱位。

2. 症状与诊断

(1)一般有跌倒时手或肘部着地的受伤史。

(2)肩关节疼痛及运动障碍。

(3) 肩关节周围明显压痛。

(4) 上臂固定于外展 25°～30°。

(5) 由于关节周围软组织损伤后,组织内血管撕裂出血和反应性炎症出现,关节脱位后不久即出现明显的肿胀。

(6) 肩部变平,出现方肩畸形。

(7) 伤侧手不能触到健侧手的肩部,肘不能靠近胸前。

(8) 触诊时可发现肩峰下有凹陷,在锁骨下或喙突下可摸到肱骨头。

(9) X线检查,可进一步了解受伤关节局部的变化,如脱位的方向、程度及是否合并骨折等。

3. 急救固定方法

急救者取两条三角巾分别折成宽带,一条悬挂伤者前臂,另一条绕过伤肢上臂,在健侧臂腋下打结。

4. 整复方法

采用 Kocher 复位法或牵引整复法,整复后用绷带将伤者前臂固定于胸壁,直至关节囊及周围软组织愈合后,再开始活动。固定时间依肩关节损伤的情况及年龄而不同,一般为三周。由于这种损伤常继发肩关节习惯性脱位,近年来不少医生主张优秀运动员伤后应立即进行手术将撕裂组织修补。

(二) 肘关节后脱位

1. 损伤机制

任何外力只要使肘关节过伸或外展致使肘关节内侧副韧带断裂,都能引起肘关节后脱位。例如,跌倒时肘关节过伸,尺骨鹰嘴又猛烈冲击肱骨鹰嘴窝,使肱骨下端前移、尺骨鹰嘴后移,引起典型的肘关节后脱位。

2. 症状与诊断

肘关节后脱位时,肘关节保持在半屈曲位,屈伸限制,上肢缩短,肘前三角部膨出,肘前后径加大,局部肿胀。触诊可发现肘后三角的关系发生改变,鹰嘴远移至肘后上方。

3. 急救固定方法

用铁丝夹板弯成合适的角度,置于肘后,用绷带缠稳,再用小悬臂带挂起前臂。如无铁丝和夹板,可直接用大悬臂带包扎固定。

4. 整复方法

采用单人或双人手法复位,一般称为牵引屈肘法。

八、休克的急救

休克是人体遭受体内外各种强烈刺激后所发生的严重的全身性综合征,临床上以急性周围循环衰竭为特征,有效循环血量锐减是复杂综合征中的主要矛盾。由于有效循环血量绝对或相对减少,使组织器官缺氧,发生一系列的代谢紊乱,造成恶性循环,如果不及时纠正,就会导致死亡。各种严重致病因素,如创伤、感染、低血容量、中毒和过敏等均可引起有效的血容量不足而导致休克。运动损伤造成的休克,一般以失血性休克和创伤性休克较为多见。

(一)发病原因和机理

凡能引起有效循环血量不足或每分输出量减少的各种因素,都能引起休克。在运动损伤中并发休克的原因主要是剧烈疼痛和大量出血,这些致病因素刺激交感神经-肾上腺髓质系统的活动增强,使儿茶酚胺大量释放,导致微血管痉挛,毛细血管网内的血流量减少,组织血液灌流量不足,从而导致休克。骨折、脱位、严重软组织损伤、睾丸挫伤等,由于剧烈疼痛可引起周围血管扩张,使有效循环血流量相对减少,或大血管破裂出血、腹部挫伤合并肝脾破裂等,以及心脏病、严重感染、中毒、药物反应等,均可引起休克。此外,疲劳、饥饿、寒冷、酷暑等也都能诱发休克的发生,或加重休克程度。

(二)休克的发展过程及临床表现

1. 休克的早期

休克的早期又称缺血缺氧期。由于受休克因素的刺激,使大量的体液因子释放,导致末梢小动脉、微动脉、毛细血管前括约肌及微静脉持续痉挛,毛细血管前阻力增加,大量真毛细血管关闭,使微循环的血液灌流量急剧减少。此时伤者会出现精神紧张、烦躁不安、多汗、呼吸急促、心跳加快、体温和血压正常或稍高等症状,此期易被忽略。

2. 休克期

休克期又称失代偿期。此期由于组织显著缺氧,致使毛细血管前括约肌开放,大量血液进入毛细血管网,造成循环瘀血,血管通透性增加,大量血浆外渗。白细胞在微血管壁黏附,形成血栓,使血压下降,收缩压在 12 kPa(90 mmHg)以下,脉压小于 2.7 kPa(20 mmHg)。出现表情淡漠、反应迟钝、面色苍白、口唇和肢端发绀、四肢厥冷、全身冷汗、脉搏频速、尿量减少和血压下降等症状,严重时伤者昏迷,甚至死亡。因此,血压下降是判断休克严重程度的重要标志。

3. 休克晚期

休克晚期又称弥漫性血管内凝血期,是指在毛细血管瘀血的基础上细胞缺氧更严重,导致血管内皮损伤,血小板聚集,促发内凝血系统及外凝血系统在微血管内形成广泛的微血栓,细胞因持久缺氧使胞膜损伤,溶酶体释放,细胞坏死自溶,并因凝血因子的消耗而产生弥漫性出血。其临床表现主要为广泛性出血、低血压休克、溶血及血栓栓塞所致多种器官的功能障碍等。

(三)休克的急救

1. 安静休息

迅速将伤者平卧并使之安静,同时予以安慰与鼓励,消除伤者的顾虑。不要采取头低脚高位,因为这种位置将使颅内压增高,静脉血回流受阻,并使膈肌上升影响呼吸,不利于休克的矫治(尤其是呼吸困难者)。

2. 保暖和防暑

换去潮湿的运动服,以防散热过快,尽量使伤者在温暖安静的环境下休息。若为炎热的夏季,要注意防暑降温,以防中暑。

3. 饮水

神志清醒又无消化道损伤的伤者,可给以适量的盐水(每升含盐 3 g,碳酸氢钠 1.5 g)或热茶等饮料。

4. 保持呼吸道通畅

昏迷的伤者常因分泌物或舌后缩等原因,引起呼吸道堵塞。因此,要及时清除分泌物及血块,松解衣领,必要时把舌牵出口外,对心脏停搏、呼吸停止的伤者应立即进行心肺复苏。

5. 镇静与止痛

骨折、脱位和严重的软组织损伤后,可根据情况口服苯巴比妥钠0.9 g,或肌肉注射苯巴比妥钠0.1 g,其主要作用是解除中枢神经系统的应激性,加强大脑皮层的保护性抑制,起镇静作用。有剧烈疼痛者,可口服复方阿司匹林片20 mg或吗啡片10 mg,或皮下注射吗啡5～10 mg或盐酸哌替啶50 mg以镇痛,防止休克加重。凡有颅脑损伤、颈髓损伤、胸腹部损伤或缺氧发绀的伤者,都禁用吗啡或盐酸哌替啶。

6. 包扎和固定

若是开放性损伤,应用无菌敷料或清洁的毛巾等将创口敷盖包扎;若是骨折或脱位,应进行必要的急救固定。

7. 止血

外出血的伤者应在急救的早期,采用绷带加压包扎法、指压法或止血带等方法及时止血。内出血的伤者应尽早送医院处理。

8. 针刺疗法

昏迷的伤者可针刺或手指掐点人中穴、百会穴、内关穴、涌泉穴、合谷穴等穴位。

在进行上述现场急救的同时,应与医院联系,或将伤者迅速送到医院,进一步处理,如输血、输液、吸氧等。

第三节 软组织损伤的处理

软组织主要是指肌肉、韧带、筋膜、腱鞘、关节软骨、关节囊及滑液囊等,发生在这些组织的损伤称为软组织损伤。当机械力或暴力直接作用于人体后,会使组织、细胞、毛细血管发生一系列的病理改变,从而导致软组织损伤。软组织损伤根据受伤部位皮肤或黏膜是否完整,分为开放性软组织损伤和闭合性软组织损伤两大类。

一、开放性软组织损伤的处理

开放性软组织损伤是指受伤部位皮肤或黏膜的完整性遭到破坏,破裂伤口与外界相通,常有组织液渗出或有血液从伤口流出。这类损伤的处理原则是及时止血和处理伤口,预防感染,先止血然后再处理伤口。

(一)开放性软组织损伤的分类

体育运动中常见的开放性软组织损伤有擦伤、撕裂伤、刺伤和切割伤。

1. 擦伤

擦伤是由于皮肤受到外力摩擦所致。摔倒时,皮肤擦过粗糙面可造成典型的擦伤,皮肤表皮的真皮层被破坏,伤口往往面积较大,伤口较浅,皮肤有擦痕,皮肤组织被擦破后有散状的小出血点或有组织液渗出。

2. 撕裂伤

撕裂伤是指皮肤受到钝力直接打击时，出现不规则的皮肤裂口，可达深筋膜浅面，有时可合并肌肉组织挫伤或断裂、出血。撕裂伤中以头面部皮肤撕裂伤最为多见，如篮球运动中，眉弓被对方肘碰撞而引起眉际皮肤撕裂。

3. 刺伤和切割伤

刺伤的伤口不大但有时却很深，有可能会刺伤深部重要器官或组织，异物折断于伤口内很常见。例如，田径运动中被钉鞋或标枪刺伤，击剑运动护身以外部位被剑击中等。

切割伤是指快速运动的肢体遇到锐利的物体时，造成皮肤和皮下软组织或黏膜裂开。例如，冬季滑冰时被冰刀切伤，这种伤口边缘比裂伤整齐，腕和手指部割伤常可累及深部的肌腱、血管、神经，出血较多。

此外，还可以根据开放性损伤的处理时间来进行分类，将其分为污染创伤和感染创伤。污染创伤指一般开放性损伤，在 6~8 小时内虽有细菌污染，但炎症尚未发展与蔓延，经过良好的清创缝合可以将开放创伤转变为闭合创伤。感染创伤指创伤时间较长，超过 6~8 小时，又没有经过清创或预防性的抗生素治疗，细菌性的炎症已发展蔓延以致伤口化脓。

(二)开放性软组织损伤的处理

1. 擦伤的处理

擦伤是外伤中最轻，又较为常见的一种，约占运动创伤的 16%。伤口较浅、面积较小的擦伤，可用生理盐水洗净伤口，伤口周围用 75% 的酒精消毒，局部擦以 PVP 碘溶液，一般无须包扎，让其暴露在空气中待干后即可，也可覆以无菌纱布。

关节附近的擦伤，一般不用暴露疗法，因为干裂易影响关节运动，一旦发生感染，也易波及关节。因此，关节附近的擦伤经消毒处理后，多采用消炎软膏或多种抗菌软膏搽抹，并用无菌敷料覆盖包扎。

在擦伤中最严重的一种是刺花，是由摔倒时石、煤、砂屑等嵌入皮肤中形成的，创伤面积较大，急救时先要用生理盐水冲洗干净，必要时可用已消毒的硬毛刷将异物刷净，伤口用过氧化氢冲洗，伤口周围用 75% 酒精消毒，然后使用凡士林纱布覆盖，或涂上消炎软膏或消炎粉后再用无菌辅料覆盖并包扎。

伤口较深、污染较重时，应注射破伤风抗毒血清，并给以抗生素治疗。若伤口感染，应每日或隔日换药。

2. 撕裂伤、刺伤与切割伤的处理

撕裂伤、刺伤和切割伤这三种创伤皮肤都有不同程度的规则或不规则的裂口，虽然各有特征，但病理变化却大致相同，处理时主要是早期清洁创面、缝合及预防破伤风。

若撕裂的伤口比较小，切口的创面整齐、清洁，创面长度在 2 cm 以内，可先用 2% 的碘酒在伤口周围消毒，再用 75% 的酒精处理后将伤口对合好，用粘膏粘或无菌纱布盖住伤口加压止血，4~7 天后除去敷料，伤口便可愈合。

如果撕裂伤发生在面部，为了继续比赛，可先用生理盐水冲洗，用肾上腺素液棉球压迫止血，再用粘胶封合，或者用创可贴固定。

如果被生锈的铁钉或脏的竹枝等刺伤感染，因刺伤的伤口小而深，这种伤口应先用冷开水和过氧化氢冲洗，除去异物，再进行消毒包扎。若出血量比较多，应立即进行临时止血，并马上送医院做进一步的处理，注射破伤风抗毒血清，并给予抗生素治疗。

二、闭合性软组织损伤的处理

闭合性软组织损伤是指局部皮肤或黏膜完整,无裂口与外界相通,损伤时的出血积聚在组织内,这种损伤在体育运动中最为多见。常见的闭合性软组织损伤有挫伤、肌肉肌腱拉伤、关节韧带扭伤、滑囊炎、肌腱腱鞘炎等。各种闭合性软组织损伤的病理过程和处理原则有相似之处。

(一)闭合性软组织损伤的病理过程

闭合性软组织损伤的恢复缓慢,若处理不当,常可留下不同程度的功能障碍。为了做到处理正确,对其病理变化和修复过程应有一定的了解。这种损伤的病理变化过程,可分为急性闭合性软组织损伤和慢性闭合性软组织损伤两大类。

1. 急性闭合性软组织损伤

急性闭合性软组织损伤常因一次较大暴力作用所致,发病较急,病程较短,病理变化和临床症状及体征都较明显。当人体某部位受到一次较大暴力作用后,局部组织细胞遭到破坏,发生组织撕裂或断裂,组织内的小血管也因此破裂、出血,出现组织内血肿。出血停止后,即出现反应性炎症。此时,坏死组织被蛋白溶解酶所分解,其分解产物使局部小血管扩张、充血,血管壁的通透性增高。因此,血液中的液体、蛋白质和白细胞等,透过血管壁形成渗出液。同时,伤后淋巴管发生损伤性阻塞,淋巴循环发生障碍,渗出液不能由淋巴管及时运走。因此,局部除了血肿外,还形成水肿,这种肿胀产生了压迫和牵扯性刺激,使局部疼痛进一步加剧,反映在外表上,损伤早期会出现局部红、肿、热、痛及功能障碍等一系列急性炎症的症状。

伤后 4~6 小时,血肿和渗出开始凝结,形成凝块。伤后 24 小时左右,伤口周围开始形成由新生的毛细血管和成纤维细胞所组成的肉芽组织,逐渐地伸入凝块中并开始将其吸收。同时,渗出的白细胞逐渐将坏死组织清除,邻近健康细胞发生分裂,产生新的细胞和组织,以代替那些缺损的细胞和组织,使受到破坏的组织得以逐渐修复。

损伤组织的愈合是通过组织再生来实现的,再生的组织在结构和功能上都与原来的组织完全相同,称为完全再生。若缺损的组织不能完全由结构和功能相同的组织来修补,而由肉芽组织代替,最后形成瘢痕,则称不完全再生或称瘢痕修复。

损伤组织能否完全再生,首先取决于组织本身再生能力的强弱和损伤的严重程度。人体内各种组织的再生能力差异较大,如结缔组织、小血管及骨的再生能力较强,软骨的再生能力最差。此外,组织再生的强弱,还与伤者的全身或局部血液供应有关,全身或局部血液供应都较好,则组织再生能力就较强。反之,则再生能力较差。

治疗过程中采用各种合理的治疗措施,改善伤者的全身和局部状况,可以提高损伤组织的再生能力,有利于组织的完全再生,减少粘连与瘢痕的形成。如果伤后处理不当,血肿和渗出液不能迅速地吸收,则可能发生粘连或瘢痕形成过多,不仅不具有原组织的功能,而且会产生瘢痕收缩,引起不同程度的功能障碍,轻者出现酸胀麻痛或无力等后遗症状,重者则出现关节僵直,运动功能明显受限。

2. 慢性闭合性软组织损伤

慢性闭合性软组织损伤主要是由于急性闭合性软组织损伤处理不当而转变为慢性闭合性软组织损伤,或因局部长期负荷过度引起组织劳损,即由微细的小损伤逐渐积累而成。

劳损发病缓慢，症状渐起，其病理变化过程大体上可分为以下三个阶段。

1）早期

由于局部长期负荷过度，引起神经调节功能障碍，组织内部合成与分解失去平衡，但在组织形态上尚无明显变化。此期的伤者多无不良感觉，或仅有局部酸胀感，因而常被忽视，若能及时改进教学训练的方法或改善局部状况，损伤可以很快康复。

2）中期

组织长时间遭到破坏，组织细胞营养失调，发生变性和增生。此期的伤者有局部酸胀、疼痛，但准备活动后症状常可消失，运动结束后症状又出现。外表检查时，可发现伤部组织弹性较差，有硬结或发硬、变厚等症状。

3）晚期

局部小血管发生类脂样变，管腔变窄，影响血液循环，造成局部缺血。若血管损害较重或产生血栓，血流被阻断，可引起局部组织坏死。此期伤者的疼痛加重，局部温度下降，有发凉感。

(二)闭合性软组织损伤的处理原则

1. 急性闭合性软组织损伤

1）早期的处理

早期是指伤后24～48小时内。此期病理变化的主要特点是组织撕裂或断裂后出现血肿或水肿，发生反应性炎症，临床上表现为损伤局部的红、肿、热、痛和功能障碍。因此，该期的处理原则是制动、止血、防肿、镇痛及减轻炎症，处理方法可根据具体情况选用一种或数种并用。

冷敷、加压包扎并抬高伤肢，这种方法应在伤后立刻使用，具有制动、止血、止痛、防止或减轻肿胀的作用。冷敷一般使用氯乙烷或冰袋，也可用冷水浸泡，然后用一定厚度的棉花或海绵置于伤部，用绷带稍加压力进行包扎。24小时后拆除包扎固定，根据伤情再做进一步处理。

外敷新伤药常可达到消肿、止痛和减轻炎症的效果。此外，若伤后疼痛较剧烈可服用止痛剂。如果局部红肿显著，可同时服用清热、活血、化瘀的中药。

2）中期的处理

中期是指急性期过后的两周内。此期出血和渗出液已经停止，局部肿胀开始吸收，肉芽组织已经形成，坏死组织逐渐被清除，组织正在修复，治疗原则以活血化瘀、促进组织吸收为主。临床上，急性炎症已逐渐消退，但仍有瘀血和肿胀。因此，该期的处理原则主要是改善局部的血液和淋巴循环，促进组织的新陈代谢，加速瘀血和渗出液的吸收及坏死组织的清除，促进再生修复，防止粘连形成。治疗方法有理疗、按摩、针灸、痛点药物注射、外贴或外敷活血、化瘀、生新的中草药等，可以选用几种方法进行综合治疗。热疗和按摩在此期的治疗中极为重要，按摩手法应从轻到重，从损伤周围到损伤局部，损伤局部的前几次按摩必须较轻以防发生骨化性肌炎。

3）晚期的处理

晚期时，损伤组织已基本修复，但可能有瘢痕和粘连形成。临床上，肿胀和疼痛已经消失，但功能尚未完全恢复，锻炼时仍感到微痛、酸胀和无力，个别严重者出现伤部僵硬或运动功能受限等。因此，该期的处理原则是恢复和增强肌肉、关节的功能。若有瘢痕和粘连应设法软化或分离，以促进功能的恢复。治疗方法以按摩、理疗和功能锻炼为主，配合支持带固定及中草药的熏洗等。

上述三期的辨证施治适用于较严重的急性闭合性软组织损伤，倘若损伤较轻，病程短，修复快，可把中、后期的治疗方法合并使用，把活血生新和功能恢复结合起来。

2. 慢性闭合性软组织损伤

慢性闭合性软组织损伤的处理原则主要是改善伤部的血液循环,促进组织的新陈代谢,合理地安排局部的负荷量。治疗方法与急性损伤的中、后期大致相同,应将功能康复锻炼和治疗紧密地结合起来。

(三)常见闭合性软组织损伤的处理

1. 挫伤

挫伤是体表受到钝性暴力或重力打击,造成皮下软组织损伤。临床上早期伤处肿胀,局部压痛,稍后皮肤青紫,皮下瘀血,严重者可有肌肉组织损伤和深部血肿。挫伤时组织的连续性受到伤害,但从解剖上来看,并未完全中断。在运动中如足球、球鞋、体操器械的撞击,以及运动员的相互撞击等,都易发生挫伤。最常见的挫伤部位是大腿、小腿的前侧。此外,头部、腹部及睾丸的挫伤也比较常见。

1)发病机制

挫伤是接触性运动中最常见的损伤。伤后引起疼痛与暂时性功能丧失,需要较长时间康复治疗,典型挫伤发生于下肢,最常见的是股四头肌与胫骨前肌。

动物试验表明,腓肠肌挫伤早期的组织变化为血肿形成与炎性反应。以后由致密结缔组织的疤痕取代血肿,疤痕中没有肌纤维再生,其修复形成与肌肉裂伤相似。损伤后的适度活动可以减少疤痕形成并较快地恢复肌张力。

2)症状与体征

挫伤分级要根据伤残的量与伤残的时间来分。下面以下肢损伤为例进行介绍。

(1)Ⅰ度,即轻度挫伤,主要症状包括:局部压痛,膝关节活动度在90°以上,无步态改变。

(2)Ⅱ度,即中度挫伤,主要症状包括:压痛较重并肿胀,膝关节活动度小于90°,跛行,不能深度屈曲膝关节。

(3)Ⅲ度,即重度挫伤,主要症状包括:有严重肿胀与压痛,膝关节活动度小于45°,在没有帮助下不能行走。

骨化性肌炎是严重挫伤的并发症。挫伤后肌肉内产生的血肿均可能出现骨化,尤以大腿肌多见。这种骨化称骨化性肌炎或异位骨化。出现骨化性肌炎者的年龄以20岁左右为最多,在少年运动员中也有发生。骨化性肌炎可在伤后2~4周用X线检查测得,并可继续增大直至6个月,过了此时期则很少出现增大。局部疼痛与僵硬是骨化性肌炎常见的症状,有时可触及肿块。如病变靠近周围神经,偶尔也可出现神经症状。骨化性肌炎是严重肌肉挫伤的并发症,其康复时期较长。本病一般不需要进行特殊治疗,对于病史超过1年仍有疼痛或关节活动明显受阻者,才考虑手术切除。

3)并发症

少数伤者挫伤部会续发感染化脓。肌肉挫伤有时会继发钙质沉着化骨,临床上称为化骨性肌炎。严重的挫伤有时会妨碍血液循环,引起局部肌肉的缺血性挛缩。其早期症状是肢体末端青紫肿胀、麻木、发凉,出现运动障碍,3周后症状消失,但手或足逐渐挛缩于屈曲位。

4)预防与处理

(1)在无痛范围内鼓励早期活动。

(2)由于急性肌肉挫伤会发生血肿与炎性反应,其治疗应针对控制出血进行。24小时内应使用冰敷和抗炎药物,切记不可按摩,以免造成更多的挫伤。

(3)发生挫伤后,局部的蛋白质合成加快,尤其是在进行早期活动更加显著,有可能预期完全恢复。在恢复运动前应达到关节活动度与肌力的完全康复,康复期为2天到6个月不等。

(4)伴有严重休克的若干挫伤,如睾丸、腹部挫伤,其处理步骤为:一是采用适当的方法矫正休克;二是将伤者安放在适当的位置休息。睾丸挫伤应用三角带吊起,局部血肿时可冷敷并卧床,臂及手的挫伤可以利用悬带休息,下肢挫伤则需要静卧在床上。挫伤处必须抬高,并用冷敷及压迫包扎,以减少出血及肿胀。

(5)股四头肌及小腿腓肠肌严重挫伤时,多伴有严重的出血,应该严密观察。如果肿胀不断发展或者肿胀严重影响血液循环,则应手术切开,取出血块,找出出血的血管,予以结扎。疼痛比较严重的挫伤可以用吗啡、可卡因或阿司匹林等药物止痛。

2. 扭伤

扭伤是关节超过正常范围的异常活动,造成关节附近韧带与关节囊的损伤。

1)发病机制

扭伤多由持重不当、活动失度、不慎跌扑、牵拉、过度扭转等原因引起。登山、上下石阶或在不平整的路面上行走踩空时,可引起膝部和踝部扭伤,若摔倒时手部着地,还可并发腕部扭伤。扭伤部位因瘀血而肿胀疼痛,伤处肌肤出现红、青、紫等颜色,红色多为皮肉受伤,青色多为筋扭伤,紫色多为瘀血留滞。新伤时局部微肿,肌肉压痛,表示伤势较轻。如果红肿高耸,关节屈伸不利,则表示伤势较重。扭伤的损伤部位多发生于肩、肘、腕、膝、腰、踝等处。

2)症状与体征

扭伤的临床表现主要为受伤部位会出现不同程度的疼痛、肿胀、皮肤青紫或瘀斑及关节活动障碍等。

3)预防及处理

出现关节部的扭伤后,伤者应迅速停止运动,暴露受伤部位,不要揉搓伤处,静态观察。

扭伤的处理方法如下。

(1)迅速发生红肿发紫的现象,说明软组织损伤严重。处理时,首先应局部冷敷,抬高伤肢(减少伤肢血液灌入量),使损伤部位的渗血症状减轻。待局部症状稳定后,可用绷带局部适当加压包扎。扭伤后不能立即用热水湿敷,因为关节扭伤后局部的软组织出现损伤并伴有小范围的渗血及形成瘀血,热敷可导致损伤的组织间渗血加重。手足扭伤者可以抬高伤肢,颈部、腰部扭伤者在搬运时不可移动伤部。扭伤时伴有关节脱位或骨折时,应尽快到医院治疗。另外,扭伤后无论轻重,不宜即刻洗澡或按摩,须观察数日后视情况而定。

(2)红肿发紫后10分钟,将关节部(脚踝部顺时针,手腕部逆时针)轻微活动,伤者自我感觉是否伴有运动障碍,如果有则骨折的可能性比较高(这里提的骨折是闭合性骨折及肉眼看不到的骨折),此时可采取夹板对伤肢进行局部固定。

(3)在出现血瘀症后的3~4天里,局部不可用热水湿敷、推拿,减少活动强度,卧床休息。可口服血竭胶囊及活血化瘀口服药,中药里的田七、大血藤、小血藤、当归、川芎、桃仁、红花、乳香、血竭、丹皮、藕节、大黄、苏木、桂枝、山楂等常见药物都有活血化瘀的功效,但轻微的扭伤口服中成药即可。

(4)待局部软组织恢复得差不多了,再局部使用擦剂,祛除局部的瘀血,切记不可用力过度,循序渐进方可药到病除。

(5)在发生扭伤的情况下,不能立即走路活动或用力按摩、搓揉,以免加重病情。

第四节 运动损伤的治疗

一、药物疗法

药物是治疗运动损伤的有效手段之一,药物疗法可分为中药疗法和西药疗法。临床上,中西医结合治疗运动损伤较单纯用西医西药或中医中药治疗效果好。

(一)中药疗法

中药是中医的一个重要组成部分。内服和外用的中药已广泛应用于运动损伤治疗中,具有疗效佳、方法多、见效快的特点,是目前治疗运动损伤的理想方法之一。应用中药治疗运动损伤,必须遵守中医的诊治法则。依照辨证论治的原则,根据损伤部位、时间和程度等的不同,采取不同的治疗方法。

下面以急性闭合性软组织损伤为例介绍中药疗法,慢性软组织损伤的中药疗法参照急性闭合性软组织损伤的中后期治疗方法实施。

1. 损伤早期

运动损伤早期,因组织断裂,伤部出血,组织液、淋巴液等渗出致使皮下瘀血、肿胀而引起疼痛等。中医认为此期伤后气血凝滞、经脉不通、筋骨不连是主要病机,治疗原则是活血化瘀、消肿止痛。

1)内服中药

(1)活血止痛汤:当归6 g,苏木末6 g,落得打6 g,川芎2 g,红花1.5 g,乳香3 g,没药3 g,三七3 g,赤芍药3 g,陈皮3 g,紫荆藤9 g,地鳖虫9 g,水煎服。

(2)复原活血汤:柴胡15 g,天花粉10 g,当归尾10 g,红花6 g,穿山甲10 g,酒浸大黄30 g,酒浸桃仁12 g,水煎服。

(3)中成药:如三七片、玄胡止痛片、云南白药等。

2)外用药

新伤药:黄檗30 g,延胡索12 g,木通12 g,白芷9 g,羌活9 g,独活9 g,木香9 g,血竭3 g。上药共研细末,使用时取适量药粉加水或蜂蜜调成稠糊状,摊在油纸或玻璃纸上外敷于伤部,每日更换1次。

2. 损伤中期

损伤中期的局部出血已停止,炎症反应和肿胀仍未完全消退,局部血管扩张,吞噬细胞增加。同时,因淋巴管有损伤性阻塞,渗出液不能由淋巴管排出,除血肿外,还有水肿。病情虽已减轻,但仍有一定程度的疼痛、肿胀。治疗原则是消肿止痛、舒筋活络。

1)内服中药

(1)和营止痛汤:赤芍9 g,当归尾9 g,川芎6 g,苏木6 g,陈皮6 g,桃仁6 g,续断12 g,乌药9 g,乳香6 g,没药6 g,木通6 g,甘草6 g,水煎服。

(2)舒筋活血汤:羌活6 g,防风9 g,荆芥6 g,独活9 g,当归12 g,续断12 g,青皮5 g,牛膝9 g,五加皮9 g,杜仲9 g,红花6 g,枳壳6 g,水煎服。

（3）中成药：如三七片、云南白药、七厘散等。

2）外用药

活血生新剂：官桂15 g，生川乌9 g，生草乌9 g，生南星9 g，乳香9 g，没药9 g，木香9 g，木通3 g，续断9 g，土鳖12 g，红花12 g，刘寄奴12 g，用法同新伤药。

3. 损伤后期

肉芽组织已形成，可引起关节挛缩，并导致运动功能障碍。中医认为，此期瘀血、肿胀基本消除，但撕裂损伤之筋尚未能愈合坚固，经脉未能完全畅通，气血、脏腑虚损之证突出。损伤后期治疗原则以补益为主，常用补养气血法、补益肝肾法。

1）内服中药

（1）八珍汤：党参10 g，白术10 g，茯苓10 g，炙甘草5 g，川芎6 g，当归10 g，熟地黄10 g，白芍10 g，生姜3片，大枣2枚，水煎服。

（2）独活寄生汤：独活9 g，桑寄生6 g，杜仲6 g，牛膝6 g，细辛6 g，秦艽6 g，茯苓6 g，肉桂6 g，防风6 g，川芎6 g，人参6 g，甘草6 g，当归6 g，芍药6 g，干地黄6 g，水煎服。

2）外用药

（1）旧伤药：续断15 g，土鳖15 g，儿茶9 g，檀香6 g，木香9 g，羌活9 g，独活9 g，血通9 g，松节9 g，乳香6 g，紫荆皮9 g，官桂6 g，用法同新伤药。

（2）海桐皮熏洗药：海桐皮6 g，透骨草6 g，乳香6 g，没药6 g，酒当归4 g，川椒9 g，川芎3 g，红花3 g，威灵仙2 g，白芷2 g，甘草2 g，防风2 g，煮水熏洗。

（二）西药疗法

1. 外用西药

1）碘酒

常用2％的碘酊，消毒作用强，对组织刺激性大，一般不宜直接涂于伤口，常用于未破的疖、疮及皮肤消毒。

2）酒精

消毒用70％～75％的酒精，浓度过高过低其消毒作用都会减弱。酒精对伤口有刺激，一般不宜涂伤口，只宜涂在伤口周围以消毒。

3）生理盐水

生理盐水为0.9％的氯化钠溶液，有抑制细菌的作用，对组织无刺激作用，常用于清洗伤口。

4）过氧化氢溶液

过氧化氢溶液的外观为无色透明液体，是一种强氧化剂，适用于伤口消毒。

5）消炎药膏

消炎药膏具有消炎杀菌作用，常用于面部与关节部的损伤。

6）松节油、樟脑酊

松节油和樟脑酊可局部涂抹，有促进血液循环和止痛的作用，可用于闭合性软组织损伤。

2. 内服西药

常用的内服西药主要是一些消炎镇痛药。常用的内服西药有以下几种。

1）复方阿司匹林

复方阿司匹林主要有解热、镇痛和消炎、抗风湿等作用，常用于发热、头痛、肌肉痛、神经痛及风湿痛等。

2）优布芬

优布芬主要作用有解热、镇痛、消炎，具有剂量小、疗效高、毒性低的优点，用于风湿性、类风湿性关节炎、骨关节炎外伤及手术后的抗炎镇痛。常用剂量每次1~2片，开始为日服3次，以后改为日服2次。

3）对乙酰氨基酚片

对乙酰氨基酚片用于感冒发热、关节痛、风湿症的骨骼肌疼痛及各种神经痛、头痛及偏头痛等，对胃肠刺激小，是较安全的解热镇痛药，但无消炎抗风湿作用。口服每次1片，每日3~4次，一日总量不宜超过4片，疗程不宜超过10日。

4）安乃近

安乃近具有较显著的解热作用与较强的镇痛作用，其特点是易溶于水，作用较快，主要用于退热、头痛、急性关节炎、风湿性神经痛、牙痛、肌肉痛等。口服每次0.5 g，每日3次。

5）索米痛片

索米痛片为非成瘾性镇痛药，镇痛强度与可待因相同，适用于各种慢性疼痛。口服每次1~3片，每日3次，必要时3~4小时1次。

3. 注射用西药

1）1%~2%的盐酸普鲁卡因

1%~2%的盐酸普鲁卡因具有麻醉止痛，促进病变组织代谢的作用，常用于闭合性软组织损伤的早期和中期，在伤部痛点局部注射，一般用量为5~10 mL。

2）肾上腺皮质激素类药

常用的肾上腺皮质激素类药为醋酸氢化可的松和泼尼松，有维持毛细血管的正常通透性，减少渗出液，防止水肿及抗创伤性炎症的作用，并能抑制结缔组织增生，减少瘢痕形成。肾上腺皮质激素类药主要适用于腱鞘炎、滑囊炎、肌肉拉伤、创伤性肌腱炎及慢性创伤性关节炎等，骨折、化脓性炎症、急性损伤有组织断裂、出血及水肿严重者禁用。

肾上腺皮质激素类药用法是将药液与4倍1%~2%的盐酸普鲁卡因混合后在伤部痛点注射，用量根据损伤的种类和部位不同而异，一般为0.25~1 mL，每周1次。一个部位注射次数以不超过3次为好，使用过多可影响组织修复，组织韧度降低，易于断裂。注意：不要注射到腱组织内。

二、拔罐疗法

拔罐疗法俗称拔火罐。它是以杯罐为工具，利用火的燃烧排除罐内的空气产生负压，吸附在皮肤上来治疗疾病的方法。

（一）拔罐的作用

1. 溶血的作用

拔罐时，因罐内形成负压吸力较强引起局部毛细血管充血，甚至使毛细血管破裂而产生瘀血，瘀血在消退过程中发生自身溶血，释放出的血红蛋白通过末梢感受器对大脑皮质是一个良好的刺激，从而提高大脑皮质的功能，使大脑对各器官系统的调节功能得到改善，因而有利于机体功能的恢复。

2. 穴位作用

在穴位上拔罐对穴位是一种刺激，有疏通经络、宣通气血、扶正祛邪、平衡阴阳的作用。

3. 温热作用

拔罐时,局部皮肤有温热感,温热刺激能促进局部血液循环,具有热疗的作用。

(二)拔罐的方法

1. 点火法

常用的点火法有投火法、闪火法及贴棉法。

1)投火法

用小纸片或酒精棉球点燃后投入罐内迅速将罐罩扣在应拔的部位。此法适用于侧面横拔,罐的圆肚在下方,可以积聚燃后的灰烬和未燃尽的纸片或酒精棉球,可避免烫伤皮肤。

2)闪火法

用镊子夹住点燃的酒精棉球在罐内壁的中段绕一圈后,迅速退出,并立即将罐罩扣于施拔的部位。此法比较安全,是临床上最常用的拔罐方法,但棉球蘸酒精不要太多,防止燃烧的酒精滴下烫伤皮肤。

3)贴棉法

用一块棉花略蘸酒精后用粘膏将其贴在罐内壁上,用火柴点燃后将罐罩扣于施拔的部位上。此法简便易掌握,但棉球蘸酒精不宜过多,以免酒精沿罐壁流下而烫伤皮肤。

2. 拔罐的临床应用

1)留罐法

留罐法也称坐罐法,拔上的火罐要留置一段时间。留罐时间应按罐的大小和吸力强弱而定,一般为5~15分钟。罐径大、吸力强的留罐时间可短些,罐径小、吸力小的则留罐时间可稍长。气候炎热时留罐时间可缩短,以免发生水疱;气候寒冷时留罐时间可稍延长,一般以皮肤颜色变为红紫色为度(用玻璃罐时)。

2)闪罐法

火罐拔上后又立即起下再拔,反复吸拔多次,直至皮肤潮红为止。

3)走罐法

走罐法也称推罐,一般用于面积较大、肌肉丰厚的部位,如腰背、大腿部等。施术时应选择罐径较大、罐口平滑的玻璃罐,并在罐口上涂一些润滑油。火罐拔上后用手握住罐底部将罐提起后慢慢向前、向后做来回推动,直至皮肤潮红为止。

4)刺血拔罐法

先用碘酒、酒精棉球做局部皮肤消毒后,再用三棱针或皮肤针在病变部位浅刺出血,然后在该部拔火罐(坐罐)以加强刺血疗法的作用。

(三)适应证和禁忌证

拔罐疗法适用于闭合性软组织损伤,如挫伤、拉伤、扭伤、腰痛、坐骨神经痛等,以及慢性关节炎。但皮肤过敏、浮肿、出血性疾病的患者,皮肤有破损、感染和大血管的部位,孕妇的下腹部与下腰部等均不宜拔罐。

(四)注意事项

拔罐时,伤者应处舒适体位,不要移动以避免火罐脱落,注意保暖防止受风着凉。拔罐时动作要快、稳、准,拔罐的部位一般选择肌肉丰满、富有弹性的部位,毛发和骨骼凹凸部位不宜使用。点火时不要烧烫瓶口,以免发生烫伤。火罐拔上后,若伤者感到局部紧而痛或灼痛时,应立即起罐,检查是否烫伤或皮肤过敏,若为烫伤应更换部位,如属皮肤过敏停止拔罐。若出现头晕、恶心、面色苍白等,应立即起罐,让伤者平卧,服饮热茶或热开水,不久即可恢复。

三、物理疗法

应用自然或人工的各种物理因子作用于机体以达到预防和治疗疾病的方法，称为物理疗法，简称理疗。

理疗的种类很多，常用方法如下。

(一)冷冻疗法

冷冻疗法是应用比人体温度低的物理因子(冷水、冰、蒸发冷冻)刺激治疗伤病的方法。

1. 作用

冷冻疗法能使局部血管收缩减轻充血，降低组织温度，抑制感觉神经，具有止血、退热、镇痛、预防或减轻肿胀的作用。冷冻疗法适用于治疗急性闭合性软组织损伤的早期，如挫伤、关节韧带扭伤、肌肉拉伤等，伤后立即使用。

2. 方法

1)冷敷法

将浸透冷水后的毛巾放于伤部，2分钟左右更换一次，或用冰袋(可将冰块装入热水袋或塑料袋内)进行局部冷敷，每次约20分钟。在温暖的季节，可用冰块直接擦抹伤部，或将伤部浸泡于冷水中，但时间应短些。

2)蒸发冷冻法

蒸发冷冻法利用容易蒸发的物质接触体表，吸收热量而使局部温度迅速降低，常用的有氯乙烷、好得快等。从瓶口喷射的氯乙烷细流应与皮肤垂直，距皮肤30～40 cm，喷射8～12秒至皮肤出现一层白霜为止。有时为了加强治疗作用，隔20秒后再喷射一次，但喷射次数不能过多，以免发生冻伤。

注意：面部损伤不宜采用蒸发冷冻法。冷冻疗法结束后伤部应进行加压包扎。

(二)温热疗法

温热疗法是应用比人体温度高的物理因子(传导热、辐射热)刺激治疗伤病的方法。

1. 作用

热疗能使局部血管扩张改善血液和淋巴循环，增强组织新陈代谢，缓解肌肉痉挛，促进瘀血和渗出液的吸收，具有消肿、散瘀、解疼、止痛、减少粘连和促进损伤愈合的作用，适用于治疗急性闭合性软组织损伤的中期和后期以及慢性损伤。

2. 方法

1)热敷法

将浸透热水的毛巾放于伤部，热敷的温度以47～48 ℃为宜，每次约30分钟，每日1～2次。此外也可用热水袋做热敷。

2)红外线疗法

将红外线灯预热2～5分钟后移至伤部斜上方或侧方(有保护罩的可垂直照射)，灯距一般为30～50 cm。伤部应裸露，体位要舒适。照射剂量以伤者舒适的热感、皮肤出现桃红色均匀红斑为宜。若过热应调整灯距，如有汗液要擦去。每日1～2次，每次15～30分钟。

3)石蜡疗法

将白色可塑的石蜡放在套锅内熔化，加温至70～80 ℃后倒入盘内(盘底先放1 cm左右厚的冷水)，厚约2 cm，大小按治疗部位而定。待冷却成饼后取出(蜡温保持于50～55 ℃)，擦干蜡面水珠将蜡饼敷于伤部，包以塑料纸后再用棉垫包裹保温。每日1次，每次30～40分钟。蜡疗的热作用深而持久。

3. 注意事项

热疗时要防止发生烫伤。蜡疗时若有皮肤过敏(皮疹)或红外线治疗时若有头晕、心慌、疲倦等应停止治疗。红外线治疗时应避免直接照射眼部,如皮肤出现红紫或灼痛要立即停止照射。高热、活动性肺结核、恶性肿瘤和有出血倾向者不宜进行热疗。

(三)其他常用的物理疗法

1. 常用方法

1)电疗法

用各种电流预防和治疗疾病的方法称为电疗法。按照所应用电流的不同频率应分为低频电疗法(频率为 0～1 000 Hz)、中频电疗法(频率为 0～100 kHz)和高频电疗法(频率为 100 kHz以上)。在康复治疗中起到较好治疗作用的低频电疗法包括神经肌肉电刺激疗法、痉挛肌电刺激疗法、功能性电刺激疗法、经皮神经电刺激疗法。中频电疗法包括调制中频电疗法、干扰电疗法等;高频电疗法包括短波疗法、超短波疗法、微波疗法等。

电疗法应用不同电流对神经和肌肉产生刺激,起到消炎止痛、改善循环、缓解痉挛、防治肌肉萎缩的作用,对颈椎病、腰椎间盘突出症、肌肉扭挫伤、肌肉劳损、神经炎症和疼痛、肌肉萎缩等均有很好的治疗效果。

2)光疗法

光疗法是利用阳光或人工光线治疗疾病和促进机体康复的方法。光疗法包括红外线疗法、紫外线疗法、可见光疗法、激光疗法等。红外线疗法的主要作用为热效应。紫外线疗法的作用是杀菌消毒、促进维生素 D 吸收、增强免疫功能等作用。低能量的激光主要有抗炎和促进上皮细胞生长的作用,大能量的聚焦激光有烧灼和切割的作用。

3)磁疗法

磁疗法是一种利用磁场作用于人体一定部位或穴位而治疗疾病的方法。通过磁场对机体内生物电流的分布、电荷的运行状态和生物高分子的磁矩取向等方面的影响,从而起到镇痛、消炎、消肿的治疗作用。

4)超声波疗法

利用一定波段的超声波作用于人体来治疗疾病的方法称为超声波疗法。临床所用超声波频率为 800～3 000 kHz。传播过程中,超声波对组织产生明显的机械作用和热作用,在体内引起一系列理化变化,可调整人体功能,改善或消除病理过程,促进病损组织恢复。

2. 常用仪器

常用的物理治疗仪器有直流电脉冲治疗仪、直流电药物离子导入治疗仪、音频治疗仪、短波及超短波治疗仪、超声波治疗仪、红外线及远红外线治疗仪、频谱治疗仪及场效应治疗仪等。以上各种仪器具有不同的作用及性能,应根据具体情况选择使用。

3. 注意事项

(1)不管使用何种物理治疗仪,均应符合国家对医疗仪器有关的标准规定。

(2)应根据伤病的性质、不同阶段及治疗效果,严格选择使用不同的仪器,并应在使用前详细阅读说明书,注意仪器操作的安全性。

(3)治疗中注意观察伤者的反应,如果出现异常情况,应立即停止治疗。

(4)有下列情况,应不做或慎做物理疗法:严重心脏病(尤其带有心起搏器者)、严重动脉硬化、肿瘤(除激光疗法外)、败血症、高热、有出血倾向、活动性肺结核等。

四、固定疗法

常用的固定方法较多,如布类固定、粘胶固定、夹板固定、石膏固定、支架固定、牵引固定和手术内固定等。治疗运动创伤时应根据病情和制动程度的不同要求来选用。

(一)布类固定

常用的布类有绷带、三角巾、弹力绷带和弹力带等,一般用于对制动要求不高的损伤,如关节扭挫伤、创伤性滑膜炎、关节半脱位整复术后和伤后关节稳定性差等。

(二)粘胶固定

常用的粘胶有粘膏、粘膏绷带、膏药等,适用于伤后关节、韧带松弛,以及需要限制关节、肌肉、肌腱活动范围时。治疗运动创伤后训练中正确使用保护支持带,对促进创伤愈合、防止再伤有着重要价值,它能保护关节的稳定性,限制关节、肌肉发生超常范围的活动使伤部组织得以适当休息,因而有利于创伤的愈合。

(三)小夹板固定

1. 小夹板固定材料

小夹板固定时所需的材料有小夹板、固定垫(棉垫或纸垫)、横带(扁布带)、绷带、棉花、胶布等。小夹板的木质要有一定的塑性、韧性与弹性,常用的材料有杉树皮、柳木、椴木和竹片等。除关节附近的骨折外,小夹板的长度以不超过上下关节为宜,数块小夹板的宽度总和应略窄于伤肢的周径。固定垫应垫放在小夹板内,作用是防止骨折端再错位,但不可以以垫的挤压作用代替手法复位,以免造成压迫伤。垫的大小、厚度和硬度因人而异,垫的数量和安放位置应根据骨折情况而定,如图8-32至图8-34所示。

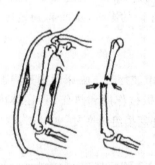
图8-32　双垫固定法

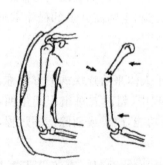
图8-33　三垫固定法

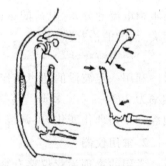
图8-34　四垫固定法

2. 小夹板固定包扎方法

小夹板固定包扎方法分为续增包扎法和一次包扎法两种。

1)续增包扎法

骨折复位后先用绷带自远端向近端缠绕1~2层作为内衬以保护皮肤,然后再安放小夹板。此时应先放置对骨折固定起主要作用的两块小夹板,用绷带缠绕两圈后再安放另外两块小夹板,在小夹板外再用绷带包扎覆盖,以保持各层小夹板的位置,最后由近侧到远侧用3~4条横布带缚扎,每条横布带应绕肢体两圈后绑扎固定。横布带起调节小夹板松紧度的作用,一般以绑扎固定后能不费力地上下移动1 cm为松紧适度。

2)一次包扎法

骨折复位后内衬绷带,然后将几块小夹板一次性安放在伤肢四周,最后用3~4条横布带捆扎固定。此法小夹板位置易移动,应经常检查。

3. 注意事项

小夹板固定后应注意被固定部位的变化。密切观察伤肢的血液循环情况,尤其是固定后的1~4天更应注意肢端动脉搏动、温度、颜色、感觉及肿胀程度,若有循环障碍应立即松解并重新包扎固定。医务人员应叮嘱伤者抬高伤肢以利于消肿。经常调整小夹板的松紧度,若压垫部再现疼痛感要及时检查和处理,并指导伤者及时进行功能锻炼。

小夹板固定经常用于四肢急性损伤的临时固定,以便在运送途中不引起伤情加重。如果已明确有四肢骨折,一般应由医务人员进行复位和石膏固定等。

(四)支架固定

常用支架有前臂托板、颈托、围领、围腰等。支架的固定作用比石膏固定差,但具有轻巧、简便的特点,可根据需要定时佩带和取下,一般适用于不需要持续固定的伤者。

(五)其他固定方法

大部分骨折需要经临床医生诊断后视伤情进行复位术,再用石膏固定或钢针、钢板固定。

五、按摩疗法

按摩疗法是治疗损伤性疾病的重要方法之一,方法简便易行,疗效较显著,只要方法运用得当不会产生任何副作用(详见第六章按摩)。

【本章小结】

本章主要介绍了运动损伤的分类、原因和预防原则等,介绍了包扎法、止血法、心肺复苏术、伤员搬运法等常用运动损伤急救方法,介绍了骨折、关节脱位和休克等重大运动伤害的急救知识,介绍了软组织损伤的相关知识,及其各自不同的处理原则和方法,最后介绍了药物疗法、拔罐疗法、物理疗法、固定疗法等常用运动损伤治疗技术的相关理论知识和操作方法。

【思考复习题】

1. 简述运动损伤的分类、原因及其预防原则。
2. 运动损伤的常用急救方法有哪些?
3. 发生骨折、关节脱位或休克后各应如何进行急救?
4. 各种常见开放性软组织损伤的处理方法是怎样的?
5. 简述急性和慢性闭合性软组织损伤的处理原则。
6. 运动损伤的常用治疗方法有哪些?

第九章 常见的运动损伤

【学习目标】
(1) 了解各种常见运动损伤的病因和损伤机制；
(2) 熟悉常见运动损伤的临床症状与常用检查方法；
(3) 熟练掌握各种运动损伤的预防措施及损伤后的急救与处理方法。

由于运动损伤的发生与运动项目、技术动作特点密切相关，故不同的运动项目各有其易伤部位及专项多发性损伤。因此，必须对常见运动损伤的病因、损伤机制、症状及诊断进行分析研究，其目的是为了采取有效的预防措施来减少运动损伤的发生和做好现场急救及诊治工作。

运动损伤的种类很多，但常见的有以下几类：软组织挫伤、肌肉拉伤、关节韧带损伤、滑囊炎、腱鞘炎、疲劳性骨膜炎、骨骺损伤、脑震荡、颈部肌肉拉伤、急性腰扭伤、肩袖损伤、肱骨外上髁炎、肘关节内侧软组织损伤、掌指关节和指间关节损伤及脱位、膝关节侧副韧带损伤、髌骨劳损、膝关节半月板损伤、踝关节外侧副韧带损伤。

第一节 软组织挫伤

软组织挫伤一般是指软组织受外力的作用，当达到一定的强度而诱发损伤产生的症状。当软组织受到钝性暴力损伤时，可以引起局部软组织（包括皮肤、皮下组织、肌肉、神经、血管和淋巴组织）的挫伤或裂伤。人体软组织损伤是人类在运动中的一种常见病、多发病。

一、病因及损伤机制

软组织挫伤是指钝性暴力直接作用于人体某处而引起的局部或深层软组织的急性闭合性软组织损伤，是体育运动中最常见的损伤。

运动员身体互相碰撞、身体与器械碰撞或者物体以很快的速度打击身体的某一部位，如在足球运动的拼抢过程中，运动员的膝盖顶撞对方大腿，引起大腿肌肉肿胀、瘀血而发生挫伤。

二、症状及诊断

(一) 单纯性挫伤

单纯性挫伤是指皮肤和软组织（包括皮下脂肪、肌肉、关节囊和韧带）的挫伤。在体育运动中，最常见的挫伤部位是大腿、小腿的前侧，尤以股直肌、股外侧肌为多见，故以股四头肌挫伤为例。

(1) 受伤史：有明显直接暴力顶撞大腿前侧的受伤史。
(2) 疼痛：多为初轻后重，刚开始为广泛性钝痛，仍可活动，经数小时后，出现剧烈疼痛，伴有功能性障碍。

(3)肿胀:伤后即出现皮下组织的局限性血肿,逐渐出现大面积皮下瘀血,且肿胀扩散。

(4)压痛:伤处压痛明显,皮内或皮下组织中有硬结。个别伤者的深部挫伤可继发深部脓肿,也可出现骨化性肌炎。

(二)混合型挫伤

混合性挫伤是指在皮肤和软组织受到挫伤的同时,还合并有其他组织、器官的损伤。例如,头部挫伤合并脑震荡或颅内出血,胸部挫伤合并肋骨骨折,腹部挫伤合并肝、脾破裂等,此外,还有男性睾丸挫伤。伤者除有明显的局部症状外,常可发生休克、昏迷等严重后果。

三、处理

单纯性挫伤的处理可分为三个时期。

(一)限制活动期

伤后24小时之内,应立即制动,这是急救处理的关键,然后局部冷敷、加压包扎、抬高伤肢。有条件的可在加压包扎的同时外敷新伤药或活血消肿的草药,内服云南白药、七厘散或止痛药。另外,应注意严密观察,若伤部肿胀不断发展或皮温较高的,应尽快将伤者送往医院进行治疗。

(二)恢复活动时期

受伤24~48小时后,可拆除包扎进行按摩、热敷和理疗。在伤情允许的条件下,应有计划地进行主动的功能锻炼,其目的是恢复肌力练习。大腿受伤时,当膝关节能屈曲90°,走路不扶拐杖时,即为此期结束的标志。

(三)功能恢复时期

逐渐增强抗阻练习和非对抗性的活动,如做蹲起活动、打乒乓球、羽毛球等,并配合按摩和理疗,以恢复股四头肌力量和膝关节功能。然后逐步过渡到参加体育活动,但活动时应使用保护支持带,以避免再次受伤。

混合性挫伤并出现休克的伤者在进行现场急救的同时,应尽快请医生来处理或将伤者马上送往医院救治。

四、预防

在体育活动中应加强和提高保护与自我保护的能力,使用必要的保护器具,如踢足球时一定要戴护板。加强职业道德修养,遵守竞赛规则,严格执法,防止粗野动作。

第二节 肌 肉 拉 伤

肌肉拉伤是指由于肌肉主动地猛烈收缩或被动地过度牵伸,超过了肌肉本身所能承担的限度而引起的肌肉组织损伤,称为肌肉拉伤。在体育运动中,大腿后群肌肉的拉伤最为常见,如大腿内收肌、腰背肌、腹直肌、小腿三头肌、上臂肌等都是肌肉拉伤的易发部位。

一、病因及损伤机制

在体育运动中,由于准备活动不当,某部肌肉的生理机能尚未达到适应运动所需的状态,训练水平不够,肌肉的弹性和力量较差,疲劳或过度负荷,使肌肉的机能下降,力量减弱,协调性降低,错误的技术动作(如跨栏摆腿动作)或运动时注意力不集中,动作过猛或粗暴,温度过低或湿度太大,场地或器械的质量不良等都可以引起肌肉拉伤。在完成各种动作时,肌肉主动猛烈地收缩超过了肌肉本身的负担能力,或突然被动地过度拉长,超过了它的伸展性,都可发生拉伤。如举重运动弯腰抓举杠铃时,竖脊肌由于强烈收缩而拉伤,在做前压腿、纵劈叉等练习时,突然用力过猛,可使大腿后群肌肉过度被动拉长而发生拉伤,横劈叉练习可使大腿内侧群肌肉过度被动拉长而发生拉伤。

肌肉拉伤分为急性肌肉拉伤和慢性肌肉拉伤。急性肌肉拉伤又可分为主动拉伤和被动拉伤。

(一)主动拉伤

肌肉主动的猛烈收缩,其收缩力超过了肌肉本身的承受能力,而发生在肌纤维短时间的原动肌、协同肌损伤。例如:疾跑时用力后蹬,使大腿后群肌拉伤;弯腰抓举杠铃时,骶棘肌猛烈收缩而拉伤。

(二)被动拉伤

肌肉受力牵伸,超过了肌肉本身的伸展限度,而发生在肌纤维被拉长时的对抗肌损伤。例如:跨栏运动中摆腿过栏时,常发生大腿后群肌的拉伤;压腿、劈叉时,用力过猛也会使被拉长的大腿后群肌拉伤。特别是准备活动不充分、大腿后群肌伸展性较差时做上述动作更容易发生损伤。

慢性肌肉拉伤多为过度负荷造成微细损伤的积累所致。例如,肌腱起止点的末端病、肌腱腱鞘炎及肌腹部的劳损等。

肌肉拉伤的部位可发生在肌腹或肌腹与肌腱交界处,或肌腱的起止点。根据损伤的程度,可分为微细损伤、肌纤维部分撕裂或完全断裂,少数会并发撕脱骨折。

二、症状及诊断

(1)受伤史:有典型的受伤动作,且大多数在损伤时有撕裂感或听到撕裂声。

(2)疼痛:轻者休息时疼痛不明显,可行走,在运动时,特别是重复受伤动作时伤处疼痛;重者休息也疼,并出现某种强迫体位或跛行。

(3)肿胀:由于损伤过程中伴随着血管破裂,损伤局部会出现肿胀。出血较多的还可以形成大面积血肿。有些肌肉拉伤后,不久局部还会出现皮下瘀斑。

(4)压痛:早期压痛多数比较局限,肿胀后可出现广泛压痛,同时可出现肌张力增高,并可触及痉挛的肌肉。

(5)肌肉收缩抗阻力试验:在伤者做受伤肌肉的抗阻力收缩时,其损伤部位将出现疼痛。例如,大腿后群肌拉伤时,伤者俯卧,膝关节微屈,检查者一手握住伤者的小腿,在伤者用力屈膝时给以一定的阻力,在伤处出现疼痛的即为阳性。

(6)肌肉收缩畸形:肌腹中间完全断裂出现双驼峰畸形,一端断裂用力时肌肉收缩呈球状,部分断裂则只见凹陷。

三、处理

肌肉微细损伤或少量肌纤维撕裂时,立即冷敷(在痛点敷上冰块或冷毛巾,保持30分钟,以使小血管收缩,减少局部充血、水肿,切忌搓揉及热敷),加压包扎或外敷新伤药,然后在能使肌肉松弛的位置固定休息,24小时后可进行按摩、伤部痛点药物注射、理疗等。

疑有肌纤维大部分撕裂或肌肉完全断裂时,经加压包扎、固定伤肢等急救处理后,迅速将伤者送至医院,及早进行手术缝合。

肌肉微细损伤或少量肌纤维撕裂者,局部停训2~3天,健肢及其他部位可以继续活动,以后逐步进行功能锻炼,但应避免重复受伤的动作。1周后可逐渐增加肌肉的力量和柔韧性练习,在做伸展练习时以不增加伤部疼痛为度。10~15天后症状基本消除,可逐渐进行正规训练。训练时伤部必须使用保护支持带,并充分做好准备活动。

肌肉、肌腱完全断裂或撕脱骨折者,应立即停止训练,完全休息,积极治疗,伤后训练和专项训练都应在医生指导下进行。

四、预防

在剧烈运动前,要做好充分的准备活动;平时要结合运动项目的特点,加强易伤部位的肌肉力量和柔韧性练习;锻炼中要注意观察肌肉反应,若出现肌肉僵硬或疲劳时,可进行按摩并减少运动强度;改正技术动作的缺点,正确掌握跑、跳、投的技术要领;注意锻炼环境的温度、湿度和运动场地情况。

第三节 关节韧带损伤

韧带主要是附着在骨端上,用以连接关节两端的骨骼。韧带多数呈条状或片状,由胶原纤维与弹性纤维混合组成,具有较强的抗拉能力,它保护关节在正常范围内活动,防止关节活动超过正常范围。韧带还可加强关节强度,防止关节分离,保护其他组织,如关节囊、肌肉、肌腱等。运动中常见的关节韧带扭伤部位有踝关节外侧韧带、膝内侧副韧带、肘尺侧副韧带、指间关节韧带等。

一、病因及损伤机制

运动场地不平、身体重心失稳、运动中冲撞、技术动作错误等原因都易导致关节韧带过度被动牵拉而发生损伤。

当关节由外力所致出现超越正常范围的异常活动,致使韧带不能承受过高张力而损伤,异常活动首先使韧带极度紧张,如外力继续作用于受伤韧带部位或韧带完全拉断,可造成关节半脱位或脱位。韧带损伤后一般均有小血管破裂而出血,形成局部血肿、水肿。

二、症状及诊断

韧带扭伤后局部疼痛,继而出现肿胀或有组织内出血、血肿、关节肿胀、受伤关节活动障碍、局部压痛。检查时牵拉受伤韧带明显疼痛,如果韧带完全断裂关节松弛且关节稳定性下降。

三、处理

韧带扭伤后应立即进行局部冷敷处理,然后加压包扎止血、制动、抬高伤肢休息。1~2天后可拆除包扎,进行局部按摩、针灸、理疗或局部封闭治疗,用活血化瘀、消肿的中药。韧带完全断裂者应进行外科缝合手术。

四、预防

平时重视关节周围肌肉力量和韧带伸展性锻炼,充分做好准备活动,搞好场地设施,培养和提高自我保护能力,提高落地动作的稳定性,防止撞人犯规动作发生等。

第四节 滑囊炎

滑囊炎是指滑囊的急性或慢性炎症。滑囊是结缔组织中的囊状间隙,是由内皮细胞组成的封闭性囊,内壁为滑膜,有少许滑液,少数与关节相通,位于关节附近的骨突与肌腱或肌肉、皮肤之间。凡摩擦力或压力较大的地方,都可有滑囊存在,其作用主要是有利于滑动,从而减轻或避免关节附近的骨隆突和软组织间的摩擦和压迫。在正常情况下,滑囊内滑液较少,在体表也不容易触及。当受到外力的直接作用或长期的反复挤压、摩擦后,会出现滑膜的充血、水肿,使滑液增多,并可使囊壁增厚或纤维化,而形成滑囊炎。

体育运动中常易损伤的滑囊有肩峰下滑囊、鹰嘴突滑囊、肘后滑囊、髋关节滑囊、髌上滑囊、髌前滑囊、髌下滑囊、膝外侧滑囊等。

一、病因及损伤机制

滑囊损伤按其病程,可分为急性滑囊损伤和慢性滑囊损伤两类。

(一)急性滑囊损伤

因直接外力的作用,使滑囊壁受到损害而发生急性创伤性滑囊炎。例如,运动中因跪倒时膝部碰地而引起髌前滑囊炎(见图9-1);足球守门员扑球时,肘后鹰嘴撞地引起肘后滑囊炎(见图9-2)。

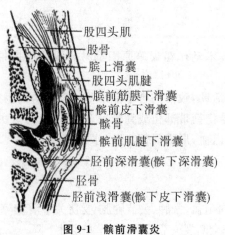

图9-1 髌前滑囊炎　　　　图9-2 肘后滑囊炎

(二)慢性滑囊损伤

由于局部长期、反复地摩擦和挤压,使滑囊壁受到磨损而发生慢性滑囊炎。例如:在竞走、长跑过程中,膝关节长时间地屈伸活动,使髂胫束与股骨外踝反复摩擦,导致膝外侧滑囊炎;在体操、排球扣球及网球运动中,上臂反复地过度外展、外旋,使肱骨大结节经常与肩峰相互碰撞、挤压而引起肩峰下滑囊炎(见图9-3)。

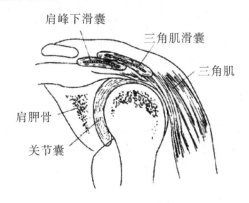

图 9-3　肩峰下滑囊炎

二、症状及诊断

(一)急性滑囊炎

(1)受伤史:典型的撞击受伤史。
(2)疼痛:多位于关节附近,活动时加剧,个别伤者有放射痛或夜间痛。
(3)肿胀:因滑膜受损后分泌增多或充血,可出现明显肿胀。尤以髌前滑囊炎、肘后滑囊炎为甚,可看到或摸到边界不确定的囊性肿胀,并有波动感。
(4)压痛:滑囊处有局限性压痛。

(二)慢性滑囊炎

慢性滑囊炎是在急性滑囊炎多次发作或反复受创伤之后发展而成。由于滑膜增生,滑囊壁变厚,滑囊最终发生粘连,形成绒毛、赘生物及钙质沉着等。慢性滑囊炎因疼痛、肿胀和触痛,可导致肌肉萎缩和活动受限。慢性滑囊炎多在做某一动作时出现疼痛,并因囊壁增厚,出现界限清楚的肿块或结节。

三、处理

急性滑囊炎期应制动、固定,局部外敷活血、消肿散结、止痛药类,或穿刺抽液后注入醋酸氢化可的松药物,并加压包扎。

慢性滑囊炎在控制局部负担量的前提下,可选择醋酸氢化可的松药物囊内注射、理疗、针灸等方法。

对病程较长、疼痛较重、影响关节功能的伤者,可考虑手术切除滑囊。

四、预防

合理安排训练计划,注意控制局部的负荷量,改进技术动作,使用必要的保护支持带。

第五节 腱鞘炎

腱鞘包于某些长肌腱表面,多位于通过活动范围较大的关节处的肌腱上。腱鞘由外层的腱纤维鞘和内层的腱滑膜鞘共同组成。其内层覆盖于肌腱的表面,外层附着于肌腱周围的韧带和骨面上,两层之间有滑液。由此形成的骨-纤维隧道可以减少肌腱活动时的摩擦和防止肌腱被拉紧时向侧方的滑移。腱鞘炎就是由于某种外因刺激(如外伤、过度劳累等)肌腱在鞘内长期反复地摩擦,引起的一种创伤性炎症。

一、病因及损伤机制

在体育运动中,腱鞘的慢性损伤非常多见,是由于局部使用过度所致。由于肌肉长时间地反复收缩,使肌腱与腱鞘发生过度摩擦,而引起腱鞘出现水肿、增生等损伤性炎症病变。其发病部位与运动项目密切相关。其中以桡骨茎突部、肱二头肌腱等部位损伤为常见,如图9-4和图9-5所示。

肱二头肌长头肌腱与腱鞘的创伤性炎症,在体操、投掷、举重、排球和乒乓球等运动中较为多见,主要是因肩关节超常范围的转肩活动或上臂上举时突然过度背伸,使该肌腱在肱骨结节间沟中不断地纵行抽动或横行滑动,引起过度的牵扯或反复摩擦,导致腱鞘水肿、增生等创伤性炎症反应。

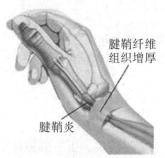

图9-4 桡骨茎突部腱鞘炎

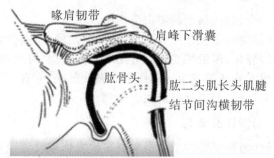

图9-5 肱二头肌腱腱鞘

二、症状及诊断

(1)受伤史:都有局部过劳史,症状是逐渐加重。
(2)疼痛:首先表现为局部疼痛,随着症状的加重,疼痛可向周围扩散。相关肌肉活动时牵拉病变部位使疼痛加剧。
(3)压痛:局部压痛明显。病变严重、病程较长者可在局部触及小结节。
(4)功能障碍:可因疼痛出现明显的活动障碍。病变严重者,因腱鞘水肿和增生,在相关肌肉活动时发生"弹响"或绞锁现象。

三、处理

急性期应局部休息,并实施固定制动处理,同时中药外敷、针灸、理疗、按摩均有一定疗效。用醋酸氢化可的松、曲安奈德或醋酸泼尼松注入腱鞘内进行局部封闭,有较好的效果。对病程较长,反复发作,上述疗法无效者,可切开狭窄部分腱鞘,并进行手术部分切除,使腱鞘不再挤压肌腱,能达到根治的目的。也可以行中医小针刀闭合性松解,切开狭窄部分腱鞘,效果也很好。

四、预防

预防该病的关键是防止局部过度活动和注意保暖,不宜戴过紧的护踝和护腕。当出现症状后,应立即停止相关肌肉的活动,并给予积极治疗。

第六节 疲劳性骨膜炎

疲劳性骨膜炎是骨对运动负荷过大的一种反应性炎症,它是一种应力性损伤。疲劳性骨膜炎多见于初参加运动训练的青少年,多因训练方法不当、足尖用力跑跳过多、场地太硬、动作不正确、落地缓冲不够等造成肌肉不断牵拉骨膜,骨膜与骨质的正常结构遭到破坏,或因身体重力和支撑面相互反作用于小腿骨,产生应力性改变致伤。疲劳性骨膜炎好发部位为胫骨、腓骨、跖骨、桡骨和尺骨。

一、病因及损伤机制

疲劳性骨膜炎易发生于初参加训练或训练量突然猛增的人,或者训练安排不当,跑跳过于集中,如过于集中地采用跨步跑、后蹬跑、高抬腿跑、蛙跳等练习,加上跑时动作不正确,落地不会缓冲或场地过硬等,使小腿受到较大的地面反作用力而发生胫、腓骨疲劳性骨膜炎。疲劳性骨膜炎的发生,是由于肌肉附着部的骨膜长期受到牵拉,肌张力过强,使该部骨膜组织松弛或分离,骨膜瘀血、水肿、血管扩张血球溢出,造成骨膜下瘀血,形成骨膜炎。

根据研究结果,虽然本病是因局部骨组织过度负荷所致,但对引起组织过度负荷的外力来源及其作用方式解释不一,主要有以下两种学说。

(一)肌肉牵扯学说

多数学者认为,在肌肉的反复收缩过程中,是肌肉附着部位的骨膜受到牵扯、扭伤或张力增高,导致骨膜与骨质之间的正常联系改变,最终出现肌肉附着部的骨膜松弛、瘀血、水肿及骨膜下出血。若出血未能及时吸收,则出血机化形成纤维组织,继而形成新的组织。如果过多地踏跳和后蹬跑,使屈踇趾肌群和胫骨后肌群等反复收缩,引起附着部骨膜的一系列病理性改变。

(二)应力学说

有学者认为,在跑跳练习和支撑动作中,特别是在较硬的场地上练习,身体重心与地面或支撑面的反作用力对骨的凸面产生较大的影响,而导致骨膜松弛或分离、瘀血、水肿等病理改变,甚至可能发生局部骨质脱钙或断裂。例如,跑跳练习时,身体重力和地面反作用力对胫骨的影响,主要集中在胫骨的前面,使该部组织产生应力性损伤。

二、症状及诊断

(1)受伤史:典型的运动史、发病史和反复疼痛史。
(2)疼痛:初期多在运动后局部出现疼痛,休息后常可消失。若继续进行较大负荷的运动,疼痛逐渐加重。疼痛多为隐痛或牵扯痛,严重时出现刺痛或烧灼感,个别有夜间痛。
(3)肿胀:急性期大多出现局部的凹陷性水肿。
(4)压痛:在局部骨面上可摸到散在压痛点,并可触及单个或串珠结节,触之锐痛。
(5)后蹬痛、支撑痛:胫、腓骨骨膜炎伤者有后蹬痛,当伤者足尖向后用力蹬地时出现疼痛,而抗阻屈踝、屈趾时则无疼痛,此为胫、腓疲劳性骨膜炎的重要体征;发生在尺、桡骨骨膜炎伤者有支撑痛。
(6)X线检查:早期X线检查无阳性征象,反复发作的伤者逐渐出现骨膜增生、骨皮质边缘粗糙等现象,若后期出现骨质疏松、骨小梁排列紊乱,应注意预防疲劳性骨折的发生。

三、处理

发病早期,局部用弹性绷带包扎,应减少局部负荷,局部进行热敷、按摩,休息时抬高伤肢,一般都可随局部负荷能力的提高逐渐改善而痊愈。经常疼痛或症状严重者,除了局部弹力绷带包扎,减少局部负荷,抬高伤肢休息外,并配合中药外敷、按摩、针灸、理疗等。经以上处理后,症状无改善,甚至加剧者,应做 X 线拍片检查以排除疲劳性骨折。

四、预防

训练中严格遵守循序渐进的原则,合理安排运动负荷,防止突然连续加大运动量,避免长时间过分集中地跑、跳、后蹬等练习,尤其是初参加训练的青少年;掌握正确的技术动作,及时纠正错误动作;合理地选择和使用场地,尽量避免在水泥地等硬场地做跑、跳和支撑练习;训练前充分做好准备,训练后采用热敷或按摩等方法及时消除局部疲劳。

第七节 骨骺损伤

骨骺损伤是指涉及骨骺板的损伤,通常波及骨骺和干骺端,是儿童少年特有的一种常见的运动损伤,多发于青春前期的生长发育加速期。小儿长骨的两端为骨骺,骨骺与骨干之间是骺板。全身发育停止后,骨骺与长骨干之间的骺板同时骨化,骺板消失,称骨骺封合或骨骺融合,这通常发生在 18~22 岁之间。

骨骺分两类:一是受压骨骺,它位于长骨的两端,参与构成关节,承受通过关节传递的压力,因而是关节内骨骺,骺板的作用是使长骨沿着纵轴生长,骺板损伤会影响长骨的生长和关节的外形,如股骨头和股骨下端的骨骺;二是牵拉骨骺,它位于肌肉的起止部,主要承受肌肉的牵拉力,因骺板不参与长骨的生长,故它的损伤不影响肢体的长度和关节形状的改变,只造成肌肉与关节运动障碍,如股骨大转子、胫骨粗隆骨骺,如图 9-6 所示。

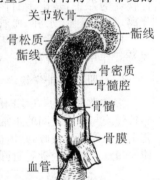

图 9-6 骨骺的两种类型

一、病因及损伤机制

根据发病原因,骨骺损伤可分为急性骨骺损伤和慢性骨骺损伤两种。

(一)急性骨骺损伤

骨骺的急性损伤多为间接暴力所致的骨骺分离或骨折,此类损伤发生率较高,约占儿童少年骨折的 15%。

受压骨骺损伤的常见暴力有剪力、劈裂和挤压力。通常因肢体、关节的极度扭曲或传达暴力造成强力冲撞等而造成损伤。例如,桡骨远端骨骺分离、肱骨外髁骨折等。

牵拉骨骺的损伤常为肌肉突然猛烈地主动收缩或被动过度地牵拉所致,如肱骨内上髁骨骺撕脱性骨折。由于骺板的强度比肌腱和韧带要弱 2~5 倍,也不及关节囊那样牢固,因此,成人易发生韧带断裂或关节脱位等损伤,儿童少年易发生骨骺损伤或分离。

(二)慢性损伤

骨骺的慢性损伤是运动负荷或训练方法安排不当,而引起的局部负荷过度或肌肉反复收缩牵扯所引起的骨骺炎。如过多地进行支撑、跳跃练习,特别是在较硬的场地上过度练习,容易引起桡骨远端骨骺炎、肱骨小头骨骺炎或股骨头骨骺炎等,股四头肌或腘绳肌的反复牵扯,可引起胫骨粗隆骨骺炎或坐骨结节骨骺炎。

此外,患严重的维生素 C 缺乏、佝偻病、内分泌紊乱等疾病时,更容易发生骨骺损伤。

二、症状及诊断

(一)骨骺分离或骨折

(1)明显的外伤史:在儿童少年时,凡有关节扭伤或关节脱位的损伤史,都应考虑到骨骺损伤的可能。
(2)体征:疼痛、肿胀、压痛、畸形、功能障碍。
(3)X 线检查:最后诊断必须依靠 X 线片,必要时拍健侧 X 线片以做对比。

(二)骨骺炎

(1)病史:典型的运动史,而无明显的外伤史。
(2)疼痛:早起多为隐痛,局部负重、冲撞、牵扯时加重。
(3)肿胀、压痛:表浅部位可见轻度肿胀,且有压痛。
(4)功能障碍:常因疼痛使关节功能障碍。
(5)高突畸形:此为牵拉骨骺损害的重要指征,且在痊愈后永久性遗留。
(6)绞锁:受压骨骺损伤后,若有骨骺碎裂,可致关节绞锁。

三、处理

骨骺分离或骨折的处理原则和方法与一般骨折基本形同,但进行整复和固定时要注意骨骺的特殊性。其临床愈合的时间与损伤程度及性质有关,一般受压骨骺的骺板本身无损坏的轻型损伤和牵拉骨骺撕脱骨折者,只需同龄儿童少年的同一骨干骨折愈合时间的一半,即固定三周就可愈合,而其他类型的损伤,其愈合时间大致与同类骨折相同。对疑有下肢受压骨骺损伤者,应制动休息,禁止负重三周以上,并送医院检查,半年后再进行复查。

对患骨骺炎的病变部位,应尽早减少和控制局部负荷,并适当固定病变关节,这对愈后有着非常重要的意义。同时,可配合中药外敷或内服、理疗、针灸、按摩等进行治疗。

四、预防

合理安排训练,避免局部的负荷过重,避免在过硬的场地进行长时间练习,加强保护与自我保护。

第八节 脑 震 荡

脑震荡是脑组织受到震荡而引发暂时的大脑意识障碍和功能障碍,而无明显器质性病变。一般是在头部受外力撞击后出现,是脑颅损伤中最轻的一种,但它有可能与颅内血肿、脑挫伤、颅内骨折等合并存在,故应高度重视。

一、病因及损伤机制

头部受硬物撞击,如被垒球棒、足球等击中头部或运动中两人头部相撞都可以发生脑震荡。过去一直认为脑震荡仅仅是中枢神经系统的暂时性功能障碍,并无可见的器质性损害,在人体解剖和病理组织学上均未发现病变,所表现的一过性脑功能抑制,可能与暴力所引起的脑细胞分子紊乱、神经传导阻滞、脑血液循环调节障碍、中间神经元受损以及中间脑室内脑脊液冲击波等因素有关。近代,据神经系统电生理的研究,认为因脑干网状结构受损,影响上行性活化系统的功能才是引起意识障碍的重要因素。但是,这些学说还不能全面地解释脑震荡的所有现象,比如有因脑震荡而致死的病例,职业拳师发生慢性脑萎缩损害甚至痴呆,以及业余拳击者也有脑功能轻度障碍的报道。

二、症状及诊断

(1)头部有外伤史,伤后即可出现短时间意识障碍,最多不超过30分钟。
(2)昏迷时,伤者全身肌肉松弛,面色苍白,腱反射减弱或消失,瞳孔放大,脉搏细弱,呼吸表浅。
(3)清醒后,伤者不能回忆受伤经过,但对往事能清楚记忆,这种现象称为逆行性健忘。
(4)伤者常伴有头疼、头昏、耳鸣、心悸、失眠等症状。
(5)少数伤者有恶心、呕吐、心烦不安,并可因头部活动或情绪紧张而加重,以上症状大多于数日之后逐渐减轻或消失。

三、处理

(1)立即让伤者平卧,保持安静,防寒或防暑,不可随意搬动和让伤者坐起或站立,其头部可用冷毛巾冷敷。
(2)昏迷不醒者,可掐人中穴、内关穴等急救穴位或让伤者嗅氨水使之苏醒。由于脑震荡可与颅内血肿或脑挫伤等并存,因此,伤者经过急救处理后,应卧床静养,严密观察,以便于及时发现其他颅脑病变。
(3)对于脑震荡的治疗,一般让伤者短期(一两周)卧床休息,保持安静和良好的睡眠环境,消除思想顾虑,脑力即可恢复。
(4)对症治疗,头痛较重者,嘱咐其卧床休息,减少外界刺激,可给予罗通定或其他止痛药。对于烦躁、忧虑、失眠者给予地西泮、氯氮䓬等,另可给予改善自主神经功能药物、神经营养药物及钙离子拮抗药尼莫地平等,也可配合针灸、按摩、中药等进行治疗。
(5)如发现伤者有下列症状之一,就提示伤者可能有严重的颅脑损伤,应立即送医院处理。
①昏迷时间在30分钟以上;
②耳、口、鼻流脑脊液或血液;
③清醒后头昏、恶心、呕吐剧烈;
④两瞳孔不对称或变形;
⑤清醒后有颈项强直出现第二次昏迷。
护送医院应让伤者平卧,头用衣物等固定,避免摇晃、震动以免加重病情。

第九节　颈部肌肉拉伤

颈部主要由 7 节颈椎骨、8 对颈神经和大量肌肉构成。颈部肌肉主要包括枕骨下肌群、颈背部肌群和斜角肌群。其中斜方肌、肩胛提肌和前斜角肌在体育运动中最易损伤。

一、病因及损伤机制

在体育运动过程中主要是颈部突然过度屈伸或强烈扭转,超过了颈部肌肉、韧带等的生理活动范围造成的损伤,如摔倒头着地,翻滚时头部动作不正确等。此外,睡觉枕头过高或过低、颈部肌肉受凉、肌肉痉挛等都可以形成落枕。

二、症状及诊断

(1)疼痛:损伤发生后,局部肌肉自觉疼痛,可出现肌肉紧张或痉挛,严重者疼痛可向头部及上肢放射。

(2)活动受限:损伤后头部往往向一侧倾斜,伸屈和旋转受限。

(3)压痛:在颈椎横突、胸锁乳突肌、肩胛提肌和斜方肌的附着点或肌腹等位置可找到明显压痛点。

(4)肌肉抗阻试验为阳性。

三、处理

早期可以采用冷敷损伤部位,防止局部出血和肿胀,并可减轻局部的疼痛和组织痉挛。

24 小时后,局部可以进行电针、理疗或按摩治疗,局部封闭注射疗法对此也有很好的疗效。

四、预防

加强颈肌锻炼,充分做好准备活动,注意颈部关节的柔韧性和肌肉的拉伸练习;正确掌握技术动作,加强自我保护;枕头要合适,不要受凉;尽可能自我按摩颈部,这不但可以防治颈部软组织损伤和落枕,而且对颈椎病也有一定的治疗作用。

第十节　急性腰扭伤

急性腰背部扭伤在民间俗称"闪腰",在临床上较为多见,尤其是体力劳动者。偶然参加运动或劳动,而事先又未做准备活动者最易发生,此种情况则多见于常年坐办公室者。人体在负重活动或体位变换时,使腰部的肌肉、韧带、筋膜、滑膜等受到牵扯、扭转,或肌肉骤然收缩,使少数纤维被拉伤或小关节紊乱,称为急性腰扭伤。

一、病因及损伤机制

负荷量过大,超过了脊柱肌肉的负荷能力,肌肉突然强烈收缩致伤;在负重条件下失足或摔倒前,为了维持身体平衡,同样有肌肉强烈收缩引起损伤;另外直膝弯腰提重物不能有效地发挥髋、膝关节周围大肌肉力量克服重力,致使重力落在腰背筋膜、肌肉和韧带上使之受伤。

脊柱为承重的支柱结构。在胸椎,由肋骨与胸骨所构成的胸廓在其两侧及前方起保护作用,因此胸椎不易发生扭伤。在腰椎,由于无其他骨骼支架支撑,前方为松弛的腹腔,因此腰椎的稳定性主要依靠韧带与肌肉维持。若肩负重物时,由于路滑、跳跃或跨沟等突发因素使身体失去平衡,则沉重物体通过脊柱的杠杆作用产生强大的拉力或压力,使腰椎所附着的韧带、筋膜、肌肉、关节囊遭受损伤。通常是在韧带、筋膜附着的骨骼处引起撕裂伤,此时大部分或一部分纤维断裂,局部有出血、水肿及渗出物等病理改变。

从生物力学的观点观察,腰背部的任何活动均受力学关系的制约与协调,在保持腰背部内、外平衡的同时完成各种动作。例如,在提重物时,如果物体的重量、提物方式及用力程序均相适应,则易于完成;反之,物体重量或体积过大、提物时距中线过远、未采用膝关节先屈曲的方式等,则不仅增加了胸腰段及腰椎的负荷,并且脊柱旁肌组织也易扭伤。

二、症状及诊断

(1)受病史:绝大多数伤者有明显外伤史,突然出现症状。

(2)腰部肌肉扭伤:伤处隐痛,局部压痛,随意运动受限。损伤较重时,疼痛显著,脊柱不能伸直,因肌肉痉挛而引起脊柱生理曲线改变。腰扭伤者疼痛可牵扯到下肢,但仅局限于臀部,大腿后部和小腿感觉正常。

(3)腰椎棘上韧带与棘间韧带损伤:伤者受伤当时即感到局部突然疼痛,过度前弯腰时疼痛加重,腰伸展时疼痛较轻,棘突上或棘突之间有局部而表浅的明显压痛。完全断裂者,有棘突间隙增宽。

(4)腰椎小关节绞锁:往往发生于肌肉无活动准备的仓促弯腰扭转动作。伤者受伤当时即有腰部剧痛,呈保护性强迫体位,不敢做任何腰部活动,尤其不能做腰后伸活动,几乎整个腰部肌肉都处于紧张僵直状态。疼痛位置较深,不易触到压痛点,但叩击相关腰椎可引起震动性剧烈疼痛,直腿抬高试验常为阳性。

三、处理

1. 腰背部制动

局部制动是任何创伤组织修复的基本条件。腰背部肌肉或附着点处的撕裂范围一般较大,因此更需要局部制动,以有利于损伤组织获得正常愈合。否则,过多的活动不仅延长病程,且易转入慢性腰痛而使治疗复杂化。

2. 活血化瘀疗法

48小时以后可以进行各种促进局部血液循环及清除创伤代谢产物瘀滞的疗法,临床上常用的方法如下。

(1)理疗:可根据病情选用超声波、高频电疗、离子透入、电动按摩及红外线照射等。

(2)药物:可口服复方丹参片、云南白药、活络丹、三七粉及红花等,也可选用各种药物外敷,包括各种跌打损伤膏药、坎离砂及药酒等,上述诸药均具有一定作用。

(3)针灸:以针灸阿是穴为主。此外,配合选用肾俞穴、大肠俞穴、承山穴及委中穴等穴位。

(4)局部按摩:以轻手法为宜,因重手法可加重损伤,不宜选用。此种疗法主要用于后期病例。

3. 封闭疗法

对急性腰扭伤、疼痛剧烈并伴有肌肉痉挛者,可采用1%普鲁卡因醋酸氢化可的松 1 mL 在痛点处行封闭。

4. 腰椎小关节错位

腰椎小关节错位者需要及早到医院进行手法复位或牵引治疗,否则易形成慢性腰疼或成为腰椎间盘突出的诱因。

5. 对症处理

视病情需要可给予止痛、镇静及安眠药物等治疗。

6. 康复期功能锻炼

3~4周后损伤处即逐渐愈合,可开始腰背肌功能锻炼,以求及早恢复肌力。早期锻炼不宜过多,先从静止状态下肌肉自主收缩开始,无明显疼痛后再增加活动量。

四、预防

在此种损伤病例中,约50%以上可以通过预防而避免发生,主要措施如下所述。

1. 运动前的准备工作

在体育运动开始前适当活动腰背部,特别是腰部肌肉的拉伸练习和腰部关节的放松练习,以减少腰扭伤的发生。

2. 掌握体育训练(锻炼)中的要领

任何一项运动项目均有其十分科学、合乎解剖生理要求的训练要领,并已经过实践反复修改,证明既可提高竞技能力,又可预防运动损伤,包括剧烈运动前的准备工作,因此必须遵循该要领进行训练,切勿因自行其是而引起损伤。另外,要掌握正确的腰部用力方法,如搬提重物时尽量屈膝下蹲,而不应出现直腿弯腰的提拿动作。

3. 动作要量力而行

对各项劳动与运动,每人均应根据个人的体能量力而行,切勿勉强,以防因发生意外而得不偿失,更不应在极度疲劳的情况下坚持运动。

4. 腰部保护

对腰背部肌力较弱或强度较大的活动,应预先用宽腰带将腰背部保护起来,以增加腰背部肌力,正如举重运动员或摔跤者所佩带的宽条状护腰一样。

5. 加强腰部肌肉力量练习

提高腰椎的稳定性,常用的方法有桥式运动、燕飞式运动等,同时要重点加强对脊柱稳定起主要作用的小肌肉群肌力的练习。

第十一节 肩袖损伤

肩袖是由冈上肌、冈下肌、肩胛下肌、小圆肌的肌腱在肱骨形成的袖套样结构,如图9-7所示。肩袖损伤是指由冈上肌、冈下肌、小圆肌和肩胛下肌的肌腱共同组成的肩袖合并尖峰下滑囊损伤的炎症病变。

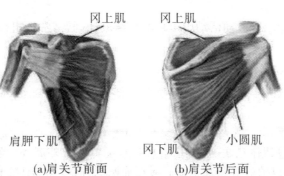

图 9-7 肩袖

一、病因及损伤机制

肩袖损伤（见图9-8）主要是由于肱骨大结节反复超常范围急剧转动（特别是外展），或肱骨大结节反复与肩峰和喙肩韧带反复摩擦所致。如体操、投掷、排球、举重、游泳等运动技术，要求肩关节反复完成大幅度的转肩活动，在反复转肩过程中，肩袖肌腱与肩峰、喙肩韧带反复摩擦，或者肌肉的反复牵拉，使肌腱、滑囊发生细微损伤或劳损。

图9-8 肩袖损伤

二、症状及诊断

（一）临床表现

（1）外伤史：急性损伤史，以及重复性或累积性损伤史，对本病的诊断有参考意义。

（2）疼痛与压痛：常见部位是肩前方痛，位于三角肌前方及外侧。急性期疼痛剧烈，呈持续性；慢性期呈自发性钝痛。在肩部活动后或增加负荷后症状加重，被动外旋肩关节也使疼痛加重。夜间症状加重是常见的临床表现之一。压痛多见于肱骨大结节处，或肩峰下间隙部位。

（3）功能障碍：肩袖大部分断裂者，主动肩上举及外展功能均受限。外展与前举范围均小于45°，但被动活动范围无明显受限。

（4）肌肉萎缩：病史超过3周以上者，肩周肌肉有不同程度的萎缩，以三角肌、冈上肌及冈下肌较常见。

（5）关节继发性挛缩：病程超过3个月者，肩关节活动范围有不同程度的受限，以外展、外旋及上举受限较明显。

（二）特殊体征

1. 肩坠落试验

被动抬高伤臂至上举90°～120°范围，撤除支持，伤臂不能自主支撑而发生臂坠落和疼痛即为阳性。

2. 撞击试验

向下压迫肩峰，同时被动上举伤臂，如果在肩峰下间隙出现疼痛或伴有上举受限时为阳性。

3. 疼痛弧征

伤臂上举60°～120°范围内出现肩前方或肩峰下区疼痛时即为阳性，对肩袖挫伤和部分撕裂有一定诊断意义。

4. 盂肱关节内摩擦音

盂肱关节在主动运动或被动活动中出现摩擦声或轧砾音，常由肩袖断端的瘢痕组织引起。

三、处理

治疗方法的选择取决于肩袖损伤的类型及损伤时间。肩袖挫伤、部分性断裂的急性期一般采用非手术疗法。

1. 肩袖挫伤的治疗

肩袖挫伤的伤者包括休息、三角巾悬吊、制动（上臂置于外展30°位置）2～3周，同时局部施以理疗、针灸、按摩，以消除肿胀及止痛。对疼痛剧烈者，可采用1%利多卡因加皮质激素做肩峰下滑囊或盂肱关节腔内注射，疼痛缓解之后即开始做肩关节功能康复训练。

2. 肩袖断裂急性期

伤者取仰卧位,上肢零位牵引,即在上肢处于外展及前上举各155°位做皮肤牵引,持续时间3周。牵引的同时做床旁物理治疗,2周后,每天间断解除牵引2~3次,做肩、肘部功能练习,防止关节僵硬。也可在卧床牵引1周后改用零位肩"人"字石膏或零位支具固定,以便于下地活动。零位牵引有助于肩袖肌腱在低张力下得到修复和愈合,在去除牵引之后也有利于利用肢体重力促进盂肱关节功能的康复。

3. 手术治疗适应证

手术治疗适应证适合肩袖大部分撕裂、非手术治疗无效的肩袖撕裂,以及合并存在肩峰下撞击因素的病例。

四、预防

做好准备活动,纠正错误动作,合理安排肩部运动量,注意发展肩部肌肉力量和柔韧性的练习,还可以经常做肩部按摩。

第十二节　肱骨外上髁炎

肱骨外上髁炎在临床上十分多见,为骨科门诊就诊率最高的常见病之一。打网球者经常反手挥拍击球,若不得法常引发本病,因此俗称为网球肘。

一、病因及损伤机制

在乒乓球、羽毛球、网球等反拍击球时,腕、肘伸肌群突然猛烈收缩,反复牵扯致使肘部外侧软组织和肱骨外上髁损伤。肱骨外上髁炎多因慢性劳损致肱骨外上髁处形成急、慢性炎症所引起。

肱骨外上髁是前臂腕伸肌的起点,由于肘、腕关节的频繁活动,长期劳累,使腕伸肌的起点反复受到牵拉刺激,引起部分撕裂和慢性炎症或局部的滑膜增厚、滑囊炎等变化,如图9-9所示。

图 9-9　肱骨外上髁炎

二、症状及诊断

（1）多数病例无明显受伤史。

（2）初期只感到肘关节外侧酸胀和轻微疼痛,或用力伸腕与前臂用力旋前、旋后时出现局部疼痛。

(3) 病情发展时，肱骨外上髁部发生持续性疼痛，疼痛可向前臂外侧放射，伤侧手拧毛巾、反手击球时，肘外侧疼痛尤为显著。

(4) 肱骨外上髁和桡骨小头处有明显压痛点。

(5) 腕背伸抗阻试验为阳性。首先将伤肘屈曲、半握拳，腕尽量屈曲，然后将前臂被动旋前并伸直肘关节，肘外侧出现疼痛。

三、处理

(1) 早期症状轻微，按摩理疗效果良好。在肘部用弹拨法、分筋法、按揉法、推法及屈伸法等按摩手法。

(2) 当肘外侧部出现持续疼痛时，除继续早期治疗外，应限制腕部用力活动，尤其是腕背伸用力活动，再配合中药外敷、针灸治疗效果更好。

(3) 以上效果不理想可以用泼尼松做痛点注射，效果良好，注射后伤肢暂停用力 1~2 周，也可以用小针刀剥离进行治疗。

四、预防

要尽量避免剧烈活动；要加强腕部力量训练，防止前臂肌肉疲劳积累，做好准备活动，提高肌肉的反应性；要正确掌握反拍击球技术，早期发现病症，及时治疗。

第十三节　肘关节内侧软组织损伤

肘关节内侧软组织损伤是运动员最常见的肘部损伤，常见于投掷、体操、举重、棒球、垒球等项目的运动员。损伤部位涉及肘关节内侧较广泛的区域，包括肘内侧副韧带损伤、前臂屈肌起始部位损伤、尺侧关节囊损伤、肱骨内上髁炎及尺神经损伤等。

一、病因及损伤机制

在体育运动中，任何使肘关节被动外翻、过伸的动作都可造成肘关节内侧软组织损伤，也可因前臂屈肌和旋前圆肌突然猛烈收缩致伤，造成关节囊、尺侧副韧带、肱骨内上髁部屈肌及其附着点损伤或肱骨内上髁炎。如投标枪时，运动员的反作用力与屈手和旋前肌肉收缩对抗，是受伤的典型动作。还有羽毛球正手扣杀或击球过程中出现错误的技术动作，特别是在上臂外展，肘关节屈曲 90°，肘部低于肩部时进行羽毛球扣杀动作，则最易致伤。

二、症状及诊断

多数伤者都能诉述急性受伤的历史或过程。急性损伤者，伤后即感觉肘内侧疼痛，局部肿胀，甚至皮下瘀血，肘关节活动受限，常不能完全伸肘或曲肘。慢性伤者，肿胀往往不明显，但伤者常诉述在完成扣杀或抽球、快打时，动作质量不高。损伤部位有明显压痛，做肘关节被动外展外旋或曲肘屈腕、前臂旋前抗阻力收缩活动时，均可出现疼痛明显加重。检查者在检查时发现伤者的肘关节有松动，侧扳其肘关节发现间隙加宽或外翻角度增加，则表明肌肉韧带有可能完全断裂。

三、处理

急性损伤期,伤者应适当休息制动。损伤即刻与早期可局部冷敷,加压包扎,外敷新伤药。24～48小时后,可考虑进行理疗、按摩、外敷中药。局部封闭注射肾上腺皮质激素类药物,往往能收到较好的疗效。对慢性伤者,应以理疗、按摩、针灸治疗为主。对有肌肉韧带断裂或伴有撕脱骨折者,宜进行手术缝合等。在伤后练习与康复安排时,急性期要停止进行容易再伤或加重损伤的一些动作的活动,如正反手的扣杀、抽球等,要等到损伤部位已基本没有疼痛后,才可进行这些动作的练习,一般需要3～4周的时间,而且运动量和强度等都要逐渐增加。伤者在伤后练习与康复时,应佩带保护装置,如护肘、弹力绷带等,要加强前臂肌群的力量练习和伸展性练习。

四、预防

充分做好运动前的准备活动,合理安排运动量,避免肘部过度活动;加强屈手肌群力量练习,提高专项技术水平,纠正错误动作,加强保护措施等。练习后,强调做肘部的自我按摩,以消除疲劳,提高自我保护能力。

第十四节　掌指关节和指间关节损伤及脱位

一、病因及损伤机制

掌指关节和指间关节损伤及脱位是篮球、排球运动中常见的损伤,主要是手触到地面或物体上致伤,或接球动作错误,手指过于伸直被球撞击,手指的侧副韧带或关节囊损伤。

二、症状及诊断

受伤关节肿胀、压痛、活动受限,屈伸不灵活。如关节畸形,明显肿胀,可能发生关节脱位。如果合并末节指骨底背侧撕脱骨折,则末节是30°～50°屈曲畸形,不能做伸直动作,称"锤状指",应与挫伤区别。

三、处理

轻度扭伤,可做冷敷,可做轻度拔伸牵引、外擦舒筋活血的药酒。重者,受伤指可固定于健指上,或用粘膏固定,2～8周后进行关节屈伸练习,按摩理疗效果也较好。出现"锤状指"时应及时到医院处理。

四、预防

改正错误动作,加强自我保护。

第十五节 膝关节侧副韧带损伤

膝关节侧副韧带位于膝关节的内、外侧,分为内侧副韧带和外侧副韧带,如图9-10所示,在球类、跳高、跳远等运动项目中容易受伤。

一、病因及损伤机制

(一)膝关节内侧副韧带伤

膝关节在轻度屈曲位时,如果小腿突然外展外旋,或足及小腿固定、大腿突然内收内旋,都可使内侧副韧带损伤。另外,踢足球时两人对脚,跳高落地不正确或膝外侧受暴力冲击等均会造成内侧副韧带受伤。

(二)膝关节外侧副韧带伤

膝关节外侧面比内侧面受到暴力的机会多,因而受到内翻伤力的机会就少,故外侧副韧带损伤的发生率比内侧低,有时来自膝内侧的暴力作用于膝部或小腿内翻位倒地摔伤,常可引起膝外侧副韧带损伤。

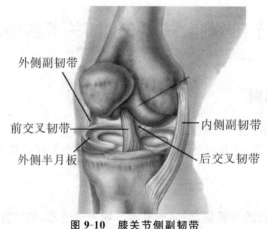

图 9-10 膝关节侧副韧带

二、症状及诊断

(1)轻度损伤:伤部疼痛、压痛、局部轻度肿胀,功能无明显障碍,韧带牵拉试验疼痛加重。

(2)部分断裂:伤部疼痛较重、压痛、明显肿胀,活动受限,膝关节不能伸直,轻度跛行。若伴有滑膜损伤,可出现关节积液或浮髌现象。膝关节侧板试验为阳性。

(3)完全断裂:伤部剧痛、肿胀、大面积瘀斑,跛行,关节出现不稳感,功能明显障碍或丧失,伤部可触及韧带断裂的凹陷。膝关节侧板试验为阳性,除出现疼痛外,还有明显的松动感和异常活动。

三、处理

(1)对轻度损伤者按闭合性软组织损伤处理,局部可外敷新伤药,先消肿止痛。肿痛减轻后,在伤部进行按摩、理疗、针灸等,并可进行股四头肌力量练习。

(2)部分断裂者早期局部冷敷、加压包扎、抬高伤肢,固定膝关节于微屈位1~2周,内服止痛药物,48小时以后可以按摩、理疗,外敷或内服中药,并配合股四头肌力量练习。

(3)对完全断裂者一旦确诊,应尽早进行手术缝合。

四、预防

做好准备活动，重视大腿股四头肌及小腿三头肌的力量训练，避免场地因素致伤与局部负荷过重，防止粗野动作，加强保护和自我保护等。

第十六节　髌骨劳损

髌骨劳损是髌骨软骨病和髌骨周缘附着部肌腱慢性损伤的统称，是膝部常见的运动损伤。由于膝关节经常伸屈、超常范围的内外翻，髌骨下面的软骨面与股骨的相应面长期碰撞挤压致伤。这两种损伤可单独发生，也可同时发生，损伤机制基本相同，多见于篮球、排球、田径、体操、举重等需要做跳跃和半蹲位扭转发力的运动项目。

一、病因及损伤机制

髌骨劳损主要是膝关节（尤其是半蹲位姿势）长期负荷过度或反复微细损伤的积累而成。髌骨遭受一次外力撞击或股四头肌一次猛烈牵扯所引起此损伤者极少。

在膝关节半蹲位时，内、外侧副韧带相对松弛，关节稳定性下降，因而髌骨周缘肌腱附着部和髌韧带所承受的牵拉张力更大，髌骨关节面之间必然会发生"不合槽"运动，出现撞击和捻搓摩擦。如果此种负荷过多和过于集中，就会影响局部组织细胞的新陈代谢，导致组织细胞的损伤和破坏，引起腱止部的缺血、变性、增生、钙化和软骨细胞的肿胀、纤维变、龟裂、剥离等一系列病理改变。

在体育运动中很多动作都要求膝关节处于半蹲位（130°～150°）发力或移动，如篮球运动中的滑步防守、急停和起跳，排球运动中的半蹲起跳和扣球，投掷铁饼时的半蹲转体等，若训练方法安排不当，膝关节的此种负荷长期过多或过于集中，就可以引起髌骨劳损（见图9-11）。

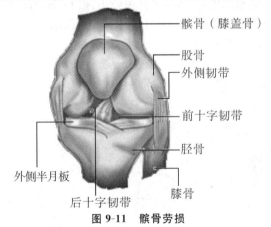

图9-11　髌骨劳损

二、症状及诊断

髌骨劳损的发病缓慢，症状渐起，有慢性发病史。膝关节酸软疼痛是本病的主要症状，早期只在大运动负荷训练后感到膝关节酸软无力，休息后症状多可消失。随着损伤程度的加重，膝关节酸软疼痛逐渐加重，但准备活动后可减轻，运动结束又加重，休息后又可减轻，继而出现持续疼痛，严重者走路和静坐时也痛。膝关节出现酸胀疼痛症状与完成半蹲位发力动作密切相关。

髌骨劳损的膝关节常有轻度积液。如果病情长，症状较重则多有股四头肌萎缩，尤以股内肌为明显。髌尖、髌骨周缘有压痛，进行髌骨摩擦、伸膝抗阻、单腿半蹲等试验时疼痛都加重。

三、处理

在髌骨劳损初期应减少剧烈活动和下蹲以保护膝关节,撞伤、扭伤急性期(24小时内)要避免热敷,在0~4小时内为冷敷处理最佳时机,应对受伤局部加以冰敷。

对于陈旧性髌骨劳损应加以热敷,按摩肌肉和韧带,中药外敷、针灸、理疗、可的松类药物痛点注射等均可加强疗效。加强股四头肌和股二头肌等大腿肌肉的力量练习,以不出现疼痛为度,不让肌肉过于疲劳,可以加强膝关节的稳固性练习,如静力半蹲。当出现疼痛说明运动过度,需要立即停止。

四、预防

要在全面身体训练的基础上发展专项训练;要合理安排运动负荷,改进训练方法,注意训练节奏,避免膝部负荷过度;循序渐进地加强股四头肌力量训练,如做站桩练习,提高膝关节的稳定性和髌骨腱止部对牵拉力的适应性;运动时掌握正确的动作要领,纠正错误动作;每次训练课后,做单足半蹲试验,以便早期发现和及时处理;运动后要及时将汗擦干,注意膝部保暖,防止着凉受风,并采用按摩、热水浴等方法加速疲劳的消除。

第十七节 膝关节半月板损伤

膝关节半月板(见图9-12)是位于股骨髁与胫骨平台之间的纤维软骨,附着于胫骨内外髁的边缘,因半月板边缘较厚而中央较薄,故能加深胫骨髁的凹度,以适应股骨髁的凸度,使膝关节稳定。半月板可分内侧半月板和外侧半月板两部分。内侧半月板较大,弯如新月形,前后长,左右窄,其后半部与内侧副韧带相连,故后半部固定;外侧半月板较小,似O形,前后角距离较近,不与外侧副韧带相连,故外侧半月板的活动度比内侧大。半月板具有缓冲作用和稳定膝关节的功能。半月板损伤在许多运动项目中都可发生,尤其是篮球、排球、足球、体操、跳高、跳远及武术运动中较为多见。

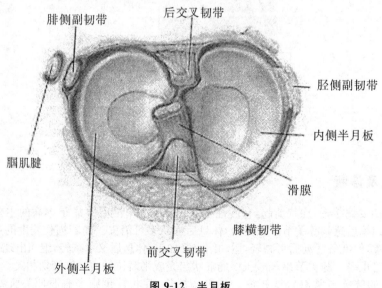

图9-12 半月板

一、病因及损伤机制

半月板在股骨与胫骨平台之间。当膝关节屈曲时,半月板向后移动;当膝关节伸直时,半月板向前移动;膝关节在半屈曲位下做小腿外展外旋或内收内旋时,两侧半月板向一前一后移动。因此,在膝关节屈伸并伴有内、外旋转动作时,半月板本身产生矛盾运动,使其在股骨与胫骨平台之间发生剧烈研磨而致伤。

在体育运动中,当膝关节屈曲,小腿固定于外展外旋位,大腿突然内收内旋并伸直膝关节是引起内侧半月板损伤的典型机制。若小腿固定于内收内旋位,大腿突然外展外旋并伸直膝关节,是引起外侧半月板损伤的典型机制。此外,膝关节突然猛力过伸而引起腘肌肌腱前后断裂,也可以引起半月板前角或半月板边缘分离。

二、症状及诊断

多数伤者有典型的外伤史,受伤时膝内有撕裂感,半月板损伤常合并滑膜损伤,或半月板活动牵拉滑膜而产生疼痛,尤以伤侧更明显。受伤早期因急性创伤性滑膜炎和韧带损伤,伤膝积血、积液而肿胀明显,慢性期可有少量积液。膝关节活动时,常可听到清脆的响声,常伴有疼痛。在行走或做某个动作时,因破裂的半月板突然移位,被卡在股骨髁与胫骨平台之间,出现膝关节不能屈伸的绞锁现象,行走或运动时,有关节不平、滑脱感和不稳定。

伤侧膝关节间隙有压痛,麦氏征试验(回旋挤压试验)(见图 9-13):伤者取仰卧位,检查者一手握伤者小腿踝部,另一手扶住膝部将髋与膝尽量屈曲,然后使小腿外展、外旋和外展、内旋,或内收、内旋,或内收、外旋,逐渐伸直,出现疼痛或响声即为阳性,根据疼痛和响声部位确定损伤的部位。艾氏研磨试验(见图 9-14):伤者取俯卧位,膝关节屈曲,检查者双手握住伤者踝部将小腿下压,同时做内外旋活动,损伤的半月板因受挤压和研磨而引起疼痛;反之,若将小腿向上提,再做内外旋活动,则无疼痛。慢性期常有股四头肌萎缩,尤以内侧头明显。

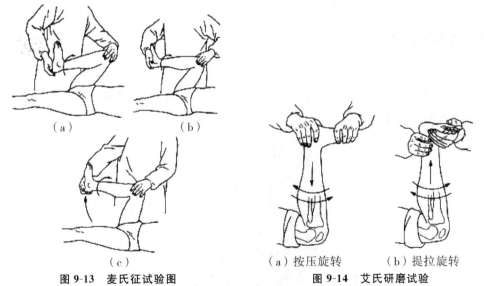

图 9-13 麦氏征试验图　　图 9-14 艾氏研磨试验

三、处理

急性期主要目的是治疗急性创伤性滑膜炎,以制动、消炎、止痛为主,并适当配合股四头肌绷紧练习,以预防肌肉萎缩。若关节积血肿胀明显,应在无菌操作下抽出积血,然后用石膏托或棉花夹板加压包扎固定于微屈位 2~3 周,同时局部可外敷消炎、止痛的中药。

慢性期应视症状轻重不同逐渐增加下肢负荷，严格避免做重复受伤动作，以防再次受伤。按摩、理疗、中药外敷或熏洗等都可选用。若症状较重，经常绞锁，妨碍体育锻炼者，宜手术治疗。关节镜可用于半月板损伤的治疗，半月板边缘撕裂可行缝合修复，通常进行半月板部分切除，保留未损伤的部分。对早期怀疑半月板损伤者可行关节镜检查，早期处理半月板损伤，缩短疗程，提高治疗效果，减少损伤性关节炎的发生。通过关节镜手术创伤小，恢复快。

四、预防

每次训练或锻炼前，要做好准备活动，提高关节的灵活性和协调性；在运动中要掌握自我保护方法，身体疲劳时不要参加剧烈运动，或减少运动负荷量和强度；要加强下肢肌肉力量训练，提高膝关节的稳定性和灵敏性。伤病初愈恢复体育锻炼或训练时，要遵守循序渐进原则，以防受伤。

第十八节　踝关节外侧副韧带损伤

如图 9-15 所示，踝关节由胫骨、腓骨的远端与距骨构成，胫、腓骨的远端由坚韧的韧带相连。踝关节囊前后松弛，两侧较紧张，由侧副韧带加固，内侧为一尖向上、呈扁形的三角韧带；外侧有跟腓韧带、距腓前韧带和距腓后韧带。由于外踝比内踝低，且靠后，内侧韧带比外侧韧带坚韧，因而足的内翻活动范围比外翻大；又因距骨体前宽后窄，当足跖屈时，较窄的距骨体后部进入踝穴，允许有一定的侧向运动和较大的内翻运动，踝关节稳定性下降。当踝关节屈伸时，足似有沿纵轴15°～20°的旋转活动，即背伸时旋前，跖屈时旋后。这些解剖生理特点，使踝关节易发生内翻而引起外侧副韧带损伤。

一、病因及损伤机制

运动中由于场地不平、身体疲劳或跳起落地时身体失去平衡等，致使踝关节发生内翻，使外侧副韧带受到过度牵拉，引起外侧副韧带部分断裂或完全断裂。严重时，由于外侧副韧带的牵拉可以引起外踝发生撕脱性骨折。

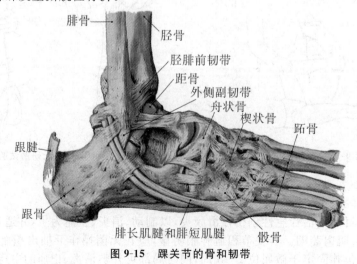

图 9-15　踝关节的骨和韧带

二、症状及诊断

(1)有踝关节突然内翻损伤史。
(2)伤后踝关节外侧疼痛。
(3)局部肿胀,若韧带和关节囊撕裂后,关节血肿,局部出现皮下瘀血。
(4)踝关节活动功能明显受限,出现跛行,伤部明显压痛。
(5)踝关节内翻试验时疼痛加重;外侧韧带完全断裂时,踝关节外侧关节间隙增大,关节不稳。
(6)单纯外侧副韧带损伤时,压痛多在外踝下方,外翻试验时(除断裂的韧带嵌入关节外)一般不痛;合并外踝骨折时,压痛在外踝上,外翻试验时外侧疼痛,可借助 X 线拍片鉴别。此外,还应仔细检查踝足部其他合并伤,以免漏诊。

三、处理

伤后立即用拇指指腹压迫痛点止血,趁局部疼痛尚轻、关节两侧肌肉未出现痉挛时,立即做踝关节内翻或外翻试验和抽屉试验,以了解是否韧带完全断裂。若疑有韧带完全断裂或合并骨折时,经加压包扎后送医院处理。

韧带轻度扭伤,应立即冷敷,然后用棉花或海绵置于伤部做加压包扎并抬高伤肢。绷带包扎时要注意足部放置的位置,外侧韧带损伤时,使踝关节处于轻度外翻背伸位。24 小时后,可选用外敷中药、理疗、按摩、针灸、药物痛点注射等,3～4 天后再练习行走。对韧带部分断裂、踝关节强迫内翻试验不稳的伤者,经冷敷、加压包扎后,用托板固定 3 周。在固定期间每隔 2 天拆除加压包扎,配合中药外敷、理疗、针灸、按摩等治疗,并继续托板固定,也可采用石膏管型固定 3 周。

四、预防

做好准备活动;加强运动场地的维修与保养,并做好安全检查;掌握自我保护的方法;加强踝足部肌肉力量练习,提高踝关节的稳定性和协调性;对易受伤者在运动或比赛时要用保护支持带。

【本章小结】

运动损伤的种类很多,不同的运动项目各有其专项多发性伤害。本章重点介绍了软组织挫伤、肌肉拉伤、关节韧带损伤、滑囊炎、腱鞘炎、疲劳性骨膜炎、骨骺损伤、脑震荡、颈部肌肉拉伤、急性腰扭伤、肩袖损伤、肱骨外上髁炎、肘关节内侧软组织损伤、掌指关节和指间关节损伤及脱位、膝关节侧副韧带损伤、髌骨劳损、膝关节半月板损伤、踝关节外侧韧带损伤等常见的运动损伤。

体育锻炼中要预防运动损伤的发生,应做到如下几点:从思想上对运动损伤的预防给予重视;调节身体,使之处于良好的运动状态;创造锻炼的安全环境,注意科学锻炼以及加强易伤部位的训练,尽量减少运动损伤的发生。

【思考复习题】

1. 简述软组织挫伤的急救处理。
2. 简述肌肉拉伤的症状。
3. 简述关节韧带的损伤机制。
4. 简述急性腰扭伤的急救处理。
5. 简述肩袖损伤的症状。
6. 简述肱骨外上髁炎的损伤机制。
7. 简述膝关节侧副韧带损伤的症状。
8. 简述膝关节半月板损伤的急救处理。
9. 简述踝关节外侧副韧带损伤的急救处理。

第十章 运动与康复

【学习目标】
(1)了解运动康复的定义及运动康复治疗技术的分类;
(2)熟悉运动康复治疗适应证及常用设备;
(3)掌握增强肌力技术操作、肌肉牵伸技术和平衡训练技术;
(4)能指导不良姿势和肥胖症患者进行正确的运动康复训练。

第一节 运动康复概述

一、运动康复的定义

运动康复是从物理医学与康复延伸发展而来,是运用传统的和现代的体育运动方法及手段促进疾病或损伤患者各种功能恢复的一门康复医学与体育学交叉应用型科学。运动康复是以体育运动活动作为发挥治疗作用的核心手段,遵循医学治疗和处理疾病的模式,解决各种原因造成的身心功能障碍,以达到减轻患者病痛、促进功能康复和回归社会的目的。与物理医学与康复不同的是,运动康复在康复领域、康复手段、康复对象、康复目标等方面有侧重点,具体内容如表10-1所示。

表 10-1 物理医学与康复和运动康复的侧重点

	物理医学与康复	运动康复
康复领域	医疗康复、教育康复、职业康复、社会康复、康复工程等	运动康复
康复手段	物理治疗、作业治疗、言语治疗、假肢与矫形器制作、康复护理、康复心理、中国传统康复等	物理治疗、运动防护技术、体能训练、运动心理、中国传统体育康复等
康复对象	一切非健康患者	一切非健康患者
康复目标	重返家庭或社会	重返运动场或比赛场

从表10-1可以看出,运动康复的康复对象不仅包括参与竞技体育运动的职业运动员和教练员等特殊群体,也包括从事体育教育、体育锻炼的一般人群,还包括由于损伤或疾病等原因导致功能障碍的患者和老年病患者等人群。这些人群在从事体育运动过程中出现各种运动意外或运动损伤后,如何为他们提供及时、正确、有效的医疗救护和康复治疗与训练?如何缩短损伤康复疗程?如何提高他们的生活自理能力?如何延长他们的运动寿命等一系列问题都是值得每一个从事运动康复的专业人员思考及研究的课题。

物理医学与康复的康复目标是重返家庭或社会,即要求达到基本生活自理或重返工作岗位。而运动康复的目标则相对要更高些,不仅要求康复对象生活自理或恢复工作,更要求其身心功能恢复到重返竞技体育比赛场体现现代奥林匹克精神。因此,运动康复可分为康复治疗和体能康复训练两大部分，这两大部分是相互影响和相互促进的。运动损伤康复治疗是运动医学和康复医学两门学科的结合，涉及损伤预防、诊断、评估、训练和处理等多个方面。运动损伤后体能康复训练主要目标是使伤者早日恢复训练和比赛，而如何根据创伤的病理改变、病程进展及功能情况合理安排创伤后的运动训练是关键，为此要实行医疗、安全训练与康复的系统化措施，运动员、教练员、科研人员与康复理疗师的密切合作往往是伤病康复成功的关键。为保障带伤训练安排的合理有效，应该采取以队医或康复理疗师为主的教练、医务人员、运动员"三结合"的原则。

运动康复是物理医学与康复的重要组成部分，物理医学与康复的服务对象除了在医院康复科、康复中心或社区医疗服务中心接受全面康复治疗外，体育运动的介入可以有效地改善其躯体、心理、社会等方面遗留的问题，真正达到提高生活质量甚至实现自我价值和社会价值的康复医学最终目标。运动康复不仅仅是指损伤后的康复，积极主动地提高预防运动损伤的能力即预防性康复也是运动康复的重要组成部分。

运动康复技术学是研究和运用康复医学和体育学的理论、方法与手段来预防和治疗伤病、促进功能康复的一门应用交叉学科。运动康复技术学主要研究与康复医学有关的体育和训练的方法、手段、组织、指导和监督等一系列的问题，从而应用各种体育活动动员人体各种后备潜能，增强代偿功能，促进人们在躯体功能、精神、职业技能和社会功能上得到康复的一门学科。运动康复技术学是运动康复专业课程的重要组成部分，是运动康复专业学生专业必修课之一。

二、运动康复专业的发展

运动康复是一门新兴学科，是一个融体育学与康复医学于一体的跨学科专业，主要研究如何运用体育的各种手段使人体各种功能尽快地、尽最大可能地得到恢复。追溯历史，运动康复手段的应用由来已久，从湖南长沙马王堆出土的汉代文物中就详细记载了五禽戏强身健体和治疗疾病的过程。太极拳也是人们喜闻乐道的传统体育项目，至今人们对太极拳的研究和应用都经久不衰。在西方，利用骑马、爬山、游戏比赛减少身心不适、增加体力、促进人际交流的记载也有上千年的历史。但是，将各种体育运动措施合理、合法地引入医疗系统，并作为康复医学中的重要组成部分和治疗疾病的手段却是近半个多世纪的事情。经过多年的发展，运动康复逐渐形成了一整套较为系统的治疗体系，从理论到实践都趋于完善和成熟。在治疗思路上，运动康复借鉴了医学上诊治疾病、评价疗效的方式，建立了自己独立的一套病史、体格检查—功能评价—运动康复治疗—再评价和观察疗效—补充修正治疗方案的治疗模式，专业的功能评价方法和特异的运动康复治疗手段也逐渐规范和统一，大大促进了其交流与推广应用。

德国是目前世界上运动康复水平最高的国家之一，每年世界各地赴德国进行运动损伤治疗与康复的运动员数不胜数。金晓平、侯学华研究发现，德国运动康复水平一直处于世界前列的主要原因集中在以下几点：运动康复机构的层次性与普及化；康复人员的针对性与专业化；康复设备器械与手段的先进性；运动康复过程中康复、诊断、评估、计划、信息等各方面的显著性特点；康复理念的科学性等。德国的运动康复机构数量众多，主要包括三个层次的机构类型：大型体育专科医院、国家训练基地或大型俱乐部的运动康复中心和社区运动康复机构。其中，社区运动康复中心数量众多、服务方便、质量好且具有特色，其在运动康复方面的地位非常重要。德国运动康复机构人员组成包括医生、康复师、理疗师、一般工作人员等，所有人员分工明确、各司其职、相互配合，医生制订术后康复计划后由康复师、理疗师、一般工作人员等协调配合实施康复计划。德国运动队有2~3名康复师，主要负责队内的日常康复治疗工作，并指导运动员进行康复训练，而理疗师主要配合医生及康复师进行一般的物理治疗和放松恢复工作，如按摩、理疗等。在美国，物理治疗专业已有80多年的发展历史，主要培养专业的物理治疗师，在运动损伤康复中发挥重要的作用。

我国现代康复治疗起步较晚,近年来随着国家和社会对康复工作的重视,康复治疗技术发展较快,2011年国务院批准执行《中国残疾人事业"十二五"发展纲要》明确了"十二五"期间我国残疾人事业发展的主要目标和任务,重申发展康复医疗的决策,为康复医学事业的发展指明了方向,也激励了康复医学工作者的积极性,促使我国康复医学事业健康、快速发展,康复治疗将是一个极具前景的医疗领域。

我国运动康复的发展还处于起步阶段,近年来随着我国现代康复医学及体育事业的蓬勃发展,尤其是2008年北京奥运会的成功举办,越来越多的人开始关注如何通过体育运动来促进健康及伤病的康复,由此也在一定程度上促进了运动康复在我国的应用与发展。目前,国内运动康复机构主要有两种类型:专业体育医院和综合医院附属运动医学科。专业体育医院如国家体育总局运动医学研究所体育医院、成都体育学院附属医院;综合医院附属运动医学科主要有北京大学附属第三医院运动医学科、上海复旦大学附属华山医院运动医学科等。虽然以上两类运动康复机构医疗水平和服务质量较好,但由于数量太少,远远不能满足广大职业运动员和日益增多的体育爱好者对于运动损伤防治和康复的需求。

为促进我国运动康复的发展,应在总结国际成功经验的基础上结合我国国情制定合理有效的措施。目前,应做好以下几点工作。

(一)树立科学的运动康复理念

科学的康复理念体现在各个方面,包括社会保障体系的健全、政府机构的重视、人们对运动康复认识等。目前,国内对于运动康复的重视程度有所提高,但与国际发达国家比仍有较大差距。要增强国家和政府对运动康复的重视程度,构建全国范围的体育医疗体系,国家和政府应加大对体育医疗体系的投资力度与帮扶程度,使体育医疗体系得到最大程度的普及。此外,应加强国内运动员身体机能状况的监测程度与力度,把运动损伤的预防视为运动员身体机能监测的重中之重,更要认识到预防性康复是运动康复的重要组成部分。因此,要加强对运动员、教练员、队医、普通管理人员等运动康复理念的普及与宣传,同时要使普通医院医务工作者了解运动康复的基本理念。

(二)加快运动康复机构的建设与发展

在全国的重点城市建立专业体育医院或者与某些医院联合建立专门的运动康复机构,解决目前国内运动康复机构较少的问题,针对运动员较为集中的落后地区应加强跟队医疗队伍的建设。

(三)建立完善的运动康复评估系统

目前,国内运动康复评估数字化程度相对较低,运动康复专家对运动员的检测主要局限于损伤部位的检测或依靠经验观察来判断运动员的康复情况,缺少相应的评估检测方法和标准。因此,要建立完善的运动康复评估系统,对运动损伤部位的损伤情况,尤其是导致损伤出现的根本原因进行全面的评估与检测,数字化地反映运动员康复的情况,有针对性地进行康复训练,不仅使运动员损伤部位完全康复,同时要找出并解决导致运动损伤出现的根本原因,以及运动员机体潜在的导致运动损伤的各种危险因素。此外,应定期对运动员进行全面的身体检查和评估,并将每名运动员检测的指标数据录入数据库中,作为参照数据方便日后比较。同时,根据不同的项目将数据库内的信息分类整理,总结出各个项目独立的数据特征以及相应的评价标准。数据库中每一名运动员的个人数据则是从青少年时期开始,直至其运动生涯结束为止,对运动员个体连续多年不间断的测评可以准确地判断其在某段时间内的身体机能状况,以指导教练员科学训练最大限度降低损伤风险。

(四)建立运动康复专业人才培养体系

目前,国内还没有针对运动康复专业人才的培养体系。康复医学专业人才缺少对体育运动项目的了解,而体育院校相关专业人才又缺少康复医学专业技能,因此,培养既掌握康复医学专业技能又熟悉体育运动专项特点的运动康复专业人才显得迫在眉睫。目前,国家体育总局已经认识到建立运动康复专业人才培养的重要性,将大力支持人才培养项目。

(五)引进先进的仪器,结合传统中医手段

各运动康复医疗机构在条件允许的情况下,引进国外先进的仪器设备,将其运用到中国运动康复领域中,同时,应特别注意结合中国传统康复手段,发掘传统中医治疗运动损伤的优势手段,中西结合共同为中国的运动康复事业服务。

三、运动康复技术的分类

(一)按运动方式分

1. 主动运动

肌肉主动收缩所参与的运动称为主动运动。根据运动时有无外力参与又分为随意运动、助力运动和抗阻运动。

1)随意运动

随意运动是指运动时没有任何外力的参与,动作完全由肌肉的主动收缩来完成,例如行走、跑步、医疗体操等。

2)助力运动

助力运动是指在外力的辅助下通过伤者主动收缩肌肉来完成的运动或动作。外力来源于治疗师、伤者的健侧肢体、水的浮力或器械(如滑轮、悬吊等)。例如:周围神经损伤伤者利用滑轮的帮助,由健侧肢体拉动滑轮来帮助伤侧肢体抗重力活动,再让伤者进行重力活动,以进行关节活动或肌力训练;四肢骨折伤者利用悬吊带将骨折肢体托起,以去除重力作用来完成肢体的活动;偏瘫患者用健手帮助伤侧上肢活动或在他人帮助下活动伤侧肢体。

3)抗阻运动

抗阻运动是指运动时必须克服外部的阻力才能完成,又称为负重运动。阻力可来源于器械或徒手,多用于肌力和耐力训练。例如,四肢骨折或周围神经损伤后,利用哑铃或沙袋训练肌力,利用股四头肌训练椅训练肌力,利用弹力带训练肢体肌力等。

2. 被动运动

被动运动是指运动时肌肉没有主动收缩,肢体处于放松状态,完全不用力,动作的整个过程由外力完成,外力可以来自于器械或徒手。被动运动一般用于维持正常或增大已受限的关节活动范围,防止关节挛缩。例如:下肢关节手术后早期利用持续性被动活动治疗仪;偏瘫患者的瘫痪肢体在健侧手或他人的帮助下活动,各种手法治疗等。

(二)按肌肉收缩类型分

1. 等长运动

等长运动又称为静力性运动,是指肌肉收缩时,肌肉起点和止点之间的距离保持不变,肌纤维长度基本无变化,不发生关节运动,但肌张力发生变化,起到维持特定体位和姿势的功能。等长运动是有效增强肌力的训练方法,特别适用于骨折、关节炎或因疼痛关节不能活动的情况下进行的肌力训练,以维持和改善肌力,预防肌肉失用性萎缩。生活中端、提、拉、举、扛、推、蹲等动作基本都属于等长运动。

2. 等张运动

等张运动又称为动力性运动，是指肌肉收缩过程中保持一定的肌张力以抵抗相应的阻力，但肌长度发生变化，产生关节运动。上述助力运动、主动运动和抗阻运动的主要方式都是等张运动。

根据肌肉起止部位的活动方向，等张运动可分为向心性收缩和离心性收缩。肌肉收缩时，肌肉的起点与止点之间的距离缩短，称为向心性收缩，这种收缩的运动学功能是加速。例如，屈肘的肱二头肌收缩，伸肘的肱三头肌收缩，屈髋的髂腰肌收缩，伸膝的股四头肌收缩等。当肌肉收缩时，肌肉的起点与止点之间的距离逐渐加大延长，使动作的快慢或肢体落下的速度得到控制，称为离心性收缩，这种收缩的运动学功能是减速。例如，下楼梯或下蹲时的股四头肌收缩，肩外展缓慢放松时三角肌的收缩等。

3. 等速运动

等速运动是指利用专门的设备，根据运动过程中的肌力大小变化自动调节外加阻力，使整个关节依照预先设定的速度运动，运动过程中只有肌肉张力和力矩输出的增加，使肌肉在任何一点都能产生最大的力量。肌纤维长度可缩短或拉长，引起明显的关节活动，与等长运动和等张运动相比，等速运动的最大特点是肌肉能得到充分的锻炼而又不易损伤。

(三)按治疗作用分

1. 临床康复治疗

(1)关节活动功能训练：如关节松动术等。

(2)转移行走功能训练：如体位转移、步态训练等。

(3)神经发育疗法：是主要针对治疗中枢神经损伤引起的运动功能障碍的治疗方法，包括Bobath疗法、Brunnstrom疗法、Rood疗法、神经肌肉促进技术等。

(4)牵引疗法：包括颈椎、腰椎和关节功能牵引等。

(5)姿势矫正训练：包括常见身体畸形的矫正训练。

2. 体能康复训练

(1)增强肌力训练：可用徒手或器械训练。

(2)增强耐力训练：包括增强肌肉耐力和有氧训练。

(3)增强柔韧训练：如肌肉牵伸技术、神经肌肉促进技术等。

(4)平衡功能训练：包括各种姿势的静动态平衡训练，如平衡测试训练仪、神经肌肉促进技术、核心稳定性训练等。

(5)灵敏协调训练：包括上肢眼手协调性及精细运动训练、下肢各种功能性跑步训练等。

四、运动康复技术的临床应用

(一)运动康复技术的适应证

1. 肌肉骨骼系统

肌肉骨骼系统包括各种运动损伤、创伤、骨折、关节炎、截肢、退行性骨关节病、人工关节置换术后等疾病所引起的疼痛、肌无力、肌肉耐力降低、关节活动受限、关节过度活动、肌力不平衡、姿势不良、关节不稳等。

2. 神经肌肉系统

神经肌肉系统包括脑外伤、中风、脊髓损伤、小儿脑瘫、周围神经损伤、运动致神经压迫及其他神经系统疾病所致的疼痛、姿势不稳定及控制障碍、平衡协调障碍、运动发育迟缓、异常肌张力等。

3. 呼吸循环系统

呼吸循环系统包括心肌梗死、慢性阻塞性肺疾病、高血压、胸腔疾病术后所导致的心肺耐力下降、循环障碍等。

4. 其他

其他的包括烧伤后瘢痕的处理、手外伤后功能康复等。

(二) 运动康复技术的禁忌证

(1) 体温在 38 ℃ 以上者。

(2) 脏器功能失代偿期。

(3) 安静时脉搏超过 100 次/分或有心绞痛发作。

(4) 高血压：舒张压＞120 mmHg，有自觉症状。低血压：收缩压≤100 mmHg，有自觉症状。

(5) 心肌疾病发作 10 日以内。

(6) 疾病的急性期（临床症状不稳定者）。

(7) 各种外伤局部有明显出血倾向者。

(8) 术后未拆线。

(9) 有剧烈疼痛。

(10) 运动中可能产生严重并发症者。

(11) 恶性肿瘤未经妥善处理或已广泛转移者。

(12) 骨折愈合不充分。

(13) 严重衰弱，无治疗欲望者。

(三) 运动康复技术的应用原则

(1) 熟悉临床、明确诊断：分析病因、病理、发病阶段，熟悉对本病的临床治疗原则。

(2) 个别对待、因人而异：严格掌握适应证和禁忌证，掌握患者体质情况以及治疗史、既往史、家族史等；随时掌握并根据病情和病理变化及时调整治疗方法和剂量并及时做手术，密切配合药物、饮食、运动疗法。

(3) 循序渐进、持之以恒：练习动作由易到难，强度由小到大，根据功能康复水平调整运动量；运动康复治疗一般越早期应用，疗效越好，对慢性病应坚持治疗，不宜轻易放弃。

(4) 密切观察、加强监督：运动康复治疗过程中应密切观察患者的局部反应和全身反应，注意防止意外事故的发生，此外，在患者主动运动时应注意监督运动完成的质量。

(5) 一对一治疗与小组锻炼结合：运动康复治疗以一对一的个别治疗形式为主，对于功能水平相近的患者也可分组在治疗师指导下进行集体锻炼。

(四) 运动康复治疗注意事项

(1) 训练治疗前向患者解释清楚，争取患者主动配合。

(2) 方案明确，重点突出，局部运动与全身运动相结合。

(3) 运动训练量不应过量，训练次日应无疲劳感。

(4) 训练过程中应密切观察患者反应，如有头晕、眼花、心悸气短等应暂停训练。

(5) 训练时动作应轻柔，防止产生剧烈疼痛。

(6) 防止损伤皮肤，预防褥疮发生。

(7) 肢体活动训练应手法准确、轻柔，注意骨质疏松症，严防病理骨折等并发症的发生。

(8) 站立行走训练时应有保护，防止跌倒。

(9)注意心理治疗在运动康复治疗或训练中的重要作用。训练中应结合心理交流,取得患者良好合作。

(10)使用器械应事先说明并示范操作要点和注意事项,患者训练过程中注意密切观察。

(11)治疗师应态度和蔼、声音亲切、语调坚定,对患者应多鼓励,切勿指责批评。

(12)训练场所光线充足,各种器械安放有序,随时检查维修。

(13)做好治疗记录,定期总结。

五、运动康复常用器材和设备

(一)功能训练类

1. 基本设备

1)治疗床

治疗床是供患者坐、卧其上进行各种康复训练的床,患者可进行翻身、坐起、转移、爬行、坐位平衡等训练,也是治疗师进行手法治疗的操作平台。治疗床根据不同用途可分为手法治疗床、肺部治疗床、转移活动治疗床等。

2)治疗师坐凳

治疗师坐凳又称PT凳,是治疗师在训练患者时坐的小凳子,高度与治疗床相适应,凳下有万向轮,可以向各个方向灵活移动,以方便治疗师在训练患者时使用。

3)体操垫

体操垫是供患者坐、卧其上进行各种康复训练的垫子,用法与训练床相似,也可配合其他器械用作跌倒的防护垫。

4)楔形垫

楔形垫(见图10-1)是外形呈楔形的垫子,有不同的角度,垫于躯干或肢体下方,可辅助用于挛缩关节的牵拉及躯干训练等。

5)支撑器

支撑器(见图10-2)是一种供患者在治疗床上用手支撑以抬起身体的U形小支架,有不同高度,可根据患者上臂与床面之间的距离选择,用于训练上肢支撑能力。

图 10-1　楔形垫　　　　　　　　图 10-2　支撑器

6)起立床

起立床(见图10-3)是一张电动或手动的平板床,患者卧于床上,固定好身体,启动开关,患者可由平卧位逐步转动立起,达到站立位,起立床可固定于 0~90° 之间的任一倾斜位置。起立床可用于重症患者进行渐进性起立训练,预防长期卧床的并发症。

7)牵引器械

牵引器械包括腰椎牵引装置、颈椎牵引装置等。

2. 关节活动度训练设备

1）肋木

肋木（见图 10-4）是靠墙壁安装的具有一组横杆的框架，多为木制。训练时，患者位于肋木前，双手抓握肋木进行活动，可用于改善四肢关节活动度受限、增强肌力及耐力、矫正异常姿势等训练。

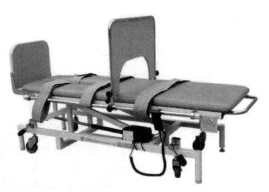

图 10-3 起立床

图 10-4 肋木

2）肩关节旋转运动器

肩关节旋转运动器是一个可以转动的圆轮或转臂，固定于墙上，患者手握把手做旋转动作，可用于改善肩关节活动度受限，也可用于上肢相关肌群的肌力和耐力增强训练。

3）持续被动活动仪

持续被动活动仪利用简单机械或电动活动装置，使患者术后肢体能进行早期、持续性、无痛范围内的被动运动。持续被动活动仪常分为上肢持续被动活动仪和下肢持续被动运动仪，如图 10-5 和图 10-6 所示。

图 10-5 上肢持续被动活动仪

图 10-6 下肢持续被动活动仪

4）踝关节矫正板

踝关节矫正板是不同角度的楔形板，用于矫正踝关节畸形，如马蹄足、内翻足、外翻足等，可根据需要变换角度。

3. 平衡训练设备

1)平衡垫

平衡垫(见图10-7)采用聚乙烯材料制成,可以有效训练踝关节、膝关节等本体感觉功能而改善平衡功能。

图 10-7　平衡垫

2)瑞士球

瑞士球又称巴氏球,是充气或实心的大直径圆球,可用于平衡训练、核心力量训练、肌肉松弛训练、自我肌肉牵伸、脑瘫儿童的躯干训练等。

3)平衡板

平衡板(见图10-8)是固定于半圆球上的一块平板,患者站或坐在平板上保持平衡,用于训练平衡功能。

图 10-8　平衡板

4)平衡训练仪

平衡训练仪由计算机程序控制并有屏幕视觉反馈,可以测试也可以训练平衡功能,常用品牌有 Biodex(见图10-9)、TecnoBody 等。

图 10-9　Biodex 平衡测试系统

4. 行走训练设备

1)姿势矫正镜

姿势矫正镜是供患者对身体异常姿势进行矫正训练的大镜子,可映照全身,为患者提供镜像反馈,主动纠正异常姿势或动作。姿势矫正镜有的固定在墙上,有的带有脚轮,可以移动。

2)步行助具

步行助具包括轮椅、助行器、腋杖、肘杖、手杖、四点杖等,根据患者步行能力、平衡功能及肢体功能进行选择。

3) 平行杠

平行杠是供患者进行站立、步行训练时,用手扶住以支撑体重的康复训练器械,类似双杠,但较矮,可根据训练需要调节平行杠的高低和宽度。平行杠可与平衡板、内外翻矫正板等配合使用。

4) 阶梯

阶梯是训练患者步行能力的组合多级台阶装置,阶梯两侧装有扶手,各组台阶的高度不同,可根据患者步行能力进行选择。

5) 跑台

跑台又称活动平板,用于行走及跑步训练。电动跑台可设定步行速度和倾斜度,从而设定训练的运动负荷量,用于训练患者的步行能力、矫正步态、提高耐力。对于瘫痪患者,跑台常与减重训练架一起使用。

(二) 体能训练类

1. 速度训练类

1) 遥测心率仪

遥测心率仪可监测跑步中的心率数据,指导训练者安全有效地进行心肺功能训练。

2) 秒表

秒表可测试跑步速度。

3) 提速训练器

如图 10-10 所示,患者利用提速训练器可进行安全的提速训练。

4) 起跑与加速训练器

如图 10-11 所示,患者利用起跑与加速训练器,可以有效地增加起跑与加速能力。

图 10-10 提速训练器

图 10-11 起跑与加速训练器

2. 耐力训练类

1) 功率自行车

功率自行车的品牌较多,其速度、阻力可调,可监测心率、耗氧量。

2) 跑台

跑台的品牌较多,其速度、坡度可调,可监测心率、耗氧量。

3) 上肢耐力训练仪

如 Arm Ergometer(见图 10-12)主要用于下肢运动功能障碍患者改善心肺功能。

图 10-12 Arm Ergometer

3. 力量训练类

1)悬吊架

悬吊架是一组金属网状框架,悬吊固定于墙上,可配合滑轮系统在悬网下进行训练。通过选择适合的体位,进行去除重力、减重、抗阻等肌力增强训练,也可用于肌肉牵拉及改善关节活动度的训练。

2)哑铃

哑铃可分为不同重量级别。

3)沙袋

沙袋可分为不同重量级别。

4)弹簧拉力器

弹簧拉力器可分为不同阻力级别。

5)弹力治疗带(管)

弹力治疗带(管)可分为不同阻力级别。

6)专业力量训练组合

专业力量训练组合包括 Proxomed 系列产品、Pure Strength 系列产品等。

7)等速训练仪

等速训练仪常用品牌有 Biodex、Cybex、Isomed、Kinitech 等。

4. 柔韧训练类

1)泡沫轴

泡沫轴可用于自我肌肉牵伸。

2)肌肉牵拉带

肌肉牵拉带可配合自我肌肉牵伸一起使用。

5. 协调与灵敏训练类

1)敏捷训练梯

敏捷训练梯如图 10-13 所示,是改善敏捷性、平衡能力与协调性的首选产品。

2)敏捷训练圆盘

敏捷训练圆盘如图 10-14 所示,可以任意组合,进行反应或敏捷性训练。

图 10-13　敏捷训练梯　　　　图 10-14　敏捷训练圆盘

3)手灵敏性测试训练设备

手灵敏性测试训练设备有 Purdue Pegboard(见图 10-15)、Minnesota Manual Dexterity(见图 10-16)等。

图 10-15　Purdue Pegboard

图 10-16　Minnesota Manual Dexterity

第二节　常用的运动康复技术

一、增强肌力技术

(一)基本概念

肌力是指肌肉收缩时所能施出的最大力量,以肌肉最大兴奋时所能负荷的重量来表示。依据肌肉不同的收缩形式产生的力量将肌力分为等张肌力、等长肌力和等速肌力。

1. 等张肌力

等张肌力又称动力性肌力,是肌肉通过等张收缩以进行关节全范围运动时所能施出的最大力量。等张肌力的大小常用 1RM(repetition maximum)或 10RM 表示,1RM 即受试者能完成一次关节全范围运动时所承受的最大负荷量。

2. 等长肌力

等长肌力又称静力性肌力,是肌肉通过等长收缩所能施加于一个固定物体上的最大力量。等长肌力的大小用肌肉收缩坚持 5 秒所承受的最大负荷表示。

3. 等速肌力

等速肌力为恒定的角速度运动,在关节整个活动范围内均表现出最大用力程度,其观察指标(如绝对峰力矩、相对峰力矩、总功、到达峰力矩时间、疲劳指数等)多、准确、科学。

竞技体育中的力量是指人体神经肌肉系统工作时克服或对抗阻力的能力。当前体育界将力量分类进一步细化,具体分类如表 10-2 所示。

表 10-2　力量的分类

	分　类
最大力量	神经肌肉支配能力、肌肉横断面
快速力量	启动快速力量、结束快速力量
力量耐力	最大力量耐力、次最大力量耐力、有氧力量耐力
反应力量	短程式反应力量、长程式反应力量

最大力量分为神经肌肉支配能力(神经募集率起决定作用)和肌肉横断面(决定力量大、小)两类;快速力量分为在最短时间内达到最大的力量值(启动快速力量)和在技术动作结束时获得最大的力量值(结束快速力量)两类;反应力量根据运动员跳深的踏跳时间可分为短程式(踏跳时间<170 毫秒)反应力量和长程式(踏跳时间>170 毫秒)反应力量。

(二)影响肌力大小的因素

1. 解剖学因素

肌肉的生理横切面即横切所有肌纤维的断面,单位生理横断面所能产生的最大肌力称为绝对肌力。

$$肌肉绝对肌力 = 肌肉生理横断面 \times 3.6 \text{ kg/cm}^2(比肌力)$$

2. 生理学因素

在生理范围内肌力与肌肉的初长度紧密相关,最适初长度为静息长度的1.2倍,当肌小节长度为 $2 \sim 2.2 \mu m$ 时主动张力最大,此时肌动蛋白与肌球蛋白处于最佳重叠状态。故投掷铅球时,运动员必须充分屈曲肘关节,以尽可能牵引肱三头肌,利用肱三头肌收缩力量抛铅球。此外,肌力与肌肉收缩速度在一定范围内成反比。

3. 力学因素

参与收缩的运动单位的同步性;肌肉收缩产生的实际力矩输出受运动节段杠杆效率的影响,在一定范围内肌肉起点和止点离关节轴越远,杠杆作用越好,有学者报道髌骨切除后股四头肌力臂缩短使伸膝力矩减小约30%。

4. 运动单位募集率

肌肉收缩的同时被激活的运动单位的数量,反映肌肉的募集状态。参与收缩的运动单位数量越多,肌力也就越大。肌肉收缩时,运动单位募集率主要受中枢神经系统功能状态的影响,当运动神经发出的冲动强度增大或冲动的频率增加时,被动员或激活的运动单位也增多。中枢神经系统内,小运动神经元兴奋性高,阈值低,在较低刺激下即可发生放电;大神经元的兴奋性低,阈值高,需要较大刺激才能启动放电,此现象称为有序募集。运动神经元的兴奋性与细胞大小呈负相关,其抑制性与细胞大小呈正相关,即受抑制时,先是大运动神经元被抑制,后才是小运动神经元被抑制,这种现象称为运动神经元活动的大小原则。

5. 肌纤维走向与肌腱长轴的关系

肌纤维与肌腱为成角连接,羽状连接的肌纤维越多,成角也越大,肌肉越粗,能产生较多的力,如腓肠肌,而比目鱼肌肌纤维与肌腱的连接很少成角,故具有较高的持续等长收缩力。

6. 年龄与性别

据研究:人的肌力在25~30岁最强,35岁以后每10年递减10%~20%;同年龄女性肌力相当于男性的2/3,尤其以握力和垂直跳的力量最为明显,同年龄女性握力只相当于男性的1/3~1/2,垂直跳力量约为男性的65%。

7. 心理因素

不同心理状态下,训练者表现出不同的肌力水平。在暗示、短暂有力口令及有训练欲望时,训练者所发挥的肌力明显比自主最大收缩力要大。因此,在进行增强肌力训练中应注意适当结合这些心理因素来刺激训练者。

(三)导致肌力下降的原因

1. 年龄增加

据研究:人的下肢肌肉力量下降比上肢要快,一般从下肢近端承重肌肉开始减退,等速肌力中快速收缩力量减退较大。

2. 失用性肌肉萎缩

在心肺疾病住院绝对卧床期间、骨折固定等状态下，训练者由于制动而出现肌肉萎缩导致肌力下降。动物试验时，动物的后肢被固定后，其快肌纤维在固定后的 16 小时即发生失用性改变，其慢肌纤维在固定第三天即失重 10%，统计学有显著性差异。有报道称，人在完全卧床休息状态下肌力每周减少 10%～15%，卧床休息 3～5 周后肌力即可减少一半。

3. 神经系统疾病

如脑血管疾病、脑损伤、脑瘫等中枢神经系统损伤导致肢体的瘫痪；此外，周围神经损伤也是导致肌肉力量下降的常见原因，如臂丛神经损伤、鼠标手、腓总神经损伤等均为临床常见损伤。

4. 肌源性疾病

肌源性疾病即源于肌肉本身病变而导致的肌肉萎缩，如进行性肌营养不良、多发性肌炎等。进行性肌营养不良与遗传因素有关，主要表现为四肢近端肌肉、躯干肌萎缩与力量下降。多发性肌炎是一组以骨骼肌间质性炎变和肌纤维变性为特征的综合征，主要表现为四肢近端肌、颈部肌群等肌力减退。

(四)肌力训练的原则

1. 超负荷原则

在肌力训练中，训练者必须超过一定的负荷量和持续一定的时间，达到一定的运动强度，才能达到增强肌力的目的。超负荷并非指超过训练者本身的负荷能力，而是指这种阻抗负荷应超过平时的负荷阻力，这种阻力能刺激肌肉产生相应的生理学适应，从而导致肌力增加。阻力的大小应略超出训练者目前的肌力水平或至少相当于使肌肉产生最大收缩所需负荷的 60%，并持续训练 6 周，才能促使肌力增加。如股四头肌训练中能承受 3 kg 阻力，适应后可将负荷增至 4 kg，肌力才能不断进步；肌力为 II 级，可进行抗重力体位训练，促进肌力达 III 级，但注意循序渐进。

2. 适度疲劳原则

在肌力训练中，训练者应遵循"疲劳但不过度疲劳"的原则，即肌力训练会引起一定程度的肌群疲劳，没有肌肉疲劳就没有超量恢复出现，肌力训练也难以取得明显效果；如果练习间隔太短，肌肉疲劳未完全恢复，继续练习将加重疲劳，以至引起肌肉劳损；而间隔太长超量恢复已消退，就无从积累，达不到增加肌力的目的。因此，治疗中应注意观察，一旦出现过度疲劳就应停止训练。肌肉疲劳主要表现为：肌肉不适感，甚至疼痛、抽筋、收缩肌肉颤动；肌肉收缩时有卡住的感觉，动作不协调；无力完成全范围的动作；产生代偿动作；无力继续低强度的活动；等速测试中力矩峰值降低。

3. 合理顺序原则

合理顺序即先练大肌群，后练小肌群。大肌群训练时，运动中枢的兴奋面广泛，兴奋程度高，在提高自身力量的同时，由于兴奋的扩散作用，对其他肌肉也产生良性的刺激作用。因小肌群比大肌群更容易疲劳，从而影响大肌群的训练效果。遵循合理顺序原则目的在于延迟疲劳的发生，提高肌群之间的相互良性作用。

4. SAID(specific adaptation to imposed demands)原则

SAID 原则即个体化原则，针对不同个体制订特殊的治疗计划，此原则帮助治疗师制定运动处方及选择最佳治疗计划以达到特殊的功能需求。

不同的运动专项练习对身体各肌群的要求是不同的。研究显示,男子投掷铁饼成绩与各肌群的相关系数(r)分别为:肩带肌($r=0.735$);腿肌($r=0.680$);躯干肌($r=0.629$)。根据这一关系,对力量训练的部位比例安排应为:肩带肌的力量练习占45%、下肢肌的力量练习占25%、躯干肌的力量练习占15%,其余的15%应安排全面的力量练习。同样,针对不同损伤疾病后全身主要肌力水平而采取不同的训练方法。

肌肉对施加的负荷有专一的适应性,肌肉用力的方式受训练方式(如用力时关节的角度、负荷的重量、完成动作的速度和节奏等因素)的影响,即身体部位的专门性和动作结构的专门性。身体部位的专门性和动作结构的专门性有利于神经系统的协调调节能力,以及肌肉内一系列适应性生理和生化变化。

5. 重复性原则

人们一般将力量训练的适应分为两类:神经控制的适应和肌肉结构的适应。神经系统的适应可在力量训练开始后2～3周内出现,在1～2周的力量训练后,人们常常感到自己的力量增加了,这主要是由于神经系统的支配能力改善所致,即神经系统可以动员更多的肌纤维参与工作,而肌肉组织结构、肌肉中内容物并没有明显的变化。由于机体对力量练习产生的适应性改变是短暂的,停止力量练习1周内,肌肉活动能力即开始下降。因此,建议训练者将力量练习作为长期训练计划的重要内容。

6. 合理的训练间隔原则

通过阻力练习获得的肌肉力量是可逆的,中断或完全停止训练会使获得的肌肉力量迅速下降。因此,要保持良好的力量素质,必须不断地给机体适宜的刺激,一般同一肌群的力量练习每周不得少于两次。

7. 全面性原则

全身各主要肌群必须均衡发展。德国专家认为:完成竞技体育中的任何一个动作都需要一个完整的动力链,而动力链是由关节肌肉构成的。其言外之意是动力链上的任何一个环节出了问题,都会影响技术动作的质量,或都会影响运动成绩。因此,力量训练必须全面,不允许出现薄弱环节。

(五)肌力训练的方法

1. 肌力训练方法的选择原则

肌力训练的目的是为了获得更高级别的肌力水平,如徒手肌力评定为Ⅰ级,则短期治疗目标为选用各种措施促使肌力达到Ⅱ级或以上,即可在去重力体位及治疗师辅助下进行肌力增加训练,肌肉收缩需要克服自身的重量及引起关节活动。不同肌力水平练习方法可参照表10-3。

表10-3 不同肌力水平练习方法

肌力	训练方法	目标
0～Ⅰ级	功能性电刺激运动	诱发主动肌肉收缩,避免肌肉萎缩
		保持关节活动度,避免挛缩和粘连
	助力运动	促进运动神经功能恢复
Ⅱ级	主动助力运动	促使肌力达到Ⅲ级,产生功能性关节主动活动
Ⅲ级	主动运动,轻微抗阻	促使肌力达到Ⅳ级
Ⅳ～Ⅴ级	抗阻运动,等速运动	促使肌力和肌肉耐力恢复正常,提高心肺功能和耐力

在选择肌力训练方法时要考虑到安全性、有效性、经济实用性等原则。当训练者肌力水平有所提高时,则需要修改训练计划和练习方法。增加肌力训练程序进展考虑因素如表 10-4 所示。

表 10-4　增强肌力训练程序进展考虑因素

因　　素	进　展　方　式
强度(负荷大小)	亚极量至极量(或接近极量),小负荷至大负荷
身体位置(不负重至负重)	取决于病理及残损程度、限制负重(疼痛、肿胀、不稳定)和康复程序目标
重复次数及组数	由少至多
频率	取决于练习强度和组数次数
肌肉收缩类型	静态至动态;向心性至离心性
关节活动度	小幅度至大幅度;稳定活动部分至不稳定活动部分
运动面	单面至多面
运动速度	慢速至快速
神经肌肉控制	近端至远端
功能活动模式	简单至复杂;单关节至多关节;近端控制至远端控制

运动神经在力量产生的过程中具有主导和支配作用,是决定包括最大力量、快速力量、反应力量和力量耐力等所有力量水平的基础和关键。在体育运动的力量训练中,特别是在优秀运动员的力量训练中,应该加强对神经支配能力的训练,在不增加或少增加肌肉横断面的前提下发展最大力量,通过加快快肌运动单位的募集速度提高快速力量和反应力量,通过肌肉协调能力的改善提高力量耐力。同时,在重视神经能力训练的同时还必须注意不同专项和不同运动员的具体情况,根据专项和个体的差异确定力量发展的方向和具体的训练方法。

2. 具体治疗训练技术

1) 神经肌肉电刺激

利用低频脉冲电流通过预先设定的程序来刺激肌肉,达到预防肌肉萎缩、诱发肌肉主动收缩的目的。主要适用于 0～Ⅰ级肌力水平的患者,通常选用频率 15～50 Hz,波宽 200～300 微秒,通断比为 1∶1～1∶3,波升波降时间为 1～2 秒,治疗电流的强度以能引起肌肉的明显可见收缩而无疼痛为度,避免波及邻近肌肉或引起过强的收缩,肌肉收缩的次数以不引起过度疲劳为度。治疗时将接阴极的点状电极(主电极)置于伤肌或伤肌的运动点上,另一个较大电极(副电极)接阳极置于肢体近端或躯干,电极下均应放厚衬垫。对大肌肉或病情严重的肌肉,应减少每分钟收缩的次数,刺激数分钟后休息数分钟,达到每次治疗共收缩 40～60 次。随着病情好转,逐渐增加收缩次数,缩短休息时间,达到每次治疗至少总收缩 80～120 次;运动点的位置也可能会发生变化,需要及时调整。

此外,目前临床也较常用肌电生物反馈治疗仪来治疗各种神经损伤后肌力减退的患者,与神经肌肉电刺激完全被动刺激相比,肌电生物反馈治疗仪更能发挥患者的主动性,治疗过程中要求患者主动收缩肌肉达到一定阈值时才能启动治疗仪的电刺激开关,且有屏幕上波幅的显示反馈来激励患者练习。

2) 主动助力运动

(1) 徒手助力主动运动。当肌力为Ⅰ级或Ⅱ级时,治疗师帮助患者进行主动运动。例如:腘绳肌肌力Ⅱ级,患者取俯卧位,治疗师站在患者训练一侧肢体旁,一手固定于其大腿后部,让患者主动屈曲膝关节,另一手握其踝关节辅助用力,当屈膝达 90°时,重力作用可促进屈曲。患者也可取侧卧位,受伤肢体在下,患者主动屈曲膝关节,治疗师一手托住患者上方下肢,另一手在患者下方小腿前稍加辅助力量,随着肌力的改善,可减少助力的大小。

(2)悬吊助力主动运动。利用绳索、挂钩、滑轮等简单装置,将运动的肢体悬吊起来,以减轻肢体的自身重量,然后在水平面上进行肢体运动训练。训练时可利用变化体位或滑轮的位置设计训练方法。悬吊训练的固定方法可以分为两种:一种为垂直固定方法,固定点位于肢体重心的上方,用于支持肢体,在较小范围活动;另一种是轴向固定方法,固定点位于关节的上方,使肢体易于活动。垂直固定方法如图 10-17 所示,训练髂腰肌肌力时,患者侧卧,伤肢在上,治疗师分别在其膝关节及踝关节垂直上方放置挂钩,用吊带固定患者的膝关节及踝关节,用绳索悬吊,患者主动屈髋。若选用轴向固定方法,挂钩在垂直于患者的髋关节股骨大转子的上方,患者体位、吊带位置及训练方法同垂直固定方法。随着肌力改善还可以调整挂钩位置、改变运动面的倾斜度来增加训练难度。

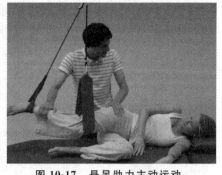

图 10-17　悬吊助力主动运动

(3)滑板助力主动运动。滑板可减少肢体运动时的摩擦力,肢体在滑板上主动滑动可达到训练目的。如肱三头肌肌力为Ⅰ～Ⅱ级时,患者取坐位,滑板置于治疗床上,治疗师将患者伤肢放于滑板上,患者通过主动伸肘动作进行训练,也可同时轻拍或轻叩肱三头肌肌腹。随着肌力改善,可通过增加滑板的倾斜度来增加训练难度。

3)主动运动

通过患者主动收缩肌肉完成运动,训练时选择正确的体位和姿势,将肢体置于抗重力体位,防止代偿动作,治疗师对运动的速度、次数及间歇予以适当的指导。常见的主动运动形式为徒手体操练习。

4)等张抗阻运动

利用徒手、哑铃、沙袋、滑轮、弹簧、重物、摩擦力等作为运动的阻力,施加阻力的大小、部位及时间应根据患者的肌力大小、运动部位进行调节。阻力通常加在需要增强肌力的肌肉远端附着部位,但不跨关节,以较小的力量产生较大的力矩,如增强肱二头肌肌力时,阻力加在前臂远端。但在肌力较弱时,也可靠近肌肉附着的近端。阻力的方向总是与肌肉收缩使关节发生运动的方向相反,每次施加的阻力应由小到大、平稳、勿跳动。患者在做抗阻力训练时,治疗师施加阻力的方向与运动肢体呈直角。阻力施加时机应在关节活动到全范围的 1/3 时开始而不应在收缩前就施加阻力,即应在肌肉收缩一定程度后再施加阻力。为避免代偿动作的出现,肢体的固定是必需的,开放链抗阻训练中通常固定肌肉起始部位,而在闭合链抗阻训练中则需要固定关节周围的固定肌。

(1)进行抗阻力训练时需要考虑的因素。

①I(intensity)练习强度。阻力练习强度必须满足于训练目标、肌肉收缩形式及剂量的其他方面。最初应以小负荷让患者体会正确的练习方式和技巧,以便训练者完成可控制的、平稳的、无颤抖的动作,而当患者出现疼痛、不能完成全范围、出现代偿动作时则需要调整身体姿势、固定好或降低阻力大小。

②P(percent)最大负荷百分比。力量大小用 RM 表示,可以个体化找到每个人的最佳练习重量。RM 值的选择应该考虑多方面的因素,包括个体化、训练水平、训练年限、项目因素等。不同体育运动项目的 RM 适应不同,运动生理学研究提示:1～3RM 的负荷能使肌肉纤维增粗,发展力量及速度,适合举重及投掷等运动;6～8RM 的负荷能使肌肉纤维增粗,力量速度提高,但耐力增加不明显,适合对抗性项目及速度耐力性项目如短跑、跳跃等;8～12RM 的负荷使肌纤维增粗不明显,但力量速度、耐力均有所增加,适合中跑项目;12～15RM 的负荷强调发展速度,肌肉的增大不明显,但能有效地提高肌肉力量、速度和耐力,这一负荷适用于 400 m、800 m 运动员发展力量;30RM 的负荷使肌肉毛细血管数量增多提高耐久力,但对力量及速度提高不明显,适合耐力性项目。多少 RM 值为最佳,尚无一致意见,一般看法是 1～7RM 属于大负荷,8～12RM 属于中等负荷,13RM 以上属于小负荷。

③I(interval)间隔时间。间隔时间即每两组力量训练的间隔。没有固定的模式,一般以肌肉完全恢复为度。组间隔时间应视负荷大小、训练水平及运动员的机能状况而定,一般在80秒至5分钟内选择。

④R(repetition)重复次数。中等力量练习时,经典的方案为以下4组。

1/4	10RM×10
1/2	10RM×10
3/4	10RM×10
4/4	10RM×10

优点:体现了力量训练的循序渐进原则。

⑤T(time)完成练习的时间。完成力量训练的速度快慢对骨骼肌纤维类型的变化及线粒体的影响有所不同。一次练习的时间应控制在5~15秒内完成。耐力性项目由于RM值较高,重量轻,可适当延长至20~50秒内完成。

⑥S(set)组数。一般在3~6组之间。

⑦F(frequency)合理的训练频率。力量训练的时间间隔是多少才能保证已获得的力量不消退,并使力量得以有效地提高,是人们关心的问题,应根据运动员的训练水平、运动习惯及体质等区别对待。研究表明,对初次参加运动训练者,隔天训练的效果比每天训练效果好。每天进行力量训练的初训练者,训练10次以后,力量可以提高47%;而以同样的训练负荷进行隔天训练的受试者,经过10次训练后,力量提高77.6%。

抗器械阻力运动时,常选择渐进性抗阻训练的方法。

渐进性抗阻训练法是有效的等张运动法,训练前先测定需要训练的肌或肌群通过规定范围对抗最大阻力完成10次动作的最大重量(只能完成10次,做第11次时已无力完成),这个量称为10RM,以该极限量为基准,分3组训练。第一组采用50%的10RM重量,重复进行10次锻炼;第2组采用75%的10RM重量,重复练习10次;第三组采用100%的10RM重量,重复练习10次。也有将上述训练分为4组,分别以10RM的25%、50%、75%和100%重量,每组重复练习10次。每组训练之间可休息1分钟,每日只进行一次训练,其中前几组可作为最后一组的准备活动。每周重新测定一次10RM,作为下周训练的基准。

(2)渐进性抗阻训练的特点。

①负荷量逐渐增加。在最大负荷量已经确定的情况下,运动生理学的研究证实:从小量开始相当于训练有个"热身"过程,较为合理;反之,如果一开始就用最大量,易引起肌损伤,故在渐进性抗阻训练法中常采用从小量开始的方法。

②采用大负荷、少重复。训练中常用小负荷、多重复的方法,研究证明:小负荷、多重复的方法只能训练耐力;而大负荷、少重复的方法才能训练肌力,因此在渐进性抗阻训练法中采用大负荷、少重复的方法。

表10-5列举运动训练中几种最大力量训练的方法。

表10-5 几种最大力量训练的方法

要素	训练方法	金字塔训练法	健美训练法	最大力量训练法	次最大力量训练法
训练目标		发展肌肉横断面	发展肌肉横断面	改善神经支配	改善神经支配
收缩方式		向心	向心	向心/爆发式	向心/爆发式
强度	速度	中速连贯	中/慢速连贯	快速	快速
强度	重量/(%)	70~80~90~95~100	60~80	100	85~90~95
负荷量	次数/次	10~8~5~3~1	25~15	1~2	5~3~3
负荷量	组数/组	3~5	5~12	3~5	3~5
密度	次间隔/秒	2~5	2~5	5~10	5~10
密度	组间隔/分	≥2	≥2	≥3	≥3

5）等长抗阻运动

（1）等长收缩训练。等长收缩训练是增加肌力最有效的方法。肌肉收缩时，没有可见的肌肉缩短或关节运动，虽然肌肉没有做功（功＝力×距离），但肌肉能产生相当大的张力，因此能增加力量。如在骨折手术后石膏制动的早期训练中，为避免给损伤部位造成不良影响，可选用这种方法进行肌力训练。具体方法为：指导患者全力收缩肌肉并维持 5～10 秒，重复 3 次，中间休息 2～3 分钟，每天训练 1 次。为增加关节活动全范围内的肌力，需要将关节置于不同角度分别进行训练。

（2）短暂等长最大收缩训练。短暂等长最大收缩训练由 Rose 及其同事提出：以某肌群目前能维持 5 秒的最大负荷重量等长收缩 1 次训练；每日增加 0.6 kg，重复 5 次左右，不断增加直到最大负荷量。作用原理：肌肉在等长收缩时血液暂时被阻断，但能量代谢仍在进行，以无氧酵解为主，产生较多的乳酸等酸性物质，当肌肉松弛时使较多的微细血管扩张，从而使肌肉获得更多的能源，有利于肌力的恢复和增长。但在强烈收缩的时间上认为不宜长于 10 秒，否则肌肉将因血流阻断过长而受损。对于病肌，更应审慎，因而认为一般不宜长于 6 秒。为证明短暂等长最大收缩训练是否比等张收缩的效果好，有研究者利用小鱼际肌的训练进行对照观察，结果表明短暂等长最大收缩训练引起的肌力增加要比渐进性抗阻训练明显。

（3）短暂重复等长最大收缩训练。短暂重复等长最大收缩训练是 Liberson 等人提出的，短暂重复等长最大收缩训练与短暂等长最大收缩训练的不同点，在于不是等长收缩 1 次，而是每日重复收缩 6～20 次，每次持续 5～6 秒，每次至少间隔 20 秒。试验证明这种训练方法更优于短暂等长最大收缩训练。一些研究者认为：①由于肌力与肌电图之间存有线性关系，试验证明在进行渐进性抗阻训练法时，肌电图幅度只相当于短暂重复等长最大收缩训练时的 25％，故认为短暂重复等长最大收缩训练效果较佳，是短暂重复等长最大收缩训练时肌肉的神经支配程度和肌肉的激活程度比其他方法高的缘故；②肌肉在静息长度下，比缩短时效率更高的事实，已被人们发现了有一个世纪之久，而等长收缩训练正是肌肉在这种长度上的收缩，因而效率较高；③短暂重复等长最大收缩训练中的重复收缩，符合增加肌力中训练次数宜多的原则。

6）超等长收缩法

超等长收缩法由美国田径教练 Fred Wilt 于 20 世纪 70 年代提出，又称弹性力量训练法或反射性力量训练法，是利用预拉长肌肉或先反向运动而实现快速、有力的运动效果。超等长收缩法是迄今为止最好的发展爆发力，提高肌肉反应速度的方法之一。增强性练习是一种试图将肌肉收缩的速度和力量结合起来的训练方式，欧洲早已开始应用，而且取得了优异的成绩。在超等长收缩中，肌梭受到快速牵拉的刺激，引起了反射性肌肉活动，从而动员更多的运动单位参与收缩增加了主动肌的收缩作用，从而增加了肌力。

超等长收缩周期包含以下三个时相。第一时相是离心时相，是主动肌的前负荷阶段（准备阶段），在这个时相中肌肉的肌梭受到刺激，通过 Ia 类传入神经纤维将冲动传至脊髓前根。以跳远为例说明实践中的情况，从前脚踏板开始至脚跟到达最低点时，为离心时相。第二时相位于离心时相和向心时相之间，称过渡时相（转换阶段），是由肌肉的离心时相结束至向心时相开始的一段时间。离心时相和向心时相之间有一个延迟，这是 Ia 类传入神经纤维与 α 运动神经元在脊髓前根发生突触传递的时段，然后 α 运动神经元将冲动传递给主动肌，该时相是肌肉能否获得更强收缩力的关键，时间必须很短，如时间拖得太长，储存的弹性能便以热的形式释放出去，肌肉牵拉反射的能量也不能在肌肉工作的向心时相发挥。跳远踏板中停顿的一刹那就是过渡时相开始，一旦停顿结束、运动开始就是过渡时相的结束。第三时相是向心时相（输出阶段），是身体对第一时相和第二时相的反应。在这个时相中，在离心时相储存的弹性能释放出来增加肌力或变成热能。肌肉的向心收缩如果有弹性能的参与，所产生的力超过了没有弹性能参与时分离的肌肉所能产生的力。另外，α 运动神经元刺激主动肌，引起反射性向心收缩。这些内部机制的效应是拉长收缩练习的基础。在跳远运动中，一旦向上的运动开始，向心收缩时相就开始了。在这个例子中，主动肌之一是腓肠肌，在踏板脚跟向下运动时，腓肠肌被快速牵拉（离心时相），在一个短暂的延迟（过渡时相）之后，肌肉向心收缩，跖屈踝关节，使运动员蹬离地面（向心时相）。

在超等长收缩练习中,肌腱拉长的速度至关重要。拉伸速度快,引起的肌肉募集多,向心收缩时相的活动就强。通过三种纵跳测试可以看出拉伸速度的重要性:静态下蹲起跳、下蹲后立即起跳、助跑几步起跳。在三种纵跳中,随着牵拉速度的加快,纵跳成绩会提高。在静态下蹲起跳中,运动员先蹲好(屈膝90°、屈髋90°)然后跳起,这种纵跳中没有利用储存的弹性能,也因太慢而没有利用上牵拉反射作用来提高肌肉收缩力,因为根本就没有离心时相;下蹲后立即起跳的方式,具有一个快速的离心阶段,紧接着一个向心收缩(起跳),快速的离心阶段使运动员在肌腱单位中储存了弹性能,并刺激了牵拉反射,因而加强了弹跳力量;在助跑起跳中,离心阶段更加快速有力,这种离心阶段的快速度使得纵跳更为有力,跳得更高。

超等长收缩练习的优点:从离心性收缩到向心性收缩可以更强烈地刺激肌肉、肌腱、韧带和关节内的本体感受器,使肌肉产生更高的张力峰值,有助于提高肌肉的抗拉力水平;明显提高肌肉的收缩速度,对于提高爆发力水平的训练价值最大;提高肌肉在被迫退让阶段收缩时的抗拉力和转入缩短阶段的收缩力都有显著影响;对于提高球类项目、田径跳跃项目的弹跳力具有独特的训练价值。超等长收缩练习的缺点:若动作不当极易导致肌纤维拉伤,肌力较弱或少年儿童不宜频繁练习,否则会发生伤害。

(1)下肢超等长收缩练习。下肢超等长收缩练习对几乎所有的运动项目都是合适的,比如田径的投掷、短跑、足球、排球、篮球、橄榄球、棒球等都可以进行下肢超等长收缩练习,这些项目中都需要运动员在较短时间内发挥最大力量。橄榄球、棒球及短跑在比赛中通常需要水平移动或侧向移动,而排球比赛中需要运动员水平移动和垂直移动,足球、篮球需要运动员在比赛进行快速、有力的变向。拿篮球中锋来说,就可以通过下肢超等收缩练习获得益处,因为篮球中锋需要反复起跳抢篮板。一个好中锋一定要比对方中锋跳得高,抢到更多篮板球,下肢超等收缩练习可使他在短时间内发力,因而跳得更高。

下肢超等长收缩练习方法包括:原地跳、立定跳、多级跳、蹦跳、跳箱练习、跳深练习等。

(2)上肢超等长收缩练习。棒球、垒球、网球、高尔夫球、田径的投掷项目等都需要上肢快速有力的运动。例如,棒球项目中投球速度可以达到129~161 km/h。要达到这样的球速,投掷手肩关节的运动要达到6 000°/s。肩关节的超等长收缩练习不仅能增加投掷手的投球速度,还可以预防肩、肘关节的损伤。上肢超等长收缩练习不像下肢超等长收缩练习那样应用广泛,相关的研究也较少,但对需要上肢爆发力的运动员却是必需的。

常见的上肢超等长练习包括:抛接胸前传接、双手头顶抛接球、手侧向抛球、爆发力俯卧撑等。

(3)超等长收缩练习的安全因素。超等长收缩练习并不是一种危险的练习,但像其他所有练习方式一样,具有损伤的危险性,意外可以导致损伤,但更多情况下是违背了正确的训练程序,或是体能训练基础不扎实,或是运动量和强度不合适,或是运动鞋不合适,或是场地不好,或是技术不好等造成的损伤。

具体实施超等长收缩练习计划应考虑以下因素。

①对运动员进行评估。对运动员进行的评估包括力量、速度、平衡能力等测试。要进行下肢超等长收缩练习,运动员的下蹲力量应达到自身体重的1.5倍以上,运动速度应该有能力以60%体重为负荷在5秒之内完成5次以上下蹲。要进行上肢超等长收缩练习,运动员的卧推力量必须达到自身体重的1倍(大体重运动员,体重达到100 kg)或1.5倍(小体重运动员,体重小于100 kg),或者能连续做5个拍手俯卧撑,运动速度应该能够在5秒之内,以60%体重为负荷,卧推5次以上。这些要求是进行高强度超等长收缩训练的最低标准。如果运动员达不到上述要求,不宜开始超等长收缩训练,要先发展其基础力量。

②合适设施和安全环境。为了避免损伤,下肢超等长收缩训练的地面必须有缓冲性能。比如:草地、悬空式地板、胶垫等都是可供使用的地面;水泥地面、地砖地面、硬木地面等由于缺乏缓冲性而不宜用作下肢超等长收缩训练的地面。太厚的垫子(厚度大于 15 cm)会使超等长收缩周期中的过渡期延长,不利于利用牵拉反射效应。小型弹网在康复中常常用于超等长收缩练习的开始阶段和平衡训练。有些设施对于康复训练使用是好的,如厚垫子和小型弹网,但对于正常运动员来说,由于这些设施延长了超等长收缩周期的过渡期,不能充分利用牵拉反射效应,因而不宜太多使用。练习所需要的空间大小因练习方式不同而有差异,大部分的蹦跳练习和跑跳练习需要 30 m 以上的直道,也有些需要 100 m 直道。对大多数立定跳、跳箱和跳深练习来说,很小的面积就够了,但空间要较高(3~4 m)。用于跳箱和跳深练习的箱子一定要稳固,表面防滑,高度在 15~107 cm 之间,落地面积至少要 46 cm×61 cm。箱子宜用扎实的木料或金属制成。箱子着地的表面要防滑,可以加装防滑垫,也可在油漆中加沙子,涂刷箱子表面,也可在箱子顶面铺橡胶地板。此外,适合的鞋袜也是避免损伤的关键,不可穿跑步鞋。

③设定有专项特点的目标。依据不同运动项目专项技术要求而设定不同的训练目标。

④把握训练的各种变量。为了使跳深练习既有效又安全,跳深的高度是有限制的。1.2 m 的高度能够使肌肉获得超负荷的刺激,但对大多数训练者来说,这个高度太高,不易掌握正确的技术。从这样的高度跳下增加了受伤的危险性,同时由于负荷太大,可造成超等长收缩周期中过渡期的延长,不利于利用牵拉反射效应。跳深练习推荐的高度是 41~107 cm,一般 76~81 cm 之间。体重超过 100 kg 的运动员的跳深高度应为 51~76 cm。

⑤指导训练者运用正确技术。在增加任何新的超等长收缩练习动作时,治疗师必须先示范、讲解,以充分发挥练习的有效性。对下肢超等长收缩练习来说,正确的落地姿势非常重要,特别在跳深练习中,这一点更加重要。如果落地时重心偏离支撑,练习不能正确完成,极有可能造成损伤,落地时肩应在膝的正上方,这可以通过屈膝、踝和髋来达到。

⑥与其他练习组合。超等长收缩练习应与所有体能训练结合在一起,可以和抗阻练习结合在一起,也可以和有氧训练结合在一起。

7)等速测试训练仪

等速练习是一种动力性练习,可以预设肢体运动角速度且保持恒定不变,等速测试训练仪动力头不仅可以提供向心性、离心性测试与练习,还可提供多角度等长练习、被动关节活动度训练及本体感觉训练等。等速练习也称为顺应性阻力练习,即理论上动力头提供的阻力是随着练习者的用力程度而自动调节最终使训练者保持恒定的预定角速度运动,从而可以全面锻炼Ⅰ、Ⅱa、Ⅱb 型肌纤维,等速练习是一种简便有效地增强肌力训练方法。

(1)等速力量练习的特点如下。

①恒定速度:即肌肉缩短或拉长的速度是按预设的角速度,保持恒定通过关节活动范围;等速练习提供从 0°/s~500°/s 的角速度范围,通常将等速练习划分为慢速(30°/s~60°/s)、中速(60°/s~180°/s)和快速(180°/s~360°/s,或大于 360°/s,类似于正常人体功能运动的速度,行走时下肢运动平均角速度为 230°/s~240°/s),离心练习宜选择慢速,从 60°/s~120°/s 开始。

②募集肌纤维类型:等速练习募集Ⅰ、Ⅱ型肌纤维取决于练习时用力程度。

③等速练习针对性:等速练习关键部分是速度,何种模式、何种速度对增强肌力更有效,还有待进一步研究。

④关节压力:快速向心练习时力矩输出减少,对关节的压力也较慢速练习时要小。

⑤肌肉疲劳的适应性:等速练习时克服的阻力与动力头施加到附件臂上的力量相等,当肌肉疲劳时,训练者仍然可以完成剩下的重复次数。

⑥短暂疼痛:在等速练习时,如果训练者在运动弧的某一部分出现短暂疼痛,训练者可以减少用力程度通过这一疼痛部分,如果训练者由于突然出现疼痛而需要停止阻力运动可以按 Comfort Stop 键。

⑦肌肉共同激活：在肢体快速交替运动时主动肌与拮抗肌共同激活，研究表明在伸膝肌快速向心练习时，屈膝肌离心收缩且在接近伸膝末端产生张力开始使伸膝减速。这种主动肌与拮抗肌共同激活对关节的动态稳定性起着关键作用，新近等速动力头设计的下肢闭链练习可以提供不同程度的下肢负重练习从而促进下肢肌肉共同激活。

(2) 等速力量练习需要考虑以下因素。

①练习速度的选择：为使训练者安全有效地增强肌肉力量，提倡速度范围康复，应根据预期的功能活动的速度要求来选择合适的练习速度或根据测试结果发现训练者在哪一速度下肌肉力量不足来选择练习速度，通常选择中速到快速，且向心性练习速度较离心性练习速度要大。

②等速练习开始与进展。等速练习开始于康复后期，当训练者可以主动完成全范围活动且没有疼痛；开始练习时，为避免出现疼痛或不稳定的活动应以小幅度为主，以后逐渐过渡到全范围活动；练习速度由慢中速过渡到快速；训练者在离心性收缩练习之前必须能够完成最大向心性收缩练习，因向心性收缩练习易于学习和控制，而离心性收缩练习时阻力臂活动速度是由机械动力头控制。

③选择正确固定体位。基本原则是保证关节的安全，除被测关节的近端需要固定外，腰部和躯干部也需要很好地被固定以避免代偿运动。具体训练固定体位请参考等速测试训练仪操作手册。

④交替训练与单独练习。等速训练可以交替往返练习主动肌和拮抗肌向心性收缩，也可以主动肌向心性练习后紧随主动肌离心性练习，即一次仅练习一组肌群，此种肌肉收缩形式在日常功能活动中经常出现。交替训练与单独练习各有优点。

(3) 等速力量练习的局限性。从实用性方面来讲，等速练习需要训练者到拥有等速测试训练仪的专业机构中进行康复训练程序，此外，在固定附件时必须由治疗师完成且在练习过程中通常要监护训练者。因此，等速力量练习是相对费用高、周期长的康复程序。尽管等速力量练习提供了不同的练习速度，但日常真实活动和体育活动中关节运动速度往往超过仪器的最大速度设置。虽然有以上局限性，但向心性和离心性等速练习仍然是增强功能活动的有效方法。目前，常用的等速测试仪品牌有 Biodex、Cybex、Isomed、Kinitech 等，Biodex System 4 主件如图 10-18 所示。

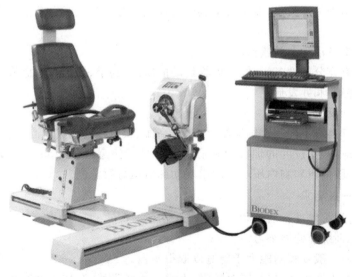

图 10-18　Biodex System 4 主件

(六)增强肌力训练的临床应用

1. 增强肌力训练适应证

肌力训练是指通过肌肉的主动收缩来改善和增加肌肉的力量,主要应用于肌力下降而导致运动功能下降的训练者。

(1)骨骼肌肉系统损伤:四肢或脊柱骨折、骨关节疾病引起的肌力不足,创伤后制动引起的失用性肌萎缩,骨关节置换术后、软组织损伤、关节不稳等。

(2)神经系统疾病:中枢神经系统疾病引起的偏瘫、截瘫、四肢瘫等,长期卧床导致肌力不足,肌营养不良,周围神经损伤等。

(3)体育运动者:作为常规体能训练的重要组成部分,也是预防运动损伤的基础练习。

2. 增强肌力训练禁忌证

肌肉炎症或肿胀,关节脱位或不稳定,肌腱断裂,骨折未愈合,训练 24 小时后仍感肌肉酸痛等情况应禁用抗阻训练。

3. 注意事项

1)合理选择训练方法

增加肌力的效果与选择的训练方法直接有关。训练前应先评估训练部位的关节活动范围和肌力情况,根据评估结果选择合适的训练方法。

2)合理调整运动强度

运动强度包括重量和重复频率。训练者锻炼时的最大抗阻重量应该适当小于训练者的最大收缩力,施加的重量或阻力应恒定,避免突然的暴力或阻力增加。若训练者不能完成全范围关节运动、运动肢体疼痛、肌肉震颤或出现代偿性运动时应降低负荷或阻力。

3)无痛训练

肌力训练时应该在无痛的前提下进行。因为疼痛提示肌肉损伤,疼痛时的肌肉痉挛也造成额外负荷,勉强训练将导致严重肌肉或软组织炎症或损害。

4)避免过度训练

肌力训练后短时间内的肌肉酸痛是正常现象,有利于肌肉纤维的蛋白合成。运动当时肌肉严重疼痛提示运动强度过大,而次日早晨的酸痛或疲劳增加说明运动量过大,这两种情况都需要避免。

5)充分进行准备活动和放松活动

训练前必须有充分的准备活动,使即将运动的肌肉、韧带、关节和心血管系统预热,避免突然运动导致适应障碍和并发症。

6)注意心血管反应

运动时心血管将有不同程度的应激反应,有高血压、冠心病或其他心血管疾病者应注意运动时的心血管反应,避免过度的训练导致心血管意外。注意避免 Valsalva 效应(深吸气后声门关闭腹肌收缩,腹内压和胸内压增大而出现动脉血压短暂急剧升高)。

4. 力量训练一般要求

(1)正确进行训练前准备活动和训练后放松活动。

(2)正确进行训练前伸展练习。

(3)身体姿势:一般双脚间距大于肩宽以取得平衡。

(4)呼吸方式:不要憋气,口鼻同时呼吸,上举开始时吸气,在最用力的部分短暂屏气,练习完成时呼气。

(5)口头指令或视觉反馈:当训练者进行力量练习时,治疗师可用通俗易懂的语言提示,简短有力的指令可以正确提示和刺激训练者;等速力量训练时,训练者可以看着显示器上波幅的升降或数字的增减反馈来增强训练效果。

(6)不因体重增加烦恼。

(7)不过多改变饮食习惯。

5.力量训练安全措施

(1)不可单独训练,需要结伴训练互相保护。

(2)尽量采用必要的保护用具和安全器材。

(3)注意采用正确的练习动作和身体姿势。

(4)负重力量练习时尽量避免采用身体猛烈振动和扭转的练习。

(5)量力而行。

(6)避开旧伤。

6.运动员力量训练提示

(1)在力量训练中,运动员应该重视发展肌肉的专门收缩特性,结合必要的肌肉灵活性和伸展性练习。

(2)建议年轻运动员以多种多样的中等强度、较多组数、每组8~10次重复的一般力量训练作为基础。

(3)力量训练的负荷量和强度增加应该循序渐进。

(4)年轻运动员应该注意发展能够稳定骨盆上部脊柱肌群(腹肌和背肌)和脊柱旋转的肌肉。

(5)最大力量训练时注意损伤的危险性(主动肌和拮抗肌力量不平衡、准备活动不充分或过度疲劳)。

(6)肌肉疲劳或最大力量练习后不宜进行被动的动力性练习。

(7)当参与练习的肌肉感到刺痛时立刻停止练习。

(8)深蹲练习时,应该穿插采用坐姿蹬腿、伸膝、滑动下蹲等防止损伤半月板和韧带,同时注意发展拮抗肌力量。

(9)不满16岁运动员在练习中不应采用肩部负重的练习以防影响脊柱生长发育。

(10)肩部承受负荷时必须保持脊柱正直。

(11)所有施加阻力必须与专项技术紧密相关。

二、核心稳定性训练

近年来,核心稳定性在康复医学和体育训练领域颇受关注,核心稳定性这一概念是在20世纪90年代被一些欧美学者提出的。Panjabi首先提出核心稳定性的概念,他认为脊柱的稳定由动态稳定(肌肉)和静态稳定(骨骼和周围的支撑组织)组成,而核心稳定性主要由前者提供。早期核心稳定性的训练主要集中于健身和康复功能恢复方面,Kibler将其扩展至竞技体育领域,他指出身体核心肌在运动中的三个主要功能:产生力量、传递力量和控制力量。虽然核心稳定性在力学、神经生理学和康复等诸多方面都有了深入研究,但是同时,过多的讨论又集中于其不明确的定义上面;其一是核心稳定性在腰背和下肢损伤方面的重要性究竟有多大;其二是核心稳定性在运动员提高耐力和爆发力方面有什么样的影响。所以,当我们在讨论核心稳定性时,首先建立一个一般性概念,以确保我们始终是围绕着同一个概念进行讨论。

(一)相关概念

1. 核心及核心肌

核心通常指躯干,包括脊柱和骨盆及其周围的肌群,如图 10-19 所示。人体核心部位是以重心界定的,当人体在两臂下垂的对称站立姿势中身体重心位于第 2 骶椎下缘、第 3 骶椎上缘前方 7 cm 骨盆入口处。Akuthota 认为:核心部位的顶部为膈肌,底部为骨盆骶肌和髋关节肌。Ian Hasegawa 指出:核心肌群由腹直肌、腹横肌、背肌、腹斜肌、下背肌和竖脊肌,并且髋关节周围的肌肉,如臀肌、旋髋肌、股后肌群也属于人体的核心肌群。之所以被冠以"核心"一词,是由于其在躯体的运动链中处于中心的位置。核心就如同一个"束带",无论是否伴有肢体的运动,它始终是作为稳定躯干尤其是脊柱的要素而存在。核心又被形容成一个"能量房",是所有肢体运动的基础和发动机。无论是在提高平衡力和局部肌力,或是在降低背部损伤的风险及保障最大力量控制方面都具有重要作用。核心的范围像一个盒子,前面是腹肌,后面是椎旁肌和臀大肌,顶部是膈肌,底部有骨盆肌和髋肌共同构成。Kibler 指出核心肌包括腹肌、髋肌、椎旁肌、骨盆肌和下肢的近端肌,这些肌肉主要负责维持脊柱和骨盆的稳定性以及使肢体动作的产生和力量的传递成为可能。

图 10-19　核心区的范围

2. 核心稳定性和核心力量

目前,没有一个有关核心稳定性的概念被广泛接受。Panjabi 提出关于核心稳定性的概念必须具备三个要素:静态稳定、动态稳定和神经控制单元。基于此,Kibler 等对核心稳定性的定义是:一种控制躯干、骨盆姿势和运动的能力,它允许产生最适应的力量和动作,形成最佳的传递和控制,最终将各个构建单元整合,完成一个动力学链的活动。该定义为核心稳定性在竞技体育中应用奠定了基础,指出身体核心部位在运动中的三个主要功能:产生力量、传递力量和控制力量。1985 年,Panjabi 与 Pop 首次提出了脊柱稳定性的概念,认为脊柱稳定性包括被动脊柱骨、主动脊柱肌肉和神经控制单元三个方面的问题。1989 年,美国旧金山脊柱外科研究所在其设计的"动态腰椎稳定计划指南"中提出的中位脊柱的问题,被应用于人体康复研究。1992 年,Panjabi 又提出核心稳定性的概念。进入 21 世纪后,核心稳定性日益受到运动医学专家的重视,在不同的学科领域关于核心稳定性的定义不同。核心力量概念的提出源于核心稳定性的研究。

尽管核心稳定性和核心力量有时被交替使用,但是核心力量始终只是核心稳定性概念的组成部分,两者的概念是不同的。核心稳定性是指人体在运动中通过核心部位的稳定为四肢肌肉的发力建立支点,为上、下肢力量的传递创造条件,为身体重心的稳定和移动提供力量的准备。核心稳定性的优劣取决于位于核心部位的肌肉、韧带和结缔组织,以及它们之间的协作,核心力量是一种以稳定人体核心部位肌肉、控制重心运动,传递上、下肢力量为主要目的的能力,核心力量不仅仅是人体核心稳定性形成的主要能力,而且在竞技运动中它还能够主动发力,是人体运动的一个重要"发力源",因此,核心稳定性是人体核心力量训练的一个结果,而核心力量是一种与上、下肢力量并列的,以人体解剖部位为分类标准的力量能力。因此,核心力量是包含于核心稳定性的概念之中。

3. 核心稳定性的解剖和生物力学基础

在解剖结构上,人体核心部位既包括腰椎、骨盆和髋关节等骨骼以及它们周围的韧带和结缔组织,又包括附着在这些骨骼上的肌肉,如图 10-20 所示,核心区域能够显示的位于表层和深层的主要肌肉。脊柱的稳定性由静态稳定和动态稳定组成。静态稳定通过骨关节和韧带实现,动态稳定通过肌肉组织实现,任何一个组成部分遭到破坏,脊柱就会处于不稳定状态。同时,静态稳定和动态稳定需要脊柱周围所有肌群的精确协调,因此神经系统的控制能力也是非常重要的。

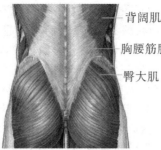

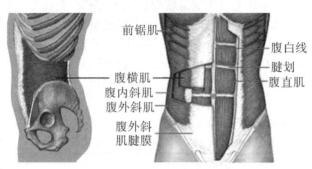

图 10-20 主要核心肌肉示意图

1)静态稳定结构

椎体、椎间盘、关节囊、椎体周围的韧带和胸腰筋膜提供了脊柱的支持功能及吸收对脊柱的冲击能量。椎体主要承受压缩负荷。随着椎体负重由上而下地增加,在所有脊椎骨中,腰椎的体积最大,可以承受60%的身体重量。腰骶关节由第5腰椎和骶骨底以及第5腰椎两侧下关节突与第1骶椎上关节突的关节面构成,关节面方向较腰椎的关节面倾斜,近似额状位,可以防止第5腰椎在骶骨上向前滑动,同时在运动上具有较多的灵活性。

脊柱的韧带承担脊柱的大部分牵张载荷,当载荷方向与纤维方向一致时,韧带承载能力最强。脊柱韧带有很多功能:①韧带的存在既允许两椎体间有充分的生理活动,又能保持一定的姿势,并使维持姿势的能量消耗降至最低程度;②通过将脊柱运动限制在恰当的生理范围内以便吸收能量。脊柱韧带中前纵韧带最为坚强,前纵韧带与后纵韧带一起能够阻止脊柱后伸,小关节囊韧带在抵抗扭转和侧屈时起作用。棘间韧带对控制节段运动的作用不明显,棘上韧带具有制约屈曲活动的功能,而横突间韧带在侧屈时承受最大应力,黄韧带在静息时张力最大。对脊柱的前纵韧带、后纵韧带、小关节囊韧带、黄韧带和棘间韧带进行破坏试验显示前纵韧带和小关节囊韧带最强,棘间韧带和后纵韧带最弱。

椎间盘由软骨板、纤维环和髓核构成。纤维环除了负重外,更重要的是使脊柱在运动时成为一个整体,从而保持脊柱的稳定性。纤维环的特殊排列方向使相邻的椎体间可以有轻度的活动,当运动达到一定限度时,纤维环紧张,又起到节制韧带的作用,限制旋转运动。

胸腰筋膜作为"天然"的腰带,其作用相当于腰椎的支持带。胸腰筋膜分为三部分:前部、中部和后部。其中后部组织对脊柱腰段和腹肌的支持尤为重要。腹横肌大部分附着在胸腰筋膜的中部和后部。后部又由两层构成:浅层的走向是内下方;深层的走向是外下方。胸腰筋膜起着连接上、下肢的作用,在肌肉收缩时胸腰筋膜的本体感受器还可以将信息反馈给中枢神经系统。

2)动态稳定结构

关于核心肌肉的位置和数量问题目前还没有明确的定论,黎涌明等从解剖学的角度对附着在腰椎—骨盆—髋关节的肌肉进行了检索,发现在该部位有起、止点的肌肉为33对+1块,其中有7对+1块肌肉的起、止点均在核心部位,它们主要起核心固定的作用,其余绝大部分肌肉只有起点位于核心部位,它们的收缩不仅对核心区域有固定作用,而且同时参与其他部位的运动(主要是下肢)。Bergmark提出一个核心肌的分类方案,将其分为局部核心稳定系统和整体核心稳定系统。局部核心稳定系统主要是指相邻脊柱间的肌肉,主要控制脊柱的一到两个节段的活动范围,如横突间肌、棘突间肌及回旋肌,这些肌肉只位于相邻的脊柱之间,它们的肌梭极度致密,生理横截面非常小,因此它们被认为在初始启动时作为脊柱位置的传感器而发挥作用。整体核心稳定系统肌群是指分布表浅,跨越多节段的肌群,肌肉的体积大,肌纤维长,如背阔肌、髂腰肌、腹直肌等,其主要功能是使脊柱屈伸、侧弯、旋转等大范围活动,并可以产生很大的力量。局部核心稳定系统提供脊柱的每个节段足够的稳定性,整体核心稳定系统则为整个躯干的稳定性提供保障,使之能够完成日常生活或竞技体育中必要的静态或动态活动。在对称性的活动时,局部核心稳定系统肌群承受的负荷很小。在非对称性的大负荷活动时,局部核心稳定系统肌群主要扮演的是稳定的角色,而此时整体核心稳定系统肌群则要提供整个躯干的稳定和动作的启动。

核心区肌群的分类及功能如表10-6所示。

表10-6 核心区肌群的分类及功能

	局部核心稳定肌	整体核心稳定肌
位置	深层	浅层
形状	羽状	梭形
肌纤维构成	以慢肌纤维为主	以快肌纤维为主
主要工作类型	静力性(肌肉长度不变)	动力性(肌肉长度改变)
收缩影响因子	不受动作方向影响	受动作方向影响
激活阻力	低阻力下激活(30%~40%MVC*)	高阻力下激活(>40%MVC)
主要功能	主要参与稳定和耐力运动	主要参与快速运动

* MVC:最大随意收缩力,其英文全称是maximum voluntary contraction force。

(二)核心稳定性的评定

过去的几年里,多种形式的核心稳定性检测被用于临床,治疗师和医生们在临床上用得最多的还是徒手核心稳定性测试,但客观数据不能量化是一大缺陷。目前,还没有一种方法能对某一核心肌或某一组核心肌进行肌肉力量和肌肉反应能力的测试。现行的主要测试方法集中于腰背肌的耐力和爆发力及平衡能力的测试。能够给予核心稳定性一定量化数据的主要测试手段包括肌电图、平衡功能测试仪、腹内压测试及刚刚兴起的脊柱功能测试评估训练系统。

1. 徒手测试核心稳定性

徒手测试核心稳定性主要是通过测试单腿或双腿站立时,双手伸展向外所能触及的范围。具体内容是受试者站于一平整地面,双上肢伸直,分别向前、后、左、右侧及旋转方向伸展至能触及的最远范围,前向伸展时肩关节保持屈曲90°,左、右向伸展时肩关节保持外展90°,后向伸展时肩关节保持45°,旋转时肩关节水平外展位内收至最大角度伴随着躯干的旋转所能触及的最远距离,距离的测量是在中指端悬一垂线至地面,然后测该点至同侧小趾趾端的距离,双足站立测量时任意一足不能离开地面,低于常人值者为核心稳定性下降。

此外,也可通过徒手测试腰腹肌肌耐力来判断核心稳定性,主要测试动作包括侧桥耐力测试(见图 10-21)、俯桥耐力测试(见图 10-22)、单桥耐力测试(见图 10-23)、腹肌(躯干与床面呈 60°角)耐力测试(见图 10-24)和背肌耐力测试(见图 10-25)。

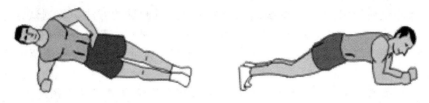

图 10-21　侧桥耐力测试　　　　图 10-22　俯桥耐力测试

图 10-23　单桥耐力测试

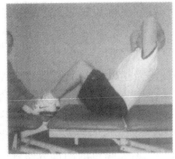 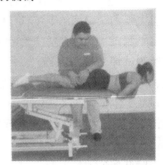

图 10-24　腹肌耐力测试　　　　图 10-25　背肌耐力测试

主要核心动作测试参考范围如表 10-7 所示。

表 10-7　主要核心动作测试参考范围(单位:秒)

测 试 动 作	男	女
右侧桥耐力测试	95	75
左侧桥耐力测试	99	78
腹肌耐力测试	136	134
背肌耐力测试	160	185

2. 肌电图测试

常用的肌电图测试法包括表面肌电图和针刺肌电图,由于操作复杂,且该测试方法存在两个方面的问题:一是不能从整体上检测和评价核心力量的水平,同时也不能准确检测不同核心肌肉之间的关系;二是表面肌电图仪只能测试大肌群,深层的核心肌肉的横断面积较小并相互重叠,势必影响测试的准确性和可靠性。故肌电图主要用于科研,较少用于临床。

3. 腹内压测量

基于核心系统主要通过腹内压、脊柱压缩力(轴向负荷)和躯干,髋部肌肉硬度等三种机制保证系统稳定性的原理,检测受试者在安静和运动过程中腹腔内的压力,以此评价核心部位的稳定程度。该方法主要用于医学和康复领域,目前,还没有发现在竞技运动训练方面的应用和研究。

4. 平衡功能测试

平衡功能测试是最早用于评估核心稳定能力的,目前常用的有重心平衡测试法、星形偏移平衡测试法和萨尔曼测试法三种测试方法。

重心平衡测试法即用 Biodex 平衡测试训练仪来进行测试的方法。该测试分为姿势稳定性测试、单腿平衡测试、稳定控制范围测试及摔倒风险指数测试。训练平面由系统微处理器控制,可以根据不同的情况选择测试时间、稳定等级,单腿平衡测试和稳定控制范围测试主要用于运动员的控制能力。

星形偏移平衡测试法是运用 8 点星形偏移来检测和评价受试者的平衡能力。测试时,受试者单腿站立于 8 点星形图的中央,用非支撑腿分别向 8 个方向(前、后、左、右、左前、左后、右前和右后)尽可能地伸出,用伸出的距离与下肢长度之间的比值作为稳定能力的指标。也有用 Y Balance Test 替代星形偏移平衡测试,也即测试前、后内、后外三个方向伸出的距离,评定指标以三个方向伸出距离总和与三倍腿长比值乘以 100,左、右下肢相差在 4 cm 以内,如果超出此范围则预示受伤概率增加 2~5 倍。

萨尔曼测试法是将一个内装有传感器的充气垫置于受试者的腰背下面,充气垫压强为 4 mmHg,受试者在气垫上做不同难度的测试动作,躯干和骨盆的运动会给气垫一个压力,核心力量和平衡能力强的受试者在同样难度的测试中给予气垫的压力较小,在每一级难度的测试上以压强变化不超过 10 mmHg 为标准。

5. 脊柱功能测试评估训练系统

脊柱功能测试评估训练系统作为一个适合物理康复及运动医学的脊柱测试评估训练治疗中心,由硬件和 BioMC 软件两部分组成。关于硬件部分前面已做了介绍。BioMC 软件可以根据测试结果自动生成评估报告,报告可以显示脊柱每一个运动平面的力量缺陷与不平衡、关节活动度的限制。通过 BioMC 软件的计算处理,还可以显示一套完整的测试和一个疗程的训练数据(如目标值、定义最大值、肌力降低和不平衡的百分数等),并用数字、不同颜色的图形或彩色的梯度来进行对比,使治疗师可以非常清楚地观察到训练者在每台工作站上的训练历史记录。

(三)核心稳定性训练方法和手段

1. 核心力量训练的作用

(1)稳定脊柱和骨盆、保持正确的身体姿态。
(2)提高身体的控制力和平衡性。
(3)提高运动时由核心向四肢及其他肌群的能量输出。
(4)提高肢体协调工作效率,降低能量消耗。
(5)预防损伤。

2. 核心稳定性的训练原则

(1)功能运动的训练优于单一肌肉的练习。
(2)整体动作的精确控制优于单关节的动作练习。
(3)神经骨骼肌控制练习优于单纯力量练习。
(4)遵循由稳定到非稳定,由静态到动态,由徒手到负重的难度递增顺序。
(5)核心力量练习前应改善肌肉的柔韧性,矫正肌群间的失衡状况。
(6)运动激活路径的随意调节能力较差和既往因运动损伤而出现恐惧,避免行为人需要专门的时间接受运动模式和肌肉募集的再学习。

通常核心稳定性训练的第一步是腹部肌肉的练习,尤其是腹横肌,以尽快建立起腹部的"铁箍"效应。在具体的训练强度方面应做到因人而异,一般来说,初期的核心稳定性训练每个动作要持续 20～30 秒，每组 3 次，间隔休息 1 分钟，每日 3 组，每周 4～5 次，练习中始终将姿势控制在中立位。后期为提升运动员的整体运动能力，保障在高水平运动状况下的核心稳定性，必须在训练模式和强度方面做相应的调整。一般是在抗干扰或不稳定的条件下进行，每个动作维持 30 秒，每组 5 次，间隔休息 1 分钟，每日 3～5 组，每周 3 次，练习时尽量控制姿势于中立位。黎涌明等编译了 King 的核心稳定训练指南（见表 10-8）可供参考。

表 10-8　核心稳定训练指南一览表

特　征	要　求
动作质量	(1) 在保证动作质量的前提下进行练习； (2) 运用已掌握的动作来加强新的动作模式的学习； (3) 有耐心，因为核心稳定训练见效比力量训练慢； (4) 如果出现增长的"高原现象"，增加其他动作模式或改变训练的肢体来转移训练重点
动作速度	(1) 从缓慢的、可控的一维平面动作开始； (2) 在保证动作质量的前提下逐渐增加运动的维度和速度； (3) 交换动作节奏进行相似动作的转换； (4) 增加和改变速度进行对侧肢体的练习； (5) 增加和改变速度进行多平面的练习
动作持续和间歇时间	(1) 根据动作难易，每个练习动作进行 30～60 秒； (2) 练习时间与间歇时间比为 1∶2
动作反馈	(1) 使运动员能通过视觉反馈纠正动作； (2) 练习开始阶段尽可能多地给予运动员反馈（视觉的、言语的和触觉的）； (3) 动作熟练稳定后，尽可能减少外部反馈，增加内部反馈（前庭的和本体的，目光从肢体上转移开或闭眼）
动作难度	(1) 独立进行单个肢体的动作； (2) 过渡到双上肢或双下肢的同时动作； (3) 过渡到左、右侧肢体非对称的动作； (4) 过渡到对侧肢体的动作； (5) 过渡到改变动作方向或使用多平面的动作
动作阻力	(1) 开始阶段不要采用阻力； (2) 上肢位置能改变阻力矩的大小（如置于腹部、胸部、耳侧或上举）

3. 核心稳定性的训练方法和手段

1) 徒手训练法

徒手训练法的特点是方法简单、容易操作、不需要特殊的设备与场地、适于低中强度核心力量的练习。主要核心力量练习的初始阶段，目的在于使运动员深刻体会核心肌群的用力和有效地控制身体。

(1) 保持中立位姿势的控制性练习。

① 仰卧位，膝关节屈曲 90°，控制身体始终处于中立位，如图 10-26 所示。

② 保持身体中立位，同时将一侧上肢伸过头顶，如图 10-27 所示。

图 10-26　中立位姿势练习（一）

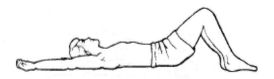

图 10-27　中立位姿势练习（二）

③保持身体中立位同时,将两侧上肢都伸过头顶,如图10-28所示。
④保持身体中立位,同时抬高一侧下肢,如图10-29所示。

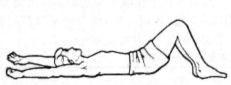 

图10-28 中立位姿势练习(三)　　图10-29 中立位姿势练习(四)

⑤保持中立位,抬高一侧下肢,同时对侧上肢伸过头顶,如图10-30所示。
⑥保持中立位,抬高一侧下肢,将两侧上肢伸过头顶,如图10-31所示。

 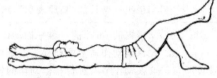

图10-30 中立位姿势练习(五)　　图10-31 中立位姿势练习(六)

⑦保持中立位,缓慢伸直下肢,如图10-32所示。
⑧保持中立位及双侧下肢伸直位,同时将两侧上肢伸过头顶,如图10-33所示。

图10-32 中立位姿势练习(七)　　图10-33 中立位姿势练习(八)

(2)渐进性桥式练习。

①仰卧位,膝关节屈曲90°,使肢体中立位,然后缓慢抬起臀部并保持住,使胸、腹、大腿在一条直线上,如图10-34所示。
②维持图10-34的姿势,同时抬起一侧足跟,如图10-35所示。

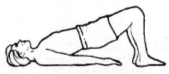 

图10-34 渐进性桥式练习(一)　　图10-35 渐进性桥式练习(二)

③维持图10-34的姿势,小幅度抬起一侧下肢,如图10-36所示。
④保持图10-34的姿势,同时缓慢伸直一侧下肢并抬起,如图10-37所示。

图10-36 渐进性桥式练习(三)　　图10-37 渐进性桥式练习(四)

⑤保持图10-37的姿势,同时将臀部缓慢放下再抬起,重复练习,如图10-38所示。

图10-38 渐进性桥式练习(五)

⑥仰卧位,双腿垂直抬起,如图 10-39 所示。

图 10-39　渐进性桥式练习(六)

(3)四点跪位的渐进性练习。
①四点跪位,保持脊柱中立位,想象背部放了一个盛满水的杯子,如图 10-40 所示。
②保持脊柱中立位,缓慢将一侧上肢伸过头顶,腰部不要移动,如图 10-41 所示。

图 10-40　四点跪位的渐进性练习(一)　　图 10-41　四点跪位的渐进性练习(二)

③保持脊柱中立位,缓慢伸直一侧下肢,如图 10-42 所示。
④在图 10-42 的基础上,伸出对侧上肢,保持腰部不要移动,如图 10-43 所示。

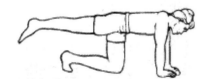

图 10-42　四点跪位的渐进性练习(三)　　图 10-43　四点跪位的渐进性练习(四)

⑤保持脊柱中立位,同时缓慢增加髋关节屈曲,腰部不要移动,如图 10-44 所示。

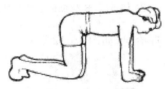

图 10-44　四点跪位的渐进性练习(五)

⑥保持脊柱中立位,同时增加髋关节伸展,腰部不要移动,如图 10-45 所示。

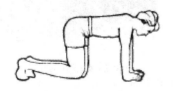
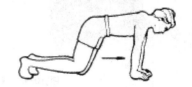

图 10-45　四点跪位的渐进性练习(六)

(4)长跪位的渐进性练习。
①长跪位,并保持肢体中立位,如图 10-46 所示。
②保持中立位的同时将一侧上肢举过头顶,并伴随骨盆逐步前倾,如图 10-47 所示。

图 10-46　长跪位的渐进性练习(一)　　　图 10-47　长跪位的渐进性练习(二)

③保持中立位的同时将双上肢举过头顶,并伴随骨盆逐步前倾,如图 10-48 所示。

④保持中立位的同时向前伸出双上肢并保持住,然后缓慢屈曲髋关节至双手触地,如图 10-49 所示。

 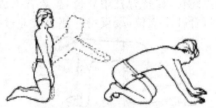

图 10-48　长跪位的渐进性练习(三)　　　图 10-49　长跪位的渐进性练习(四)

⑤由图 10-48 的姿势开始完成图 10-49 的动作,如图 10-50 所示。

⑥单腿跪地,双上肢举过头顶,缓慢屈髋关节至双手触地,如图 10-51 所示。

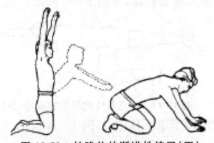 

图 10-50　长跪位的渐进性练习(五)　　　图 10-51　长跪位的渐进性练习(六)

(5)侧卧位练习。

侧卧位练习包括侧桥和单臂支撑且对侧下肢直抬起,如图 10-52 所示。

(a)侧桥　　　　　　　　　　(b)单臂支撑并对侧下肢直抬起

图 10-52　侧卧位练习

2)简易器械练习

简易器械练习主要是在训练时通过设置一些外部干扰,使运动员的训练始终在不稳定的条件下进行。不仅可以提高肌肉的激活水平,募集更多的运动单元参与工作,提升肌肉力量,同时也增加了对运动感觉系统的刺激,提高了核心区的稳定性。常用的设备有平衡板、小蹦床、瑞士球、振动训练器、悬吊训练等。

(1)借助瑞士球的练习。

瑞士球练习的特点主要是肌肉等长收缩的运动,较小的负荷,较长时间维持一定的张力,有益于核心肌耐力和局部稳定系统肌力的提高。

①双腿伸直置于球上,髋关节保持中立位,如图10-53所示。

②双腿夹球,屈髋屈膝,保持脊柱中立位,如图10-54所示。

图10-53 借助瑞士球的练习(一)

图10-54 借助瑞士球的练习(二)

③一侧腿屈髋、屈膝置于球上,另一侧腿向上伸直,如图10-55所示。

④双腿俯卧撑球,手撑地,维持脊柱中立位,如图10-56所示。

图10-55 借助瑞士球的练习(三)

图10-56 借助瑞士球的练习(四)

⑤双手撑球俯卧撑,如图10-57所示。

图10-57 借助瑞士球的练习(五)

⑥腹部撑于球上,相对的上、下肢伸展,如图10-58所示。

⑦腰部撑于球上,单腿撑于地面,另一下肢伸展,如图10-59所示。

图10-58 借助瑞士球的练习(六)

图10-59 借助瑞士球的练习(七)

⑧双手单腿俯卧撑球,如图 10-60 所示。
⑨单手双腿俯卧撑球,如图 10-61 所示。

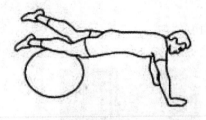

图 10-60　借助瑞士球的练习(八)

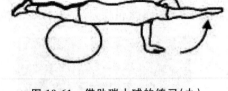

图 10-61　借助瑞士球的练习(九)

⑩双手撑地,单腿俯卧撑球,如 10-62 所示。
⑪双肩双脚仰卧撑球,如图 10-63 所示。

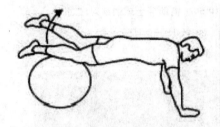

图 10-62　借助瑞士球的练习(十)

图 10-63　借助瑞士球的练习(十一)

⑫双肩单脚仰卧撑球,如图 10-64 所示。
⑬双肩双脚仰卧撑球并挺髋,如图 10-65 所示。

图 10-64　借助瑞士球的练习(十二)

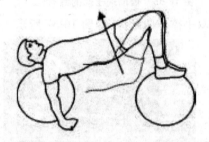

图 10-65　借助瑞士球的练习(十三)

⑭双肩单脚仰卧撑球并挺髋,如图 10-66 所示。
⑮半仰卧位,臀部撑球,如图 10-67 所示。

图 10-66　借助瑞士球的练习(十四)

图 10-67　借助瑞士球的练习(十五)

⑯半仰卧位,臀部撑球屈体,如图 10-68 所示。
⑰半仰卧位,臀部撑球并单脚撑地,如图 10-69 所示。

图 10-68　借助瑞士球的练习(十六)

图 10-69　借助瑞士球的练习(十七)

⑱半仰卧位,臀部撑球并单脚撑地转体,如图 10-70 所示。

图 10-70　借助瑞士球的练习(十八)

(2)借助平衡板的练习。

平衡板的练习已广泛用于各个领域的康复治疗和运动训练,其主要通过增加肌梭的敏感度和姿势的控制来提高运动员的平衡能力,从而减少在运动中远端肢体损伤的可能性。运动员也可以重复静态和动态姿势调节来提高专项运动技能,如图 10-71 所示。

(a)　　　　　　(b)　　　　　　(c)

图 10-71　借助平衡板的练习

(3)借助滑轮-缆绳的练习。

滑轮-缆绳练习是较为常用的核心力量练习,以较小的负荷,缓慢、持续的力量控制为特点,有站立位水平面运动(见图 10-72),有坐位单纯上肢运动(见图 10-73),还有结合瑞士球的运动(见图 10-74)等。该练习以骨盆和腹肌的协调性运动为主,强调姿势的力线和肢体与意志的统一,练习过程中尽量使腰椎和骨盆处于中立位。

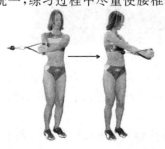

(a)

(b)

图 10-72　站立位水平面运动

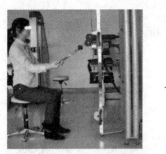 

图 10-73　坐位单纯上肢后伸

图 10-74　结合瑞士球上肢后伸

(4)悬吊系统训练法。

悬吊系统训练最初用于骨科手术和骨科疾病的康复治疗,2000年以来逐步用于运动员的体能训练和运动损伤的恢复性锻炼。悬吊系统训练主要用于加强躯干部位深层肌肉力量,强化非主导侧肢体运动能力,在不稳定状态下进行的力量训练能够激发躯干肌肉和身体各大肌群之间的神经肌肉协调收缩能力,从而提高运动员高水平状况下的运动能力。Redcord悬吊训练系统如图10-75所示。

悬吊系统用于核心训练经典动作如下。

①桥式运动(见图10-76)。桥式运动也称仰卧提髋,仰卧双腿各置于一条悬吊带,收腹提髋并双腿向下压以保持身体水平,稳定身体避免下腰部呈弧形,然后回到起始位置,此动作也可以一腿置于悬吊带,另一腿放松体位进行。

图 10-75　Redcord悬吊训练系统　　　　图 10-76　仰卧提髋

②板式运动(见图10-77)。板式运动也称俯卧提髋,俯卧双腿置于一条悬吊带,以前臂支撑身体,收腹将身体呈一水平平板位置,避免下腰部呈弧形,然后回到起始位置,此动作也可在双肘关节伸直位进行。

③侧卧板式运动(见图10-78)。侧卧板式运动也称侧卧提髋,侧卧双腿置于一条悬吊带,以前臂支撑身体,收腹提髋使身体呈一直线,避免屈髋,然后回到起始位置,此动作也可在伸肘位进行。

图 10-77 俯卧提髋

图 10-78 侧卧提髋

④超人运动(见图 10-79)。超人运动也称跪位水平外展,膝跪位,收腹身体前倾同时稳定身体,避免下腰部呈弧形,然后回到起始位置。

⑤动态收腹屈髋、屈膝(见图 10-80)。俯卧双腿置于一条悬吊带,前臂支撑身体,收腹使身体呈平板状,屈髋、屈膝使膝部贴近胸部,避免身体上部前倾,然后回到起始位置。

图 10-79 跪位水平外展

图 10-80 动态收腹屈髋、屈膝

⑥站立位,双手支撑于悬吊带并身体前倾,如图 10-81 所示。

⑦俯卧位,双手支撑于悬吊带并双上肢水平外展,如图 10-82 所示。

图 10-81 悬吊带练习之身体前倾

图 10-82 悬吊带练习之双上肢水平外展

⑧俯卧位,双手、双脚支撑于悬吊带,收腹使身体保持水平,如图 10-83 所示。

图 10-83　悬吊带练习之身体保持水平

三、肌肉牵伸技术

(一)基础知识

1. 肌肉的特性

肌肉具有兴奋性、收缩性、伸展性和弹性等四种特性。兴奋性是肌肉受到外界刺激后具有主动收缩的特性。收缩性是指肌肉主动做功、长度变短的特性。兴奋性和收缩性是紧密联系而又互不相同的两种基本生理特性。兴奋必然引起肌肉收缩,即肌肉兴奋在前,收缩在后。肌肉的兴奋性和收缩性表现为在刺激作用下能发生兴奋,产生缩短的反应。伸展性是指肌肉放松,在受到外力牵拉时长度增加的特性。弹性是指外力去除后,肌肉恢复到原来长度的特性。

2. 软组织挛缩定义及其分类

软组织挛缩是指由于各种原因导致经过关节的肌肉、韧带、关节囊等软组织发生缩短,张力过高,关节僵硬,从而引起关节活动度降低,功能活动受限。软组织挛缩通常包括两类:一类是炎症与创伤修复过程中肌成纤维细胞的增殖和收缩;另一类是没有炎症过程、没有肌成纤维细胞参与的胶原结构性变化,称为被动挛缩。通过检查肌肉的张力和关节的活动度可以发现挛缩。

根据挛缩发生的致病因素、组织及其性质,可以将挛缩具体分为以下几种。

1)肌静力性挛缩

肌静力性挛缩是指肌肉、肌腱缩短,关节活动范围明显受限,但没有明确的组织病理学表现。肌肉、肌腱有一过性轻度挛缩,也称为肌紧张。在这种情况下,紧张的肌肉可以被拉长,但不能达到肌肉的最大长度。正常人如不经常进行肌肉的伸展性锻炼,会引起肌肉轻微的挛缩或紧张,特别是双关节肌,如腘绳肌、股直肌等。肌静力性挛缩在相对短的时间内通过牵伸治疗即刻可见效果。

2)疤痕粘连

疤痕如果发生在肌肉、肌腱、关节囊或皮肤等正常组织中,可以形成粘连,导致挛缩,降低组织的活动度,从而限制关节的活动和功能。疤痕的收缩性是造成挛缩的主要原因,是肌成纤维细胞活动的结果。临床上大多数疤痕组织粘连都可以通过牵拉技术来预防或减轻。

3)纤维性粘连

纤维性粘连是指由软组织的慢性炎症和纤维性改变而形成的挛缩,其不仅显著影响关节活动,而且增加治疗的难度。

4）不可逆性挛缩

不可逆性挛缩是指由于某些病理性原因使正常软组织或结缔组织被大量的非伸展性组织所替代，软组织或结缔组织永远失去伸展性。如骨化性肌炎、肌肉韧带钙化等。不可逆性挛缩常需要手术松解，而不能通过保守治疗来缓解。

5）假性肌静力性挛缩

上运动神经元损伤引起的肌张力异常增高可使肌肉处于一种不正常的持续收缩状态而引起关节活动受限，称为假性肌静力性挛缩。如偏瘫患者的上肢屈肌挛缩和下肢伸肌挛缩。

(二)肌肉牵拉技术定义与分类

1. 肌肉牵拉技术定义

肌肉牵拉技术是一种以运用外力（如人工或机械/电动设备）为手段的拉长挛缩或缩短的肌肉等软组织，预防患者因制动或活动减少等因素导致的肌肉等软组织缩短，增加或维持组织的伸展性和关节活动度，防止发生不可逆的组织挛缩的康复技术，其目的在于增加肌肉等软组织的伸展性，降低肌张力，提高或恢复关节的活动度。肌肉牵拉技术是治疗各种软组织挛缩等导致关节功能障碍的临床常用技术和方法之一，操作简单、方便、安全、有效。

2. 肌肉牵拉技术分类

肌肉牵拉技术的分类有很多：根据牵拉力来源的不同，肌肉牵拉技术分为手法牵拉技术、机械（电动）牵拉技术和自我牵拉技术；根据牵伸肌群的不同，肌肉牵拉技术分为屈肌群牵拉技术和伸肌群牵拉技术；根据牵伸强度的不同，肌肉牵拉技术分为低强度牵拉技术和高强度牵拉技术；根据牵伸力量来源和参与程度的不同，肌肉牵拉技术分为被动牵拉技术、主动牵拉技术和神经肌肉抑制技术；根据牵伸时间的不同，肌肉牵拉技术分为长时间牵拉技术和短时间牵拉技术，持续牵拉技术和间歇牵拉技术；根据牵伸部位的不同，肌肉牵拉技术分为脊柱（如颈椎和腰椎等）牵拉技术、四肢（如肩部、肘部、手部、髋部、膝部、踝部、足部等）牵拉技术。

(三)肌肉牵拉技术作用

1. 增加关节的活动度

由于疾病使身体某部位长期制动，可导致肌肉紧张、软组织挛缩。坐位工作和不良的生活习惯，使正常人不能经常进行肌肉的伸展性锻炼，也会引起肌肉轻微的挛缩或紧张，特别是腘绳肌、股直肌等。肌肉牵拉技术是最基本的治疗手段之一，通过牵拉治疗可预防肌肉、韧带和关节囊等软组织挛缩，恢复和保持关节的正常活动度。

2. 防止组织发生不可逆性挛缩

由组织创伤所导致的炎症和疼痛，经观察发现，关节固定4天后在组织学上就可见挛缩现象，初期可采用主动抑制技术，通过反射机制使紧张的肌肉松弛，尽量避免被动牵拉，以免增加疼痛和肌肉的紧张度。纤维挛缩存在的时间越长，正常肌肉组织被粘连组织、疤痕组织取代就越多，缓解也就更困难。待肌肉紧张明显好转后，采用被动牵拉技术进一步拉长挛缩的肌肉，恢复生理性肌力平衡，增加活动范围。

3. 降低肌张力

姿势异常或制动使肌肉、肌腱的弹性回缩力和伸展性降低，肌肉萎缩，通过牵拉刺激肌梭，降低肌张力，提高肌力。由中枢性损伤性疾病导致的肌张力增高、肌痉挛限制了关节的活动，也可以通过牵伸技术降低肌张力，保持肌肉的休息长度，改善或重新获得关节周围软组织的伸展性。牵拉可减少肌肉劳损的发生，持续被动运动较静态牵拉更为有效。

4. 阻断恶性循环,缓解疼痛

制动使韧带等纤维组织基质中水分减少,弹性减弱,纤维之间润滑作用降低;同时纤维与纤维之间的距离缩小,接触时间延长,致使化学横键形成,造成纤维之间的粘连;若同时存在组织炎症水肿,常有新生细纤维形成,排列紊乱,任意与原有纤维多处粘连,截面面积增加,限制其相对滑动。牵拉技术可使结缔组织在牵拉应力作用下逐渐延长,应力作用能促进胶原纤维的合成并能使胶原纤维沿其纵轴重新排列,阻断恶性循环,缓解疼痛,防止肌力失衡。

5. 提高肌肉的兴奋性

对肌肉张力低下的肌群,适当地静态牵拉延长肌肉,可以直接或间接反射性地提高肌肉的兴奋性,增强肌力。

6. 预防软组织损伤

躯体在活动或从事运动之前,应预先对关节和软组织进行自我牵拉活动,以增加关节的灵活性,预防肌肉和肌腱等软组织的损伤,减轻疼痛。

(四)软组织对牵拉的反应和影响因素

1. 软组织

每种软组织都有各自的生理特性,影响着制动作用和延长能力。当牵拉这些软组织时,速度、强度、持续时间和温度的不同,不同组织会有不同的反应。可收缩性的组织的机械性特征和神经生理学特征也影响软组织的延伸。当组织被牵拉时,可收缩性的组织和不可收缩性的组织都具有弹性和可塑性。

2. 肌腱与周围组织的结构

与肌腱相连的结构是肌内膜,分割肌纤维之间的相连的结缔组织;肌束膜包绕肌纤维束;肌外膜包绕整个肌肉的外层纤维鞘。纤维鞘是与肌肉相连并包绕肌肉的框架,也是肌肉抵抗被动拉长的最初抵抗力的来源。当发生挛缩时,肌外膜与胶原纤维相粘连,从而限制了运动。每块肌肉都是由许多相互平行的肌纤维组成,每一个肌纤维由许多肌原纤维组成,每个肌原纤维又由许多更小的结构(肌小节)有序排列所组成。肌小节是肌原纤维收缩的基本单位,是由重叠肌动蛋白的肌原纤维细丝和肌球蛋白形成的横桥。肌小节使肌肉拥有了收缩和松弛的能力。当运动单位刺激而发生收缩时,肌动蛋白细丝、肌球蛋白会滑行在一起,使肌肉缩短。肌肉松弛时,横桥滑开,肌肉恢复静止时的长度。

3. 肌肉

当肌肉被牵拉伸长时,牵拉力量会经过相连组织传送到肌纤维。在被动牵拉时,会有纵向和横向力量传导发生,一系列弹性成分开始被拉长。当张力急剧上升到某一点,横桥细丝机械性断开,导致肌小节突然被拉长;当牵伸力量释放时,每个肌小节恢复到静止状态的长度。牵拉力量必须达到并维持一定的时间,软组织才能增加其长度。如果肌肉被长时间制动,会发生收缩蛋白退变和肌原纤维数量下降,导致肌萎缩和肌无力。制动时间持续越长,肌肉萎缩和功能力量的丧失就越多。肌肉处于缩短状态下制动,萎缩和无力的发生比长时间伸长状态下制动更快。

4. 肌梭

肌梭是一种感受肌肉长度变化和牵拉刺激的特殊的梭形感受装置,属于本体感受器。肌梭囊内一般含有6~12根肌纤维,称为梭内肌纤维,囊外的肌纤维称为梭外肌纤维。当梭外肌纤维收缩时,感受装置所受的牵拉刺激将减少;当梭内肌纤维收缩时,则感受装置对牵拉刺激的敏感度增高。肌梭的传入神经支配有两类:Ⅰ类传入纤维和Ⅱ类传入纤维。中枢有运动传出纤维支配梭外肌纤维和梭内肌纤维,前者称为α传出纤维,后者称为γ传出纤维。当γ传出纤维活动加强时,梭内肌纤维收缩,可提高梭内肌纤维感受装置的敏感性。因此,γ传出纤维的活动对调节牵张反射具有重要作用。

腱器官分布在肌腱胶原纤维之间的牵张感受装置,由较细的I类纤维支配,末梢一般只有几个分支。腱器官与梭外肌纤维为串联关系,其功能与肌梭功能不同,是感受肌肉张力变化的装置。当梭外肌纤维发生等长收缩时,腱器官的传入冲动发放频率不变,肌梭的传入冲动频率减少;当肌肉受到被动牵拉时,腱器官和肌梭的传入冲动发放频率均增加。所以,腱器官是一种张力感受器,而肌梭是一种长度感受器。此外,腱器官的传入冲动对同一肌肉的α运动神经元起牵拉抑制作用,而肌梭的传入冲动对同一肌肉的α运动神经元起兴奋作用。当肌肉受到牵拉时,首先兴奋肌梭的感受装置发出牵张反射,导致被牵拉的肌肉收缩以对抗牵拉;当牵拉力量进一步加大时,则可兴奋腱器官,抑制牵张反射,以避免被牵拉的肌肉受到损伤。

(五)肌肉牵拉技术方法

1. 被动牵拉

利用外部力量如操作者、器械或患者自身力量来牵拉的方法称为被动牵拉。根据是否借助器械分为手法被动牵拉和机械被动持续牵拉两种。

1)手法被动牵拉

手法被动牵拉是指操作者运用手法技术对发生紧张或挛缩的肌肉等软组织或活动受限的关节进行牵拉,并通过控制牵伸方向、速度和持续时间,来增加挛缩组织的长度和关节活动度。手法被动牵拉是临床最常用的牵拉技术。与关节被动活动不同点是:软组织的被动牵拉是使活动受限的关节活动范围增大,而关节的被动活动是在关节活动未受限、可利用的范围内进行活动,目的是维持关节现有的活动范围,但无明显增加关节活动范围作用。手法被动牵拉是一种短时间的牵拉,一般每次牵拉持续15~30秒,重复4~6次。手法被动牵拉具体又分为维持性牵拉和弹性牵拉两种。

(1)维持性牵拉。维持性牵拉是指缓慢、轻柔手法的牵拉,通常持续15~30秒或更长时间。这种牵拉不容易引起肌肉的牵张反射和增加已经被拉长了的肌肉张力,常常称为静态牵拉。

(2)弹性牵拉。弹性牵拉是指大强度、短暂的跳跃性牵拉。弹性牵拉能迅速拉长肌梭,引起牵张反射,使被牵拉的肌肉张力增加,其引起的肌肉张力是维持性牵拉的两倍,容易引起肌肉损伤,因此这种牵拉极少用于康复治疗中。

2)机械被动持续牵拉

机械被动持续牵拉是指借助机械装置或辅助支具,增加小强度的外部力量,较长时间持续作用于短缩组织的一种牵拉方法。其牵伸力量通过重量牵引、滑轮系统或系列夹板而发生作用,强度超过手法被动牵拉。对于已出现挛缩的肌肉和活动范围刚出现受限的关节,应及时进行持续的牵拉,仍有希望恢复功能。牵拉时间至少要20~30分钟,甚至数小时,才能产生治疗效果;牵拉的力要持续稳定而柔和,不要超过患者疼痛耐受的程度。

2. 主动抑制

主动抑制是指在牵拉肌肉之前,患者有意识地放松该牵拉肌肉,使肌肉收缩机制受到人为的抑制,从而减少牵拉阻力的一种牵拉技术。此种牵拉的阻力是最小的,故在临床上广泛使用。主动抑制技术只能放松肌肉组织中具有收缩性的结构,而对结缔组织尤其是挛缩组织没有作用。患者需要有意识地控制肌肉的收缩,故该技术主要用于肌肉神经支配完整、能自主控制的患者,而对那些由于神经肌肉障碍引起的肌无力、痉挛或瘫痪,则无太大作用。

临床上常用的主动抑制方法有三种：收缩—放松、收缩—放松—收缩和拮抗肌收缩。

1）收缩—放松

(1) 收缩—放松的操作步骤。

①操作者活动患者关节至关节活动受限处，此时患者欲牵拉的肌肉应处于舒适无痛的位置。

②患者欲牵拉的肌肉先进行等长抗阻收缩5～10秒。

③患者完全放松肌肉。

④操作者被动牵拉患者的紧张肌肉达关节最大活动范围。

⑤休息5秒后重复上述过程。

(2) 收缩—放松的注意事项。

①患者紧张肌肉的等长抗阻收缩要求在无痛状态下完成。

②牵拉时，操作者应给予患者清晰的语言诱导。

③亚极量、长时间的等长抗阻收缩可以有效地抑制紧张肌肉，也便于操作者控制，因此紧张肌肉并非一定要进行最大强度的等长抗阻收缩。

(3) 收缩—放松的应用举例：肘屈肌紧张。

①患者的肘被动伸到活动受限处，使肘屈肌紧张。

②操作者一手放在患者前臂远端固定，另一手固定患者上臂，向肘屈曲方向施加阻力。

③患者的肘屈曲抗阻等长收缩5～10秒。

④患者肘屈肌放松。

⑤操作者被动牵拉患者肘关节，拉长患者肘屈肌。

2）收缩—放松—收缩

(1) 收缩—放松—收缩的操作步骤。

①操作者活动患者关节至其关节活动受限处，此时患者欲牵拉的肌肉应处于舒适无痛的位置。

②操作者牵拉患者的肌肉先进行等长抗阻收缩5～10秒，使其肌肉感觉疲劳。

③患者主动放松肌肉。

④患者紧张肌肉的拮抗肌做向心性收缩至关节活动的终端。

⑤休息5秒后重复上述过程。

(2) 收缩—放松—收缩的注意事项。

①患者紧张肌肉的等长抗阻收缩要求在无痛状态下完成。

②牵拉时，操作者应给予患者清晰的语言诱导。

③亚极量、长时间的等长抗阻收缩可以有效地抑制紧张肌肉，也便于操作者控制，因此紧张肌肉并非一定要进行最大强度的等长抗阻收缩。

(3) 收缩—放松—收缩的应用举例：肘屈肌紧张。

①患者的肘被动伸到活动受限处，使肘屈肌紧张。

②操作者一手放在患者前臂远端固定，另一手固定患者上臂，向肘屈曲方向施加阻力。

③患者的肘屈曲抗阻等长收缩5～10秒。

④患者放松紧张的肘屈肌。

⑤患者主动做肘关节伸展到最大范围。

3）拮抗肌收缩

(1) 拮抗肌收缩的操作步骤。

①患者紧张的肌肉被动拉长到一个舒适无痛的位置。

②患者紧张肌肉的拮抗肌做等张收缩。

③操作者对患者的收缩肌施加轻微阻力，但允许关节运动，当关节运动时，由于交互抑制的结果，患者紧张的肌肉可以放松。

④操作者被动活动患者紧张肌肉通过的关节并达最大活动范围，以牵拉紧张肌肉。

⑤休息5秒后重复上述过程。

(2)拮抗肌收缩的注意事项。

①操作者应避免施加阻力太大,以免引起患者紧张肌肉的张力扩散,限制关节运动或引起疼痛。

②当患者肌肉痉挛限制了关节运动时,也可以使用此技术,如果患者不能在收缩—放松—收缩技术中完成紧张肌肉无痛范围内的强力收缩,用拮抗肌收缩技术有帮助很大。

(3)拮抗肌收缩的应用举例:膝关节屈曲紧张。

①患者将膝关节处于一个舒适的位置。

②患者膝主动伸直,同时,操作者在患者小腿远端处略施阻力并配合关节运动。

③操作者被动伸直患者膝关节并达到最大活动范围,以牵拉紧张肌肉。

3. 自我牵拉

自我牵拉又称主动牵拉,是指患者利用自身重量作为牵拉力量,自身独立完成的一种肌肉伸展性训练。牵拉强度和持续时间与被动牵拉相同。自我牵拉与被动牵拉技术结合运用,可巩固并增强被动牵拉技术的疗效。

(六)牵拉程序

1. 牵拉前首先评定,明确关节活动受限的原因及程度

牵拉前,康复医师必须对患者进行系统的检查和评定,了解其关节活动受限的部位、性质、原因以及功能情况,包括:是否有炎症性疼痛;挛缩组织处于什么阶段;年龄、认知、身体状况如何;能否主动参与以及预后等。如手指的关节结构,其他内部结构,多关节外部肌肉之间的联系,都需要仔细检查和评估。由于运动受限造成关节功能受损的因素很多,如来自关节、肌肉的弹性降低或肌腱、韧带的粘连。若在牵拉过程中,髋的摆放位置会影响到膝的屈肌和伸肌的弹性,必须分别检查和评定影响膝关节运动的单关节肌肉腘绳肌和股直肌的弹性,再选择适当的牵拉方式和强度,评定肌肉张力、肌肉力量和关节活动度,确定康复目标。

2. 确定牵拉方法

牵拉技术属于被动治疗范畴,操作者必须是经过系统培训的专业人员,严格掌握适应证及禁忌证。操作者的手法要严格控制,规范操作。手法牵拉通常采用轻柔、可控制、终末端、恒定和渐进的牵拉方法;如果功能受限的主要原因是由软组织挛缩引起的,可选用肌肉牵拉技术;如果是关节本身的原因,可选用牵拉技术加关节松动技术。大多数情况下,关节本身的挛缩可先用关节松动技术,恢复关节内正常的相互关系,再运用肌肉牵拉技术。

3. 告知患者牵拉目的和步骤,赢得患者配合

牵拉之前,操作者应向患者解释牵拉的目的、步骤及注意事项,以赢得配合。患者和操作者都尽量保持在舒适、放松、安全的体位,被牵拉部位处于抑制反射、易于牵拉的体位;充分暴露牵拉部位;患者积极参与可促进康复,若其被牵拉部位保持放松,主动配合操作者则牵拉治疗更容易完成。

4. 牵拉技术要点

1)患者体位

患者应处于舒适和放松的体位,一般选择卧位和坐位,尽量暴露治疗的部位,以利于治疗时关节被牵拉至最大的活动度。上肢被动牵拉时,患者也可取坐位,将前臂放置在治疗床上,这样很容易固定被牵拉的近端结构。

2)牵拉方向

牵拉力量的方向应与肌肉紧张或挛缩的方向相反。预先以主动、小强度牵拉软组织结构;在可控制的关节活动度内活动;缓慢移动肢体至受限的终末端;固定近端、运动远端肢体,以增加肌肉长度和关节活动范围。

3) 牵拉强度

牵拉力量必须足够拉紧软组织的结构,但不至于导致疼痛或损伤。在牵拉过程中,患者感到轻微疼痛是正常的,要以患者能够耐受为原则。当患者感到明显疼痛或剧痛难忍,应视为负荷过度,容易造成被牵拉组织损伤,应及时调整强度,避免造成医源性损伤。实践证明,低强度长时间的持续牵拉效果优于高强度短时间的牵拉效果。

4) 牵拉时间

被动牵拉持续时间为每次 10~15 秒,也可达 30~60 秒,然后重复 10~20 次。每次之间要休息 30 秒左右,并配合轻手法按摩,以利于组织修复并缓解治疗反应。机械性牵拉每次 15~20 分钟。住院患者每天 1~2 次,门诊患者每天 1 次。10 次为一个疗程,一般 3~5 个疗程。如果规范治疗一个星期无明显疗效,应该进行重新评定,调整参数或改用其他治疗方法。

5) 治疗反应

一般牵拉治疗后患者感到被牵拉部位关节周围软组织放松,关节活动度改善。如果第二天被牵拉部位仍然有肿胀和明显的疼痛,说明牵拉强度太大,应降低牵拉强度或休息一天。

(七) 临床应用

1. 适应证

适用于全身各部位挛缩组织的牵拉;预防由于固定、制动造成的肌力减弱和相应组织缩短等结构畸形的发生;软组织挛缩、粘连或瘢痕形成,肌肉、结缔组织和皮肤缩短,引起的关节活动度降低和日常生活活动功能受限;当肌无力和拮抗肌紧张同时存在时,先牵拉紧张的拮抗肌,后增强无力肌肉的力量;体育锻炼前后牵伸,预防肌肉骨骼损伤,减轻运动后肌肉疼痛。

2. 禁忌证

(1) 严重的骨质疏松,骨性限制关节活动。
(2) 新近发生的骨折或骨折尚未愈合。
(3) 新近发生的肌肉、韧带损伤。
(4) 神经损伤或神经吻合术后一个月内。
(5) 关节内或关节周围组织各种急性期炎症。
(6) 牵拉肌肉所跨关节及骨骼恶性肿瘤等。

3. 注意事项

(1) 牵拉前可进行热疗、按摩或关节松动,可以增加挛缩组织的伸展性,缓解关节疼痛和周围组织的痉挛。牵拉后可给予短时间冷疗,以缓解牵拉后炎症反应。

(2) 牵拉力量要适度、缓慢、持久,避免牵拉力量过大。牵拉后的肌肉酸胀属于正常反应,但如果肌肉酸胀持续 24 小时,甚至出现关节疼痛,则说明牵拉力量过大。

(3) 对已经长时间制动或不活动的肌肉结缔组织应小强度缓慢牵拉,避免大强度快速牵拉导致损伤。

(4) 避免牵拉水肿组织。水肿的组织比正常组织更易受到损伤,水肿的组织牵拉后水肿容易扩散,将会增加疼痛和肿胀。

(5) 避免对肌力较弱的肌肉过度牵拉,应将牵拉与肌力训练结合起来,使患者在伸展性和力量之间保持平衡。

(6) 避免弹性牵拉,以避免刺激被牵拉肌肉的牵张反射,从而引起收缩。

四、平衡训练技术

平衡和协调均属于运动功能的范畴,对维持人体正常运动起着重要的作用。平衡和协调功能障碍可由许多疾病导致，中枢神经系统的疾病最为常见，如脑卒中、脑外伤、头颅肿瘤、小儿脑瘫、脊髓损伤、帕金森综合征等。临床上如果发现平衡功能和协调功能出现障碍，应对其进行积极治疗。治疗方法应综合性地运用，除了针对病因进行药物或手术等治疗外，最为直接有效的治疗就是进行平衡功能训练和协调功能的训练。另外，体育运动中为了提高运动能力及运动成绩，常常也需要进行针对性的平衡和协调功能训练。为了更好地掌握平衡功能训练和协调功能训练的方法，要求对平衡和协调的定义、分类、维持机制和评定方法等知识有所了解。在体育运动中运用时应熟悉各种体育运动的特点，以区别于临床疾病中的平衡和协调功能训练。

（一）平衡的定义与分类

1. 平衡的定义

平衡是指物体所受到来自各个方向的作用力与反作用力大小相等，使物体处于一种稳定的状态（即牛顿第一定律）。人体平衡比自然界物体的平衡复杂得多，平衡是指人体所处的一种姿势状态，并能在不同的环境和情况下能自动调整并维持身体直立姿势的能力。人体具有能保持身体位置稳定的能力即稳定力，可使身体在最小的摆动下调整姿势，能安全有效地对外来的干扰做出反应，即动态稳定性。当人身体失去平衡时，身体会自然产生平衡反应，如身体往相反方向倾倒，将上肢或下肢伸展或踏出一步，以恢复平衡，防止跌倒。

2. 平衡的分类

平衡可分为动态平衡和静态平衡两种。动态平衡又可分为自动态平衡和他动态平衡。临床上将平衡还分为：一级平衡，即静态平衡；二级平衡，即自动态平衡；三级平衡，即他动态平衡。

1）静态平衡

静态平衡是指人体在无外力的作用下，保持某一静态姿势，自身能控制及调整身体平衡的能力，主要依赖于肌肉的等长收缩及关节两侧肌肉协同收缩来完成。

2）自动态平衡

自动态平衡是指人体在自身重心移动而无外力作用下自身能控制及调整身体平衡的能力，主要依赖于肌肉的等张收缩来完成。

3）他动态平衡

他动态平衡是指人体在外力作用下自身能控制及调整身体平衡的能力，主要依赖于肌肉的等张收缩来完成。

人们日常生活中的动作绝大部分都要依赖于静态平衡和动态平衡的维持能力。静态平衡是动态平衡的基础，若没有静态平衡的稳定，就没有动态平衡的发展。

3. 平衡反应

平衡反应是指当平衡状态改变时，机体能恢复原有平衡或建立新平衡的过程，包括反应时间和运动时间。反应时间是指从平衡状态的改变到出现可见运动的时间；运动时间是指从出现可见运动到动作完成，建立新平衡的时间。

平衡反应使人体无论在任何体位均能保持稳定的状态，它是一种自主反应，受大脑皮层控制，属于高级水平的发育性反应。当身体重心移动欲超出支撑面时，或者当身体的支撑面发生移位引起重心移动时，平衡反应能够调节头部、躯干以及四肢的姿势和空间位置，使身体保持直立姿势。人体可以根据不同需要进行有意识的训练，以改善或提高平衡能力，例如，体操等项目的运动员、舞蹈杂技演员的平衡能力显著高于普通人群。各种原因引起平衡能力受损后，可通过积极的治疗和平衡训练，重建平衡反应能力，从而使平衡功能得到改善或恢复。

4. 平衡反应形成规律

正常儿童通常在出生6个月时形成俯卧位平衡反应，7～8个月形成仰卧位和坐位平衡反应，9～12个月形成蹲起反应，12～21个月形成站立反应。

5. 特殊平衡反应

除了一般的平衡反应之外，还有以下两种特殊平衡反应。

1）保护性伸展反应

保护性伸展反应是指当身体受到外力作用而偏离原支撑点时，身体所发生的一种平衡反应，表现为上肢或下肢伸展，其作用在于支持身体，防止摔倒。

2）跨步及跳跃反应

跨步及跳跃反应是指当外力使身体偏离支撑点或在意外情况下，为了避免摔倒或受到损伤，身体顺着外力的方向快速跨出一步，以改变支撑点，建立新平衡的过程，其作用是通过重新获取新的平衡来保护自己避免受到伤害。正常儿童形成跨步及跳跃反应的时间是出生后15～18个月。

（二）平衡的维持机制

为了维持平衡，人体重心必须垂直地落在支撑面的范围内。支撑面是指人体在各种体位（如卧、坐、站立、行走）下所依靠的接触面。支撑面的大小影响着身体平衡。当身体的重心落在支撑面以内，人体就保持平衡，反之，重心落在支撑面之外时就失去平衡。支持面的改变直接影响着维持平衡的能力，支持面越大，稳定性就越好，很容易维持平衡，支持面越小，躯体稳定性越差，因此就需要较强的平衡能力来维持。通常人体平衡维持需要三个环节的参与：感觉输入、中枢整合和运动控制。视觉系统、躯体感觉、前庭系统、大脑平衡反射调节系统、小脑共济协调系统肌群的肌力与耐力，以及关节的灵活度和软组织的柔韧度在人体平衡功能的维持上起着重要的作用。

1. 感觉输入

一般情况下，人体通过视觉系统、躯体感觉、前庭系统的传入来感知身体所在位置和与地球引力及周围环境的关系。适当的感觉输入，特别是躯体、前庭和视觉信息对平衡的维持和调节具有前馈和反馈的作用。

1）视觉系统

视觉系统由视网膜所收集到的信息经过视觉通路传入视中枢，为人体提供了周围环境及身体运动和方向的信息。在视觉环境静止不动的情况下，视觉系统能准确感受环境中物体的运动以及眼睛和头部的视空间定位。如果躯体感觉受到干扰或破坏，此时身体直立的平衡状态主要是通过视觉系统。视觉系统通过颈部肌肉的收缩使头部保持向上直立的位置和保持水平视线来使身体保持或恢复到原来的直立位，从而获得新的平衡。如果去除或阻断视觉输入（如闭眼、戴眼罩或在黑暗的环境中），此时姿势的稳定性要比睁眼站立时显著下降，这也是视觉障碍者或老年人出现平衡能力下降的原因之一。

2）躯体感觉

与平衡的维持有关的躯体感觉包括皮肤触觉、压觉和本体感觉。在维持身体平衡和姿势的过程中，与支撑面相接触的皮肤的触觉、压觉感受器向大脑皮质传递有关体重的分布情况和身体重心的位置，分布于肌肉、关节及肌腱等处的本体感受器（属于螺旋状感觉神经末梢）收集随支持面而变化的信息（如面积、硬度、稳定性以及表面平整度等而出现的有关身体各部位的空间定位和运动方向），经本体感觉传导通路向上传递。正常人站立在固定的支撑面上时，足底皮肤的触觉、压觉和踝关节的本体感觉输入起主导作用，当足底皮肤和下肢本体感觉输入完全消失时（如周围神经病变），人体失去了感受支持面情况的能力，姿势的稳定性就会受到影响，需要其他感觉特别是视觉系统的输入。人如果闭目站立，由于同时失去了躯体感觉和视觉的输入，身体就会出现倾斜、摇晃并容易摔倒。

3）前庭系统

三个半规管感知人体角加速度运动,椭圆囊、球囊感知瞬时直线加速运动及与直线重力加速度有关的头部位置改变的信息,经中脑的第 4 对颅神经(滑车神经)进入脑干。头部的旋转可刺激前庭系统中两个感受器:其一为半规管内的壶腹嵴(运动位置感受器),能感受头部在三维空间中的运动角加(减)速度变化而引起的刺激;其二为前庭迷路内的椭圆囊斑和球囊斑,感受静止时的地心引力和直线加(减)速度的变化引起的刺激。在躯体感觉和视觉系统正常的情况下,前庭冲动在控制人体重心位置上的作用很小。只有当躯体感觉和视觉信息输入均不存在或输入不准确发生冲突时,前庭系统的感觉输入在维持平衡的过程中才变得至关重要。

2. 中枢整合

三种感觉信息输入在包括脊髓、前庭核、内侧纵束、脑干网状结构、小脑及大脑皮层等多级平衡觉神经中枢中进行整合加工,并形成产生运动的方案。当体位或姿势变化时,为了判断人体重心的准确位置和支持面情况,中枢神经系统将三种感觉信息进行整合,迅速判断何种感觉所提供的信息是有用的,何种感觉所提供的信息是相互冲突的,从中选择出那些提供准确定位信息的感觉输入,放弃错误的感觉输入。

3. 运动控制

中枢神经系统在对多种感觉信息进行分析整合后下达运动指令,运动系统以不同的协同运动模式控制人体姿势变化,并将身体重心调整回到原来的范围内或重新建立新的平衡。当平衡发生变化时,人体可以通过三种调节机制或姿势性协同运动模式来应变,包括踝调节、髋调节及跨步调节机制。

1）踝调节

踝调节是指人体站在一个比较坚固和较大的支持面上,受到一个较小的外界干扰(如较小的推力)时,身体重心以踝关节为轴进行前后转动或摆动(类似钟摆运动),以调整重心,保持身体的稳定性。

2）髋调节

正常人站立在较小的支持面上(小于双足面积),受到一个较大的外界干扰时,稳定性明显降低,身体前后摆动幅度增大。为了减少身体摆动使重心重新回到双足的范围内,人体通过髋关节的屈伸活动来调整身体重心和保持平衡。

3）跨步调节

当外力干扰过大,使身体的摆动进一步增加,重心超出其稳定极限,髋调节机制不能应答平衡的变化时,人体启动跨步调节机制,自动地向用力方向快速跨出或跳跃一步,来重新建立身体重心支撑点,为身体重新确定稳定站立的支持面,避免摔倒。

此外,前庭神经系统、内侧纵束向头部投射影响眼肌运动,经前庭脊髓通路向尾端投射维持躯干和下肢肌肉兴奋性,经运动纤维传出的冲动调整梭内肌纤维的紧张性,而经运动纤维发放的冲动调整骨骼肌的收缩,使骨骼肌保持适当的肌张力,能支撑身体并能抗重力运动,但又不会阻碍运动。交互神经支配或抑制可以使人体能保持身体某些部位的稳定,同时有选择性地运动身体的其他部位,产生适宜的运动,完成大脑所制订的运动方案,其中静态平衡需要肌肉的等长运动,动态平衡需要肌肉的等张运动。上述几个方面的共同作用结果,使得人体保持平衡或使人体处于一种稳定的状态。

(三)平衡的评定

平衡能力的评定是运动功能评定的重要组成部分。治疗师需要评定及了解患者失去平衡的原因,再加以训练才会获得较好的效果。治疗师的评定一般分为主观评定和客观评定两个方面。主观评定以观察法和量表法为主,客观评定主要是利用平衡测试仪评定。

1. 观察法

观察法是指治疗师观察患者坐、站和行走等过程中的静态平衡及动态平衡状态。

2. 量表法

量表法不需要专门的设备，评定简单，应用方便，临床普遍使用。信度和效度较好的量表主要有 Berg 平衡量表，MAS（motor assessment scale）平衡功能评测以及"站起-走"计时测试。

3. 平衡测试仪

平衡测试仪是近年来国际上发展较快的定量评定平衡能力的一种测试方法，目前常用的有 Balance Performance Monitor（BPM），Balance Master，Smart Balance，Equitest，Tcno-body，Biodex 等。平衡测试仪能精确地测量人体重心位置、移动的面积和形态，评定平衡功能障碍或病变的部位和程度，测试结果可以储存并打印。平衡测试仪不仅可以定量评定平衡功能，还可以判断平衡功能损害的程度和类型，帮助制订治疗和康复措施，评价治疗和康复效果。同时，平衡测试仪本身也可以用作平衡训练，以提高平衡功能，因此，其临床应用范围广泛。

（四）平衡训练

平衡训练方法按不同的因素可分为不同的种类。按患者体位的不同，平衡训练方法可分为前臂支撑下的俯卧位训练、肘膝跪位训练、双膝跪位训练、半跪位训练、长坐位训练、端坐位训练、站立位训练；按是否借助器械（如平衡板、训练球或平衡仪等），平衡训练方法可分为徒手平衡训练和借助器械平衡训练；按患者保持平衡的能力不同，平衡训练方法可分为静态平衡训练、自动态平衡训练和他动态平衡训练；按患者的疾病类型，平衡训练方法可分为脊髓损伤患者的平衡训练、中风或脑外伤患者的平衡训练、帕金森综合征患者的平衡训练等。

1. 影响平衡训练的因素

1）支持面积

支持面积是指人在坐位时与接触物之间的面积或站立时两足之间的面积，支持面越大，稳定性则越高；支持面越小，稳定性则越小。此外，接触面的平整以及良好的接触都有利于平衡。

2）平衡的条件

平衡的条件经过人体重心所做的垂线，必须落在支撑面之上才有可能保持平衡，否则，将不利于平衡。平衡状态的优劣，可用重心与支撑面中心的连线同经过支撑面中心所做的垂线所形成的夹角的大小来评定，此夹角越小，平衡越佳，反之则越差。

3）稳定极限

稳定极限是指在不失衡的条件下，重心在支撑点上方摆动时所允许的最大角度，其大小取决于支撑面的大小和性质，大、硬、平整时稳定极限大，小、软、不平时稳定极限则小。

4）摆动的频率

摆动的频率越低，平衡越好；摆动的频率越高，则越易失去平衡。

5）与平衡有关的感觉的作用

视觉系统、本体感觉、前庭感觉与平衡有重要关系。人体在正常睁眼时控制平衡以本体感觉和视觉系统为主，反应灵敏；人体在闭目时则需要依靠前庭感觉，其反应不如躯体感觉、视觉系统灵敏。

6）与平衡有关的运动控制系统

与平衡有关的运动控制系统主要有牵张反射、不随意运动和随意运动三个系统。

7）机体应付姿势变化的对策

当姿势变化危及平衡时,机体应付的对策有一定的规律。

(1)踝对策。以站在地毯上的人为例,如果突然有人向后拉地毯,则站立者的身体有向前倾倒的倾向。此时,站立者将通过腓肠肌、腘绳肌和骶棘肌的收缩使身体向后以免失去平衡,此时头、躯干成为一个整体,作为一个环节以踝为轴向后摆动。以上反应即为踝对策。

(2)髋对策。受试者站在一根窄的横梁上,即支撑面变小,且不能与整个足底接触,此时若后移横梁,为避免失去平衡,受试者将伸直下肢,以髋关节为轴屈髋并前倾躯干,这种依靠髋活动的对策称为髋对策。

(3)迈步对策。以站在地毯上的人为例,如果有人向后拉地毯的幅度过大,站立者将向前扑倒时,此时踝关节已不能克服,只得主动迈出一步以免失去平衡,此为迈步对策。

2. 平衡训练的原则

1）从静态平衡到动态平衡

平衡训练首先从稳定的静态姿势开始,然后过渡到自动态平衡,最后到他动态平衡。只有这样,患者才有可能在坐位或立位的姿势下,灵活自如地完成日常的生活动作。

2）从稳定的体位转变至不稳定的体位

平衡是逐步发展的,如从前臂支撑的俯卧位至用手杖支撑的站立位,要经过若干阶段的平衡练习才能逐步达到。

3）保持头部的稳定

头部的稳定需要有强有力的颈肌来维持。强有力的颈肌又可强化任何其他部位的肌肉收缩以维持稳定性。

4）支持面由大变小

支持面越大,稳定性则越高;支持面越小,稳定性则越小。患者在进行平衡训练时,开始训练时应选择支持面大的或辅助器具较多的体位进行训练,当患者的平衡稳定性提高之后,支持面要逐渐变小,辅助器具也逐渐减少。例如,先仰卧位训练,然后侧卧位训练,并逐步发展至立位训练。

5）身体重心由低到高

重心越低,稳定性则越高;重心越高,稳定性则越小。治疗师可以改变患者的训练体位来变换身体重心的高度,使平衡训练的难度逐步提高。

6）从睁眼训练过渡到闭眼训练

开始训练时,要求患者两眼睁开,待平衡控制较好后再进行闭眼训练。

7）在注意下保持平衡和在不注意下保持平衡的训练

开始训练时,治疗师推动患者并要求患者保持平衡,然后可在患者不注意的情况下突然发力推动患者,并要求患者保持平衡。

8）破坏前庭器官的平衡来保持身体平衡

前庭器官对平衡能力的维持起着重要的作用,破坏前庭器官的平衡进行训练可以提高训练的难度,进一步提高平衡能力。例如,要求患者在转动身体后保持平衡,或者让患者在大转轮中进行训练等。

9）安全性原则

训练平衡功能的原则是在治疗师的监护下,先将患者被动地向各个方向移动到失衡或接近失衡的点上,然后让其自行返回中位或平衡的位置上。训练中要注意从前面、后面、侧面或在对角线的方向上推或拉患者,让其达到或接近失衡点;要密切监控以防出现意外,但不能扶牢患者,否则患者因无须做出反应而失去效果;一定要让患者有安全感,否则患者会因害怕而诱发全身痉挛出现联合反应,加重病情。

3. 平衡训练方法

1) 训练体位

平衡训练时，一般先从卧位（如前臂支撑下的俯卧位）开始。因为卧位的支撑面最大，最稳定，患者比较容易掌握平衡技巧，逐渐过渡到最不稳定的体位（如站立位）。

2) 训练顺序

训练顺序为：仰卧位—前臂或手支撑下的俯卧位—肘膝跪位—双膝跪位—半跪位—坐位—站立位。其中对于截瘫患者，主要训练体位为：前臂或手支撑下的俯卧位—肘膝跪位—双膝跪位—半跪位—坐位—站立位，而对于偏瘫患者则主要训练体位为：仰卧位—坐位—站立位。不论在什么体位下训练，首先需要控制头部的稳定，其次是颈部和躯干肌肉的协同收缩，以便保持躯干的稳定性。

3) 仰卧位训练

仰卧位下的平衡训练主要适合于偏瘫患者。平衡训练的主要内容是躯干的平衡训练，所采用的训练方法是桥式运动。

4) 前臂或手支撑下的俯卧位训练

当患者处于疾病早期或由于长期卧床，全身情况相对较差，平衡能力很弱，稳定性很低。为了维持或增强平衡能力，常需要进行平衡功能训练，多采用俯卧位进行，并为下一步坐位或站位平衡训练打下良好的基础。前臂或手支撑下的仰卧位训练具体包括俯卧位前臂支撑训练和俯卧位手支撑训练。

5) 坐位平衡训练

（1）长坐位平衡训练。长坐位平衡训练主要在垫上进行，前方可以放一长镜子，以便随时观察到异常的姿势进行调整，具体包括静态平衡训练、自动态平衡训练、他动态平衡训练和动作中的平衡训练。

（2）端坐位平衡训练。

6) 手膝位及跪位平衡训练

手膝位及跪位平衡训练时，由于身体的支撑面积减少，以及身体重心也相应提高，所以平衡维持的难度也增加。手膝位及跪位平衡训练除了训练头与躯干的控制能力外，还能训练躯干与骨盆的控制能力。其训练步骤如下：

①治疗师站在患者身后，帮助患者完成手膝位或跪位，然后松手让患者保持平衡；

②在治疗师的监护下，患者在身体重心下进行前后、左右、旋转运动及单侧肢体上举等运动；

③治疗师对患者进行前后、左右及旋转推动，患者进行对抗并保持平衡；

④患者如双膝平衡能维持后，就逐步过渡到单膝位进行上述步骤训练；

⑤在跪位下，治疗师可以站在患者身前，可与患者进行抛球、传球的训练。训练时，治疗师从各个方向各个角度向患者抛球，并逐渐增加抛球的力度来增加训练的难度。

7) 站立位平衡训练

患者的坐位平衡改善后，患者就可以进行站立位平衡训练。患者无论是偏瘫、截瘫还是其他情况引起的平衡功能障碍，进行站立位的平衡训练，都是为步行做好准备，并最终达到步行的目的。偏瘫患者常在平行杠内、台阶上或利用手杖在地板上、平衡板上进行训练；截瘫患者可佩带双下肢支具首先在平行杠内训练，再逐渐过渡到平行杠外持双腋拐训练。

（1）静态平衡训练。静态平衡训练的步骤如下：

①患者站在平行杠内，双手抓住平行杠，治疗师站于患者身后帮助患者维持立位，必要时治疗师可用双膝控制患者的下肢呈外展外旋位，也可使用支架或支具帮助固定和支持；

②待患者能控制后，治疗师逐渐松开支撑，让患者保持平衡，稳定一段时间；

③患者逐渐松开双手,保持平衡,稳定一段时间;
④患者在平行杠外进行训练。

(2)自动态平衡训练。患者取立位,治疗师双手置于患者骨盆,协助保护患者,然后按以下步骤进行训练:

①患者进行骨盆前后倾运动,并逐渐增加幅度;
②患者进行骨盆左右移动;
③患者进行骨盆旋转移动;
④偏瘫患者可将重心移向患侧,健腿慢慢抬起,尽量保持平衡,并逐渐过渡到台阶训练。

(3)他动态平衡训练。患者站在平地上,双足分开,保持平衡,治疗师站在患者身前或身后,双手放在患者骨盆处,然后按以下步骤进行训练:

①治疗师对患者进行前后推动,嘱咐患者对抗推动并保持平衡;
②治疗师对患者进行左右推动,嘱咐患者对抗推动并保持平衡;
③治疗师对患者进行左右旋转推动,嘱咐患者对抗推动并保持平衡。

(4)动作中的平衡训练。可利用训练球进行立位动态平衡训练。患者取立位,治疗师位于患者身后进行监护,指导患者双手交替接球或前后及旋转推动训练球,并保持自身平衡。在进行抛接球训练时可以从不同的角度向患者抛球,同时可逐渐增加抛球的距离和力度来增加训练的难度。

(5)平衡测试仪训练。平衡测试仪除了可以用来客观地评定平衡功能,还可以用于平衡功能的训练。训练时,患者双足放在平衡测试仪的测力平台上,在仪器的显示屏上通过不同的图标来显示双足所承担的体重。正常人每侧足承受体重的50%,通过有意识地将体重转移到一侧下肢,可以提高对自动态平衡能力的训练。

在进行站立位平衡训练时,要注意随时纠正患者的站立姿势,防止伤膝过伸等异常姿势。

8)前庭功能的训练

对于前庭功能障碍的患者,其平衡功能的训练方法有其独特性。双侧前庭功能完全丧失的患者或前庭功能障碍合并视觉或本体感觉障碍时,疗效较差,但对部分功能损伤的患者则可以通过训练得到改善。

1992年,Susan等设计了一套提高前庭适应性和在平衡中诱发视觉和本体感觉参与的提高平衡功能的训练,具体步骤如下。

(1)患者双足尽可能靠拢,必要时双手或单手扶墙保持平衡,然后左右转头,再单手或双手不扶墙站立,时间逐渐延长并保持平衡,双足再靠拢些。

(2)患者步行,必要时他人给予帮助。

(3)患者练习在行走中转头。

(4)患者应双足分开与肩同宽站立,直视前方目标,逐渐使支撑面变窄,即双足间距离缩短至1/2足长,在进行这一训练时前臂首先伸展,然后放置体侧,再交叉于胸前。在进行下一个难度训练之前,每一体位至少保持15秒,训练时间总共为5~15分钟。

(5)患者双足与肩同宽站立,直视前方目标,逐渐使支撑面变窄,即双足间距离缩短至1/2足长。在进行训练时,双眼先断续闭拢,然后闭眼时间逐渐延长,同时,前臂先伸展,然后放置体侧,再交叉于胸前。在进行下一个难度训练之前,每一体位至少保持15秒,训练时间总共为5~15分钟。

(6)患者可从站立于硬地板开始,逐渐过渡到在薄地毯、薄枕头或沙发垫上站立。

(7)患者在行走中转圈练习,从转大圈开始,逐渐变得越来越小,两个方向均应练习。

第三节　常见慢性伤病的康复

一、膝部损伤的运动康复

（一）膝部损伤处理原则

膝关节是人体最易受伤的关节之一。对膝关节受损组织进行准确诊断是比较困难的，这里提供分析膝关节损伤的实践指导方针。多数膝关节损伤首先由训练者或首诊医生评估，因此必须把潜在的严重损伤与轻微损伤区分开。多数膝关节损伤伴随严重的韧带损伤和总的不稳定性，易于诊断并需要立即治疗。另一方面，看似轻微的损伤有时会被轻视，但以后会严重影响膝关节的稳定性。可靠的病史和体征会给训练者或医生关于膝关节损伤严重程度的警示，特别是模糊的不稳定性或不会立即显示出来的骨折。

对严重膝关节损伤做出准确诊断的秘诀是一种标准的、系统的能原本地引出关键症状和体征的方法，可以提醒检查者需要进一步检查、立即处理或是手术。尽管急性膝关节损伤与慢性膝关节不稳定明显不同，许多检查方法还是无法区分出来。对于慢性膝损伤，检查者可用各种检查方法发现细微的不稳定现象。对于急性膝关节损伤，疼痛和肌肉痉挛会妨碍检查的准确性，需要在麻醉下检查，必要时可在关节镜下检查。

膝关节损伤的康复，首先必须缓解疼痛、肿胀和急性损伤的影响。受伤组织的愈合需要时间，对于膝关节手术或非手术治疗都是现实的。疼痛是恢复程度的重要标志，持续疼痛是进一步损害的明显警示。损伤早期或术后阶段，活动（带夹板或硬质的敷料）和助行杖为康复提供了必要的时间并减轻了疼痛。每个损伤后或手术后的膝关节都有不同程度的炎症。滑液组织炎症可继发于关节积血，血液刺激滑液组织发生水肿，这种水肿可加重疼痛。肿胀和渗出的减轻是损伤恢复的重要标志。紧接着冰敷、加压、抬高伤肢缓解肿胀和炎症。起初每天冰敷4～8次，每次20分钟，在膝关节上和冰袋下周围放一毛巾，以避免冻伤皮肤。用棉制硬敷料垫和弹力绷带包扎加压，每天重新包扎加压敷料2～3次。抬高患肢，最好是仰卧位，抬高膝关节使其高于心脏。适当计量的阿司匹林（每天4次，每次2片）通常是首选药物，但是也可用非类固醇抗炎药物。

抑制疼痛和炎症的措施后，下一个目标是膝关节神经肌肉系统的再训练。损伤的或手术后的膝关节肌肉收缩时常导致疼痛。反射性反应的发生减少了肌肉收缩及疼痛但也使肌肉失去了紧张性，导致相当快的萎缩，为尽量减少此状况，应尽早开始练习。练习应在无痛情况下进行，若练习引起疼痛，则应减少次数和强度。如果康复延迟或早期疼痛时，可以进行肌肉电刺激或经皮神经电刺激。有研究表明：肌肉电刺激可阻止肌肉萎缩并产生肌细胞肥大。一旦神经肌肉系统再训练和肌肉强度建立，疼痛有时会消失，尤其是在伸肌装置和髌骨关节功能紊乱时。

在加强肌肉力量和耐力的特定训练技术时，应当谨慎。过度有力的或不恰当的练习会对膝关节产生损害。髌骨表面非常脆弱，练习时，数倍于身体重量的负荷加于髌骨和股骨之间。通常，股四头肌进行30°～90°练习时产生髌骨关节痛，因此早期膝关节屈曲练习通常规定在0°～30°之间。患者在练习过程中应仔细注意疼痛和肿胀。在任何有力的练习前，延长康复时间经常是必要的。膝关节手术后，开始练习前必须给软组织充分的愈合时间。在制动期间，应在硬制敷料和夹板固定下进行肌肉的等长收缩练习。练习的设计应使患者保持兴趣，因为康复过程通常是漫长而乏味的。

除了特殊的膝关节练习,下肢的休息不可忽视。不可把所有注意力都放在损伤的膝关节上,最后会导致臀部和踝关节的肌肉无力,妨碍完全恢复运动或可能导致其他损伤。全面的练习计划应包括背部、臀部、膝部和踝部的损伤或未损伤肢体的练习。无论是在急性未手术膝关节损伤、慢性膝关节疾病或准备手术的膝关节损伤,恰当的康复方法是达到理想结果的关键。最终的功能恢复程度直接与治疗专家和教练员动员运动员的专业技能、兴致和能力有关。

(二)膝部损伤康复训练方法

所有的膝关节损伤都会出现肌肉无力,因此,疼痛消失、炎症及肿胀消退后的第一个目标是重获肌肉力量和关节活动度。

在膝关节康复的早期阶段,加强肌肉力量练习通常由等长收缩练习开始有以下几个原因:第一,关节活动超出活动度时会引起疼痛;第二,等长收缩练习可在腿部使用夹板或硬制敷料下进行;第三,等长收缩练习在完全伸展时对髌骨关节产生较小压力或不产生压力,这对慢性髌骨关节患者很重要。等长收缩练习应在损伤后或手术后即刻开始,可有效防止进一步发展,尤其是髌骨关节紊乱时,治疗师可教患者同时收缩股四头肌和腘绳肌,这样可在无关节活动时发展两组肌肉的等长力量,并可在膝关节屈曲的任何姿势完成。

进行等长收缩练习时,患者取坐位或仰卧位,使膝关节伸直或为更舒适而部分屈曲。患者将手放于股四头肌上触摸肌肉收缩。通常,股四头肌内侧头最易被忽略和发生萎缩。患者应尤其感受股四头肌内侧头的有力的、持续的收缩,要求如下:一次20秒收缩,10秒放松,每次训练重复10次,每天进行6~10次练习。在等长收缩训练中,经常用到主动收缩原则。患者收缩肌肉时可感到力量的发展。在10秒收缩期间,患者可能感到肌肉力量的减弱,需要增加收缩以重获强大的肌肉,就主动收缩来增加肌肉紧张度,这样可在整个10秒内保持接近最大收缩。

腘绳肌收缩可在坐位、站位或卧位(俯卧或仰卧)进行。膝关节置于一定角度的屈曲位,以获得有力的腘绳肌收缩。治疗专家或教练员、固定的物体(桌、墙、椅子或是患者的硬制敷料)或简单的股四头肌的联合收缩来提供阻力。其他补充性等长训练计划包括髋外展肌、内收肌和屈髋肌的等长练习。踝关节伸肌和屈肌的等长练习也应同时进行。

康复步骤如表10-9所示,常见膝关节损伤的康复练习方法如表10-10所示。

表10-9 康复步骤

活动度练习步骤	强度练习步骤		
(1)以恰当的形式进行主动无痛性活动度练习; (2)髌骨活动法(膝关节); (3)伴外周神经接通的主动辅助活动度练习; (4)抗阻辅助活动度练习; (5)被动活动度练习	(1)直腿抬高; (2)短弧膝关节伸展; (3)全移动度渐进抗阻练习	8×10 到 10 磅* 8×10 到 10 磅 4×10~8×10	 −30°到 0° 90°到 0°

*8组,每组10次,负荷10磅(1磅=0.454千克)。

表 10-10 常见膝关节损伤的康复练习方法

诊　　断	压力施加的康复区域	方　　法	Cybex 或 Orthotron
髌骨软骨软化；髌骨不完全脱位；慢性脱位或慢性刺激性突起的状态/支持物(S/P)手术	加强股四头肌内侧头练习，髌骨关节表面不受额外压力；达到或保持全活动度；常规加强腘绳肌、外展肌、内收肌、小腿肌肉系统练习	股四头肌练习装置，直腿抬高、短弧渐进抗阻；活动度和腘绳肌加强练习，常规进行外展肌、内收肌练习	只设定强度测试
膝关节前交叉韧带损伤，急性/慢性；S/P 铸件；S/P 重建，关节内或关节外	达到全活动度；重点是强度练习，其次是前交叉韧带稳定性练习	达到全移动度练习；腘绳肌强度练习目的应达到与健肢相等，进行等长、等张（向心性和离心性）练习、等动练习；用 90°、60°、30°和完全伸展的等长练习加强股四头肌的强度；只在 90°～45°屈曲位进行等张抗阻练习	强度设定；腘绳肌强度设定；只在 90°～45°的股四头肌强度设定
内侧副韧带损伤，急性/慢性；S/P 重建，S/P 制动	重点是股四头肌和内收肌强度练习；常规活动度；常规加强腘绳肌、内收肌、小腿肌肉系统	达到或保持全活动度练习；股四头肌练习装置；屈髋并内收位进行渐增抗阻直腿抬高；股四头肌和腘绳肌等长练习；股四头肌和腘绳肌等张练习；股四头肌和腘绳肌等动练习	为测试和能力测验

　　直腿抬高是等长练习的重要辅助方法。患者仰卧于床上，先做一最大股四头肌收缩，再将腿抬离桌面至 1～2 英尺（1 英尺＝0.304 8 米）的高度。患者在抬腿时主动收缩股四头肌以进一步加强肌肉紧张度。肢体以膝关节伸展位保持 5 秒，接着慢慢放下，同时保持股四头肌主动收缩，必须在股四头肌完成收缩过程中保持肢体完全伸展（无迟滞期）。如果可完成 10～15 次直腿抬高而无伸肌迟滞，则可进行膝关节或踝关节负重练习。

　　末端伸展是早期股四头肌康复的另一个练习方式。患者膝下放置一条毛巾，使膝关节 5°～10°屈曲位，然后伸直膝关节并保持 10 秒，也可在踝关节负重时进行。如果末端伸展疼痛或不能保持膝关节伸展，就应规定超出桌沿的腿部离心性练习。膝关节完全伸展时，能产生最大等长收缩。患者逐渐可以屈膝，治疗师可辅助患者练习或应用踝关节负重练习。不论是向心性还是离心性末端伸展练习，都应该为髌骨表面提供一定的保护措施，使关节不能达到完全屈曲。

　　侧向台阶练习也可在末端伸展疼痛时采用。患者站于高度 4～6 英寸（1 英寸＝2.54 厘米）的台阶旁（高度要足够低，使膝关节屈曲不超过 30°），然后侧向上台阶并完全伸展膝关节，逐渐过渡到用脚趾上台阶；下台阶时，膝关节缓慢屈曲使体重作用于膝部，直至另一脚落地。侧向台阶练习可利用体重进行髋、膝、踝部肌肉练习，非常有效，而且简单易行，不需要特殊的设备。

　　当条件允许时，患者可逐渐加重负荷量及使用更精密的仪器。先前规定的练习可于家中进行，而应用仪器则须治疗师监督。当患者用踝关节负重 10 磅进行练习时，就可开始器械练习。多数仪器开始设定在 10 磅左右，这样练习计划较为平稳。如果有必要，可以在股四头肌练习中通过限制仪器的伸展范围在 0°～30°,以保护髌骨关节。对于腘绳肌练习,既然髌骨关节不负重,就没必要限制其运动。

有许多技术被用来重获肌肉强度。无论采用何种方式都应遵循以下基本原则:加于肌肉的负荷量越高,产生的强度越大。有许多逐渐增加作用于肌肉上的负荷量方法,有的是每天,有的是每周,都可统称为渐增负荷练习。根据进展在不同阶段设定指导和目标。

当渐增负荷练习计划开始增加强度时,注意力就应转向发展力量、耐力、速度、敏捷性、柔韧性和协调性上。力量发展是通过以更快的速度完成相同量的练习或者以同样的速度完成更大量的练习,这需要通过规定一次练习期限的时间限度来控制,并要求患者在此规定时间内完成所有练习项目。耐力是通过低负荷多次数直至肌肉疲劳的练习来获得的。对于膝关节,可采用自行车或认真监控的等动练习。太多的等动阻力会对髌骨表面或愈合中韧带产生挤压和损伤性张力,练习至疲劳(大腿酸痛)来增加耐力。普通身体条件的心血管耐力可采用游泳或跑步练习来保持。游泳练习是通过利用水的浮力保持平衡而为关节提供低张力的完美方式,并且为膝关节活动提供轻微阻力。也可开始蹬车运动,在将车座升到某一高度的同时,逐渐减少蹬踏运动时膝关节的弯曲程度。跑步运动或个别体育运动可逐渐恢复。跑步计划只能从直线跑开始,包括数周到数月的"8"字形跑和变速跑。速度、敏捷性和柔韧性发展通过与康复后期阶段的个人选择相关运动有关的特殊训练方法实现。

柔韧性是膝关节康复的重要部分。柔韧性练习开始于移动度改善的早期阶段。合理的柔韧性训练计划包括背部、臀部、膝部和踝部。最安全的方法是慢速的、持续的、运动极限范围的拉伸,不可采用跳跃技术,因为这样可能会在紧张的肌肉中产生小的撕裂,并可刺激肌梭发生粘连从而增加肌肉紧张度。柔韧性训练计划也应在练习前期和练习后期进行。

二、不良姿势的矫正训练

(一)概述

1. 姿势的定义

姿势是构成身体的各个组织器官,尤其是骨骼、肌肉、内脏、神经系统互相关联所构成的自然姿态,其中尤以脊柱最为重要。一般来说,姿势主要指站立位姿势、坐位姿势和卧位姿势。

2. 影响姿势的因素

影响人体姿势的因素较多,主要包括以下因素。

(1)解剖结构原因导致永久性变形:骨骼形态如半椎体、韧带松弛、骨盆角异常、先天性畸形、发育异常等。

(2)生活习惯因素:如不良姿势习惯、静止而缺乏活动的生活方式。

(3)工作环境:课桌椅、工作台面、电脑桌椅等不符合人体工程学原理。

(4)心理因素:尤其是自卑心理状态。

(5)年龄因素:正常的发育和退化过程。

(6)疼痛:导致自我保护机制而避免某些姿势,如腰痛致腰椎侧弯。

(7)代偿机制:由于肌肉力量不平衡、痉挛或挛缩,如紧张的髂腰肌增加腰椎前凸。

(8)呼吸状态:吸气时胸廓扩张帮助提肋使胸椎前凸,呼气反之。

(9)一般性的乏力。

(10)身体成分:如体重过大而增加脊柱负荷。

(11)运动因素:错误的运动技术动作、本体感觉缺损导致下肢不稳。

(12)肌张力异常:如臀大肌、腹肌、竖脊肌等。

(13)神经性输出或输入:中枢神经系统或周围神经损伤后导致姿势改变。

3. 良好姿势

当维持脊柱和关节的周围软组织处于平衡状态时,人体即处于良好姿势,如图 10-84 所示。此时从身体侧面观察重心线,是从耳垂经过肩峰、胸廓和腹部的中央、股骨大转子、膝关节前方(腓骨头)、外踝尖;背面观重心线时头颈、脊柱、臀裂和两足跟间应在一条直线上,两侧肩峰、肩胛骨、髂嵴上缘高度一致。当人体处于良好姿势时,各个关节承受最小的压力,且需要最小的肌肉活动保持此姿势。

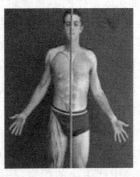 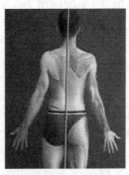 

(a)前面观　　　(b)后面观　　　(c)侧面观

图 10-84　良好姿势

4. 不良姿势

当维持脊柱和关节的周围软组织处于失衡状态时,人体即处于不良姿势,任何增加关节压力的位置都可被看作是不良姿势,此时如果有强壮且柔韧性好的肌肉则有能力改变姿势而不会影响到关节,如果有关节僵硬、肌肉无力或肌肉长度改变则不能调整姿势,从而导致关节出现微小累积性创伤。骨盆前倾角增大或减小、关节压力增大、代偿机制形成、关节僵硬、肌肉无力或缩短拉长等均会导致不良姿势的产生。

肌肉习惯性保持在拉长的位置,从而导致肌力下降称为牵张性无力;肌肉习惯性保持在缩短的位置,而使弹性下降,虽然在缩短的位置下肌力足够,但当拉长时肌力也下降,称为紧张性无力。不管是牵张性无力还是紧张性无力,均会导致肌力下降而不能维持骨骼于正常形态,从而出现异常姿势。

不良姿势对肌肉和脊柱可以产生以下影响:

(1)由于增加了肌肉负荷量而容易疲劳;

(2)更多的体重远离中线;

(3)有效的肌肉角度和长度减少;

(4)当骨密度下降时增加了脊柱负荷量而易骨折;

(5)心肺系统效率下降,肺的扩张性下降(尤其是肺尖);

(6)肌肉效率、力量、弹性下降而降低了工作能力(躯体活动和运动中)。

(二)常见脊柱不良姿势

1. 脊柱后凸

脊柱后凸常见于胸椎,其常见原因有脊柱结核、脊椎压缩性骨折、强直性脊柱炎、老年性关节炎、肿瘤、脊柱前凸代偿性、先天性畸形(部分节段缺陷)、截瘫等。脊柱后凸常见表现及原因如表 10-11 所示。

表 10-11 脊柱后凸常见表现及原因

身体对线	挛　缩	无　力	练　习
背部中段屈曲	上腹肌	胸廓伸肌,斜方肌中下部	主动或被动胸廓扩张练习
肩胛后缩	前锯肌、肩内收肌、肩内旋肌	斜方肌中下部,菱形肌	前锯肌、胸小肌练习
肋间隙减小	肋间肌	—	深呼吸
肩胛后翘	胸小肌	斜方肌下部	胸大肌、背阔肌练习
肩胛上提	斜方肌上部、肩胛提肌	斜方肌下部	斜方肌中下部练习
颈部过伸	颈伸肌	颈屈肌	颈屈肌练习

常见脊柱后凸有以下四种。

1)龟背

龟背如图 10-85(b)所示,特点如下:

①骨盆倾斜角减小(<30°),胸椎后凸增大,脊柱呈长圆形;

②躯干呈现前屈,腰椎屈度减小;

③伸髋肌及躯干屈肌紧张,屈髋肌和腰段伸肌无力。

2)平背

平背如图 10-85(c)所示,特点如下:骨盆倾斜角减小至 20°,腰段脊柱生理弯曲度减小,腰椎前凸减小。

平背常见表现及原因如表 10-12 所示。

表 10-12 平背常见表现及原因

身体对线	挛　缩	无　力	练　习
骨盆后倾	腘绳肌	—	牵伸腘绳肌
腰椎前屈	—	背部伸肌	背部伸肌力量练习
髋关节后伸	—	屈髋肌	屈髋肌力量练习

3)凹驼背

凹驼背如图 10-85(d)所示,特点如下:

①骨盆倾斜角增大,约 40°,胸椎后凸增大;

②骨盆前倾,髋关节后伸;

③为保持重心在正常位置,胸椎相对于腰椎屈曲,胸椎后凸,腰椎前凸;

④合并有伸髋肌、下腰段伸肌和上部腹肌紧张,以及屈髋肌、下腹肌和下胸段伸肌无力。

4）驼背

驼背如图 10-86 所示,主要表现为胸椎局部、急剧向后成角畸形。

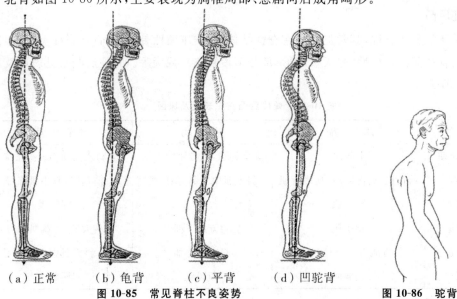

（a）正常　　（b）龟背　　（c）平背　　（d）凹驼背

图 10-85　常见脊柱不良姿势　　　　　　图 10-86　驼背

2. 脊柱前凸

脊柱前凸常见于颈椎和腰椎前凸增大,其常见原因有畸形、腹肌松弛合并屈髋肌和腰椎伸肌紧张或挛缩、大腹便便（体重过大或怀孕）、胸椎过度后凸导致代偿性腰椎前凸、先天性髋关节脱位、穿时髦高跟鞋、脊柱滑脱等。

脊柱前凸常见表现及原因如表 10-13 所示。

表 10-13　脊柱前凸常见表现及原因

身体对挛	短　缩	无　力	练　习
骨盆前倾	屈髋肌	腹肌	牵伸屈髋肌,腹内外斜肌力量练习,避免全范围仰卧起坐
髋屈曲	—	伸髋肌	臀大肌力量练习
下腰部过伸	下背部伸肌	—	牵伸下腰部伸肌

3. 脊柱侧凸

脊柱侧凸可分为以下几种情况。

(1)非结构性脊柱侧凸：常见于姿势问题、癔症、神经根受刺激、炎症、双下肢不等长代偿性等。

(2)结构性脊柱侧凸：常见于骨畸形、椎体缘或半椎体、神经肌肉性（上下运动神经元损伤）、关节挛缩,此类脊柱侧凸表现为进行性（因有骨畸形）。

脊柱侧凸占 75%～85%。脊柱侧凸的类型如图 10-87 所示。

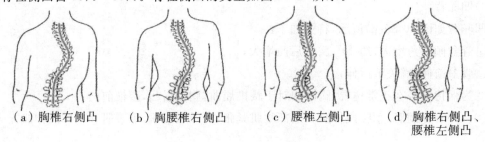

（a）胸椎右侧凸　　（b）胸腰椎右侧凸　　（c）腰椎左侧凸　　（d）胸椎右侧凸、腰椎左侧凸

图 10-87　脊柱侧凸的类型

(三)常见不良姿势评定与矫正训练

1. 脊柱后凸

1)评定

(1)视诊。嘱咐患者自然站立,侧面观察生理弯曲度有无改变,是否有成角畸形,常见的脊柱后凸有角状后突(如结核、骨折、肿瘤等)、圆弧形后突(如强直性脊柱炎、佝偻病、姿态性驼背等)。胸段原为后凸,轻微后凸容易察觉;颈、腰段原为前凸,轻微后凸不易察觉,故应注意头部位置和骨盆位置的观察。还需要观察足纵弓、踝关节有无跖屈挛缩、膝关节有无过伸、髂前上棘与髂后上棘的关系、腰椎前凸、胸椎弯曲、头部是否前伸等。

观察两侧椎旁肌有无痉挛,如有痉挛可见到两旁肌肉膨出,脊柱中线形成一深沟,脊柱伸屈活动受限。嘱咐患者两手在胸前交叉,搭在对侧肩上,然后向前弯腰,观察脊柱的活动范围和两侧胸廓是否对称。

脊柱侧面观常见异常如图 10-88 所示。

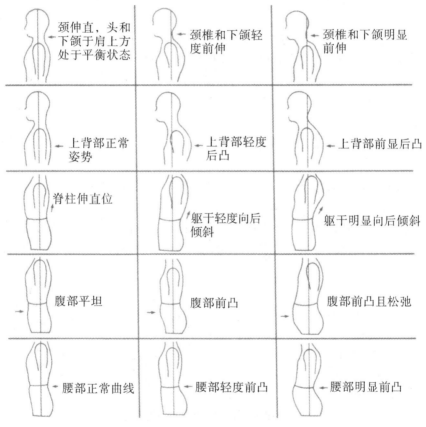

图 10-88 脊柱侧面观常见异常

图 10-88 注解:左侧为站立位侧面观察头部、颈部、下颌、上背部、腹部、下背部正常姿态,中间和右侧均为异常表现,如颈部向前、下颌前伸、胸段脊柱后凸、躯干向后倾斜、腹部前凸下垂、腰部前凸增加等。评分标准:左侧图为正常,积分为 10 分;中间图为一般,积分为 5 分;右侧图为差,积分为 0 分。

脊柱正面观察内容包括有无足内翻、扁平足、足大趾外翻、腓骨头及髌骨是否同高、膝反张、膝内外翻、骨盆对称、肩锁及胸锁等高、头部有无倾斜等。

(2)触诊。两侧椎旁肌肉痉挛时触之坚硬,用食、中两指沿着棘突从上而下划过可以摸清轻微的后突畸形和压痛点。颈椎下段最突出的棘突为C7,两侧髂嵴最高点的连线通过L4棘突,以此两处作为起点可以确定胸、腰椎的位置。颈部触诊时,患者取俯卧位,检查者双手掌心重叠,前额置于掌心,可依次检查枕骨粗隆、乳突、颈椎棘突和横突、钩椎关节以及关节突关节。胸腰椎触诊依次检查胸腰椎棘突、横突、棘上韧带、骶髂关节、骶脊肌等,注意有无棘突压痛、异常隆起或凹陷、棘突间隙是否一致、棘上韧带有无异常。

背部常见压痛点:①棘突压痛,多见于棘上韧带损伤或棘突骨折;②棘间韧带压痛,多见于棘间韧带损伤;③脊肋压痛,见于肾脏疾病;④腰背部局限性压痛,多见于腰背肌劳损;⑤椎旁压痛伴下肢放射,多见于腰椎间盘突出症。

(3)动诊和量诊。患者主动前屈,治疗师观察其脊柱的活动度和受限程度。颈段主动活动范围前屈后伸45°,左右侧屈50°,左右旋转70°;弯腰动作包括屈腰和屈髋两个动作,因此在测定腰段的活动度时,须用两手固定骨盆。腰段主动活动范围前屈45°,腰椎屈曲活动也可记录弯腰双手下垂时中指尖离地面的垂直距离,正常小于10 cm,后伸30°,左右侧屈30°,左右旋转45°。

2)训练

脊柱后凸矫正训练应针对评定结果采取去除病因治疗,如果是脊柱病变引起应针对原发病采取积极治疗,如果没有原发病而仅仅是习惯性或姿势性引起则应积极干预,采取姿势矫正运动疗法来矫正,包括纠正骨盆后倾、增加腰椎前凸、减轻胸椎后凸、松弛或牵伸过度紧张或挛缩的肌肉、强化肌力减弱的背部肌群等。

(1)被动训练。

①手法矫正:可实施局部后凸脊柱的后前向关节松动术,同时不要忽略肩胛骨和骨盆异常姿势的矫正。

②肌肉牵伸技术:挛缩肌肉的被动手法牵伸,如腹部肌肉、胸部肌肉等,如图10-89至图10-91示。

患者屈腿坐位或伸腿坐位,双手十指交叉置于枕后,治疗师单腿跪于患者后方,以一侧膝抵住患者局部后凸的脊柱,双手握患者肘部,缓慢帮助患者扩胸。

(a) (b) (c)

图10-89 脊柱后凸的姿势矫正(治疗师徒手)

脊柱后凸的姿势矫正(利用健康部位力量做伸展练习)的步骤如下。

a.患者背向肋木,两脚并立站在肋木前半步,臀部靠近肋木,两手向上举稍弯曲,如图10-91(a)所示。

b.患者伸展双上肢,扩胸、伸直双上肢,臀部离开肋木向前,稍停留后复原,反复3次,如图10-91(b)所示。

c.在患者脊柱后凸局部和墙壁之间夹一个医疗球,扩胸以脊柱后凸部为中心来施加压迫,如图10-91(c)所示。

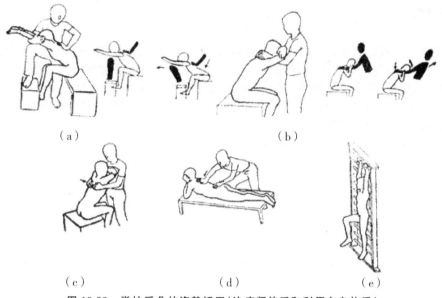

图 10-90 脊柱后凸的姿势矫正(治疗师徒手和利用自身体重)

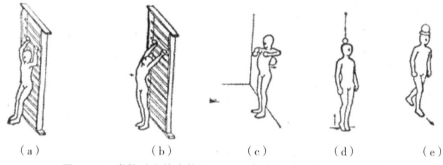

图 10-91 脊柱后凸的姿势矫正(利用健康部位力量做伸展练习)

d. 从牵引网架上用绳吊一个球,调整其高度,使患者挺胸时刚能够碰到,伸直脊柱使头碰球,如图 10-91(d)所示。

e. 让患者保持正确姿势,并在其头上垫一个用毛巾做的圆垫上放一沙袋或医疗球,让患者走步,不要让球掉下来或者让患者在镜子前保持正确姿势,做步行练习,如图 10-91(e)所示。

③矫形器的应用:胸椎后凸矫形器如图 10-92 所示。

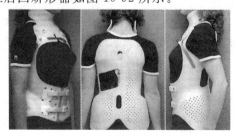

图 10-92 胸椎后凸矫形器

(2)主动训练。

①徒手操:伸展脊柱医疗体操。

②器械练习:借助肋木伸展脊柱练习、仰卧位胸腹部肌肉自我牵伸练习、增强背部肌肉的力量练习。

2. 脊柱侧凸

1）评定

（1）视诊。先观察患者的脊柱生理弯曲度是否正常，棘突是否在一条直线上，两侧肩胛下角连线与两侧髂嵴连线是否平行，两侧肩胛骨距中线是否对称，从枕骨粗隆向地面作垂线应通过骶骨中线和臀裂，若有脊柱侧凸，侧凸最明显部位多为原发性侧凸，患者常有一反方向的继发性侧凸。还需要观察患者有无足内外翻、扁平足、膝内外翻、双侧股骨大转子高度、双侧骨盆高度、翼状肩、头颈部有无侧偏等。

脊柱后面观察常见异常表现如图 10-93 所示。

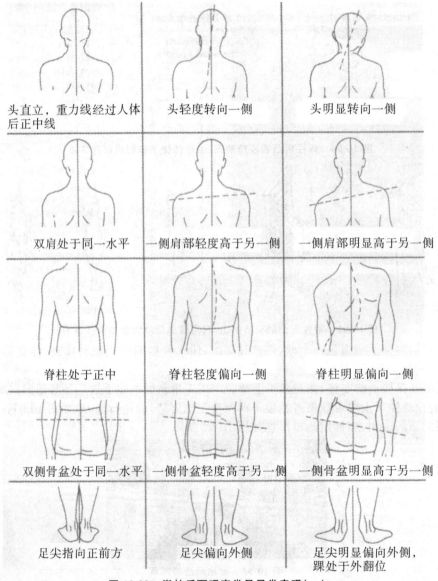

图 10-93　脊柱后面观察常见异常表现（一）

图 10-93 注解：左侧为站立位后面观头、颈、肩胛、脊柱、骨盆、足的良好姿势表现，中间和右侧为异常姿态。常见异常姿势有头扭向一侧、肩胛不在同一水平、脊柱向一侧弯曲、骨盆不在同一水平、踝外翻、足尖没有指向前方等。评分标准：左侧图为正常，积分为 10 分；中间图为一般，积分为 5 分；右侧图为差，积分为 0 分；脊柱侧面观和后面观积分总分在 80～100 分为良好姿势，50～79 分为一般，0～49 分为差。

检查者除上述从患者直立位后面观察外,还可令患者站立躯干向前屈曲来观察其背部形态,如图 10-94 所示,脊柱侧凸患者在此体位可明显观察到背部胸廓不等高,凸侧胸廓变窄、肋骨凸起。

(2)触诊。检查者用食、中两指沿着患者棘突从上而下划过在皮肤上可以清楚地显出一条红线,可看出脊柱有无侧凸畸形。

(3)动诊。检查者怀疑患者有其他原因引起侧凸时,可让患者取坐位,侧凸若消失要进一步检查双下肢长度,若坐位侧凸仍存在,嘱咐患者前屈,若侧凸消失则说明患者为姿势性侧凸。

(4)量诊。检查者测定患者脊柱侧凸角度可动态监测脊柱侧凸进展程度。科布氏角测定是常用的方法,即脊柱弯曲上下两端向凹侧倾斜最显著的上椎体的上终板延长线之垂线与下椎体的下终板延长线之垂线交叉形成的夹角,如图 10-95 所示,科布氏角在 20°~40°是脊椎侧凸矫形器的绝对适应证,大于 50°应手术治疗。

此外,还应进行下肢长度测量以排除腿不等长导致代偿性脊柱侧凸,具体测量方法参阅华夏出版社出版的《康复疗法评定学》一书中的第五章第二节。

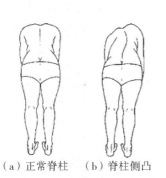

(a)正常脊柱　(b)脊柱侧凸

图 10-94　脊柱后面观察常见异常表现(二)

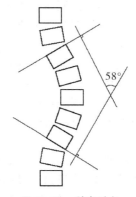

图 10-95　科布氏角

双侧下肢不等长导致功能性脊柱侧凸如图 10-96 所示。

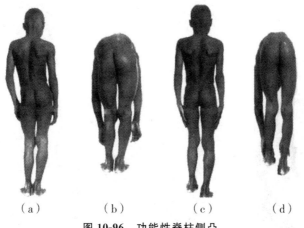

(a)　　　(b)　　　(c)　　　(d)

图 10-96　功能性脊柱侧凸

图 10-96(a)和图 10-96(b)为双下肢不等长站立位和站立躯干前屈位的异常表现,图 10-96(c)和图 10-96(d)为较短一侧向前迈矫正不等长后站立位和站立躯干前屈位的表现。

脊柱侧凸患者站立躯干向前屈曲,可用一水平尺测量两侧胸廓高度差,将水平尺中间刻度 0 放于最凸起胸椎棘突上,水平尺一端置于凸起的肋骨,然后在另一侧相同距离处测量肋骨距离水平尺的高度即为双侧胸廓不等高的程度,如图 10-97 所示。

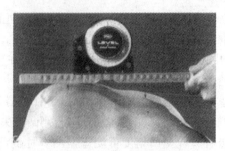

图 10-97　脊柱侧凸胸廓测量

2）训练

脊柱侧凸在生长发育期进展明显，在幼儿时期进行康复治疗易于矫正，在青春期或更晚时期则难以矫正。矫正体操的作用原理是有选择地增强脊柱维持姿势的肌肉，通过凸侧的骶棘肌、腹肌、腰大肌、腰方肌等肌肉力量的训练，调整两侧的肌力平衡，牵伸凹侧的挛缩的肌肉、韧带和其他软组织，以达到矫正形体的目的。矫正体操对不同发展阶段和不同类型的脊柱侧凸有不同的效果，特别对少儿或青春前期轻度特发性侧凸、可屈性尚无明显结构性改变者，矫正体操可达到良好的治疗效果。对结构性改变明显及先天性侧凸很难单独通过矫正体操矫正形体，需要和其他非手术治疗特别是支具治疗结合应用。

（1）被动训练。

①手法矫正：可实施局部侧凸脊柱的侧方推棘突关节松动术，同时不要忽略肩胛骨和骨盆异常姿势的矫正。具体手法参见华夏出版社出版的《临床康复运动疗法学》一书中的第二章关节松动技术。

②肌肉牵伸技术：缩短侧竖脊肌的被动手法牵伸。

③矫形器的应用：里昂支具是由法国里昂整形外科医生斯塔格纳拉设计，适用于 50°以内的胸腰椎侧凸。斯塔格纳拉脊柱侧凸矫形器采用合金支条和可调节的压垫连接件，如图10-98所示。

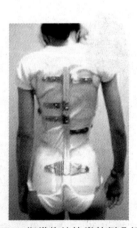

图 10-98　斯塔格纳拉脊柱侧凸矫形器　　图 10-99　脊柱侧凸矫正主动运动

（2）主动训练。

①徒手操。脊柱侧凸徒手操包括：脊柱侧凸矫正主动运动（见图 10-99）、伸展一侧脊柱医疗体操（见图 10-100）、Klapp 匍匐运动（见图 10-101）等。

脊柱侧凸矫正主动运动：凸侧的膝部向侧方伸出，屈肘放到凸侧的腰肋部，凹侧的膝部为屈膝，上肢高举，边压凸侧的季肋部同时向凸侧方向侧屈。

图 10-100　伸展一侧脊柱医疗体操

Klapp 匍匐运动是将脊柱矫正和肌力练习组合在一起进行的一系列体操,其特征是利用在脊柱无负荷的水平位,即屈膝四肢爬行的体位时脊柱的活动范围在额状面较大的特点,进行一系列矫正和增强肌力的运动,这些匍匐运动不仅可在训练室进行,还可在日常生活的任何时间进行,为了保护膝部和手可戴护膝和手套。

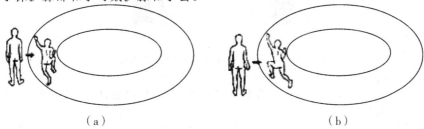

图 10-101　Klapp 匍匐运动

同侧手足交叉四肢爬行(见图 10-101(a)):胸椎右凸侧弯时以右凸侧为中心,按侧弯矫正匍匐线来爬行,右侧手足接近,交叉。

对侧手足伸展四肢爬行(见图 10-101(b)):S 形侧弯时(胸椎右凸腰椎左凹)左上肢前伸,右下肢向后同时伸出,以右侧为中心来画圆圈爬行。

②器械练习。器械练习包括:增强侧凸一侧背部肌肉力量练习和侧卧位悬垂矫正体操(见图 10-102)。

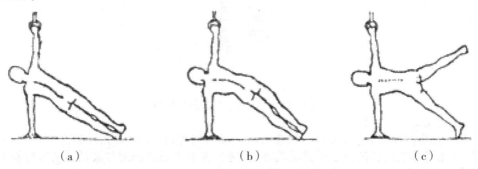

图 10-102　侧卧位悬垂矫正体操

如图 10-102(a)所示,凸侧向上,握住吊环或横梁进行侧卧位悬垂(弛缓性侧方悬垂)。如图 10-102(b)所示,伸展身体使弯曲下部向上牵(伸展性侧方悬垂)。如图 10-102(c)所示,两腿分开,将上方腿上举,对代偿性侧弯有效。

3. 上下交叉综合征

上下交叉综合征是一组典型的不良姿势,主要是由于身体两侧部分肌肉挛缩而另外一部分肌肉力量下降导致肌肉力量不平衡而引起肌肉骨骼系统变形、姿势异常的表现。其主要症状表现为局部疼痛、运动功能障碍或运动效率差,最常见于司机和办公室的工作人员,往往由于长期习惯性体位而导致不良姿势的恶性循环。

1)上交叉综合征

(1)上交叉综合征的定义。

上交叉综合征主要影响颈-肩胛带区,是颈-肩胛带区肌肉力量不平衡而导致颈肩部异常姿势的表现。

(2)上交叉综合征的主要特征。

上交叉综合征表现为头部前伸、上颈段伸展、下颈段屈曲、肩胛前伸上举呈翼状肩、胸椎后凸增加、胸骨柄下降、肱骨内旋等,如图 10-103 示。

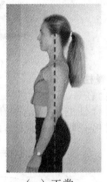 

（a）正常　　　（b）异常

图 10-103　上交叉综合征的主要特征

(3)上交叉综合征的原因,如图 10-104 所示。

①紧张或挛缩的肌肉:胸大肌、斜方肌上部肌纤维、肩胛提肌、胸锁乳突肌、前斜角肌、小圆肌、背阔肌、三角肌前部等。

②无力或抑制的肌肉:头最长肌、前锯肌、菱形肌、斜方肌中下部肌纤维、肩袖肌后部等。

③常见损伤:头痛、肩部撞击综合征、胸廓出口综合征、肩部不稳定等。

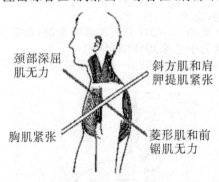

图 10-104　上交叉综合征的原因

(4)上交叉综合征的评定。

①肌肉长度测量:目前尚无针对胸大肌、斜方肌、肩胛提肌、胸锁乳突肌、斜角肌、小圆肌、背阔肌、三角肌等肌肉长度测量的试验检查,但通过关节主动活动度和被动活动度的检查了解活动末端有无肌肉牵拉感或紧张感来判断有无肌肉挛缩。

②肌肉力量评定：测定头最长肌、前锯肌、菱形肌、斜方肌中下部肌纤维、肩袖肌后部肌肉力量，可通过徒手肌力测定（MMT）或等速肌力测定来完成，具体测定方法参阅华夏出版社出版的《康复疗法评定学》一书中的第七章和第八章。

(5)上交叉综合征的康复训练。

①控制疼痛。

②牵拉紧张或挛缩的肌肉。

③增强无力肌肉力量训练。

④矫正身体不良对线。

2）下交叉综合征

(1)下交叉综合征的定义。

下交叉综合征主要影响腰-骨盆区，是腰-骨盆区肌肉力量不平衡而导致颈肩部异常姿势的表现。

(2)下交叉综合征的主要特征。

骨盆前倾增大，腰椎前凸增大，腹部下垂等。

(3)下交叉综合征的原因，如图 10-105 所示。

①紧张或兴奋性的肌肉：股直肌、髂腰肌、竖脊肌、腰方肌、阔筋膜张肌、外展肌等。

②肌无力或抑制：腹直肌、腹斜肌、臀大肌、臀中肌、腘绳肌等。

③常见损伤：下腰痛、膝痛、腘绳肌拉伤等。

(4)下交叉综合征的评定。

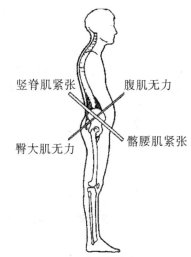

图 10-105　下交叉综合征原因

①肌肉长度测量。托马斯试验（见图 10-106）通常用于评定有无屈髋肌挛缩。检查方法：受试者平卧于硬板床，健侧髋膝尽量屈曲，双手抱健侧膝部使腰椎平贴于床面。正常对侧下肢不离开床面，如对侧下肢不能与床面接触提示该侧屈髋肌有挛缩。如果将抬离床面的下肢下压贴于床面，另一手置于腰椎处则可明显触摸到腰椎前凸增加。如果在做此检查时，对侧下肢不是抬离床面而是向侧方外展则表明该侧髂胫束挛缩或紧张。

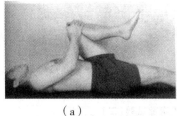
（a）

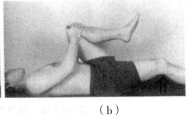
（b）

图 10-106　托马斯试验

股直肌挛缩试验（一）（见图 10-107）：受试者仰卧于治疗床沿，双小腿自然下垂，双手抱住一侧膝关节并屈向胸部，对侧膝关节应保持近 90°，如果对侧膝关节出现伸直则表明股直肌有挛缩。

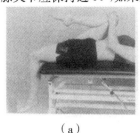
（a）

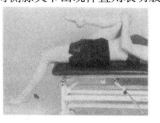
（b）

图 10-107　股直肌挛缩试验（一）

股直肌挛缩试验（二）（见图 10-108）：受试者取俯卧位，检查者被动屈曲受试者一侧膝关节，如果同侧髋关节同时出现屈曲则为阳性，表明同侧股直肌有挛缩。

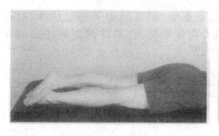 

(a)　　　　　　　　　　　　　(b)

图 10-108　股直肌挛缩试验(二)

腘绳肌挛缩试验(一)(90°-90°直腿抬高试验,见图 10-109):受试者取仰卧位,双侧屈髋屈膝 90°,双手抱大腿后面以固定髋关节于 90°,尽量主动交替伸膝,正常伸膝可达 70°,即有 20°受限,如果不能达到此范围或末端有肌肉牵拉感则提示腘绳肌有挛缩。

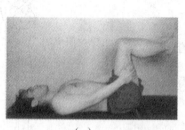 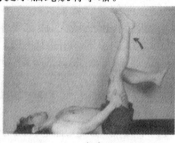

(a)　　　　　　　　　　　　　(b)

图 10-109　腘绳肌挛缩试验(一)

腘绳肌挛缩试验(二)(见图 10-110):受试者取坐位,一侧屈髋屈膝贴于胸廓,另一侧下肢伸直,令受试者尽量触摸伸直一侧下肢的脚趾。正常可以触摸到脚趾,如果不能则提示腘绳肌有挛缩。

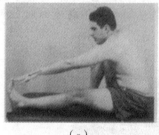  

(a)　　　　　　　　(b)　　　　　　　　(c)

图 10-110　腘绳肌挛缩试验(二)

腘绳肌挛缩试验(三)(见图 10-111):受试者坐于床沿,上身保持挺直,双小腿自然下垂,检查者被动伸直受试者一侧膝关节,如果受试者出现躯干后仰则提示腘绳肌有挛缩,但需要注意与坐骨神经牵拉引起刺激症状相鉴别。

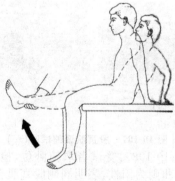

图 10-111　腘绳肌挛缩试验(三)

在做以上肌肉长度检查时,治疗师除了观察患者关节表现外,还应注意用手触摸被检查肌肉有无紧张感,如果没有触摸的肌肉紧张感则可能来源于关节本身结构挛缩(如关节囊的紧张)。此外,以上检查均应做双侧比较。

②肌肉力量评定。测定腹直肌、腹斜肌、臀大肌、臀中肌、腘绳肌等肌肉力量,可通过徒手肌力测定或等速肌力测定来完成,具体测定方法参阅华夏出版社出版的《康复疗法评定学》一书中的第七章和第八章。

(5)下交叉综合征的康复训练。

①控制疼痛。选择一个舒服或疼痛减轻的姿势,通常是功能位或中立位。

②牵拉紧张或挛缩的肌肉。

③增强无力肌肉力量训练。

④矫正身体不良对线。

每天进行自我牵伸和肌肉力量练习 10~30 分钟以保持良好姿势和身体柔韧性,如练习瑜伽或普拉提,辅以适度抗阻力量练习。建议在日常工作和生活间隙做以下主动练习:①肘部举到背后;②颈部牵伸;③下颌前后伸;④前后滚肩;⑤背部伸直;⑥坐位体前屈;⑦伸直上部脊柱;⑧空划船。以上这些练习不受时间、场地、气候等环境因素影响,随时随地都可以完成,可以有效地减轻局部肌肉酸痛、预防姿势异常和颈肩腰腿痛等慢性损伤。图 10-112 列举了一些在办公桌或电脑桌前的主动牵伸活动,每个动作保持 10 秒,重复 3 次。

图 10-112 在办公桌或电脑桌前的主动牵伸活动

三、肥胖症的运动康复

(一)概述

肥胖症是指各种原因引起机体能量供需失调,摄取食物中的热量多于人体消耗,以致过剩的能量以脂肪的形式储存于体内所致。肥胖症是遗传因素和环境因素共同作用的结果,生理因素及病理因素均可导致肥胖,因此肥胖症也是一种慢性代谢异常疾病,而且常与胰岛素抵抗、冠心病、高血压、血脂异常等组合在一起,既影响身心和行为等相关问题,又可作为某些疾病的临床表现之一与一些疾病如心血管疾病、糖尿病等患病率和死亡率密切相关。

肥胖已成为一个严重威胁人类健康的普遍问题,2010年国家国民体质监测中心数据显示:成人超重率达32.1%,成人肥胖率达9.9%,老年人超重率达39.8%,老年人肥胖率达13%。来自中国疾病预防控制中心的数据显示,我国18岁以下的肥胖人群已达1.2亿。来自国外的研究也指出,中国有12%的儿童超重,中国青少年患糖尿病的比例相当于美国同龄人的4倍。专家表示,青少年肥胖正在逐步加重我国经济和医疗机构的负担,其经济负担将超千亿元,如果不采取紧急措施制止这种趋势,中国医疗体制将面临巨大挑战。

1. 分类

肥胖分为单纯性肥胖和继发性肥胖两大类。单纯性肥胖是指无明显内分泌与代谢性疾病,但伴有脂肪、糖代谢调节障碍的一类肥胖,此类肥胖最为常见。单纯性肥胖根据肥胖发生年龄又分为体质性肥胖和获得性肥胖两种。前者常为幼儿期起病,与婴儿时期营养过度有关。后者又称营养性肥胖,多于成年后起病,常由于营养过度、体力活动减少所致。继发性肥胖常继发于内分泌或代谢性疾病,如垂体前叶功能减退症、皮质醇增多症、下丘脑综合征等的一种症状。本节主要讨论单纯性肥胖的康复治疗。

2. 病因及发病机制

肥胖症的病因尚未完全明了,任何因素导致能量的摄入超过人体的消耗均可引起肥胖。与肥胖发生有关的一些因素如下。①遗传:人类的流行病学研究表明单纯性肥胖可呈一定的遗传倾向,但遗传基础未明。②中枢神经系统:下丘脑食物调节中枢功能失调就会引起多食而导致肥胖。③内分泌系统:目前认为在肥胖症的发病机制中胰岛素的变化可起到主要作用。④饮食生活习惯:如饮食过多高热能食物、运动不足、体力活动减少等。⑤药物性肥胖:长期应用盐酸氯丙嗪、胰岛素、激素、抗组胺药等,可使食欲亢进导致肥胖,此类肥胖一旦停药症状可逐渐减轻或好转。

3. 临床表现

1)一般表现

轻度肥胖者一般无自觉症状;中重度肥胖者则表现出一系列临床症状,例如在体力劳动时易疲劳,上楼时感觉气促,怕热多汗,负重关节容易发生退行性病变,出现关节疼痛等。

2)形体改变

通常男性脂肪主要分布在腰部以上(如躯干、腹部、颈部)称苹果型,女性脂肪主要分布在腰以下(如下腹部、臀、大腿)称梨型。

3)肥胖引起的各系统改变

(1)心血管系统改变:如充血性心力衰竭、下肢静脉曲张、栓塞性静脉炎和静脉血栓形成;动脉粥样硬化、冠心病的发生。

(2)呼吸系统改变:如活动性呼吸困难,严重的可导致缺氧、发绀和高碳酸血症,终末期呈肥胖性心肺功能不全征。

(3)消化系统改变:易发胆石症、肝功能异常等。

(4)运动系统改变:易发生骨性关节病。

(5)内分泌系统改变:肥胖患者常伴有空腹及餐后高胰岛素血症,糖耐量减低,甘油三酯、极低密度脂蛋白、胆固醇常增高。

(6)精神系统改变:肥胖者可出现倦怠、冷漠、精神抑郁,对环境、事物的刺激反应迟钝,思维、学习效率不高。

4)并发症

肥胖者多种疾病的发病率明显增加,死亡率也比正常体重者明显增加。常见并发症有高血压、冠心病、糖尿病、恶性肿瘤等。此外,肥胖者皮肤皱褶易发生皮炎、擦伤并容易合并化脓感染。

(二)康复评定

1. 标准体重

1)儿童肥胖标准

正常范围为标准体重上下 10% 范围内,超过标准体重 20%～30% 为轻度肥胖,超过标准体重 30%～50% 为中度肥胖,超过标准体重 50% 以上为重度肥胖。

婴儿和儿童的标准体重计算法如下。

(1)婴儿(1～6 个月):标准体重=出生体重+月龄×600,其中标准体重、出生体重的单位为 g。

(2)婴儿(7～12 个月):标准体重=出生体重+月龄×500,其中标准体重、出生体重的单位为 g。

(3)一岁以上幼儿:标准体重=年龄×2+8,其中标准体重单位为 kg。

(4)若儿童身高超过标准可参照成人标准。

2)成年人标准

标准体重=[身高-100]×0.9,其中标准体重的单位为 kg,身高的单位为 cm。超过标准体重 10%～19% 为超重,超过标准体重 20% 为肥胖。其中超过标准体重 20%～30% 为轻度肥胖;超过标准体重 31%～50% 为中度肥胖;超过标准体重 50% 以上为重度肥胖。

2. 体重指数(BMI)

BMI=体重/身高^2 是较常用的指标,其中体重的单位为 kg,身高的单位为 m。2000 年国际肥胖特别工作组提出了亚洲成年人 BMI 正常范围为 18.5～22.9;<18.5 为体重过低;≥23 为超重;23～24.9 为肥胖前期;25～29.9 为Ⅰ度肥胖;≥30 为Ⅱ度肥胖。2003 年 4 月卫生部疾病控制司公布了《中国成人超重和肥胖症预防控制指南》,以 BMI 值"24"为中国成人超重的界限,BMI 值"28"为肥胖的界限。

3. 体脂测定

直接测定体脂百分比更合理、准确地了解体内脂肪代谢情况及肥胖程度,为控制体重提供合理的指标。常用的体脂测定法有以下几种。

1)水下称重法

水下称重法是经典的体脂测定法。其方法为测定水下体重与陆上体重的差异,求得人体体积,此体积应扣除肺内残气量及估计的肠道含气量(约 200 mL)。从体重及体积算出人体密度 y,再代入 Siri 公式:体脂=(495/y-450)×100%。

由体脂乘以体重即得体脂量,体重减去体脂即得瘦体重。水下称重法结果比较可靠,但由于需要特殊的设施,且测试方法较复杂故临床应用较少。

2)皮脂厚度测量法

人体一半以上的脂肪在皮下组织,随着体重的增加,皮下脂肪的百分比也增加。这些皮下脂肪在特定的部位可以用标准的方法测量出来,即用皮脂厚度计直接测得。

(1)皮脂厚度测量工具:皮脂厚度计和皮尺。

(2)皮脂厚度测量的部位及方法。通常测量右侧肢体的皮脂,测试者捏起受试者的受测部位皮肤及皮下脂肪,但不能提起肌肉(通常两指指距为 2～3 cm),皮脂厚度计垂直置于捏起的皮脂下 1 cm 保持 2 秒后读数,一般测量 3 次取平均值。测量皮脂厚度通常选择 7 个部位。①肱三头肌:上臂后面肩峰与鹰嘴连线的中点处。②肱二头肌:上臂前面与肱三头肌部位相同水平。③肩胛下角:在肩胛下角 2 cm 处向外下 45°捏起皮脂。④髂嵴上:在髂嵴上 2 cm 处与腋中线交点处。⑤股皮脂:受试者站立稍屈膝,在髋关节与膝关节连线中点处。⑥腹部皮脂:肚脐侧方 2 cm 处。⑦胸部皮脂(仅男性):腋前线与乳头连线的中点处。

(3)身体密度与体脂的计算。

男性身体密度 =1.109 38 - (0.000 826 7×胸、腹、股皮脂总和) + (0.000 001 6
　　　　　　　×胸、腹、股皮脂总和的平方) - (0.000 257 4×年龄)

女性身体密度＝1.099 492 1－（0.000 992 9×肱三头肌、髂嵴上、股皮脂总和）＋（0.000 002 3×肱三头肌、髂嵴上、股皮脂总和的平方）－（0.000 139 2×年龄）

体脂＝（495/身体密度－450）×100％

不同体型的人体脂肪范围如表 10-14 所示。

表 10-14　不同体型的人体脂肪的范围

体　型	女　性	男　性
运动员	17％	10％
偏瘦	17％～22％	10％～15％
正常	22％～25％	15％～18％
平均水平以上	25％～29％	18％～20％
脂肪过多	29％～35％	20％～25％
肥胖	＞35％	＞25％

4. 腰臀比（WHR）

测量第 12 肋骨下缘至髂前上棘之间中点的周径（腰围）与股骨粗隆水平的周径（臀围）的比值，男性 WHR＞0.90 或女性 WHR＞0.85 可视为中央型肥胖。WHR 与 CT 测得的腹部脂肪面积明显相关，是表示腹部脂肪积聚的良好指标。

5. 腰围（WC）

腰围较腰臀比更简单可靠，现在更倾向于用腰围代替腰臀比预测中心性脂肪含量。WHO 建议男性 WC＞94 cm、女性 WC＞80 cm 为肥胖，中国肥胖问题工作组建议对中国成人来说，男性 WC≥85 cm，女性 WC≥80 cm 为腹部脂肪蓄积的诊断界限。

6. 肥胖度

肥胖度＝[（实际体重－标准体重）×100％]/标准体重

肥胖度为±10％属于正常范围；＞10％为超重；＞20％为肥胖；20％～30％为轻度肥胖；30％～50％为重度肥胖；超过 100％为病态肥胖。

（三）康复治疗

1. 基本原则

肥胖症康复治疗的基本原则是：①通过饮食控制以减少能量摄入；②通过运动锻炼增加能量消耗，使机体所需能量维持负平衡状态，以使体内过剩的脂肪组织转换成能量释放，逐步达到减少脂肪、减轻体重的目的；③当体重减轻到理想体重后，保持能量摄入与消耗平衡，防止肥胖复发。在众多的减肥方法中以饮食控制和运动锻炼为最重要、最基本的措施。

2. 行为矫正

引起肥胖的直接原因是长期摄入热能过多，所以治疗要坚持足够的时间，要持之以恒地致力于改变原有的生活、饮食习惯。因此，除由康复工作人员指导外，还应取得家庭的合作，指导患者制订计划。从饮食处方开始，逐步建立咨询、定期寻访和制订行为干预计划。其内容包括食物行为（如选购、储存、烹饪等），摄食行为（如时间、地点、陪伴、环境、用具、菜单等）和自尊，尤其是有精神情绪问题的肥胖患者，还应做些细致的调查研究，了解问题的症结所在，有针对性地做好疏导，改变其原有的不良心态，取得其配合，这样才能取得较为理想的治疗效果。

3. 饮食疗法

通过限制能量的摄入,使总摄入量低于消耗量以减轻体重。其中主要是去除体内过多的脂肪,并防止再积聚。

1)以减肥为目的的正确饮食原则

(1)减低饮食热量。饮食供热能必须低于机体实际耗热能,以造成热能的负平衡促使长期蓄积的热能被代谢掉,直到体重恢复到正常水平。一般来说,低热量饮食指每千克标准体重给予热量 42~84 kJ,极低热量饮食指每千克标准体重给予热量 42 kJ 或更低。减低饮食热量首先要限制糖类,糖类供给应控制在总热量的 40%~50% 为宜,同时要限制脂肪,尤其是动物脂肪,脂肪应控制在总热量的 20%~25%。

(2)充分摄取蛋白质。食物中蛋白质的供给量控制在占饮食总热量的 20%~30%。

(3)保证饮食有足够而平衡的维生素和矿物质的供应。

(4)尽量以少量的饮食满足需要。

2)可选择的减肥食物

可选择的减肥食物包括:①蔬菜类,如黄瓜、冬瓜、南瓜、丝瓜、葫芦、萝卜、大白菜、豆芽等;②豆类,如绿豆、红豆、黄豆、豆腐等;③其他食物类,如醋、茶、木耳、蘑菇等。以上减肥食物可以在减肥过程中搭配选用,效果会很好。

3)减肥方法

对于减肥饮食疗法,目前公认比较好的方法是低热量均衡饮食法。选择一种低度的热量供给,同时满足人体所需的其他营养物质,如蛋白质、维生素、无机盐和微量元素。用这种饮食可以持续食用几个月而不需要额外补充其他营养物质。

低热量均衡饮食方法如下。

(1)每日总热量 = 42~84 kJ/kg × 标准体重。

(2)三大营养物质的量及分配比例。蛋白质按每日每千克体重 1 g,约占总热量的 26%,应选择高生物价蛋白质;碳水化合物的量约占总热量的 50%;脂肪约占总热量的 24%,最好含有较多的不饱和脂肪酸。

(3)进食方法和技巧。下面介绍两种进食的方法以供参考。①改变进食顺序:如果将饮食方式颠倒过来,既能获得充分的满足感,又能提高减肥的效果。通常的做法是:首先喝一杯茶;其次喝不放水果或糖的自制蔬菜汁;再其次吃一大盘蔬菜,如卷心菜、白菜、黄瓜、萝卜、西红柿等,若能配上海带或香菇则更好,原则上不用油或加少许植物油,这样便能补充足够的维生素和矿物质;再次可以吃一些植物性蛋白(如豆腐类)以及含油脂少的动物性蛋白(如鱼、贝、海参、蛋等);最后吃少量的米饭或面类,用杂粮如玉米、大豆、小米、高粱混合的面食作为主食效果更好。②以蔬菜、牛肉为主食,辅以杂粮,进食的顺序和碳水化合物量的要求与以上相同。

4)饮食疗法注意事项

(1)切莫并餐大吃。饮食方式与肥胖有很大关系,在进餐次数少,常两餐并作一餐大吃一顿的人中,肥胖者非常多。

(2)不吃零食。禁忌零食,特别是禁忌甜食及酥脆饼干类,因为这类食品含有惊人的高热量,如 2 块大酥脆饼干或 30 粒花生米的热量相当于一碗饭。

(3)忌酒。酒类是高热量食品,经常饮用易导致肥胖,尤其是啤酒。

(4)根据肥胖程度节制饮食。对轻度肥胖者仅需要限制脂肪和糖类,平时适当限制零食、糕点和啤酒等；中度以上肥胖者如食欲旺盛不能自制，同时又因肥胖不能坚持体力活动的应严格限制进食，如果希望每周减轻 0.5～1 kg，则每天食物中的碳水化合物含量应有 0.15～0.2 kg，蛋白质的含量不宜少于每公斤体重 1 g，同时还应控制动物脂肪和脂肪酸含量较高的油类。

4. 运动治疗

运动治疗是指通过运动锻炼来消耗体内多余的能量，以减少体内脂肪储存量而达到减轻体重的一种治疗方法，是治疗和预防肥胖症的有效手段，是减肥的关键。

1）运动治疗的作用机制

运动可通过以下几个方面达到减轻体重、提高体力、增进健康的目的。

(1) 运动时肾上腺素、去甲肾上腺素分泌增加，可提高脂蛋白酯酶的活性，促进脂肪的分解。

(2) 运动可以减轻胰岛素的抵抗。

(3) 运动可减少脂肪在心脏、血管、肝脏等器官内沉积，从而避免因肥胖而引起这些器官的损害。

(4) 运动可降低血中甘油三酯及低密度脂蛋白水平，提高高密度脂蛋白水平，对防止血管粥样硬化及心脑血管疾病有重要意义。

运动可加强心肌收缩力，增加胸廓及膈肌的活动度，加深呼吸，增加肺活量，从而改善心肺功能提高人体健康水平。

2）运动治疗方法

肥胖症的运动治疗主要以中等强度、较长时间的有氧运动为主，辅以力量性运动及球类运动等。肥胖者进行运动时可根据不同年龄、体质和兴趣爱好选择不同强度和不同方式的运动。中老年、体质较差的肥胖者可进行运动强度较低、时间较长的运动项目，而年轻体质较好的肥胖者可进行强度较大、时间相对较短的运动项目。

(1) 有氧运动。常用的有氧运动包括步行、慢跑、游泳、划船、登山、骑自行车、减肥体操等。基本的运动方法与糖尿病患者的有氧运动方法相似。

(2) 力量性运动。力量性运动主要是进行躯干和四肢大肌群的力量性运动，可以利用自身体重进行仰卧起坐、下蹲起立以及俯卧撑等运动，也可利用哑铃、沙袋或拉力器等锻炼。为了达到消耗体内脂肪的目的，力量性运动时的肌肉负荷是以最大肌力的 60%～80%，每组 10 次，2～3 组，隔 2～3 周再加大运动量。

(3) 球类运动。球类运动作为一种锻炼方式，既能锻炼肌肉、增强体质，又能持续运动消耗能量，起到减肥效果。肥胖者的球类运动可酌情选择羽毛球、乒乓球、网球、排球、篮球等项目，每次运动以 30～60 分钟为宜，中间可以适当休息。运动时应避免体育比赛时那种紧张激烈的争夺。

3）运动治疗与饮食控制相结合

运动治疗和饮食控制相结合，既可以有效地产生热量负平衡，又能避免大运动量所带来的劳累以及过严的饮食控制带来的不利影响，使减肥效果更加明显和持久。

美国运动医学院推荐肥胖症患者的运动处方如下。①运动频率：每周 5 次，或每天。②运动时间：40～60 分钟或每天 2 次，每次 20～30 分钟。③运动强度：40%～70% 最大摄氧量。最初阶段强调增加运动时间而不是增加运动强度来达到合适的热量消耗，应用低强度的运动项目，辅以力量练习。

5. 药物治疗

理想的减肥药物应能减少能量摄取,增加能量消耗,并改善与肥胖症相关的危险因素。药物治疗只限于上述措施未能奏效时选做短期辅助治疗,主要有以下几类。①食欲抑制剂:如安非拉酮、苯丁胺、苯丙醇胺等。②血清素及去甲肾上腺素再摄取抑制剂:常用西布曲明等。③脂肪酶抑制剂:如奥利司他。④中药减肥药:如精制大黄片、脂比妥、防风通圣散、白金降脂丸、轻身减肥片、三茶减肥茶等。

6. 针灸治疗

针灸治疗肥胖症是以针灸刺激人体特定穴位,通过中枢神经系统来调整人体的内分泌功能和食欲中枢,加速能量代谢,增加身体能量的消耗,促进身体脂肪的转化作用,同时分解身体脂肪,最终使体重持续下降。用针灸治疗肥胖需要辨证施治,以健脾和胃、利水渗湿、活血化瘀为治疗原则,可采用以下经验穴进行治疗:曲池穴、外关穴、中脘穴、天枢穴、气海穴、足三里穴、三阴交穴、公孙穴、太白穴。

7. 心理治疗

肥胖症的心理康复可以采用多种心理治疗形式:如针对肥胖症的病理心理,采取劝慰、关切、开导等方法,消除患者对肥胖的悲观、紧张或漠不关心等心理,调动患者的积极性;通过心理转换的方式,使肥胖患者消除有害的情绪,建立良好的心境;采用强化减肥行为的方式,对减肥行为表现良好者给予表扬,对不认真执行减肥方案而失败者给予批评教育。

8. 肥胖症康复治疗方案的制订与实施

肥胖症的康复治疗是一个长期而又艰苦的过程,应根据肥胖患者的实际情况制订全面细致的计划,将饮食治疗、运动治疗、药物及其他治疗结合起来。在治疗过程中定期检查各项指标,确定减肥疗效,调整治疗计划。同时,通过行为教育,使患者自觉地监控自己的减肥行为。肥胖症的康复治疗通常包括以下三个阶段。

1)第一阶段(准备阶段)

治疗前应对患者进行必要的检查和评价,确定减肥的方法和目标,并实施饮食控制和逐渐增大运动量,此期历时2~4周。在这一阶段的最初几天,由于组织蛋白和水分开始丢失,因而体重下降幅度较大。但随后机体对此逐渐适应,由于饮食中优质蛋白的供应,再加上运动锻炼,虽然促进了体脂的分解,但又增加了肌肉组织蛋白的合成。因此,体重下降可能减缓,应向患者充分解释说明。

2)第二阶段(减肥阶段)

此阶段应保持适宜的减肥速度,一般轻、中度肥胖者,理想的减肥速度为每周减重0.4~0.5 kg,按此速度坚持数月至一年,可达到减肥目标;重度肥胖者最初的减肥速度应较快,每周根据患者的适应能力可减重1~1.5 kg,在极低热量饮食和运动结合措施下,3~4个月可减重15~20 kg,以后可稍放宽饮食控制,采用低热量均衡饮食,再坚持数月至一年,可达到减肥目标。

3)第三阶段(巩固阶段)

此期应停止用药,由饮食量和运动量来保持热量的平衡,并长期维持。

9. 肥胖的康复预防

（1）提高认识：充分认识肥胖症对人体的危害，改变"胖是福，胖能长寿"的错误观念，了解婴幼儿期、青春期、妊娠期、更年期、老年期年龄阶段容易发胖的知识及预防方法。出现肥胖前常有易累、变懒、贪睡、怕动、爱吃、喜饮等征兆。

（2）良好的生活规律：如合理的饮食营养，充足的睡眠等。

（3）加强运动。

（4）心情舒畅：良好的情绪能使体内各系统的生理功能保持正常运行，对预防肥胖能起一定作用。反之，沉默寡言，情绪抑郁，会发生生理机能紊乱，代谢减慢，加上运动量少，就易造成脂肪堆积。

【本章小结】

本章主要介绍了运动康复的基本概念、运动康复技术分类、常用的运动康复治疗技术及临床常见运动损伤的康复训练，重点掌握增强肌力技术、肌肉牵伸技术及平衡训练技术，熟悉膝部损伤的康复流程、不良姿势的类型及原因、肥胖症的原因及评价，能指导不良姿势患者正确地进行姿势训练，指导肥胖症患者科学减肥。

【思考复习题】

1. 查阅资料了解国内外运动康复的发展现状与趋势。
2. 深入运动康复机构了解运动康复专业的工作性质及特点。
3. 比较手法牵拉、自我牵拉和机械牵拉等不同肌肉牵拉技术的优缺点？在实际治疗过程中如何选择不同的肌肉牵拉技术？
4. 分析和讨论影响肌肉牵拉治疗效果的因素。
5. 思考核心力量对不同运动项目运动员发挥专项技术动作的影响。
6. 等长练习、等张练习和等速练习的优缺点是什么？
7. 利用弹力带增强上、下肢主要肌群的肌力，设计动作包括等张练习（开放链、闭合链练习）和等长练习。
8. 在运动疗法实验室进行徒手核心稳定性练习。
9. 和同伴结对分别进行利用瑞士球和悬吊系统练习核心稳定性的实践操作。
10. 两人一组分别进行上、下肢和躯干肌肉的牵拉操作练习。
11. 为长期在计算机前工作的人员设计一组室内肌肉自我牵伸操，示范并指导他们练习。
12. 为门诊健身中心患者设计减重训练计划，注意给初始训练者和有一定基础者选择不同设备并提供训练指南，包括负荷强度、重复次数和组数、练习顺序、间歇休息和训练频率等。
13. 为社区老年活动中心 65~85 岁老年人设计一套力量练习程序作为其健身活动的一部分，你将建议他们选择何种阻力设备和阻力大小？注意告诉他们需要特别注意的事项。

参 考 文 献

[1] 李世昌.运动解剖学[M].北京:高等教育出版社,2010.
[2] 陆恒,张福荣,保健敏,刘佳霖,陈加林.健康的生活方式[M].武汉:湖北科学技术出版社,2005.
[3] 邱金昌,刘海滨.体育与健康[M].北京:科学出版社,2012.
[4] 陈吉棣.运动营养学[M].北京:北京医科大学出版社,2002.
[5] 葛可佑.中国营养师培训教材[M].北京:人民卫生出版社,2007.
[6] 王广兰.实用营养学[M].北京:北京体育大学出版社,2009.
[7] 孙庆祝,郝文亭,洪峰.体育测量与评价[M].2版.北京:高等教育出版社,2010.
[8] 《人体测量与评价》编写组.人体测量与评价[M].北京:高等教育出版社,2004.
[9] 姚鸿恩.体育保健学[M].4版.北京:高等教育出版社,2006.
[10] 王安利.运动医学[M].北京:人民体育出版社,2008.
[11] 齐家玉,夏云建,黄元汛.运动人体科学实验[M].武汉:华中师范大学出版社,2006.
[12] 曲绵域,于长隆.实用运动医学[M].北京:北京大学医学出版社,2003.
[13] 王琳,王安利.实用运动医务监督[M].北京:北京体育大学出版社,2005.
[14] 邹克扬,贾敏.运动医学[M].北京:北京师范大学出版社,2010.
[15] 中国学生体质与健康研究组.2010年中国学生体质与健康调研报告[M].北京:高等教育出版社,2012.
[16] 朱大年.生理学[M].8版.北京:人民卫生出版社,2008.
[17] 周士枋,丁伯坦.运动学[M].北京:华夏出版社,2006.
[18] 燕铁斌.物理治疗学[M].北京:人民卫生出版社,2008.
[19] 纪树荣.运动疗法技术学[M].2版.北京:华夏出版社,2011.
[20] 田麦久,刘大庆.运动训练学[M].北京:人民体育出版社,2012.
[21] 张英波.现代体能训练方法[M].北京:北京体育大学出版社,2006.
[22] 张英波.现代力量训练方法[M].北京:北京体育大学出版社,2007.
[23] 杨桦,李宗浩,池建.运动训练学导论[M].北京:北京体育大学出版社,2007.
[24] 裴福兴,邱贵兴.骨科临床检查法[M].北京:人民卫生出版社,2008.
[25] 赵辉三.假肢与矫形器学[M].2版.北京:华夏出版社,2013.
[26] 何成奇.内外科疾病康复学[M].北京:人民卫生出版社,2008.
[27] 赵斌,姚鸿恩.体育保健学[M].北京:高等教育出版社,2011.
[28] 王洪祥.体育保健学[M].北京:北京师范大学出版社,2008.
[29] 褚立希.运动医学[M].北京:人民卫生出版社,2012.

[30] 王予彬,王人卫,陈佩杰.运动创伤学[M].北京:人民军医出版社,2011.

[31] 王琳.体育保健学理论与实践[M].北京:高等教育出版社,2013.

[32] Lyle Micheli,Kai-Ming Chan,Angela D. Smith,et al. Team Physician Manual[M]. 2th Edition. Oxon:Routledge,2012.

[33] Carolyn Kisner, Lynn Allen Colby. Therapeutic exercise:Foundation and Techniques[M]. 5th edition. Philadelphia: F. A. Davis Company,2007.

[34] 李中煮,罗文冬.16周动感单车课程对大学生身体形态及生理机能的影响[J].首都体育学院学报,2009(01).

[35] 解勇,侯乐荣.备战北京奥运会的运动损伤康复体系思考[J].成都体育学院学报,2008(03).

[36] 金晓平,侯学华.学习先进经验 谋求科学发展——德国运动康复体系优势及其对中国的启示[J].北京体育大学学报,2009(02).

[37] 王卫星,李海肖.竞技运动员的核心力量训练研究[J].北京体育大学学报,2007(08).

[38] 黎涌明,于洪军,资薇,等.论核心力量及其在竞技体育中的训练——起源·问题·发展[J].体育科学,2008(04).